사 례 로 배 우 는

SIX SIGMA RECIPE

6 시 그 마 레 서 피

저자소개

홍인기(洪仁基) 공학박사, unirone@unirone.co.kr

저자는 2000년대 초반부터 제조, 사무간접, 연구개발, 공공서비스 등 다양한 분야에서 Six Sigma 관련 컨설팅 및 인재양성 활동을 수행하였다. OpenTide와 생산성본부(KPC) 등을 거치는 동안 대기업에 이어 중소기업에서의 품질 및 생산성혁신 방안을 연구하였으며, 고려대학교(산업공학)와 건국대학교(경영공학)에서 박사과정을 수료하였다.

현재는 유니론컨설팅 대표컨설턴트 및 한국생산성본부 전임교수로 활동중이며, 기존의 경영혁신 기법들을 보다 쉽게 산업현장에 보급할 수 있는 방안들을 고민하고 있다.

사례로 배우는 6시그마 레서피

초판 인쇄 2015년 5월 20일
초판 발행 2015년 5월 28일

지은이 홍인기
펴낸이 최국주
펴낸곳 동명사
출판등록 1950년 11월 1일(제1-76호)
주소(우 413-756) 경기도 파주시 회동길 50(문발동)
전화 031-955-7200(대표)~2, 7203(편집부), 7204(물류)
팩스 031-955-7205
전자우편 webmaster@dmsbook.com
홈페이지 www.dmsbook.com

ISBN 978-89-411-8147-7 93320
값 18,000원

머 | 리 | 말

1990년대 말 IMF 경제 위기를 겪으면서, 국내의 많은 기업들은 난국의 탈출방안으로서 해외의 선진 경영혁신기법들을 경쟁적으로 받아 들였다. TPS, BSC, BPR, TOC 등 세 글자로 된 혁신도구들 틈에서, Six Sigma도 그 즈음에 삼성과 LG 등 주로 대기업들을 중심으로 시작되었다. 이후 Six Sigma 문제 해결 절차가 기존의 혁신기법들보다 훨씬 세련되다는 점, 그리고 이에 더해서 부수적으로 설명되는 다수의 성공사례들이 알려지면서 Six Sigma는 더욱 적극적으로 도입되기에 이르렀다. 대기업은 물론이고 중소/중견기업 및 공공부문에서도 광범위하게 추진된 Six Sigma는 이제 더는 새로운 경영혁신 기법이라 할 수 없을만큼 익숙한 도구가 되었다.

하지만, 20년 가까이 혁신의 대명사처럼 사용된 Six Sigma 방법론에 대해 전적으로 긍정적인 평가만을 내릴 수 있는가에 대해서는 많은 이들이 의문을 품고 있는 것이 사실이다. Six Sigma는 우리기업의 문화와 환경에는 맞지 않는 것은 아닌지, 또는 Six Sigma 방법론에 대해 뭔가 오해하고 있는 것은 아닌지에 대한 고민을 한번이라도 해본 분들을 위한 참고자료가 필요하다고 판단되었다. 본서는 Six Sigma의 모든 기법들을 백과사전처럼 나열하는 기존 소개책자와는 다르게, 전체적인 큰 틀을 이해하는데 필요한 기본절차와 핵심도구 위주로 Six Sigma를 설명함으로써, 자신의 조건에 맞게끔 수정/변형할 수 있도록 도와줄 수 있는 방안을 제시하는 것을 목적으로 한다. 그리고 이를 위해 누구나 이해할 수 있는 “한식당”이라는 사례를 통해 Six Sigma 전개 방법을 설명하였다.

어디에 중점을 두는가에 따라 숲을 볼 것인지 아니면 나무를 볼 것인지가 정해질 것이다. 본서는 각 도구의 세부적인 설명보다는 Six Sigma 전개의 흐름 안에서 도구별 활용방안을 설명하였음을 밝혀둔다. 아무래도 공학도의 글이다 보니 단어나 문장이 투박하기만 하다. 하지만, 할 수 있는 한, 독자들이 쉽게 이해할 수 있도록 서술하려 노력했다. 불필요한 미사여구나 복잡한 수학공식의 사용은 최대한 자제하고, 대신 Six Sigma 프로젝트 수행에 꼭 필요한 알맹이들을 위주로 구성하였기에, 비 전공자라 할지라도 어렵지 않게 읽을 수 있으리라 예상한다.

같은 요리에 대해서도 사람마다 다른 Recipe를 가지고 있듯이, 본서에서 설명하고 있는 전개방법들에 대해 사람마다 의견이 다를 수 있다. Six Sigma를 연구하고 과제를 수행하는 이들은 저마다 자신의 Recipe를 가지고 있을 것이기에, 그중에서 어떤 것은 맞고 다른 것은 틀린다고 단정할 수는 없다. 각자의 환경과 입 맛에 맞게 자신만의 Recipe를 개발하고 이를 맛 본 이들을 감동시킬 수 있다면, 이는 훌륭한 요리법이자 방법론이라고 할 수 있을 것이다. 하지만, 본서에서 설명한 내용이 모든 이들을 만족시키기에는 여러모로 부족함이 많을 수밖에 없음을 잘 알기에, 오류나 미비한 부분을 추후 지속적으로 수정/보완해 나갈 예정이다.

끝으로, 본 도서가 출판되어 나올 수 있도록 도움을 주신 東明社 사장님 이하 관계자 여러분들께 감사드리며, 부족한 자식을 위해 기도해 주시는 부모님과 가족 모두에게도 고마움을 전합니다.

2015년 1월

저자 **홍인기**

CONTENTS

Course. 2

Measure Recipe

Course. 3

Analyze Recipe

Course. 6

도구활용의 근거

부록

Course. 0

Six Sigma란 무엇인가

1. Six Sigma 배경지식

큰 줄기(통)를 잡다(섭), 즉 '서로 다른 것을 한데 묶어 새로운 것을 잡는다'는 의미로, 인문·사회과학과 자연과학을 통합해 새로운 것을 만들어내는 범학문적 연구를 통섭(統攝, Consilience)이라 일컫는다. 이는 "하늘아래 새로운 것은 없다"는 말과 상통하는데, 이미 존재하는 것 하나에 다른 하나를 더하여 조합하고 융합하면 새로운 것이 창조되는 것을 말하는 것이다.

Six Sigma 역시 이와 같은 통섭의 과정에서 만들어진 문제 해결 절차로 볼 수 있다. 기존의 다양한 혁신방법론과 도구들을 서로 더하고 융합하여 한데 묶어서, 누구나 일 잘하는 사람과 같은 능력을 발휘 하도록 만든 "표준화된 문제 해결 절차"라고 이해하면 좋겠다. Six Sigma에 대한 세부사항을 설명하기에 앞서, 어떤 과정을 통해 만들어 졌으며, 어떤 모습을 하고 있는지 살펴보도록 한다.

1) Six Sigma의 탄생

우수한 품질의 일본제품이 미국을 제치고 전 세계에서 각광을 받고 있던 1980년대에, 미국의 기업들은 품질향상을 위한 노력에 몰두하기 시작하였다. 이러한 시대적 배경하에 송수신 첨단제품을 만들어 오던 미국의 모토롤라에서 포켓벨(휴대용 무선 호출기) 시장의 품질 경쟁력이 일본기업들에 비해 열세인 것을 극복하기 위한 방법론으로서 Six Sigma 활동을 시작하게 되었다. 당시 모토롤라의 회장이었던 로버트_갤빈(Rober W. Galvin)은 전 부문의 품질경쟁력을 5년에 걸쳐 현 수준의 10배 이상으로 개선하는 목표를 발표했고, 마이클_해리(Mikel J. Harry)와 빌_스미스(Bill Smith) 등이 주축이 되어 품질문제를 유발하는 공정내의 원인을 과학적이고 체계적으로 개

Mikel J. Harry

선하는 방안을 마련하게 되었다. "Six Sigma"라고 이름 붙여진 이 방법론은 통계적 분석을 좀더 많이 활용하여 주어진 문제의 근본 원인을 파악하고 개선하는 과정을 논리적으로 정리한 것이다. 하지만, Six Sigma 전개방법은 전혀 새로운 것이 아니었으며, 기존에 이미 존재하고 있던 다수의 혁신방법론들을 벤치마킹하여 문제의 발견에서부터 근본 원인 분석, 개선안 도출/실행, 그리고 성과관리에 이르는 과정을 표준화 한 것이다. 또한, 실행력을 높일 수 있는 도구(Tool)들을 과제진행 단계별로 알맞게 배치하여 하나의 Full Package로 구현함으로써, 누구나 쉽게 따라할 수 있도록 만들어 놓은 것이다.

Jack F. Welch

모토롤라에서 시작된 Six Sigma 활동은 미국의 거대기업인 Allied Signal, TI, IBM, AT&T 등에서 적극적으로 도입하게 되는데, 특히 GE에서 그 꽃을 피우게 된다. GE는 미국의 거대 기업으로서는 상대적으로 늦은 시기인 1995년에 이르러서야 Six Sigma를 도입하게 되었다. 당시 회장이었던 잭_웰치(Jack F. Welch)는 Six Sigma를 제조부분에만 국한하지 않고 회사의 전 분야로 확산 적용토록 하였으며, 전 세계의 GE계열사와 협력업체들에 대한 전파에도 커다란 기여를 하였다. 잭_웰치 회장은 전 임직원들에게 품질의 중요성을 인식시키기 위해 임원회의의 안건 순서를 바꾸어 품질문제에 대한 안건을 처음으로 다루고 해당 안건에 대한 논의가 끝나면 그 자리에서 일어나 회의장을 나가곤 하였다. 이와 같이 Top의 품질방침이 어떤 것이며, 그 의지가 얼마나 확고한지를 모든 조직원들에게 직접 보여줌으로써 Six Sigma를 강력하게 추진할 수 있었다. 모토롤라에서 시작된 초창기의 Six Sigma는 제조부문에서 출발하여 많은 성과를 거두었으나, GE 등을 거치며 공공서비스, 사무간접, 연구개발 등 비 제조분야로 그 적용범위가 확대되었다. 국내에서는 LG전자와 삼성전관 등이 1996년에 처음으로 도입한 이래로 대기업, 중소 · 중견기업 그리고, 공공부문까지 거의 전 사업영역에 확산전개 되어 있다.

2) Six Sigma 의미와 목적

시그마(σ)는 통계학에서 표준편차를 의미하는데, 이는 평균을 중심으로 데이터들의 흩어진 정도를 나타낸다. 고객의 요구사항을 얼마나 만족시켜 줄 수 있는가를 나타내는 공정능력지표들은 대부분 표준편차와 관련된 값들인데, 대표적인 것으로는 C_p, C_{pk}, $\frac{S}{N}$비, 그리고 시그마수준 등이 있다. 공정능력 지표로서 시그마수준을 사용할 때, 6시그마수준 정도의 공정능력이 의미하는 바는 규격한계치와 목표치의 폭이 표준편차의 6배만큼 떨어져 있음을 말하는 것이다. 장/단기시그마수준의 차이에 대한 이해가 필요하나, 일반적으로 6시그마수준의 공정은 100만 개의 결함기회 중 3.4개 이하의 결함을 허용하는 정도로 설명된다. Six Sigma는 궁극적으로 기업의 전 조직을 6시그마수준에 이르는 거의 무결점의 수준으로 만드는 것을 목표로 한다고 볼 수 있다. 이는 제품의 설계와 제조뿐만 아니라 사무간접 및 지원 등을 포함하는 모든 업무프로세스에서 결함을 제거하고 목표값으로부터의 이탈을 최소화하여 조직의 이익창출과 함께 고객만족을 극대화하고자 하는 것이다.

Six Sigma에서 추구하는 개선의 대상은 흔히 고객의 이해로부터 시작이 된다. 고객이 가장 중요하게 여기는 품질지표를 CTQ(Critical To Quality : 핵심 품질 특성)라 하는데, 불량률, 고객클레임 수, 리드타임 등과 같이 고객이 불만을 가질 수 있는 모든 것을 포함한다. 고객이 가장 중요하게 여기는 CTQ 측면에서 품질의 수준을 무결함의 수준으로 최적화함으로써 저품질 비용(COPQ : Cost Of Poor Quality)을 최소화하고, 이것이 기업의 이익을 개선하고 재무건전성을 확보하는데 도움이 되도록 하는 것이 Six Sigma의 최종 목적이라 하겠다.

3) Six Sigma의 정의

Six Sigma를 한마디로 단정 지어 설명하는 것은 어려운 일이나, 일반적으로 받아들여지는 3가지의 정의는 다음과 같다.

① 일하는 방법으로서의 철학이다

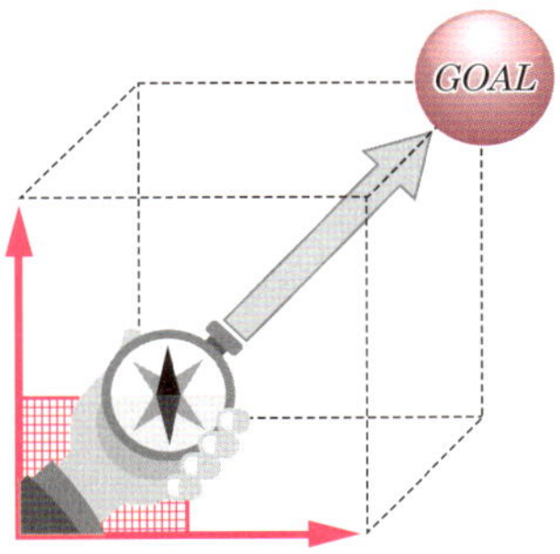

Six Sigma는 무조건 열심히 일하는 것보다는 "스마트" 하게 일하는 방향으로 사고의 방식을 전환시킨다. 주어진 문제에 대한 명확한 이해와 근본 원인파악을 하지 않고, 무턱대고 개선안을 찾아 실행하다 보면, 목표달성은 불가능하며 효과가 적거나 의미 없는 개선을 수행하는데 시간과 비용을 낭비하게 된다. 냉철한 분석이나 고민 없이 해결책을 찾아 열심히 일하는 것보다는, 차분히 자신의 문제를 정의하고 현 수준에 근거한 도전적 목표 설정 후 문제의 근본적인 원인에 대한 분석과 핵심 원인에 대한 개선을 수행하는 것이 훨씬 더 효과적이고 효율적이다. 결국 Six Sigma는 Project 성공목표를 향해 올바른 방향으로 이끌어가기 위하여, 일정(시간), 자원(돈과 사람), 범위(산출물, 수행해야 할 것)라는 제약 조건에 따라 효과적으로

Project를 수행하는 프로젝트 매니지먼트 기법으로 이해할 수도 있다.

② 기업전략이다

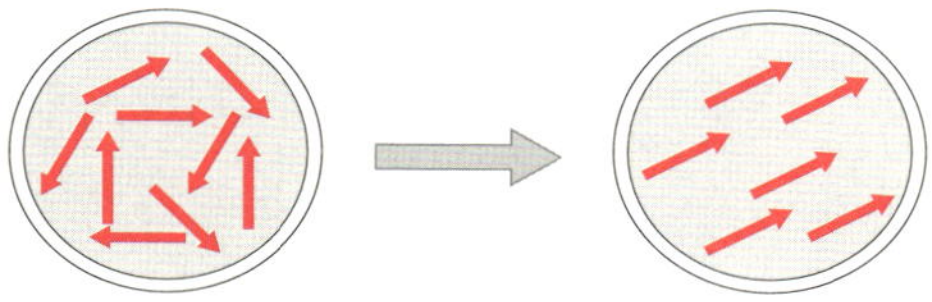

개별 기업은 향후 10년 정도 후에 도달하고자 하는 목표 또는 비전을 가지게 마련이다. 해당 목표를 효과적으로 달성하기 위해서는 조직의 전체 역량을 목표점을 향해 하나의 방향으로 정렬시킬 필요가 있다. 이처럼 비전의 달성을 위해 조직의 모든 힘을 하나로 모으고, 진행 방향과 세부적인 활동 등을 정하게 되는데 이를 전략이라 한다. Six Sigma는 기업의 전략목표 달성을 위해 필요한 이슈들을 프로젝트화하고, 해당 프로젝트에 적임자를 리더로 선임하여 팀원들과 힘을 합쳐 풀어 나가게 함으로써 기업의 전략목표 달성에 기여토록 하는 경영전략으로 설명되기도 한다.

③ 통계적 측정치이다

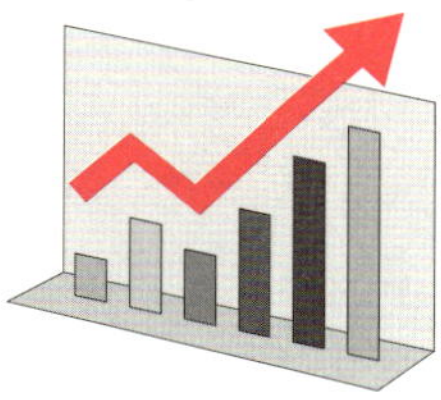

Six Sigma 프로젝트를 수행할 때 기업의 전사적 경영수준, 하부 조직의 관리수준 및 단위공정의 능력까지 '시그마수준'이라는 하나로 통일된 통계지표를 활용하여 표현하기 때문에, 제품이나 업종 등이 상이하더라도 객관적으로 비교할 수 있게 된다. 따라서 시그마수준이라는 지표는 고객만족의 달성 정도와 업무수준 등을 상대적으로 정확하게 알 수 있게 하며, "제품과 서비스, 공정의 적합성을 재는 탁월한 통계적 척도"라 할 수 있다.

4) 추진 조직

전사 전략 측면의 핵심과제 도출, 전문 추진리더 양성 및 선정, 팀플레이를 통한 프로젝트 추진 등의 활동이 하나로 시스템화되는 것은 Six Sigma 성공을 위한 필수 기반이라 할 수 있다. 이와 같은 Six Sigma 시스템의 추진 조직은 다음과 같다.(그림 0-1)

5) 도입 및 전개전략

Six Sigma의 전사 전개를 위해서는 우선 Six Sigma 활동을 이끌어 나갈 수 있는 전문가(BB)를 양성하여 시범과제를 수행하는 것으로 시작한다. 다음으로 교육과 과제 추진 경험을 통해 전문지

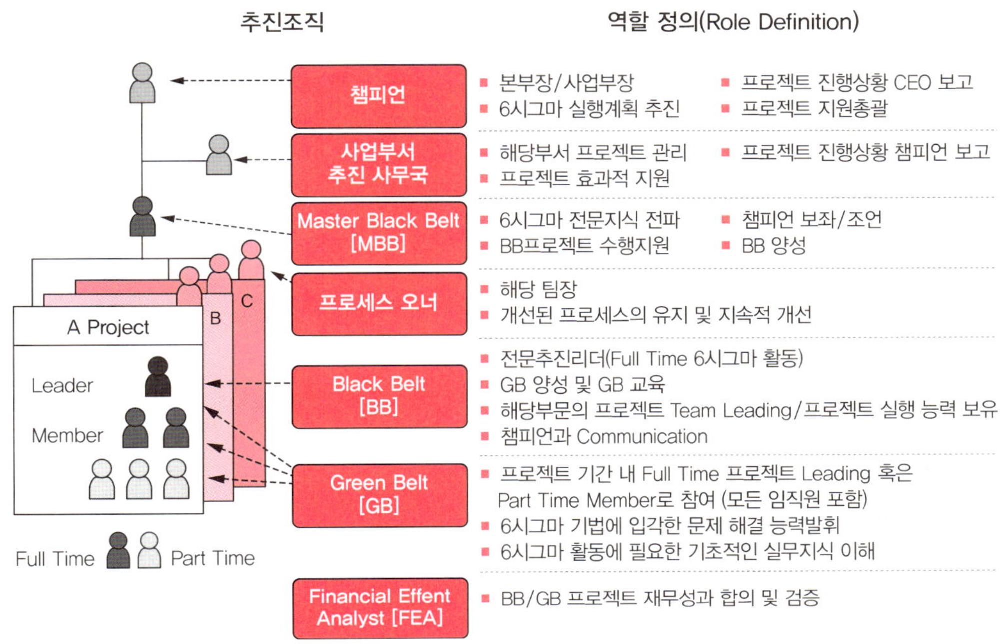

그림 0-1 Six Sigma 추진 조직 및 역할

추진 단계	도입	확산	성과 가시화	생활화
기본 방향	선발대(BB) 양성	GB 육성	챔피언 프로젝트	기업 문화로 정착
추진 항목	▪ Top Commitment 컨설팅 활용 ▪ 우수인력 BB 양성 ▪ 표준 인프라 구축 ▪ 계층별 기본교육	▪ 전부문 GB 교육 ▪ MBB 양성, 독자 역량 낭비 제거 ▪ 기존 혁신활동 연계 ▪ 챔피언 GB 프로젝트	▪ 경영전략 연계 ▪ DFSS 신상품 ▪ Process 상향표준화 ▪ 해외/협력회사/고객 Best Practice	▪ 경영과 일체화 ▪ 주주 만족 ▪ 고객 만족 ▪ 임직원 만족 ▪ 공통의 언어
체크 포인트	우수, 전담 BB	Cost Saving	Growth	BB출신 경영층

그림 0-2 Six Sigma 도입 및 전개

식을 쌓은 후 경영전략에 기여하는 성과 가시화 과제를 수행하며, 최종적으로 모든 업무활동을 Six Sigma 체계에 따라 처리하는 생활화 과정을 거치게 한다.(그림 0-2)

2. Six Sigma 문제 해결 방법론 이해

일반적으로 적용되는 Six Sigma 개선절차는 DMAIC의 5단계이다. DMAIC는 문제를 풀어가는 논리적인 절차로서 Define(정의), Measure(측정), Analyze(분석), Improve(개선), Control(관리)의 각 단계에서 첫 글자를 뽑아서 만든 것이다. 각각의 진행 단계는 〈그림 0-3〉에서 설명하고 있는 바와 같이 3개씩의 하부 스텝으로 구성되어 있다. 하지만, Six Sigma 추진절차는 회사나 환경에 따라서 수정/변경하는 것이 바람직하기 때문에, 무조건 〈그림 0-3〉에서 보여주고 있는 절차를 따라 해서는 안된다. Six Sigma가 각 기업에 뿌리내리고 진정한 성과를 창출하기 위해서는, Six Sigma 추진절차와 적용되는 도구들을 자신의 특성에 맞게 삭제하거나 보완함으로써 각 기업만의 독특한 Six Sigma 전개 절차를 구축하는 것이 반드시 필요하다.

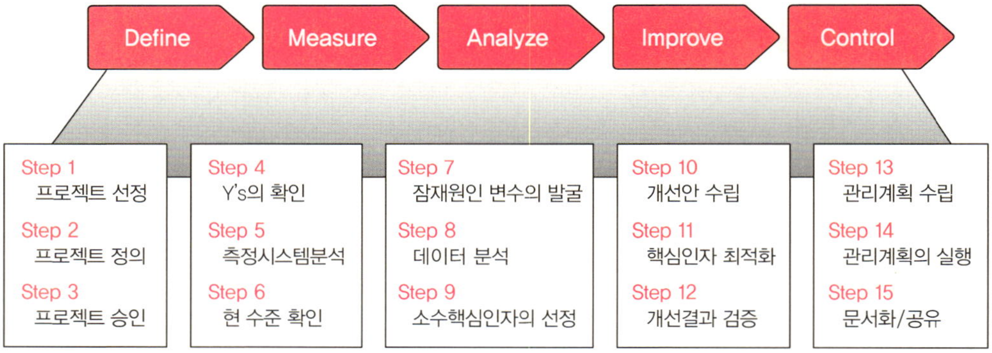

그림 0-3 DMAIC 전개 흐름

1) Define 단계

향후 수행할 Six Sigma 프로젝트를 왜 선정했으며, 해결해야 할 문제는 무엇이고, 또 어떻게 해결해 나갈 것인지를 고객, 경영자, 전략적인 관점에서 정의한다.(그림 0-4)

2) Measure 단계

Define 단계에서 도출된 프로젝트의 CTQ를 가장 잘 대표할 수 있는 측정 가능한 계량형 지표 Y를 정의한다. 측정 시스템의 신뢰성을 확인한 후, 현재 시그마수준을 파악하고 개선의 구체적인

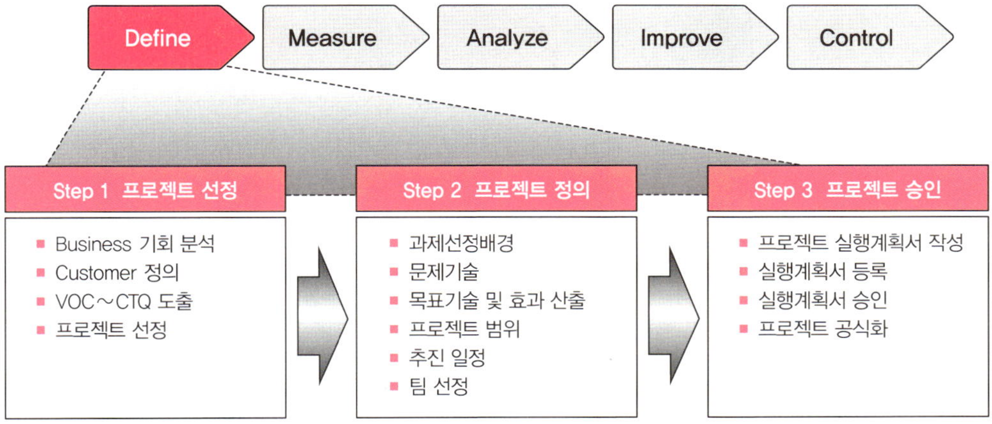

그림 0-4 Define 전개

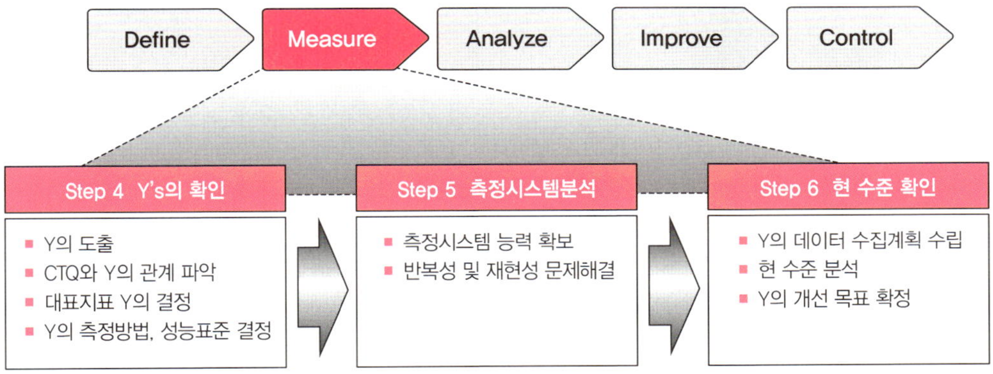

그림 0-5 Measure 전개

목표를 수립한다.(그림 0-5)

3) Analyze 단계

Y에 영향을 줄 것이라 생각되는 잠재적 원인 변수(X's)들을 발굴하고, 특성 요인도 등을 활용하여 이들을 구조화한다. 논리적이고 객관적인 증거를 통해 이들을 분석하여 Y의 변동에 영향을 미치는 소수 핵심 인자들이 어떤 것인지 선별한다.(그림 0-6)

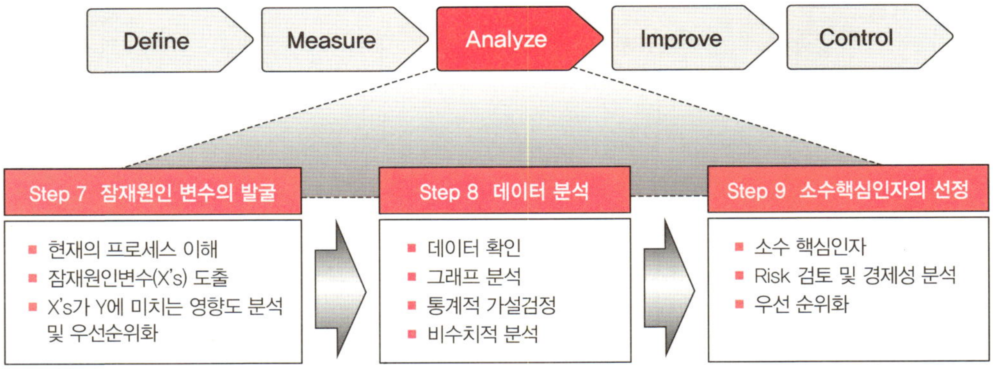

그림 0-6 Analyze 전개

4) Improve 단계

핵심 인자들의 특성에 따라 개선안을 수립하고, 창의적 대안을 마련하거나 실험적 데이터에 대한 통계분석을 통해 최적해를 도출한다. 최적 조건을 전사적으로 적용하기 앞서서 Pilot test를 수행하며, 이를 통해 개선안의 문제점 및 효과를 파악한다.

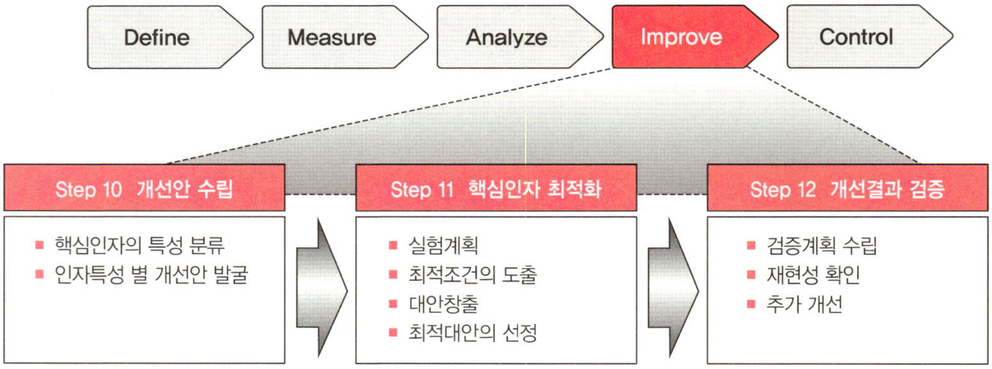

그림 0-7 Improve 전개

5) Control 단계

프로세스 개선범위를 조직의 전 부문으로 확대하여 Goal 달성 여부를 확인하고 개선성과를 유지하기 위한 관리 계획을 수립한다. 핵심 인자들에 대한 모니터링을 통해 개선성과를 유지/관리

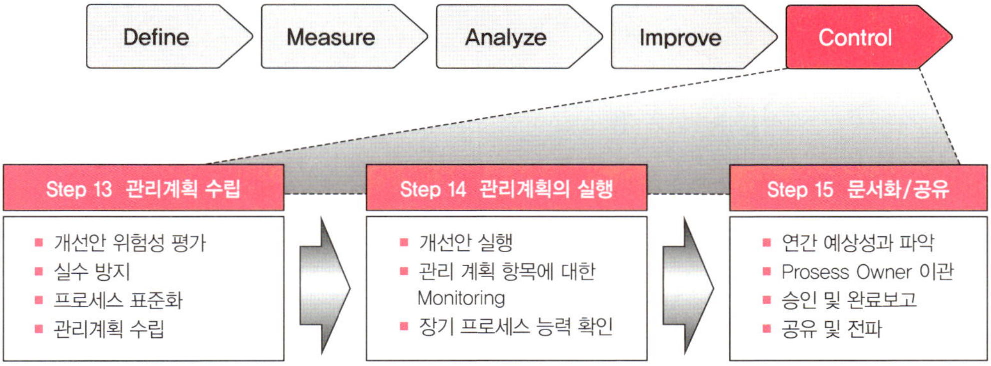

그림 0-8 Control 전개

하고, 과제 수행의 모든 내용을 문서화/표준화하여 성과를 공유한다.(그림 0-8)

기업체의 현장에서 프로젝트를 수행하다 보면, 위에서 설명한 Six Sigma의 모든 단계와 각 단계별 도구들을 처음부터 끝까지 그대로 따라 해야 하는 것으로 생각하는 분들을 자주 접하게 된다. 추진과제의 성향을 무시하고, 모든 과제를 동일한 절차와 도구를 사용하여 풀어가야만 Six Sigma를 올바르게 수행했다고 여기는 것은 잘 못된 것이다. Six Sigma의 문제 해결 절차는 우리가 해결해야 할 문제와 맞닥뜨렸을 때 좀더 수월하게 그 문제를 해결할 수 있도록 도와주는 것이지, 무턱대로 처음부터 끝까지 따라 해야 하는 절차는 아니라는 점을 염두에 두어야 한다. 본인의 해결과제와 상관없는 단계나 도구는 Skip할 줄도 알아야 하며, Six Sigma 절차나 도구로 소개되어 있지 않더라도 자신의 과제 수행에 필요한 절차나 도구가 있다면 적극적으로 도입해서 사용해야 한다. 따라서 Six Sigma 과제는 수행하는 사람에 따라서 다를 수 있고, 과제의 특성에 따라서도 다른 모습을 띠고 있어야 한다. 하지만 아직도 Six Sigma를 하나의 정형화되고 최적화된 '틀(Frame)'로 인식하고 있는 경우가 일반적이기에, 이틀을 깬다는 것에 두려움을 갖고 있는 경우가 많은 것 같다. 어떤 기업이 Six Sigma 도입의 초기 단계일 때는 응용보다는 기본원리에 따라 충실하게 그대로 모방하는 것도 나쁘지는 않다. 하지만, 3~5년 정도 일정 기간이 지난 후에도 수정/보완에 대한 고민 없이 예전 것을 그대로 따라 하는 것은 발전 없는 답습이며, 혁신 아닌 퇴보나 다름없다. 새로운 것을 배워서 우리에 맞게 수정함으로써 더 나은 것을 창조해 내는 것이야말로 혁신의 목적이라 할 것이다.

자신의 환경에 맞게끔 Six Sigma의 수정/보완을 하는 것은 반드시 필요한 것이나, 새로운 지식이나 도구사용 방법 등을 처음 배울 때는 우선 해당 영역에서 정석(定石)이라 불리는 것을 충분히 익히고, 그다음에 자신의 몸에 맞게 변형하는 응용의 과정이 따라가는 것이다. 골프를 배울 때도 우선은 가장 정석이라 할 수 있는 스윙폼을 충분히 연마한 후, 자신의 체형이나 힘에 맞게 조금씩 변경함으로써 최적의 스윙 궤도를 갖게 되는 것이다. 이처럼 각 기업조직별 최적의 Six Sigma 추진절차를 갖추기 위해서는, 우선 다음 장부터 간단하게 설명하고 있는 일반 사항에 익숙해져야 한다. 그리고 이를 어떻게 적용하여 나의 일부로 체화할 것인지는 사용자의 몫이다.

Course. 1

Define Recipe

Six Sigma 과제는 팀원들 스스로 찾는 것이 아니라, 전사 전략 측면에서 중요한 과제를 챔피언이 도출하는 것이다. 따라서 과제를 수행할 팀은 개선활동을 하기에 앞서서, 자신들이 수행할 과제가 무엇이며, 어떤 상황에서 이런 과제가 도출되었는지, 그리고 어느 방향으로 얼마만큼의 목표를 가지고 언제까지 개선해야 하는지를 명확하게 정의할 필요가 있다. Define 단계는 챔피언이 과제 수행팀에게 기대하고 있는 과제의 내용이 무엇인지를 명확화하고, 과제의 방향과 목표 수준 등에 대해서 챔피언과 합의하는 과정이라 볼 수 있다. 우리 팀이 해야 할 일을 명확하게 정의하는 Define 단계를 맛있게 요리하기 위해서는 다음과 같은 재료별 혼합비율을 이해해야 한다.

1. 과제 선정 배경 20%
2. 문제기술 20%
3. 목표기술 및 기대효과산출 30%
4. 과제의 범위지정 10%
5. 일정수립 10%
6. 팀 구성 10%

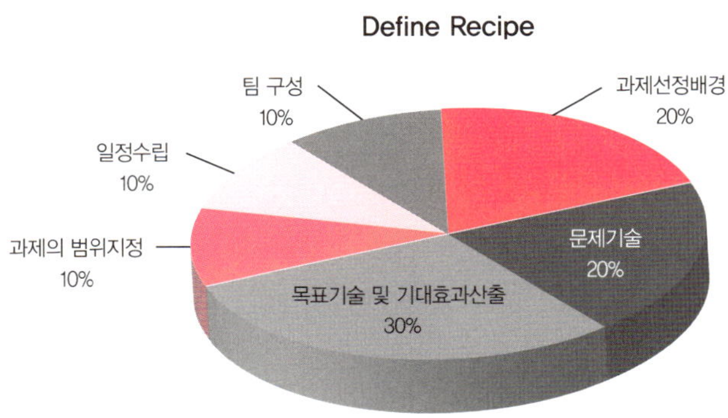

1. "과제 선정 배경"을 손질하는 방법

과제선정 배경은 현재의 상황이나 현황 등에 대한 이해를 통해 이 프로젝트가 왜 지금 할 만한 가치가 있는 것인가(사업적 필요나 위기/기회, 고객의 요구, 경쟁관계), 이 프로젝트를 수행하지 않을 경우의 결과는 어떤 것인가(기회 손실, 시장점유율 감소, 고객 신뢰도 하락, 매출 손실, 비용 증가 등), 그리고 주요 사업 목표나 이니셔티브와는 어떻게 부합하는가 등을 설명하는 것이다. 이에 필요한 재료는 현재의 상황을 나타낼 수 있는 데이터와 이를 시각적으로 표현해 줄 수 있는 그래프들이 있다. 과제 선정 배경에서 일반적으로 많이 사용되는 그래프는 파레토도와 시계열도라 할 수 있다.

1) 파레토도

파레토법칙에서 유래된 그래프로서 원인이 되는 인자들을 중요도 순으로 나열하기 때문에 중요한 원인들과 집중적으로 분석/개선의 대상으로 다루어질 요인들이 무엇인지를 보여 준다.

파레토법칙(Pareto Principle)

19세기 이탈리아의 경제학자 Vilfredo Pareto에 의해 발견
"국가 전체의 80%의 부(Wealth)가 국민전체의 20%에 의해 소유"
"80 : 20 법칙"

■ 파레토도의 작성 방법

i) 주요 품질 문제를 파악하기 위한 브레인스토밍을 한다
ii) 사용할 측정 단위를 선택한다.(점유율(%), 금액(₩), 또는 건수)
iii) 측정할 기간을 설정한다.(일, 주, 월, 연간)
iv) 필요한 데이터를 수집한다.
v) 각 항목별 데이터를 비교하고, 크기 순으로 나열한다.
vi) X 축의 왼쪽에서 오른쪽으로 가면서 크기 순으로 항목을 기입한다.
작은 빈도의 여러 항목이 있는 경우는 "기타" 항목으로 묶어서 가장 우측에 기입한다.
vii) 선택한 측정의 단위를 Y 축으로 표시한다.
viii) 각 항목에 해당하는 측정값에 따라 높이를 맞추어 막대그래프를 그린다.
ix) 막대그래프의 누적 꺾은선 그래프를 작성한다.

C1-T	C2
결점 유형	결점수
미성형	274
플래시	59
바리	19
흑점	43
금	4
주름	8
이물질	6
기타	10

손으로 직접 그래프를 그리는 것은 번거로울 뿐만 아니라, 정확하게 작성하기도 어렵다. 본 도서에서는 미니탭(Ver. 16)을 통해 그래프 및 데이터 분석을 설명하도록 한다. 왼쪽과 같이 공정에서 조사된 결점 유형과 결점 수에 대한 데이터가 있다고 한다. 이를 표의 형태로 표현할 수도 있으나, 되도록이면 시각적인 그래프의 형태로 보여주는 것이 이해도를 높여주며, 문제의 중요 원인들을 쉽게 파악할 수 있도록 해준다. 시중에 나와 있는 많은 미니탭 사용 설명서들을 어렵지 않게 구입할 수 있기에, 이에 대한 구체적인 설명은

생략하고, 간단하게 그래프를 그리는 방안만 기술하도록 한다.

Stat > Quality Tools > Pareto Chart를 선택한다.

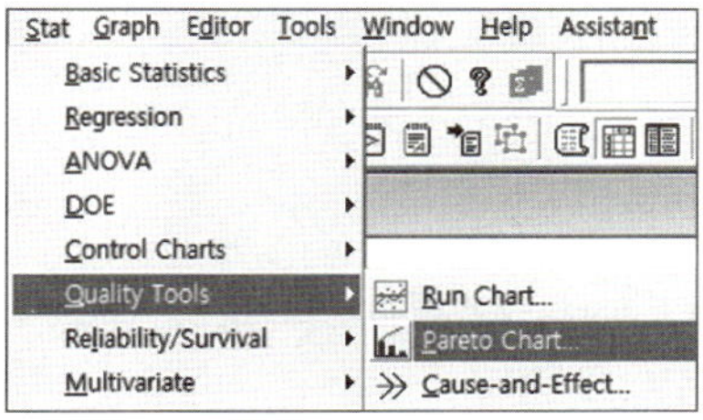

대화창에서 다음과 같이 입력 한 후, OK 를 클릭한다.

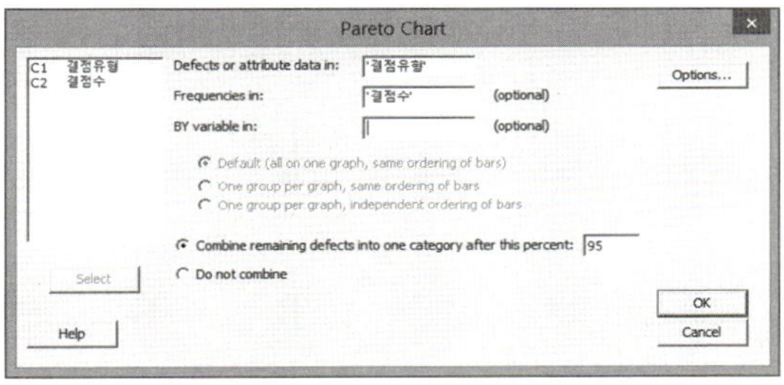

다음과 같은 파레토도가 나타나는데, 가장 문제가 되는 결점 유형은 '미성형'이며, 총 274개가 관측되었고, 전체에서 미 성형의 비율은 64.8%라는 것을 알 수 있다. 또한 누적비율(Cum %)를 통해 미 성형 및 플래시가 전체에서 78.7%를 차지하고 있음을 알 수 있다.

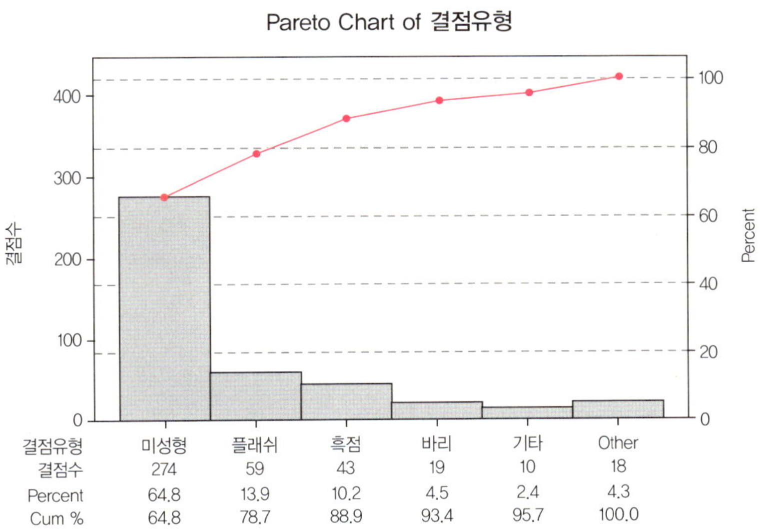

2) 시계열도

시계열도는 시간의 경과에 따른 관찰값들을 꺾은선 그래프의 형태로 연결한 것으로서, 시간에 따라 변화하는 데이터의 상승/하강 추세, 순환 주기, 변동 폭 등의 특이점 여부를 파악할 수 있다. 미니탭의 File>Open Worksheet 메뉴에서 ABCSales.MTW 파일을 열면 다음과 같이 시간의 흐름에 따른 매출과 광고비의 변화량을 나타내는 데이터가 있다. 이를 시각화 시킬 때 가장 좋은 그래프가 시계열도이다. 그래프 메뉴에서 Time Series Plot을 선택한다. 만약 하나의 시계열에 대한 그래프만 그리고자 한다면 Simple을 선택하는데, 이 문제는 두 개(매출, 광고비) 결괏값을 같이 보고자 하므로 Multiple을 선택한다.

C1	C2-D	C3	C4
년	월	매출	광고비
2000	1월	210	30
2000	2월	205	25
2000	3월	202	55
2000	4월	245	43
2000	5월	237	60
2000	6월	290	50
2000	7월	299	60
2000	8월	345	43
2000	9월	326	34
2000	10월	355	36
2000	11월	359	38
2000	12월	371	34
2001	1월	368	30
2001	2월	358	25
2001	3월	345	36
2001	4월	380	36
2001	5월	391	30
2001	6월	403	35
2001	7월	410	45
2001	8월	430	29
2001	9월	410	33
2001	10월	415	35
2001	11월	435	37
2001	12월	450	40

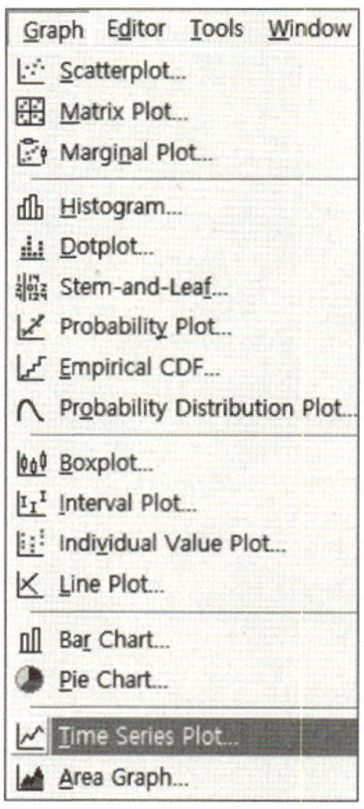

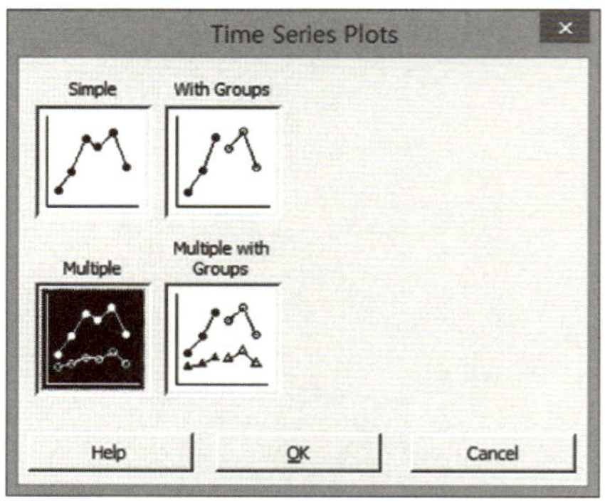

다음과 같은 입력창에서 그리고자 하는 시계열데이터들을 선택한다. 여기서는 매출과 광고비를 선택하고 OK 를 클릭하면 시계열도를 얻을 수 있다.

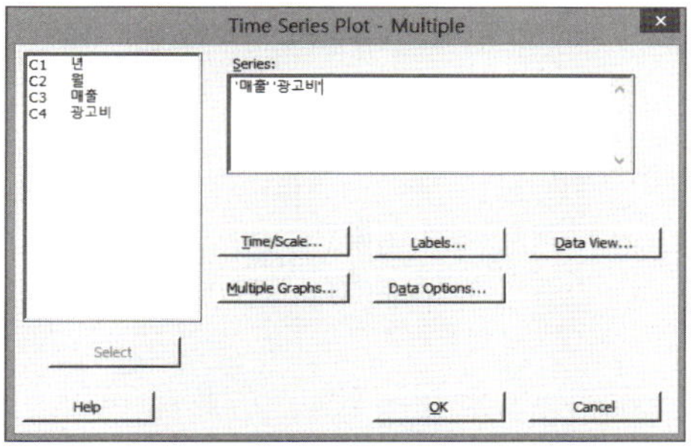

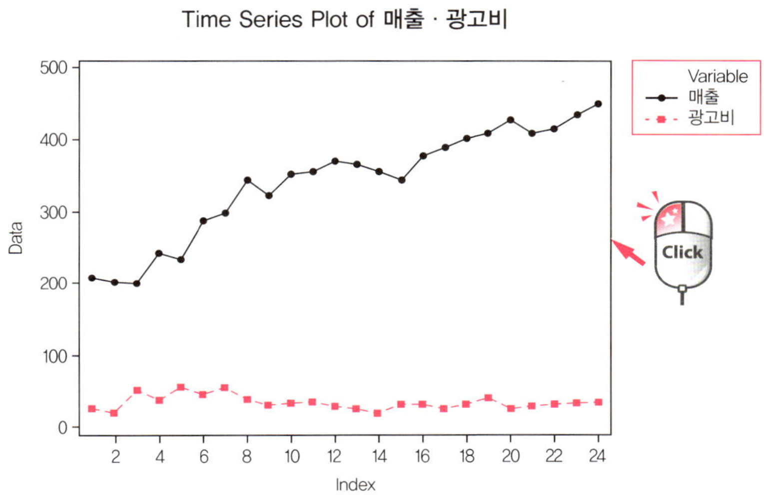

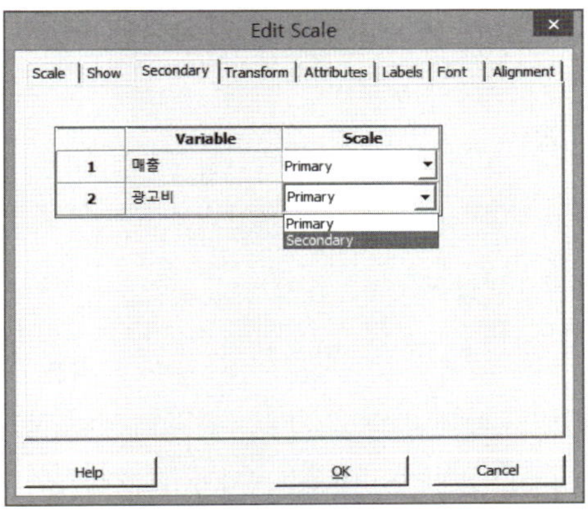

위의 그래프에서는 매출과 광고비가 하나의 데이터 스케일로 그려져 있기에 상대적으로 작은값인 광고비에 대한 그래프의 변화량은 잘 보이지 않는다. 이때는 두 개의 변수를 각자의 스케일로 그릴 필요가 있다. 위쪽 그림의 말풍선이 가리키는 선(Y 축)을 더블클릭하여 다음과 같은 대화창을 열어야 한다.

"Secondary"탭에서 주요 지표인 매출은 Primary로, 보조지표인 광고비는 Secondary로 설정하면 각자의 스케일에 따라 두 개의 그래프를 그릴 수 있게 된다.

이를 통해 그려진 그래프는 아래와 같다. 매출과 광고비가 각각의 스케일에 따라 그려진 모습을 확인할 수 있다. 매출은 지속적으로 증가하고 있으나, 광고비는 이와 무관한 모습을 보이고 있다. 따라서 광고비는 매출 증가와 별로 관련이 없음을 알 수 있다.

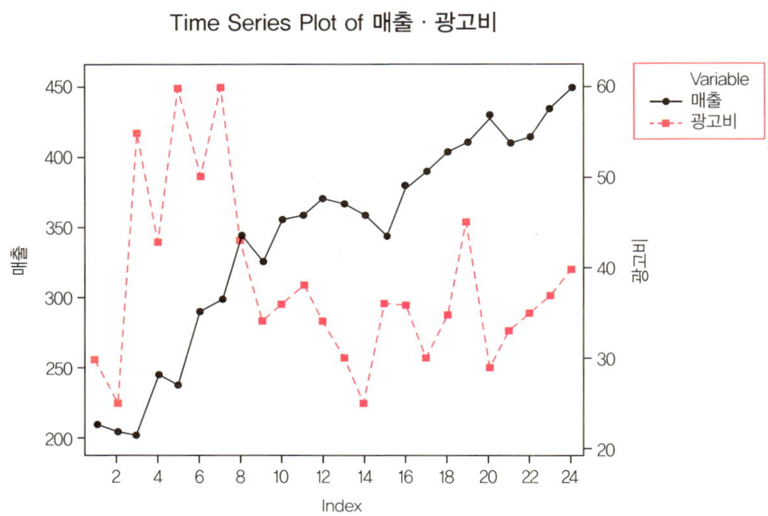

이상에서 살펴본 파레토도와 시계열도는 현재의 현황과 곧 도래할 미래 시점에 예상되는 상황을 도시함으로써 Six Sigma 과제의 도출 배경을 설명하는데 유용하게 사용된다.

2. "문제기술"을 손질하는 방법

문제기술은 경영목표를 방해하고 있는 현 문제점 또는 제약에 대한 포커스를 제공하는 것을 목적으로 한다. 현재의 안 좋은 상황을 유발한 문제로서 무엇이 잘못되었는지를 기술하는데, 누구라도 이해할 수 있도록 문제를 구체적으로 설명해야 한다. 세세한 내용보다는 전체적인 관점에서 표현되어야 하며, 전문용어는 최소화하면서 누구나 이해할 수 있는 쉬운 단어를 사용한다. 문제기술은 프로젝트 팀이 자신들이 다룰 구체적인 이슈에 초점을 맞출 수 있도록 도와준다. 문제의 크기와 영향을 기술하고 계량화할 수 있다면 더욱 바람직하다.

이때 주의할 점 중 하나는 해결방안, 해결 계획, 진단 등은 문제기술에서는 적합하지 않다는 것이다. 문제의 원인 및 해결 방법을 기술하는 것은 Analyze 단계 및 Improve 단계에서 수행하는 것이지, 과제의 초기 단계에서는 가능하지도 않고, 해서도 안되는 것이다. 간혹 새로 시작하는 프로젝트임에도 불구하고 문제기술 부분에서 구체적인 문제원인 및 개선안이 소개되는 경우가 발견되곤 한다. 이는 지금 하는 프로젝트가 이미 몇 개월 전에 시작되어 개선안을 실행하고 있는 과제이거나, 비슷한 과제를 과거에 여러 번 진행했기에 이미 답이 어떤 것인지를 알고 있는 경우일 때가 많다. 따라서, '혁신추진 사무국'의 역할을 수행하는 부서에서는 해당 Wave에 추진할 과제에 대한 사전검증을 통해, 신규과제의 참신성과 순수성 등을 파악해 둘 필요가 있다.

또한 문제를 기술함에 있어서 누군가의 책임임을 거론하거나 비난하는 것도 삼가야 한다. 이 단계에서 책임을 추궁한다면, 관련 부서의 모든 작업자들은 자신에게 불이익이 생길지도 모른다는 두려움을 갖게 되기 때문에 문제를 소상하게 밝히는 것이 어려워지게 된다. 일단 발생된 문제에 대해서는 책임을 묻기보다는, 문제가 되는 사항들을 모두 찾아내고 이 중에서 가장 심각한 문제를 과제의 테마로 잡아 개선해 나가는 것이 우선이 된다.

문제에는 어떤 것들이 있는지에 대하여 팀 토의를 통해 스스로 찾아보는 것은 문제의 원인과 결과에 대한 객관적 시각을 갖기 어렵기 때문에 바람직하지 않다. 현장의 문제를 좀더 올바르게 파악하기 위해서는 고객의 소리(VOC : Voice Of Customer)를 잘 들을 필요가 있다. 그런데 고객이 누구인지 모른다면, 시장에서 요구하고 있는 품질이 무엇인지 모르는 것과 같은 것이기에 고객에 대한 명확한 정의는 반드시 필요하다. 단, 고객을 정의할 때 주의할 점은, 생산된 제품을 최종적으로 소비하는 외부고객으로만 고객을 한정해서는 안된다는 것이다. 고객은 "우리의 업무 결과물을 받는 사람"으로서 End User뿐만 아니라, 나의 다음 프로세스에서 일하고 있는 동료들도 고객이 된다. Six Sigma 프로젝트 수행 시 핵심 고객은 바로 이와 같은 내부고객들이 되는 경우가 많다. 따라서 우리의 프로젝트를 통해 어떤 결과물이 얻어지며, 이 결과물을 받아서 다음 공정을 진행할 사람들이 누군지를 잘 파악할 필요가 있다. 고객이 누군지 확실해졌다면, 이제는 그들이 무엇을 원하고 있는지, 우리의 프로세스에서 무엇이 문제라고 생각하고 있는지를 확인해야 한다. 이는 우리 팀이 해결하려고 하는 문제가, 고객들에게 다급하고 중요한 문제로 인식되고 있는지를 생각해야 한다는 것이다. 대부분의 고객의 소리는 매우 거칠고 비전문적인 용어들이기에 이를 순화하여 구체적이고 전문적인 용어로 바꿀 필요가 있다. 이를 고객핵심요구사항(CCR : Critical Customer Requirement)이라 하며, 목표기술에서 언급될 CTQ(Critical To Quality)와 직접 연결된다.

3. "목표기술"을 손질하는 방법

목표기술의 목적은 프로젝트 종료 시점에 무엇을 성취할 수 있을지를 정의하는 것이다. 개선 결과를 검증할 수 있으려면 성능지표나 측정치를 포함해야 하며, 이에 대한 목표 수준을 설정해야 한다. 구체적으로 측정 가능한 성능지표를 CTQ라 하며, 이는 과제를 진행해 나가는 방향이자 목표지점을 나타내는 값이다. CTQ를 어떻게 측정할 것이며, 어느 정도의 목표 수준을 설정할 것인가 하는 것은 전체 과제진행에 있어서 매우 중요하며 과제의 성패를 좌우한다고 할 수 있다. 대체로 CTQ는 계량기기로 직접 측정하는 계량형(연속형)데이터이기보다는, 불량률과 같이 어떤 사건이 발생한 수를 세는 계수형(이산형)데이터인 경우가 많다. 계량형데이터는 측정의 불편함이 있지만, 현상을 분석하고 설명함에 있어서는 계수형데이터 보다 유리하다. 따라서 되도록이면 계수형보다는 계량형데이터로 CTQ를 표현할 방안을 생각해 보아야 한다.

프로젝트 목표 수준을 달성할 경우에 예상되는 유·무형의 효과 산출을 통해 프로젝트의 재무/비재무적인 가치를 평가하는 것도 목표기술 안에 반드시 설명되어야 한다. 유형의 효과라 불리는 재무성과는 재무제표 상에 실제로 반영되는 금액을 의미하며, 체질 개선 효과는 당장은 직접 재무성과로 반영되지는 않지만, 미래가치 또는 타 업무의 인프라가 되는 성과 등을 말한다. 블랙벨트는 효과 산출의 근거를 준비하여 재무 전문가의 도움을 받아 재무성과를 산출하게 된다. 또한 무형적인 효과 즉, 비용으로 계량화할 수는 없지만 프로젝트의 가치를 결정하는데 중요한 요소에 대해서도 고민해야 한다. 일반적으로 사용되는 유·무형의 효과들은 다음과 같은 것들이 있다.

- **비용 감소 :** 비용 절감, 비용 회피, 생산성 향상
- **품질 개선 :** 불량 제거, 성능 개선, 고객만족 향상
- **Cycle Time 개선 :** Lead Time 단축, 수율 증가, 납기 개선
- **새로운 기회 :** 새로운 제품 공정, 서비스 공정능력, 새로운 납기 채널

4. "과제의 범위지정"을 손질하는 방법

프로젝트 팀이 어느 제품/서비스/프로세스에 초점을 맞출 것인지 정의하는 것으로서, 개선하고자 하는 프로세스의 경계와 자원의 폭을 지정한다. 프로젝트 범위를 너무 넓게 정의하면, 프로

젝트 팀이 영향을 미칠 수 없거나 자원을 활용할 수 있는 범위를 넘어서게 된다. 반대로, 프로젝트 범위를 너무 좁게 정의하면, 제한된(종종 실망스러운) 결과를 얻게 된다. 프로세스를 명확하게 정의하고 프로젝트 범위의 기초를 설정하기 위해 일반적으로 프로세스 맵을 이용한다. 프로세스 맵의 종류에는 Top-Down Process Map, Functional Deployment Process Map, Value Stream Map 등이 있는데 과제의 범위를 지정하는 용도로는 〈그림 1-1〉에서 보여주고 있는 SIPOC Chart를 주로 사용한다. SIPOC Chart를 작성할 때는 우선 개선하고자 하는 Process가 어떤 것인지 명확하게 정의하고, 해당 프로세스에 Input 되는 요소가 무엇이며, 이를 제공하는 공급자(Supplier)는 누구인지 파악한다. 다음은 해당 프로세스에서 Input 요소가 가공되어 어떤 산출물(Output)이 만들어지고, 이와 같은 Output을 어떤 고객(Customer)이 받게 되는지를 확인해야 한다. 이를 통해 개선해야 할 프로세스에 걸려 있는 Input, Output 및 Supplier, Customer 등의 관계가 명확하게 된다.

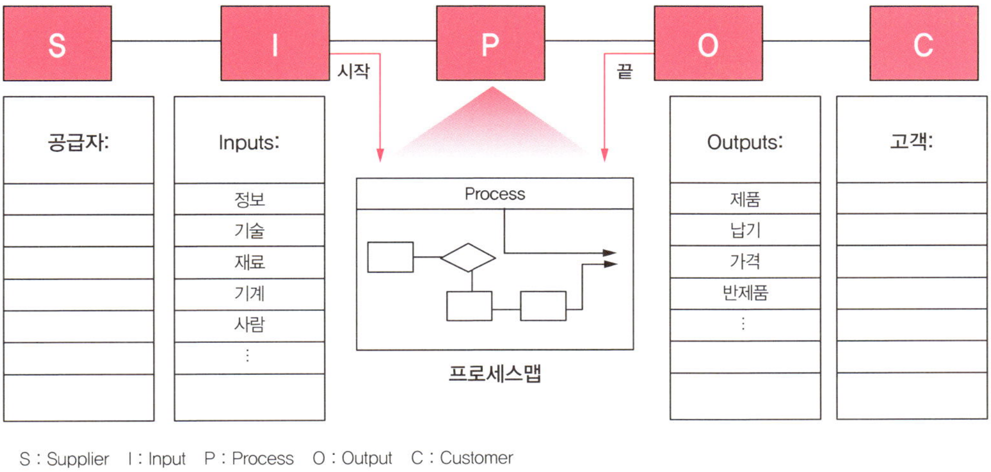

그림 1-1 SIPOC Chart

Six Sigma는 시간과 자원의 제약이 있는 프로젝트 활동이다. 너무 광범위한 영역을 한꺼번에 개선하려다 보면, 가뭄에 논물을 여기저기에 찔끔 찔금대는 것처럼 개선안 적용이 분산되어 전체적으로 효과가 지지부진해진다. 따라서, 개선영역에 대한 우선순위를 정하여, 순차적으로 개선해 나가는 것이 좀더 효과적으로 문제를 풀어가는 방안이라 할 수 있다. 과제의 범위를 지정하는 것은 바로 이와 같은 목적 때문에 필요하며, 동일한 테마에 대한 과제를 몇 차수에 걸쳐서 개선의 영역을 바꾸어 가며 진행하다 보면, 전 영역에 대한 좀더 치밀한 개선이 이루어질 것이다.

5. "일정수립"을 손질하는 방법

일반적으로 Six Sigma 과제는 4개월~6개월 정도의 일정이 소요된다. 그 정도의 일정을 팀에 부여하고 알아서 과제를 마무리하도록 하면 되는데, 굳이 Define, Measure, Analyze, Improve, Control의 5단계로 과제 진행을 나누어 놓은 이유가 무엇일까? Six Sigma 과제는 단계별 Tollgate를 하는 것을 원칙으로 한다. 즉, 각 단계를 마무리한 후 Champion과 MBB에게 마무리된 단계의 내용을 발표·보고하고, Champion의 승인하에 다음 단계로 넘어가는 것을 말하는 것이다. 과제 수행에 있어서 가장 중요한 일들을 크게 5개의 덩어리로 나누고, 각 단계별 Tollgate를 통해 과제의 일정관리 및 단계별 수행품질을 보증하기 위해서 DMAIC의 5개 단계로 나누어 놓은 것이다. Six Sigma의 일정을 수립하는 것은 바로 DMAIC 5개 단계별 Tollgate 일정을 정하는 것이다. 가장 바람직 한 것은 모든 단계별 Tollgate 일정을 정하고 매 단계별로 승인을 얻는 것이나, 일반적으로는 과제의 시작을 선언하는 Kick Off, Analyze 단계를 마무리한 후에 하는 중간발표, 과제의 전과정을 마무리한 후에 하는 최종발표를 일정수립의 기준점으로 삼게 된다. 이를 위해서는 각 팀별로 알아서 일정을 수립하기보다는, Six Sigma 추진 사무국에서 위의 세 가지 발표시점을 Champion과 협의하여 미리 정하고, 이를 프로젝트 팀에게 사전 공지함으로써 모든 팀이 동일 시점에 위에서 언급한 발표를 할 수 있도록 해야 한다.

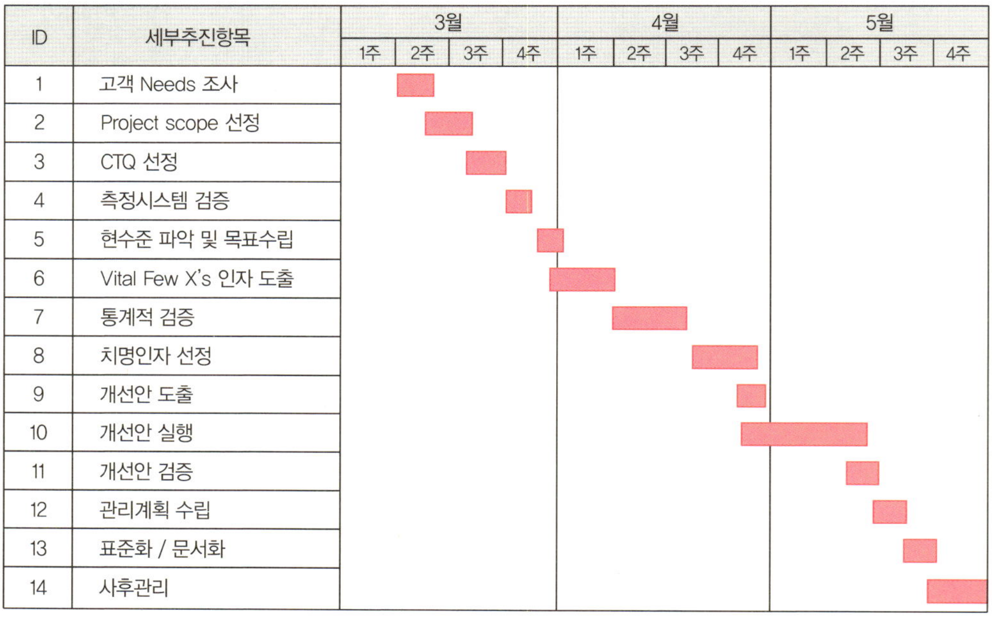

그림 1-2 Gantt Chart

일정 수립시 많이 사용되는 도구는 Gantt Chart인데, 〈그림 1-2〉와 같은 형태를 띤다. 이는 1919년 미국의 간트가 창안한 것으로 작업계획과 실제의 작업량을 작업일정이나 시간으로 견주어서 평행선으로 표시하여 계획과 통제기능을 동시에 수행할 수 있도록 설계된 막대도표(Bar Chart)로 '막대그래프 차트'라고도 한다. 간트는 과업의 성과뿐 아니라 일정 계획의 작업순위를 결정할 수 있는 기준이 확립되어야 한다고 주장했는데, 과업의 작업순위가 효과적으로 계획 · 조정 · 수행되려면 최적 타이밍 결정이 우선되어야 한다고 보았다. 일정 계획이 수립되어 있지 못하면 병목현상이 발생하고 비효율이 내재돼 전체 시스템의 기능을 저하시킨다는 것이다. Six Sigma 일정 계획 수립에 사용되는 간트 차트는 한 축에 시간의 흐름을 표시하고 다른 한 축에 활동에 요구되는 과업들을 표시해 줌으로써, 전체 과제추진의 일정 계획을 수립하고 핵심 과업이나 지체 작업을 손쉽게 파악할 수 있도록 해준다.

6. "팀구성"을 손질하는 방법

품질분임조(QC Circle)와 Six Sigma 프로젝트팀은 비슷한듯하면서도 서로 다른 특징을 가진다. 분임조는 동아리 조직과 같은 것으로 6~10명의 소규모 인원들(유관 업무를 담당하는)이 자신들이 일하고 있는 현장의 문제점을 찾아서 자체적으로 문제를 해결하는 것이다. 분임조 활동은 어떤 문제(과제)를 해결했다고 해서 한 번에 그치는 것이 아니며, 분임조 토의를 통해 또 다른 새로운 문제를 찾아서 지속적으로 해결해 간다. 이런 과정을 통해 상호 간의 친목을 도모하고 공정에 대한 이해도를 높이는 목적을 가진다. 반면에, Six Sigma 프로젝트는 어떤 문제를 해결하기 위해 문제 해결에 대한 전문가들로 구성된 팀을 외부에서 만들고, 정해진 기간 안에 과제를 완료한 후 팀은 해체되어 구성원은 다시 원래의 자리로 돌아가는 구조를 말하는 것이다. 따라서 프로젝트 팀의 구성원은 아무나 배정되는 것이 아니라, 해당 팀에서 왜 그 사람을 필요로 하는지에 대한 역할이 명확한 사람들로 구성되는 것이다.

야구나 축구와 같은 스포츠팀을 구성할 때도 각각의 기능별 적절한 인원이 필요한 것처럼, Six Sigma팀을 어떻게 구성하는가 하는 것은 과제성공과 밀접한 관계를 가질 수밖에 없다. 성공적 팀을 구성하기 위해서는 리더와 팀원을 분명히 하고 각 과제참가자에 대한 업무를 명확하게 분장해야 한다. 팀원은 해당 프로세스를 잘 아는 사람으로 선정하되 팀원 외에 일시적으로 필요한 사람은 챔피언의 승인을 득함으로써 부서 간 협조 요청을 통해 Part time으로 도움을 얻을 수 있도록 한다. 팀원이 너무 많으면 서로 미루거나 팀플레이에 저해되는 상황이 자주 발생될 수 있기에, 아무리 큰 프로젝트라 할지라도 리더 포함 5명이 넘지 않는 규모로 팀을 구성해야 한다. 일반적으로 BB 과제는 리더 1명에 3~4명 정도의 팀원으로 구성되며, GB 과제는 리더를 포함한 전체 인원이 2~3명 정도이면 충분하다. Six Sigma 뿐만 아니라 공정개선 등을 목적으로 새로 구성된 팀은 다음과 같은 4단계의 발전과정을 거치면서 성숙도를 높여가게 된다.

1) Forming(탐색기)

팀이 처음 구성되는 시기로서 팀원은 매우 독립적으로 행동한다. 보통의 경우, 팀의 목표와 문제에 대해 상대적인 이해가 부족하기에, 리더는 팀의 기본 규칙을 세우고 팀원들이 서로 이해하고 신뢰할 수 있도록 팀을 단결시켜야 한다. 이를 위해서는 과제를 통해 성취할 수 있는 도전적인 목표를 설정하며, 목표달성을 위해 각 팀원의 역할과 기대사항이 무엇인지를 분명히 해주어야 한다. 또한, 과제의 추진 방향을 명확하게 제시하고 관련 정보를 제공해야 한다. 이와 같은 과정을 통해 팀원들이 자기 자신을 팀의 일부로 인정하면 다음 단계로 넘어가게 된다.

2) Storming(갈등기)

프로젝트팀의 내부적인 갈등이 높은 시기로서, 프로젝트 성향에 맞춰 리더가 원하는 방향으로 팀원들을 이끌어가는 것에 저항하는 시기이다. 혼란스러운 이 단계에서 리더는 각 개인 및 차이에 대한 포용력이 필요하다. 현재 발생하고 있는 갈등이 일반적인 것임을 인지시키고, 팀 내의 이슈를 표면화하여 투명하게 해결해야 한다. 적극적 청취를 통해 팀원들로부터 정보를 끌어내고 피드백하는 과정에서 리더와 팀원 간의 상호지지적 관계를 만들어 가고, 팀플레이에 도움이 되는 행동을 칭찬하는 등의 긴장수용 및 갈등조절을 해주어야 한다. 팀 내의 갈등이 해소되고, 리더의 리더십이 받아들여지면서 다음 단계로 넘어간다.

3) Norming(형성기, 표준화)

리더의 주도하에 팀원들의 의견을 모아 기본 규칙, 가치, 행동, 방법 등이 만들어지면서, 자신들의 행동을 서로에게 맞추는 시기이다. 문제 해결과 그룹의 조화를 위한 의식적인 노력 및 동기부여 수준이 증가한다. 어느 한 팀원에게 전적으로 의지하지 않고 모든 팀원이 자발적으로 팀플레이에 참여토록 격려하며, 팀원 각자에게 좀더 많은 책임감을 부여하는 동시에 팀 활동이 좀더 자율적이 될 수 있도록 노력한다.

4) Performing(실행기, 수행기)

팀원 간의 큰 갈등 없이 잘 운영되기에, 팀이 하나의 단위로 기능할 수 있는 시기이다. 부적절한 갈등이 없기에 외부 감독도 필요 없으며 작업을 부드럽고 효과적으로 마무리할 수 있다. 팀원들은 서로를 잘 이해함으로써, 어떻게 자신들의 역량을 잘 조화 시켜 팀의 목표를 함께 성취할 것인가에 집중한다. 이 시기에 리더는 적극적인 개입은 최대한 지양하고, 팀이 스스로 필요한 결정을 내리도록 권한을 위임하는 것이 좋다.

쉬어가는 글

리더와 보스의 차이

보스는 부하를 다그치지만
리더는 그들을 코치합니다.

보스는 “나”라고 말하지만
리더는 “우리”라고 말합니다.

보스는 권위에 의존하지만
리더는 공익을 목적으로 합니다.

보스는 두려움을 이용 하지만
리더는 열정을 불어 일으킵니다.

보스는 실수에 대해 비난 하고
리더는 실수를 해결 해주려 합니다.

보스는 어떻게하면 되는지를 알려주지 않지만
리더는 그것을 보여줍니다.

보스는 명령하지만
리더는 요청합니다.

보스는 ‘가라’라고 하지만
리더는 같이 ‘가자’라고 말합니다.

결론적으로
“보스는 두려움을 만들고 리더는 확신을 창조합니다.”

지금까지 설명한 Define의 6가지 항목들에 대하여 구체적인 사례를 통해 이해하도록 한다. 어느 특정 분야에 대한 사례는 해당 영역에 종사하고 있는 분들은 이해하기 쉬우나, 그렇지 않은 경우는 사례 자체에 대한 이해도가 떨어질 수 있기에, 누구나 쉽게 이해할 수 있도록 가상으로 만든 어느 식당의 매출 개선 사례를 통해 Define~Control까지 전 과정을 설명하도록 하겠다.

■ 과제 선정 배경

지난 몇 년간 한정식 음식점을 운영하던 A 씨는 최근의 매출현황을 보고 깜짝 놀랐다. 고객의 불만은 계속 증가하여 주변의 식당 중에서 가장 불만이 많은 식당이 되고 있으며, 이에 따라 식당의 고객 수와 매출액은 지속적으로 감소하고 있다. 더군다나 최근 몇 달 간의 매출 실적은 사업의 지속 가능성에 의구심이 들 정도로 최악의 상황으로 치닫고 있다. 특히, 매장을 운영하기 위한 최소매출 기준인 3천만 원/월 이하의 실적이 몇 달에 걸쳐서 연속으로 나타나고 있기에, 하루빨리 고객 불만을 줄이고 매출을 정상화 시킬 수 있는 방안을 마련하지 않으면 조만간 문을 닫을 수밖에 없을 것 같다.

위의 상황을 좀더 객관적으로 파악하기 위해 2012년 1월부터 2013년 9월까지의 매출과 고객 불만 건수에 대한 데이터를 수집하였다. 2012년 1월에는 월 매출 4천5백만 원 정도이며 고객 불만 건수는 25건 정도였다. 시간이 지남에 따라 고객 불만 건수가 증가하고 있으며, 매출액은 점차 줄어들고 있다. 2013년 9월 현시점에서 매출액은 2천4백5십만 원이며, 고객 불만 건수는 두 배 정도 증가한 50건으로 기록되었다.

연도	월	매출액(백만 원)	고객 불만 건수
2012	1월	45.0	25
2012	2월	43.5	22
2012	3월	41.5	29
2012	4월	41.0	30
2012	5월	43.0	27
2012	6월	41.0	30
2012	7월	40.3	33
2012	8월	39.1	34
2012	9월	38.0	32
2012	10월	34.5	35
2012	11월	35.8	35
2012	12월	36.8	33
2013	1월	37.1	36
2013	2월	35.9	36
2013	3월	35.5	35
2013	4월	32.6	38
2013	5월	34.5	40
2013	6월	29.9	43
2013	7월	29.0	41
2013	8월	23.7	45
2013	9월	24.5	50

이와 같은 현재의 상황을 표를 통해 설명할 수도 있으나, 더 바람직한 방법은 그래프를 통한 시각화이다. 이때 가장 좋은 그래프는 시계열도이므로, 미니탭을 이용하여 그래프를 그려보면 다음과 같다.

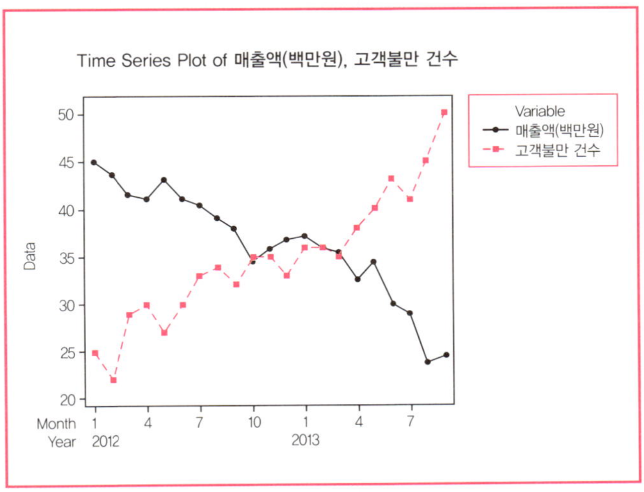

시계열도의 검은색 실선은 월별 매출실적이 지속적으로 감소하고 있음을 보여주며, 반비례하여 빨간색 점선은 고객의 불만 건수가 계속하여 증가 추세에 있다는 것을 나타낸다. 이와 같은 데이터 추이를 통해서, 고객의 불만 건수를 줄이고 매출을 향상시킬 수 있는 프로젝트를 통해 현재의 위기 상황을 탈피해야 한다는 것을 알 수 있다.

▪ 문제기술

현 상황의 문제를 우리의 시각에서만 관망하게 되면, 중요한 사항들을 빠트릴 수 있기에, 고객의 입장에서 우리의 무엇이 문제이고 잘못된 것들인지를 찾아보도록 해야 한다. 우리 매장의 고객들을 대상으로 일정 기간 동안 심도 있는 인터뷰를 진행하여, 다음과 같은 불만사항들이 있음을 알아내었다.

- 다른 한식당에 비해 반찬 수가 부족하다.
- 밥의 맛이 떨어진다.
- 전반적으로 위생상태가 불량하다.
- 종업원들이 불친절하다.
- 매장의 인테리어가 촌스럽다.
- 주문한 음식이 나올 때까지의 대기시간이 너무 길다.
- 가끔씩 주문한 음식이 아닌 다른 음식이 나올 때가 있다.

이상의 고객 불만에 대한 데이터를 수집하여, 아래의 왼쪽과 같이 불만 유형별 빈도에 대한 표로 정리하였다.
고객의 불만 유형과 빈도가 깔끔하게 표로 정리되어 있기는 하나, 데이터에 대한 이해도를 높여주는 더 좋은 시각화 방법을 고민해 볼 필요가 있다. 이때 사용할 수 있는 그래프는 파레토도가 있으므로, 미니탭을 이용하여 이를 나타내 보면 다음과 같다.

불만유형	빈도
반찬 수	37
밥맛	98
위생	12
친절도	14
인테리어	23
대기시간	9
주문오류	5

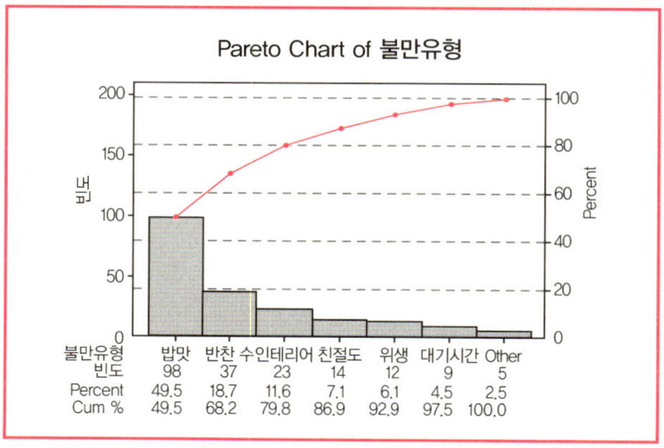

파레토도의 Cum % 부분에는 해당 불량유형까지의 누적비율이 나타나는데, 일반적으로 상위 80%까지를 핵심 불량유형으로 정의할 수 있다. 위의 그래프에서는 상위 80%에 해당하는 불만 유형으로 밥맛, 반찬 수 그리고 인테리어 정도를 들 수 있는데, 이 중에서도 밥맛 자체에 대한 불만이 거의 50%에 근접하고 있음을 알 수 있다. 제조공정의 혁신을 위해 모든 문제를 동시다발적으로 해결하는 것도 문제 해결의 가능한 방법일 수는 있으나, 시간과 비용이라는 제약 조건하에서는 선택과 집중을 통해 중요문제 순으로 해결해 나가는 것이 좀더 효율적인 방법이 될 것이다. 파레토도는 어떤 문제에 집중해야 하는 것인지를 쉽게 파악하는데 도움을 줄 수 있는 도구이며, 일반적으로 과제 도출 및 문제기술과 같은 초기보고서 작성 시 많이 사용된다.

목표기술

고객의 소리로부터 청취된 다양한 문제들로부터 가장 중요한 문제는 '밥의 맛'이 없다는 것임을 확실하게 알 수 있었다. 따라서 밥의 맛을 개선함으로써 고객의 불만 건수를 줄이며, 동시에 매출액을 견인할 수 있는 동력을 얻을 수 있을 것이다. 문제기술에 나와 있는 문제 중에서 가장 중요한 문제를 CTQ(Critical To Quality)로 정하게 되는데, 이 사례에서는 밥맛을 CTQ로 선정하였다. CTQ의 현 수준을 알아보기 위해, 한 달 동안 매장을 방문한 고객들을 임의로 선정하여 밥맛의 만족도에 대한 데이터를 수집하였다.

보통까지의 응답을 불량으로 간주한다면, 전체 500명의 고객 중에서 43.6%의 고객이 밥맛에 불만을 표하고 있는 상태이다. CTQ인 밥맛의 현 수준은 불량률 43.6%로 하고, 개선 목표는 불량률 10% 이하의 수준이 되게끔 하는 것으로 정하였다. 이를 막대그래프로 표현하면 다음과 같이 된다.

평가	빈도(명)	양/불
매우불만	1	불량
불만	67	불량
보통	150	불량
만족	207	양
매우불만	75	양

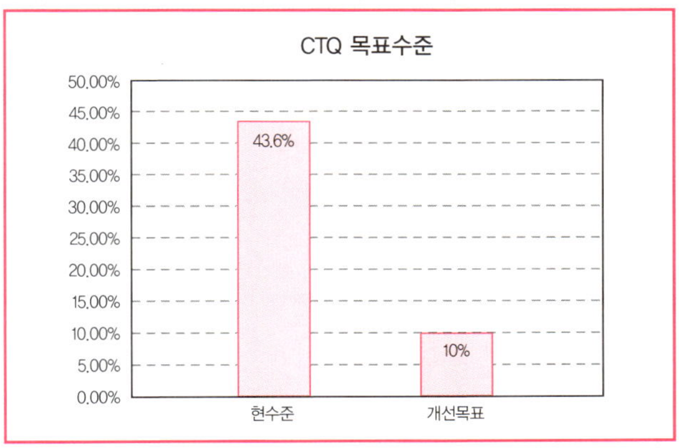

목표기술에는 단순히 CTQ에 대한 목표만을 기술하는 것이 아니라, 목표달성 시 기대되는 효과를 미리 산정하는 것을 반드시 포함하고 있어야 한다. 모든 Six Sigma 과제는 결과적으로 회사에 어떤 기여를 하기 위해 하는 활동이며, 이를 명확하게 파악함으로써 개선팀의 활동이 조직에 유형/무형으로 어떤 기여를 하는지 확인해야 한다. 유형의 효과로 알려져 있는 재무효과를 파악하기 위해서는 효과 산출의 근거를 확실하게 밝혀서 추후 발생할 수 있는 잡음을 사전에 통제해야 한다. 한편,

재무적인 효과 외에도 돈으로 환산하기는 어려우나 향후 매출 향상에 기여할 수도 있는 비재무적인 무형의 효과도 찾아서 기술 함으로써, 우리 과제가 어느 방향으로 전개되고 어떤 효과를 기대하고 있는지를 챔피언과 팀원들 모두 공유하고 있을 필요가 있다. 식당매출 개선 과제의 경우 가상의 사례이므로 정확한 효과산정표가 없기에, 대략적으로 월 매출 500만 원 정도의 향상를 기대할 수 있다고 가정하겠다. 일반적으로 Six Sigma의 효과산정은 1년을 단위로 하므로, 본 과제를 통해 연 6천만 원 정도의 매출 개선을 기대할 수 있는 것으로 본다.

■ **과제의 범위지정**

밥을 짓는 프로세스를 살펴보니, 쌀 씻기 → 돌 제거(조리질) → 물 조절하기 → 온도 조절하기 → 시간 조절하기 → 뜸들이의 순으로 진행되고 있었다.

이 중에서 밥의 맛에 가장 영향을 주는 프로세스는 물 조절하기에서 시간 조절하기까지라고 한다면, 이 부분에 한정하여 과제를 진행하게 된다. 과제의 범위지정에 가장 많이 사용하고 있는 SIPOC 차트를 이용하여 표현하면 다음과 같다.

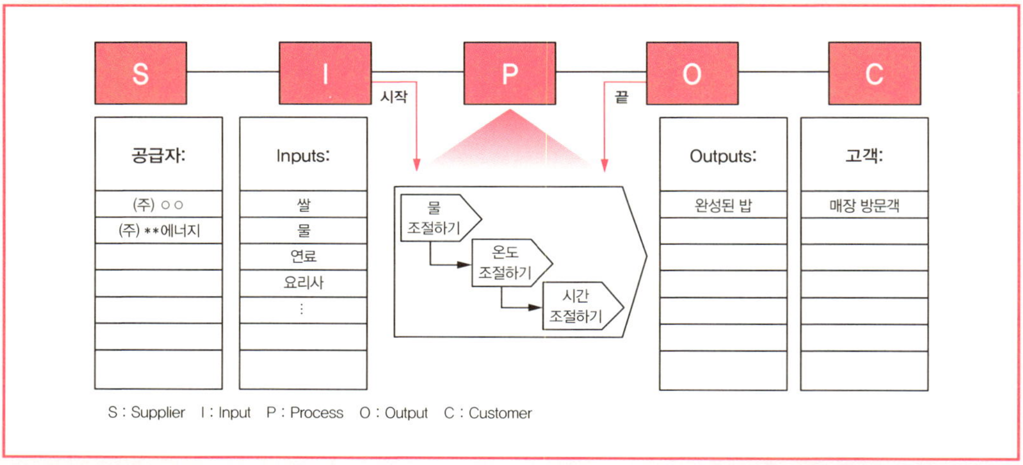

과제의 범위에서 지정한 곳 이외의 프로세스에 대해서는 본 과제의 개선팀은 책임을 지지 않음을 과제 수행 초기에 챔피언과 협의하는 것이며, 업무의 영역을 확실하게 구분함으로써 개선활동의 몰입도 및 업무 집중도를 높이고자 하는 것이다.

■ **일정수립**

과제의 중요도 및 시급함에 따라 일정은 변경될 수 있는 것이긴 하나, 일반적으로 Six Sigma 과제는 4~6개월의 기간 동안 수행하게 된다. 본 과제는 4개월 동안 진행하도록 하였으며, 중간발표와 최종발표가 계획되어 있는 시점을 고려하여 Analyze 및 Control의 마무리 시점을 정하였다. 각 단계별 세부활동 사항들을 반영하여 다음의 간트차트에 구체적인 추진일정 계획을 표시하였다.

ID	세부추진항목	기간														
Define	과제도출	■														
	과제정의		■	■												
	과제승인			■												
Measure	Y의 발굴				■											
	Gage R&R				■	■										
	시그마수준					■										
Analyze	잠재인자발굴						■									
	인자분석						■	■	■							
	핵심인자선정								■							
Improve	개선방향성									■						
	핵심인자개선									■	■	■	■			
	Pilot Test												■			
Control	관리계획수립													■		
	개선안관리													■	■	
	정리 및 공유															■

모든 일이 그렇듯, Six Sigma 과제도 일정에 따라 정확하게 진행하기는 어렵다. 예상치 못한 사건 · 사고들이 불시에 발생할 수 있고 이에 대한 수습시간을 가져야 하기에, 일정 계획은 예정되어 있는 시점보다 1~2주가량 앞당겨서 작성되어 있어야 한다.

■ 팀구성

본과제는 매니저 K 씨가 리더로서 과제를 이끌고, 홀 서비스 P 씨와 주방 직원 Y 씨의 3인이 진행하기로 하였다. 홀서비스를 맡고 있는 P 씨는 미니탭을 이용한 데이터수집 및 분석을 수행할 능력

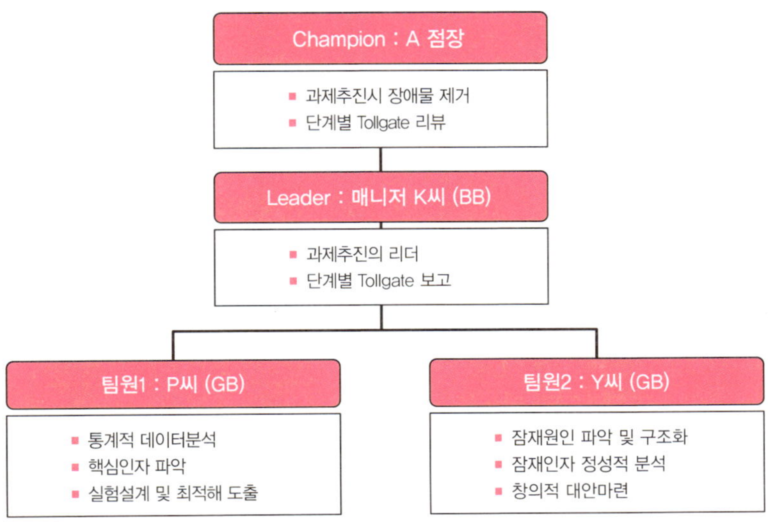

을 갖추고 있으며, 주방의 Y 씨는 고객의 소리를 듣고 문제의 원인들을 분석하는 등의 업무를 하기로 하였다. 이를 반영하여 앞 페이지의 그림과 같이 프로젝트 팀을 구성을 하였다.

팀 조직도에는 되도록이면 팀원별 역할이 무엇인지 명확하게 밝혀 둘 필요가 있다. 역할 분담이 명확하지 않을 경우 서로 미룰 수 있기에, 자신의 업무가 무엇이고 어떤 일들을 해야 할지에 대한 가이드라인을 제시하는 것이 바로 리더의 역할이라 할 수 있다.

'지금까지 작성한 모든 내용을 아래와 같은 한장의 보고서(프로젝트 추진계획서)로 작성하여 챔피언과 MBB에게 보고하였다.'

과제선정배경(Business Case)

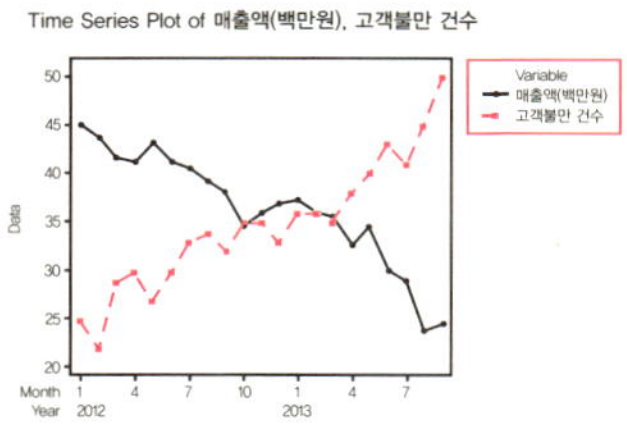

- 지난 21개월 간 월별 매출현황은 지속적으로 하락하고 있으며, 고객불만은 증가하고 있다.
- 최근 3개월 연속 최저 매출 기준에도 못 미치는 실적을 보이고 있으며, 이 상황이 지속되면 폐업이 우려된다.

문제 기술(Problem Statement)

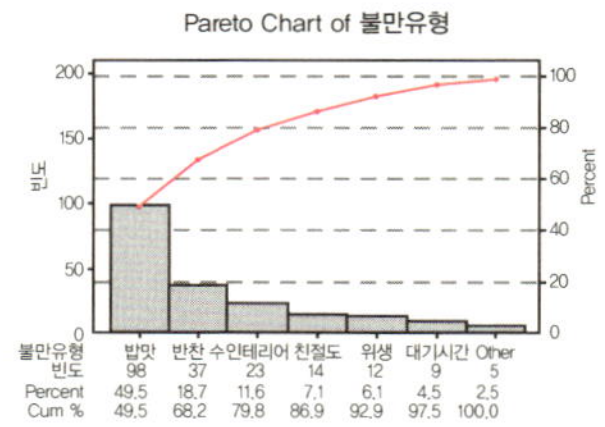

- 매장방문 고객을 대상으로 본 매장의 문제점에 대한 VOC를 청취하였다.
- 다양한 고객의 불만을 청취한 결과 밥이 맛 없다는 것이 가장 큰 문제임을 파악하였다.

과제선정배경(Business Case)

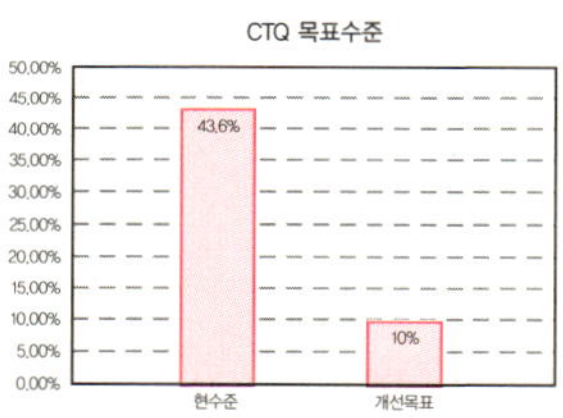

- 본 과제의 CTQ는 밥의 맛으로 선정하였다.
- CTQ에 대한 현수준 파악을 통해 불만고객의 비율은 43.6%임을 확인하였다.
- CTQ의 목표는 불량률 10% 이하이며, 목표달성 시 연간 6천만원 정도의 매출증가가 기대된다.

문제 기술(Problem Statement)

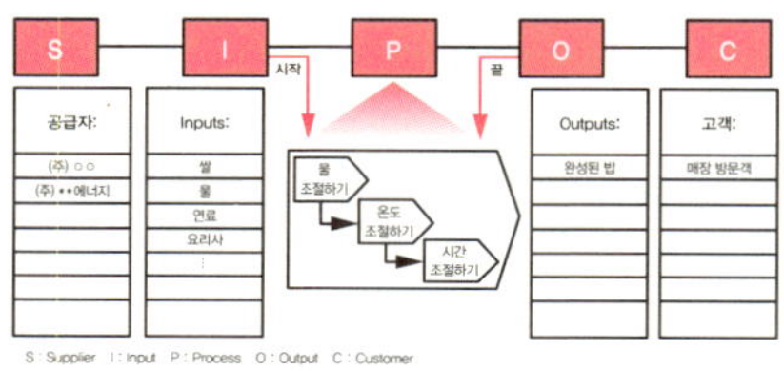

- 밥을 짓는 전체 공정 중에서 밥 맛에 직접적인 영향을 주는 프로세스인 물 조절하기 ~ 시간조절하기까지를 과제의 범위로 설정하였다.

과제선정배경(Business Case)

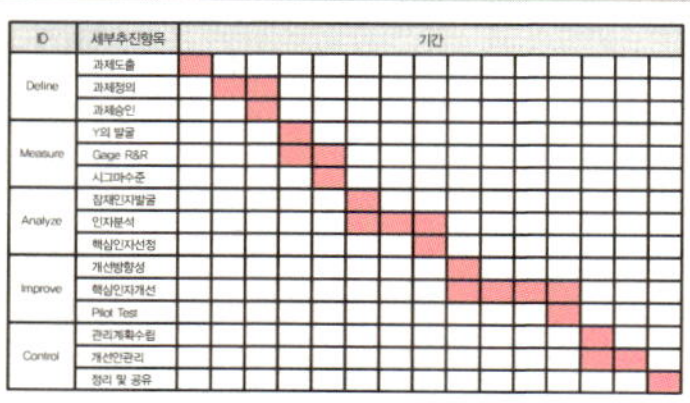

- Kick Off, 중간발표 및 최종발표 일정을 기준으로, Define ~ Control까지의 모든 진행 단계 및 하부상세 일정에 대한 추진계획을 수립하였다.

문제 기술(Problem Statement)

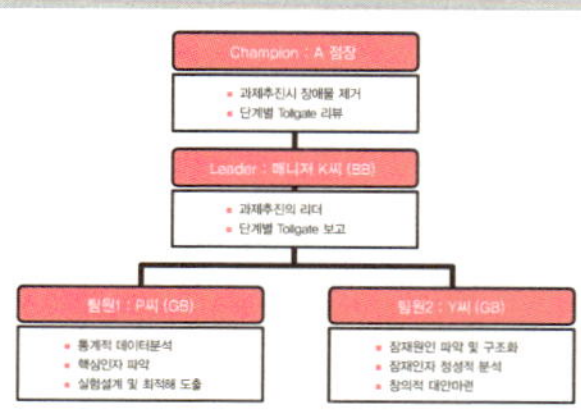

- Champion, 리더 및 팀원들을 지정하고, 과제추진 담당자별 역할을 명확화 하였다.

Course. 2

Measure Recipe

일반적으로 측정한다는 것은 사건(Event)의 발생 수를 세는 것보다는 무게나 길이 등을 재서 계량(計量) 한다는 의미에 가깝다. 어떤 상황을 계량형으로 측정할 수 있다면 데이터 분석, 개선안 실행 그리고 성과 관리 등이 매우 수월해진다. Define 단계의 지표인 CTQ는 계수형 지표인 경우가 많다. 따라서 CTQ를 가장 잘 표현할 수 있는 측정 가능한 계량형 지표 Y를 정의하는 것으로 Measure 단계는 시작된다. Y가 정의되었다면, 측정 시스템이 믿을 만하고 이를 통해 수집되는 데이터가 신뢰할 수 있는지를 Gage R&R을 통해 확인한다. 그리고 Y의 현재 수준이 어느 정도이며, CTQ의 목표를 달성하기 위해서는 Y의 목표를 어느 정도로 설정해야 하는지를 결정하게 된다. 명확한 측정을 위한 Measure 단계를 맛있게 요리하기 위해서는 다음과 같은 재료별 혼합비율을 이해해야 한다.

1. 계량형 지표 Y의 도출 40%
2. 정규분포의 이해 20%
3. 측정 시스템 분석 10%
4. Y의 시그마수준 계산 20%
5. Y의 목표수립 10%

Measure Recipe

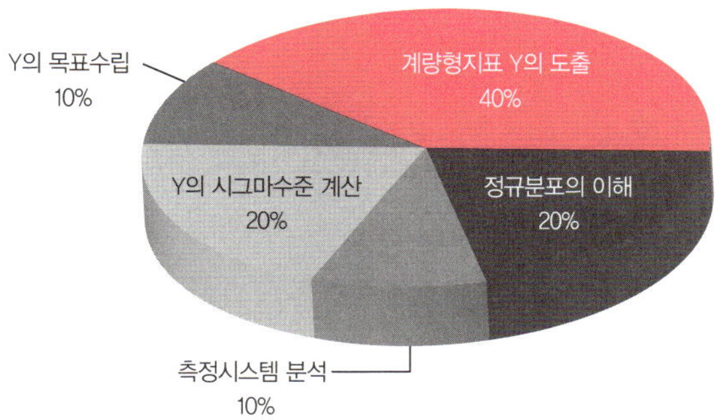

1. “계량형 지표 Y의 도출”을 손질하는 방법

“어떤 현상을 숫자로 표현하지 못한다는 것은 그것에 대하여 문제를 정확히 알고 있지 못하다는 것이고, 정확히 알지 못한다는 것은 그것을 관리할 수 없다는 것이며, 이것은 현재의 상태를 더 이상 개선할 수 없다는 것이다.” Joseph Juran, Peter Drucker, Mikel Harry 등 경영혁신의

Guru들은 공통적으로 위와 같이 측정의 중요성에 대해 언급하였다. 측정데이터는 크게 계량형(연속형)과 계수형(이산형)으로 나뉘는데, 되도록이면 직접 측정하는 계량형으로 현 수준을 파악하는 것이, 단순히 발생 수를 세는 계수형 지표를 가지고 있는 것보다는 개선활동 전개에 있어서 매우 유리하다. 계량형과 계수형을 구분할 때는 값에 소수점이 있는가 하는 것이 중요한 것이 아니라, 어떻게 해당 데이터를 취득하였는가 하는 것이 중요하다. 즉, 계량기기를 이용하여 측정하는 경우는 계량형 지표라 할 수 있으며, 그렇지 않은 경우는 계수형 지표라 지칭할 수 있다. 예를 들어 어떤 공장의 불량률이 1.25%라고 할 때, 이 값은 계량형일까 아니면 계수형일까? 단순히 지표의 값에 소수점이 있으므로 계량형(연속형)데이터라 오해할 수 있으나, 불량률은 직접 측정된 것이 아니라 총 생산량 중에서 몇 개가 불량으로 판정되었는가를 세어서 나타내는 값이므로 계수형데이터가 된다.

Measure 단계에서 사용하게 될 "Y"라는 지표는 CTQ에 대한 구체적인 측정값을 의미한다. Y는 앞에서 언급한 계량형 측정지표이며, 반드시 CTQ와 밀접한 관련이 있어야 한다. 일반적으로 Define 단계에서 파악한 CTQ는 계수형일 경우가 많다. 이를 개선이 수월한 계량형 지표 Y로 전환한 다음, Y에 대한 개선활동을 통해 CTQ의 목표가 달성되도록 하는 것이 바람직하다. 하지만, 계량형 Y 지표를 개발하는 것이 생각만큼 쉽지는 않다. 대부분의 경우 CTQ의 현 수준은 최종 공정에서 합격/불합격의 수로 파악하게 된다. CTQ의 합/불에 영향을 주는 앞 공정들의 Output 지표 중에서 계량하기 쉽고 CTQ와 연관성이 높은 지표들을 발굴하고 이들을 평가하여 가장 적절한 Y를 선정해야 한다. 예를 들어, 어떤 현금지급기(ATM) 공급업자가 자사 ATM의 성능을 개선하고자 한다. 고객(은행)이 가장 중요하게 여기는 사항이 현금지급 오류율이므로 이를 CTQ로 설정할 것이다. 그런데 현금지급 오류라는 사건은 아주 많은 경우 중에 한/두 번 발생하는 극히 드문 일이기에, 이를 측정하고 개선하는 것은 생각만큼 간단하지 않다. 거의 발생하지 않는 현금지급 오류가 어쩌다 한번 발생하면 현금지급 오류율은 급격하게 증가하기 때문에, 제대로 현 수준을 파악하기 위해서는 아주 오랜 기간 동안 다량의 데이터를 수집해야 할 것이다. 업체 입장에서는 현금지급 오류율이라는 CTQ를 개선해야 함은 자명한 것이나, 이를 개선지표로 삼게 되면 현 수준파악이나 개선의 방향을 잡는 것이 난해한 일이 된다. 이와 같은 상황에서 CTQ와 매우 밀접한 관련을 가지는 계량형 지표 Y가 필요한 것이다. 현금지급기를 이용할 때, 원하는 인출금액을 입력하고 작동 버튼을 누르면 여러 개의 프로세스를 거쳐서 최종적으로 입력한 금액이 나오게 된다. 현금지급이라는 Output을 만들어 내기 위한 프로세스 중에는 드럼이 돌아가는 프로세스가 있다. 현금인출기를 사용할 때 무엇인가가 매우 빠른 속도로 돌아가는 소리를 들은 경험이 있을 것이다. 바로 이 드럼의 회전속도의 변화에 따라 현금지급의 오류가 영향을 받는다고 한다.

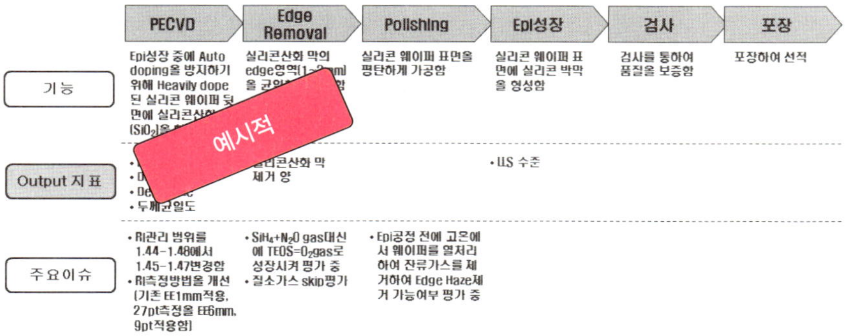

그림 2-1 Process Output 지표

해당 현금지급기의 드럼에 대한 목표 분당 회전속도가 1000RPM이라고 하고, 이에 대한 규격이 990~1010RPM으로 정해져 있다고 가정하자. 만약 드럼의 회전수가 규격의 범위 내에서 형성이 된다면 현금지급에는 아무런 오류가 발생하지 않으나, 규격 범위 밖의 회전수가 나타날 경우에는 오류가 발생할 확률이 급격하게 증가한다고 한다면, 드럼 회전수를 정해진 규격 안에서 관리함으로써 현금지급오류를 개선할 수 있게 될 것이다. 물리적인 회전이므로 드럼의 회전속도는 매번 약간씩 변할 것이며, 30번 정도만 측정해 보면 이에 대한 평균과 표준편차 그리고 분포의 모양을 확인할 수 있게 된다. 따라서, RPM이라는 계량형 지표를 이용하여 현 수준을 파악하고 문제의 원인 및 해결방안을 모색하는 것이 현금지급오류율이라는 계수형 지표를 통해 개선하는 것보다는 훨씬 쉬운 길이 될 수 있다.

Y를 통해 CTQ의 목표를 달성해야 한다는 것은 어느 정도 이해하겠지만, CTQ에 대한 구체적

공정	Output 지표	CTQ 와 연관성(①)	측정 용이성(②)	총점(①·②)	Y 선정
PECVD공정	Depo rate	△	◎	9	
	[illegible]	◎	◎	81	●
	두께 균일도	○	○	9	
	Warp/Bow변화	○	○	9	
Edge Removal공정	Edge removal량	X	○	0	
Polishing공정	Warp	X	◎	0	
에피공정	LLS수준	△	◎	9	

(◎ : 9, ○ : 3, △ : 1)

그림 2-2 Y 선정

인 계량형 지표인 Y를 찾아내는 것은 생각만큼 쉽지 않다. 이를 위해서는 개선의 범위에 포함되어 있는 프로세스를 도시하고, 각 프로세스별 Output 관리지표들을 나열한 후 평가표 등을 통해서 가장 적절한 Y를 선정하는 것이 일반적이다. 이를 표현해 보면 앞의 〈그림 2-1〉과 같다. 〈그림 2-1〉은 개선의 범위에 포함되어 있는 프로세스들과 각 프로세스별 Output 지표들을 나열한 것이다.

도출된 Output 지표 중에서 CTQ와 가장 관련성이 높고 측정이 용이한 Y를 선정하기 위해서는 〈그림 2-2〉와 같은 평가표를 많이 사용한다. 평가를 통해 가장 높은 점수를 받은 1~2개 정도의 지표를 해당 과제의 Y로 선정한다.

2. "정규분포"를 손질하는 방법

컴퓨터가 일반화되기 전까지는 일반인들이 통계적 문제를 풀고 해석하는 것은 거의 불가능했다. 최근 들어 개인용 컴퓨터와 소프트웨어의 발달로 인해 계산과 해석의 간편성이 놀라울 정도로 개선되어, 통계적 데이터 분석은 전공자가 아닌 사람들도 한번 해볼 만한 수준이 되었다. 하지만, 아직도 통계의 어려운 공식과 용어들은 일반인들의 접근을 막는 장애요인이 되고 있다. 통계정보가 신문, TV, 인터넷 등 모든 매체를 통해 주체할 수 없이 쏟아져 들어오고 있으나, 막상 이런 정보들을 올바로 이해하고 해석하는 이는 그다지 많지 않은 것 같다. 대부분의 정보들이 최소한의 설명도 없이 그대로 전달되기 때문에, 통계에 익숙하지 않은 이들은 그런 정보들이 무엇을 의미하고 어떻게 받아들여야 하는지를 파악하는 것이 쉽지는 않을 것이다. 이와 같이 매스미디어에서 제공하는 정보 외에도, 직장에서 업무를 수행함에 있어서 많은 양의 데이터를 처리하고 도표화하는데도 통계도구들을 이용하는 빈도가 높으나, 분석결과 제공자는 물론 수급자들에게 통계량 및 그래프에 대한 정확한 의미전달이 이루어지는가에 대한 의문을 가지게 된다.

본장은 통계에 대한 최고 수준의 지식을 제공하기보다는, 통계를 실무적으로 사용하는 일반인들이 통계적 의미를 좀더 쉽게 이해하고 올바르게 사용할 수 있도록 하는 기초지식을 제공하는데 목적을 두고 있다. 아무래도 통계는 수리적인 계산이 필요하기에 수학적 기반이 튼튼하다면 조금은 수월하게 이해할 수 있으나, 이와 무관한 전공자들에게는 다소간 난해한 부분이 있을 수밖에 없다. 초보자 및 비전공자들의 이해를 돕기 위해 최대한 그림과 도표들을 통해 설명하였고, 본서의 수준을 넘어가는 증명은 생략하거나 6장 "도구활용의 근거"에 좀더 자세한 내용을 담아 두었다.

1) 통계란?

다음의 〈그림 2-3〉은 통계(統計)가 무엇인지에 대하여 설명하고 있다. 가족과 함께 저녁식사를 맛있게 하기 위해서 끓인 국이 잘 요리되었는지 정확하게 알아보는 방법은 무엇일까? 물론 맛을 보면 될 것이다. 그럼, 얼마나 먹어보면 될까? 한 수저 정도면 충분할까? 조금은 황당하게 들릴 수도 있으나, 정확하게 파악하기 위해서는 한 솥의 내용물을 모두 먹어 보아야 한다. 하지만, 그 많은 국을 혼자서 다 먹을 수도 없을 뿐만 아니라, 다 먹어 버리면 가족에게 줄 것도 남지 않게 된다. 따라서 다 먹어 보는 방법 대신에, 한 수저만큼 떠서 이를 혀로 맛보고, 전체 국의 내용물이 잘 요리가 되었는지를 추론하는 방법을 사용하게 된다. 바로 이것을 통계적 추론이라고 부르게 되는데, 한 수저의 내용물(표본, 시료, 샘플)을 분석(통계량) 하여, 내가 진정으로 알고 싶은 전체(모집단)의 특성(모수)을 추론하는 것이다.

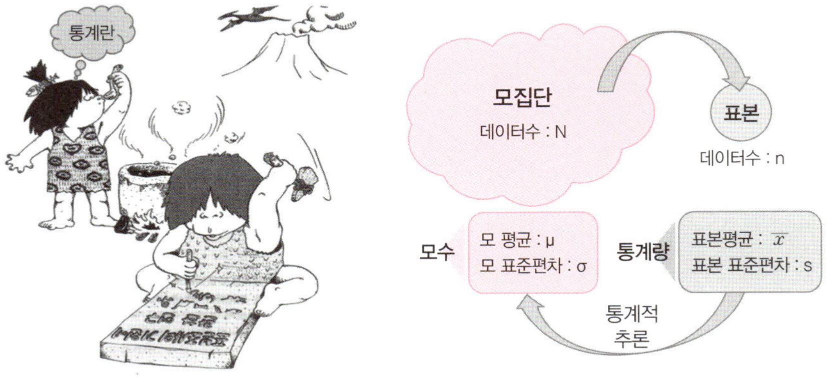

그림 2-3 통계적 추론의 이해

2) 동전 던지기와 통계의 용어 이해

통계와 동전 던지기는 매우 밀접한 관련을 가진다. 동전 던지기 게임에서 앞이 얼마나 많이 나오는가에 대한 연구로부터 통계가 시작되었다고 볼 수 있기 때문이다. 동전을 던져 앞면과 뒷면 중 어느 쪽이 나오면 이기는 게임은 주변에서 흔히 볼 수 있는 놀이 중 하나이다. 축구 경기를 하기 전에 공과 골대 중 어느 쪽을 선택할 것인가에 대한 문제도 가장 공평한 게임인 동전 던지기를 통해 해결한다. 이처럼 동전 던지기는 아주 단순한 선택의 문제에서 자주 발견되는 친숙한 게임이다.

동전을 두 개 던진다면 어떻게 될까? 한 개 일 때보다는 복잡하겠지만, 이 정도까지는 조금만 생각해 보면 어떤 결과들이 나타날 수 있는가를 예상하는 것은 그리 어렵지 않다. 예를 들어 동전을 두 개 던져서 모두 앞이 나오면 베팅 한 돈의 두 배를 준다고 하면 어떻게 해야 할까? 우선 동전을 두 개 던질 때 나올 수 있는 모든 경우의 수를 생각해 보아야 할 것이다. 두 개 모두 앞이 나올 수 있고, 반대로 둘 모두 뒤가 나올 수 있다. 그리고 앞과 뒤가 하나씩 나올 수도 있다. 그렇다면 모든 가능한 경우는 3가지 일까? 사실은 총 4가지 경우가 가능하다. 하나는 앞이고 또 다른 하나는 뒤가 나오는 경우는 두 종류가 있기 때문이다. 하나를 십 원, 또 다른 하나를 백 원짜리 동전이라고 한다면 이해하기가 쉽다. 십 원이 앞이 나오고 백 원은 뒤가 나오는 경우와, 백 원이 앞이 나오고 십 원이 뒤가 나오는 경우가 있다는 것이다.

좀더 쉽게 표현하기 위해서 앞을 Head(H)라 하고 뒤를 Tail(T)이라고 한다면, 모든 가능한 경우는 (H,H),(H,T),(T,H),(T,T)로 나타낼 수 있다. 이때 모든 가능한 경우의 수를 표본공간(Sample Space)라고 부르며, 다음과 같이 표현할 수 있다.

$$\text{표본공간} = \{(H,H),(H,T),(T,H),(T,T)\}$$

위의 4가지 경우 중에 둘 다 앞은 (H,H)이며, 해당 사건(Event)이 나타날 수 있는 가능성은 1/4임을 알 수 있다. 그럼 하나만 앞인 사건이 나타날 가능성은 얼마나 될까? 하나만 앞이 되는 사건은 (H,T)와 (T,H)의 두 개가 있으므로, 2/4의 가능성을 가지고 나타날 수 있다. 마지막으로 둘 다 뒤가 되는 사건(T,T)는 하나이므로 가능성은 1/4이 된다. 이제 가능성이라는 말 대신 확률(Probability)이라는 용어를 이용하도록 하겠다. 그럼 앞이 둘 나올 확률은 얼마인가? 이는 위에서 설명한 바에 따라 25%이다. 확률(P)을 이용하여 다음과 같이 표현하면 보다 쉽게 나타낼 수 있다.

$$P(\text{앞이 두 번 나옴}) = 25\%$$

앞이 둘 나올 가능성은 이상에서 살펴본 것처럼 25%이므로, 앞이 두 번 나올 경우에는 낸 돈의 두 배를 보상받는다면 이는 분명히 손해 보는 게임이라 할 수 있다. 최소한 50%는 돼야 공평하거나 유리한 게임이라 할 수 있을 것이다.

한편, 숫자를 표현할 때, 상수와 변수라는 용어를 사용하게 된다. 상수는 말 그대로 항상 변하지 않는 수를 의미하고, 변수는 상황에 따라 변하는 수를 말한다. 여기서 변수에 대해 좀더 생각해 볼 필요가 있다. 변하는 수를 어떻게 표현하여야 할까? 변하는 수를 숫자형태로 표현할 수는 없으므로 주로 문자의 형태를 빌려 쓰게 된다. 수학 책에서 흔하게 발견할 수 있는 변수는 "x"이다. 앞에서 언급한 동전 던지기 게임을 통해 상수와 변수의 관계를 알아보자. 만약 동전을 두 개 던질 때 앞면이 항상 1개씩 만 나온다면, 앞면의 수는 상수 1로 나타내게 된다. 그런데 동전을 두 개 던질 때 항상 앞면이 1개 나온다고 할 수 있을까? 앞면이 하나도 나오지 않는 경우도 있으며, 둘 모두 앞면이 나올 수도 있다. 따라서 동전 두 개를 던질 때 나올 수 있는 앞면의 개수는 0, 1, 2 중 하나라고 할 수 있다. 이와 같이 항상 일정하지 않고 상황에 따라 다른 값을 가지는 것을 변수라 한다.

이제 동전 두 개를 던질 때 앞면의 개수를 변수라 함을 알고, 확률과 함께 이해하는 과정을 생각해 보도록 하자. 앞면의 개수가 0일 확률은 25%, 1일 확률은 50%, 그리고 2일 확률은 25%이다. 이처럼 어떤 변수가 특정값을 가질 가능성이 확률적으로 주어진 경우, 이런 변수를 확률변수(Random Variable)이라 한다.

확률변수를 X라는 기호로 표현하면, 좀더 간단하게 확률값들을 나타낼 수 있다. 앞에서 P(앞이 두 번 나옴)=25%라고 표현한 것을 $P(X=2)=25\%$로 쓸 수 있다. 1을 100%에 대응하는 값으로 본다면 25%는 0.25에 해당한다고 할 수 있다. 따라서 위의 식을 "$P(X=2)=0.25$" 같이 표현하는 것이 일반적이다. 동전을 두 개 던질 경우에 앞면이 나오는 수를 확률변수 X로 정의할 때, 위 식은 "확률변수 X가 2의 값을 가질 확률은 25%이다."라고 읽는다.

동전을 두 개 던지는 경우, 확률변수들의 형태를 시각적으로 표현할 수는 없을까? 아주 간단하게, 확률변수와 그에 해당하는 확률값이 어떤 형태를 갖는지 그래프의 형태로 표현할 수 있다. 우선 확률변수와 해당 확률을 표의 형태로 나타낼 필요가 있는데, 이를 확률분포표라고 하며, 확률분포표에 나타난 값을 그래프로 그리면 〈그림 2-4〉와 같다. 동전 던지기와 같이 둘 중 하나만 나타나는 것을 설명하는 분포가 이항분포(Binomial Distribution)이며, 양품/불량품을 표현하는 불

확률변수 X	확률
0	0.25
1	0.5
2	0.25
총계	1

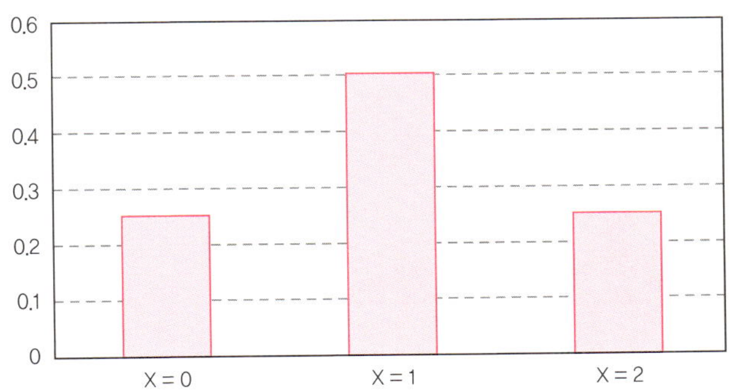

그림 2-4 두 개의 동전 던지기에서 이항확률분포

확률변수 X	확률
0	0.125
1	0.375
2	0.375
3	0.125
총계	1

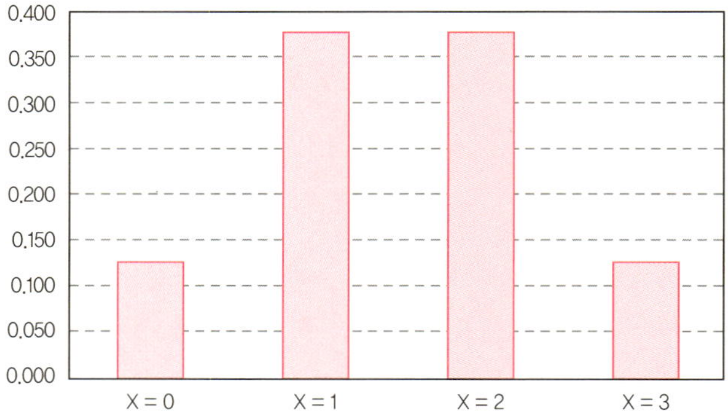

그림 2-5 세 개의 동전 던지기에서 이항확률분포

량률과 같은 값도 이항분포로 설명가능하기 때문에 품질측면에 이항분포는 매우 중요하다.

동전의 개수를 3개로 증가시키면 어떻게 될까? 표본공간={(H,H,H),(H,H,T),(H,T,H),(T,H,H),(H,T,T),(T,H,T),(T,T,H),(T,T,T)}이다. 앞면의 개수를 확률변수 X로 정의한다면, 확률분포표와 이항확률분포의 형태는 〈그림 2-5〉와 같다.

3) 이항분포에서 정규분포로 진화하기

앞과 뒤가 나올 확률이 같은 동전을 10회 던져서 앞면이 몇 번이나 나오는지 센다고 하자. 앞면이 나오는 수는 0~10까지 존재하며, 〈그림 2-6〉의 왼쪽 그래프와 같이 각 숫자에 대한 확률이 나타날 것이다. 일반적으로 중심 근처(이 문제의 경우는 5)에서 가장 높은 확률이 나타나며, 양쪽 끝으로 갈수록 나타날 확률은 줄게 될 것이다. 던지는 동전의 수가 많아져도 이와 같은 패턴은 변하지 않기 때문에, 〈그림 2-6〉의 오른쪽과 같은 모양을 띄게 된다는 것쯤은 동전을 던져본 사람

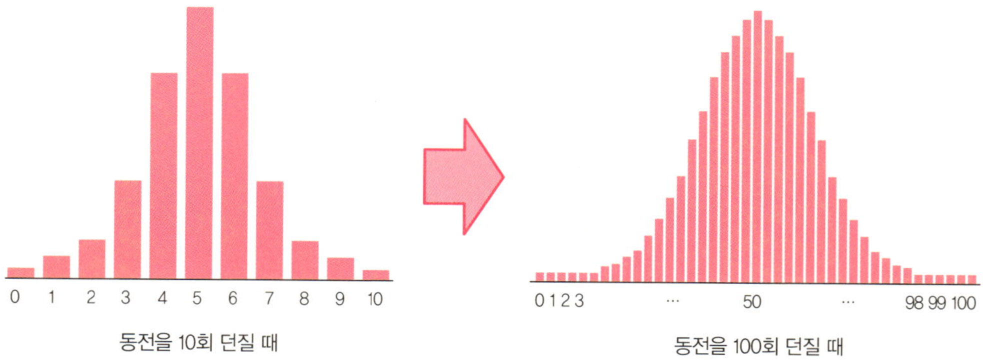

그림 2-6 시행횟수에 따른 이항분포

이라면 누구나 직관적으로 이해할 수 있다.

이와 같은 동전 던지기를 무한대로 하게 되면 어떤 모양이 나타나게 될지도 너무 자명하다. 동전 던지기(앞과 뒤가 나타날 확률이 50 : 50) 같이 둘 중 하나만 나타나는 이항데이터 수집을 무한 반복하는 경우 〈그림 2-7〉과 같은 형태의 분포가 나타나는데, 이를 정규분포라 하며 이에 대한 이론체계를 확립한 사람은 가우스이다. 가우스는 세상의 일반적 오차항의 모습을 연구하는 과정에서 이와 같은 분포의 모습을 발견하게 되었기에, 이를 일반 오차항 분포(Normal Distribution)라 불렀다. "정규분포(正規分布)"라는 조금은 난해한 일본식 이름을 이용하게 된 것은 일제라는 암흑의 역사가 우리에게 있었기 때문이나, 너무나 오랜 기간 동안 정규분포라는 이름을 써왔기에, 하나의 고유명사로서 그대로 사용하도록 하겠다.

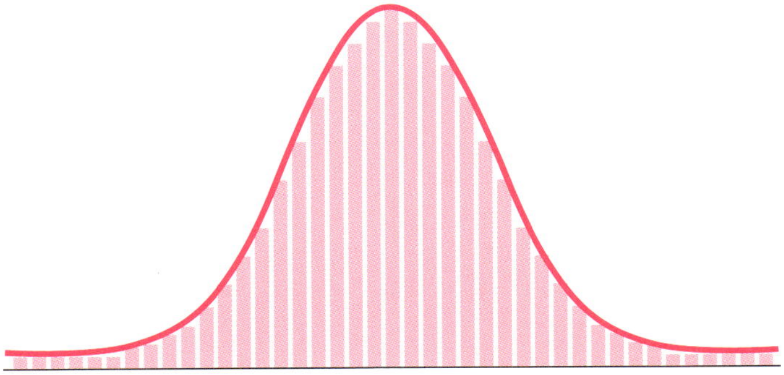

그림 2-7 정규분포의 모양

정규분포의 모양은 평균과 표준편차에 의해서 결정되는데, 이는 정규분포의 함수식을 조금만 살펴보면 쉽게 이해할 수 있다. 표준편차에 대한 좀더 자세한 내용은 6장 "도구활용의 근거"를 참조하기 바란다.

$$f(x)=\frac{1}{\sigma\sqrt{2\pi}}e^{-\frac{(x-\mu)^2}{2\sigma^2}}$$

정규분포의 공식에서 μ(평균)와 σ(표준편차)를 제외한 나머지는 모두 상수이므로, 어떤 값 x에 대한 함수값 $f(x)$는 μ와 σ에 의해 결정되는 것이다. μ는 정규분포의 중심 위치가 어디인가를 결정해 주며, σ는 곡선의 변곡점이 μ로부터 얼마나 떨어져 있는지를 나타낸다. 만약 우리회사 남자 직원들의 평균키가 175cm이며 표준편차가 5cm인 정규분포를 따른다고 한다면, 〈그림 2-8〉처럼 정규분포의 중심에 해당되는 위치는 175cm이며 분포의 변곡점은 평균으로부터 표준편차만큼

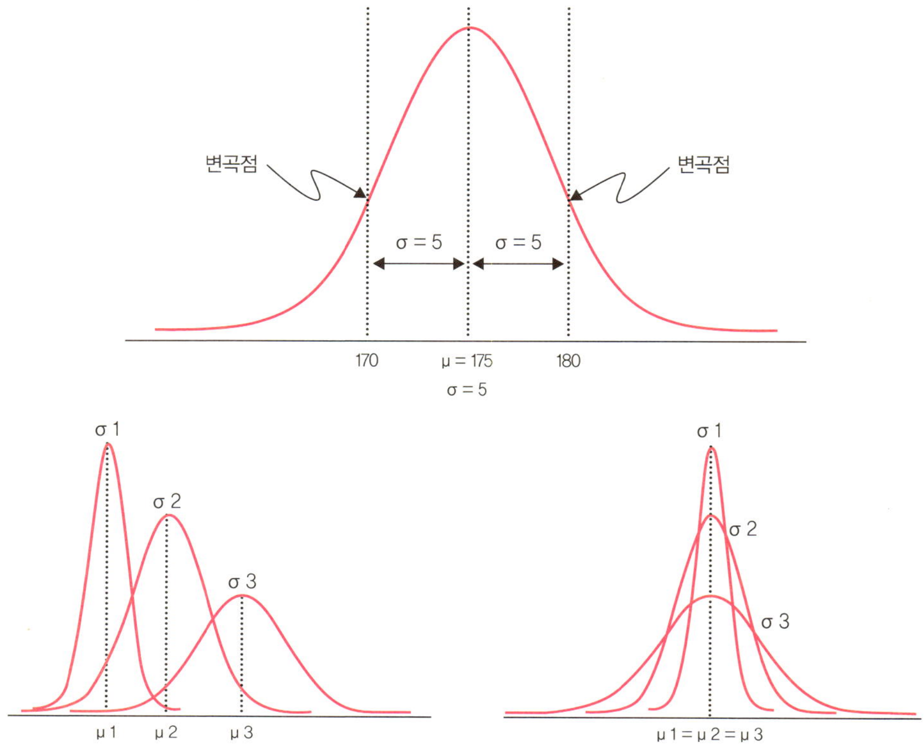

그림 2-8 μ와 σ에 따른 정규분포의 모양

의 좌우인 170cm와 180cm에서 나타나게 된다.

이와 같이 평균과 표준편차가 다르게 되면 정규분포의 모양도 변하므로, 세상에는 셀 수 없을 만큼 많은 정규분포의 모습이 존재하게 된다. 물론 모양이 다르다고 하더라도 정규분포를 포함하는 모든 확률분포는 면적이 100%로 동일하다.

4) 표준정규분포의 이해

이처럼 무수히 많은 정규분포를 실제로 사용하기 위해서는 적분(積分)을 이용하여야 한다. 예를 들어 평균은 175cm이고 표준편차는 5cm인 정규 집단에서 185cm 이하의 데이터가 몇 %나 있는지를 알고자 한다면, 해당 정규분포를 185위치까지 적분한 값을 구해야 하는 것이다.

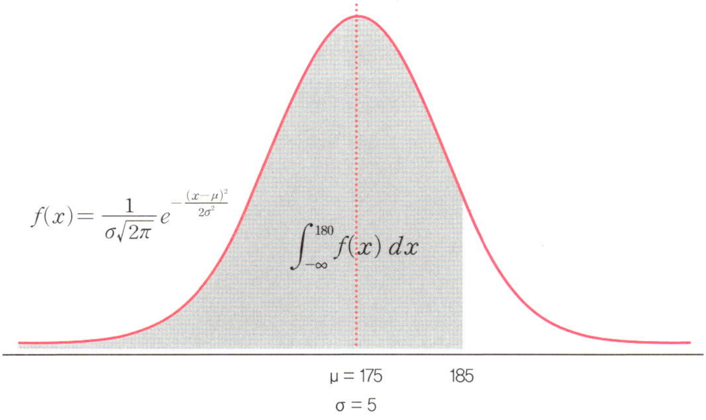

그림 2-9 정규분포의 적분

위의 정규분포함수에 대한 적분이 불가능한 것은 아니나, 일반인들의 입장에서는 계산과정이 결코 쉽다고 할 수는 없을 것이다. 이와 같은 정규분포 사용에서의 어려움을 아주 쉽게 해결한 것이 바로 "Z"를 활용한 표준정규분포의 활용이다. Z의 공식은 다음과 같은데, 잘 살펴보면 Z의 의미가 무엇인지 아주 쉽게 이해할 수 있다.

$$Z_i = \frac{x_i - \mu}{\sigma}$$

어떤 값 x_i 에 대한 Z_i 는 해당 데이터가 평균(μ)으로부터 표준편차(σ)의 몇 배만큼 떨어져 있는가를 말한다. 즉, 해당 데이터에 대한 위치를 평균과 표준편차로 나타낸 것이다. 위의 정규분포에서 185라는 키를 Z값으로 표현하면 $Z_{185}=2$가 되는데, 이는 185라는 값이 평균 175로부터 표준편차 5의 두 배만큼 떨어져 있음을 의미하는 것이다. 이와 같이 모든 데이터의 위치를 평균과 표준편차를 이용하여 표현하면, Z값의 평균은 "0"이 되고 표준편차는 "1"이 될 수밖에 없다. 평균과 표준편차에 의해서 정규분포의 모양이 결정되는데, 평균은 "0"이며 표준편차는 "1"이라고 규정하게 되면, 이에 해당하는 정규분포의 모양은 하나만 존재할 수밖에 없으며 이를 "표준정규분포"라 부른다. 〈그림 2-10〉은 정규분포의 개별 데이터가 표준화 변환 Z에 의해 표준정규분포로 바뀌는 과정을 보여준다. 표준정규분포의 모양이 하나만 있기 때문에, 이에 대한 연구는 이미 완료되어 있다. 〈표 2-1〉에서 볼 수 있듯이, 표준정규분포상의 모든 위치에 대한 적분값은 이미 계산되어 "표준정규분포표"라는 이름으로 정리되어 있다.

〈그림 2-10〉에는 평균 70kg, 표준편차 3kg인 몸무게에 대한 정규분포와 평균 175cm 표준편차 5cm인 키에 대한 정규분포가 있다. 두 개의 정규분포에서 76kg의 위치와 185cm의 위치는 모

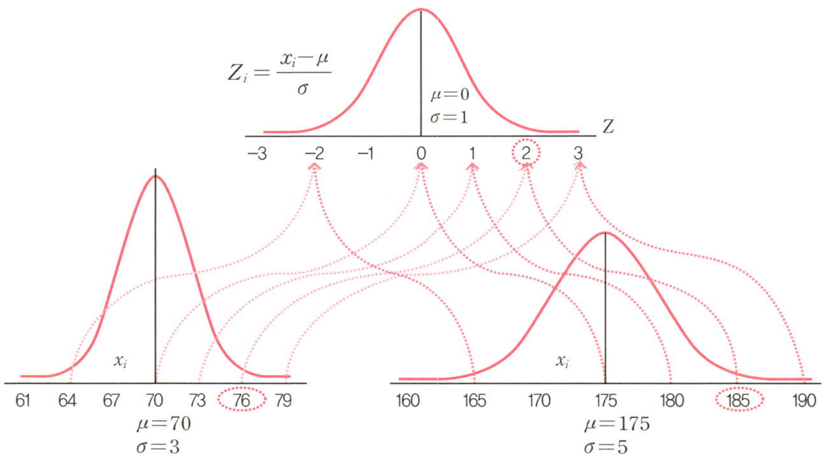

그림 2-10 정규분포의 표준화 변환

두 평균으로부터 표준편차의 2배만큼 떨어져 있는 곳을 의미하며 Z값은 소수점 둘째 자리 까지를 나타내어 2.00으로 표현한다. 표준정규분포에서 Z값 2.00까지의 면적을 찾아내면 몸무게 76kg과 키 185cm까지의 면적을 알아낼 수 있다. 이제 표준정규분포를 적분한 값들을 나열해 놓은 "표준정규분포표"를 이용하는 방법을 알아보자.

표준정규분포의 좌측 세로열은 소수점 첫째 자리까지의 수를 의미하며, 상단 가로행은 소수점 둘째 자릿수를 나타낸다. 예를 들어 Z값이 2.57이라고 한다면, 우선 소수점 첫째 자리까지의 수인 2.5를 좌측 세로열에서 찾아본다. 다음으로 소수점 둘째 자리에 해당하는 0.07을 상단 가로행에서 찾는다. 세로열 2.5의 오른쪽으로 선을 긋고, 가로행 0.07의 아래쪽으로 선을 그었을 때 겹치는 위치가 Z값 2.57에 해당하는 곳이다. 그 위치에는 0.9949라고 적혀있는데, 이는 Z값 2.57까지를 적분한 "누적확률"을 말하는 것이다. 다시 말해서, Z값 2.57까지는 전체 데이터 중 99.49%의 데이터가 있다는 것이다.

이처럼 표준정규분포표는 표준정규분포의 Z값까지를 적분한 누적확률값을 보여주고 있다. 〈그림 2−10〉에서 185cm에 대한 Z값은 2.00이었으며, 이 위치의 누적확률값을 정규분포표에서 찾아보면 Z값 2.00까지의 적분된 값은 0.9772(97.72%)임을 쉽게 찾을 수 있다. 이는 전체 남자직원 중 97.72%가 185cm 이하에 있다는 것을 의미한다.

지금까지는 어떤 위치까지의 면적이 얼마나 되는지를 찾는 것이었다면, 반대로 상위 몇 %에 해당하는 위치는 얼마인지를 찾을 수도 있다. 예를 들어 상위 10%에 해당하는 키를 찾아보자. 이 사람 보다 작은 사람이 90%가 있으므로 위의 표에서 90%에 해당하는 0.9을 찾는다. 정확하게 0.9가 없다면, 이에 가장 가까운 값을 찾으면 된다. 0.8997이 가장 비슷한 근사치이므

z	Z의 두번째 소수점									
	0.00	0.01	0.02	0.03	0.04	0.05	0.06	0.07	0.08	0.09
0.0	[illegible]	0.5040	0.5080	0.5120	0.5160	0.5199	0.5239	0.5279	[illegible]	0.5359
0.1	0.[illegible]98	0.5438	0.5478	0.5517	0.5557	0.5596	0.5636	0.5675	0.[illegible]4	0.5753
0.2	0.[illegible]93	0.5832	0.5871	0.5910	0.5948	0.5987	0.6026	0.6064	[illegible]	0.6141
0.3	0.[illegible]79	0.6217	0.6255	0.6293	0.6331	0.6368	0.6406	0.6443	0.6[illegible]80	0.6517
0.4	0.[illegible]54	0.6591	0.6628	0.6664	0.6700	0.6736	0.6772	0.6808	0.6[illegible]44	0.6879
0.5	0.[illegible]15	0.6950	0.6985	0.7019	0.7054	0.7088	0.7123	0.7157	0.7[illegible]90	0.7224
0.6	0.[illegible]57	0.7291	0.7324	0.7357	0.7389	0.7422	0.7454	0.7486	0.7[illegible]17	0.7549
0.7	0.[illegible]80	0.7611	0.7642	0.7673	0.7704	0.7734	0.7764	0.7794	0.7[illegible]23	0.7852
0.8	0.[illegible]81	0.7910	0.7939	0.7967	0.7995	0.8023	0.8051	0.8078	0.8[illegible]06	0.8133
0.9	0.[illegible]59	0.8186	0.8212	0.8238	0.8264	0.8289	0.8315	0.8340	0.8[illegible]65	0.8389
1.0	0.[illegible]13	0.8438	0.8461	0.8485	0.8508	0.8531	0.8554	0.8577	0.8[illegible]99	0.8621
[illegible]	0.[illegible]43	0.8665	0.8686	0.8708	0.8729	0.8749	0.8770	0.8790	[illegible]	0.8830
1.2	[illegible]	[illegible]	[illegible]	[illegible]	[illegible]	[illegible]	[illegible]	[illegible]	0.8997	0.9015
[illegible]	0.[illegible]32	0.9049	0.9066	0.9082	0.9099	0.9115	0.9131	0.9147	[illegible]	0.9177
1.4	0.[illegible]92	0.9207	0.9222	0.9236	0.9251	0.9265	0.9279	0.9292	0.9306	0.9319
1.5	0.[illegible]32	0.9345	0.9357	0.9370	0.9382	0.9394	0.9406	0.9418	0.9429	0.9441
1.6	0.[illegible]52	0.9463	0.9474	0.9484	0.9495	0.9505	0.9515	0.9525	0.9535	0.9545
1.7	[illegible]	0.9564	0.9573	0.9582	0.9591	0.9599	0.9608	0.9616	0.9625	0.9633
1.8	[illegible]	0.9649	0.9656	0.9664	0.9671	0.9678	0.9686	0.9693	0.9699	0.9706
1.9	0.[illegible]3	0.9719	0.9726	0.9732	0.9738	0.9744	0.9750	0.9756	0.9761	0.9767
2.0	0.9772	0.9778	0.9783	0.9788	0.9793	0.9798	0.9803	0.9808	0.9812	0.9817
[illegible]	[illegible]	0.9826	0.9830	0.9834	0.9838	0.9842	0.9846	0.9850	0.9854	0.9857
2.2	0.9861	0.9864	0.9868	0.9871	0.9875	0.9878	0.9881	0.9884	0.9887	0.9890
2.3	0.9893	0.9896	0.9898	0.9901	0.9904	0.9906	0.9909	0.9911	0.9913	0.9916
2.4	0.9918	0.9920	0.9922	0.9925	0.9927	0.9929	0.9931	0.9932	0.9934	0.9936
2.5	0.9938	0.9940	0.9941	0.9943	0.9945	0.9946	0.9948	0.9949	0.9951	0.9952
2.6	0.9953	0.9955	0.9956	0.9957	0.9959	0.9960	0.9961	0.9962	0.9963	0.9964
2.7	0.9965	0.9966	0.9967	0.9968	0.9969	0.9970	0.9971	0.9972	0.9973	0.9974
2.8	0.9974	0.9975	0.9976	0.9977	0.9977	0.9978	0.9979	0.9979	0.9980	0.9981
2.9	0.9981	0.9982	0.9982	0.9983	0.9984	0.9984	0.9985	0.9985	0.9986	0.9986
3.0	0.9987	0.9987	0.9987	0.9988	0.9988	0.9989	0.9989	0.9989	0.9990	0.9990
3.1	0.9990	0.9991	0.9991	0.9991	0.9992	0.9992	0.9992	0.9992	0.9993	0.9993
3.2	0.9993	0.9993	0.9994	0.9994	0.9994	0.9994	0.9994	0.9995	0.9995	0.9995
3.3	0.9995	0.9995	0.9995	0.9996	0.9996	0.9996	0.9996	0.9996	0.9996	0.9997
3.4	0.9997	0.9997	0.9997	0.9997	0.9997	0.9997	0.9997	0.9997	0.9997	0.9998
3.5	0.9998	0.9998	0.9998	0.9998	0.9998	0.9998	0.9998	0.9998	0.9998	0.9998
4.0	0.999968314									
4.5	0.999996599									
5.0	0.999999713									
5.5	0.999999981									
6.0	0.999999999									

표 2-1 표준정규분포표(부록의 표준정규분포표 참조)

로, 이에 대한 Z값을 역으로 찾아보면 1.28이 됨을 알 수 있다. 즉, 이 사람의 키는 평균으로부터 표준편차의 1.28배만큼 더 큰 쪽에 있다는 의미이다. 이를 계산해 보면, 175(평균)+5(표준편차)×1.28(Z)=181.4가 얻어진다. 따라서 상위 10%에 해당하는 키는 181.4라고 할 수 있으며, 몸무게에 대해서도 같은 방식으로 계산할 수 있다. 즉, 상위 10%에 해당하는 몸무게는 70+3×1.28=73.84kg이라 계산되는 것이다.

5) 미니탭 활용

지금까지는 정규분포표를 이용하는 방법을 알아보았으며, 이제 미니탭을 통해 어떻게 구하는지를 설명한다. 미니탭의 Calc>Probability Distributions>Normal을 선택한다.

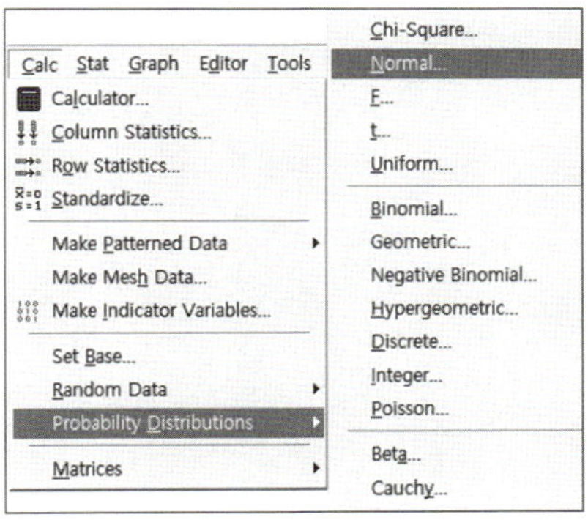

우선, Cumulative probability를 선택하고 해당 정보를 입력하는데, 해당정규분포의 평균과 표준편차를 직접 입력하거나 표준화된 정규분포의 평균인 "0"과 표준편차 "1"을 입력할 수도 있다. 미니탭은 위의 두 가지 입력 방법 모두 같은 입력값으로 인식한다. 단, 평균 "0"과 표준편차 "1"을 이용하는 표준정규분포를 가정할 때는, 입력상수(Input Constant)값에도 Z값으로 표준화된 값을 입력해 주어야 하는데, 본 문제에서는 실제값 185에 대한 Z값 2.00이 그에 해당한다.

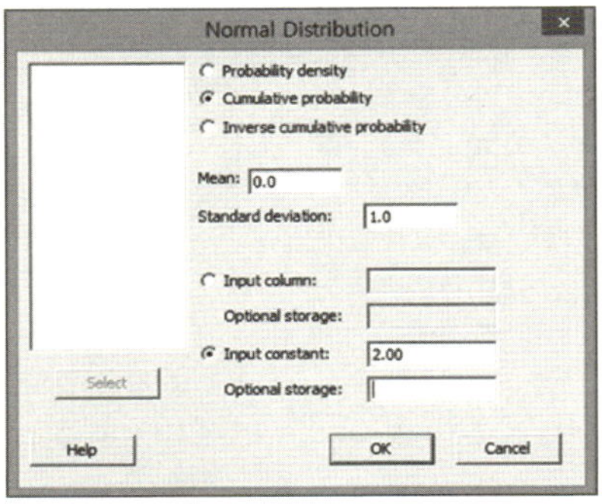

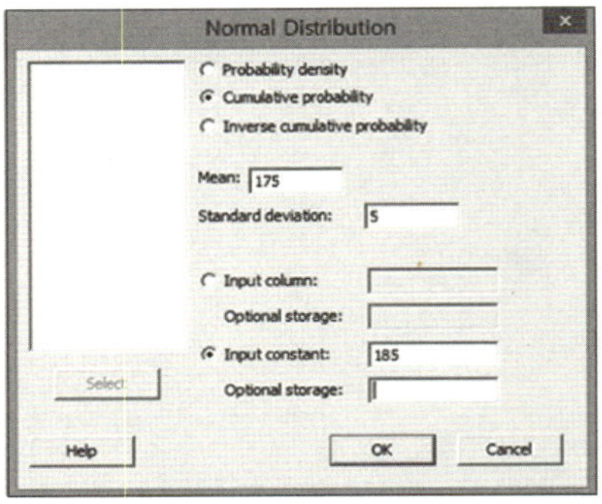

OK 를 클릭하면, 해당 위치까지의 누적확률(면적)이 출력되는데, 본 문제에서는 0.9772 (97.72%)임을 알 수 있다.

Cumulative Distribution Function

Normal with mean = 0 and standard deviation = 1

x	P(X <= x)
2	0.977250

반대로 상위 10%(누적 90%)에 해당하는 키를 찾기 위해서는, 반드시 Inverse cumulative probability를 선택해야 한다. 그리고 거기까지의 누적확률인 90%를 입력한다.

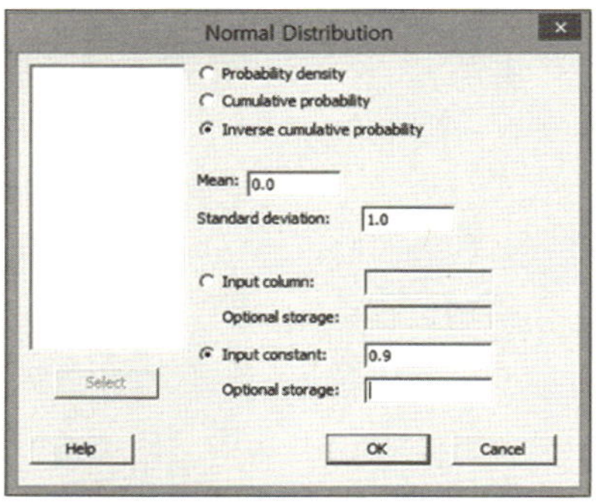

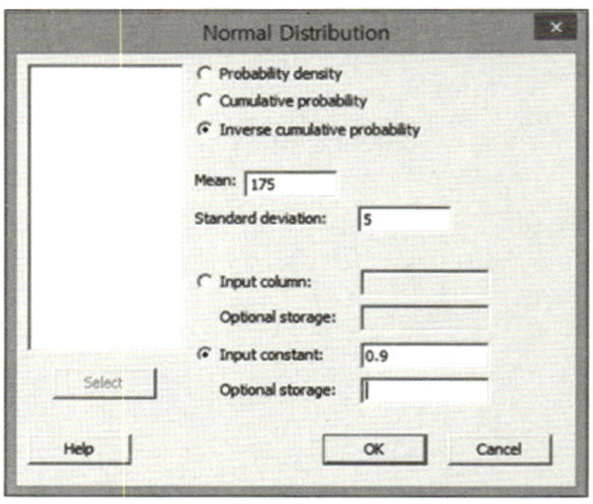

앞의 미니탭 화면에서 왼쪽과 오른쪽의 입력방식은 정규분포상에서 모두 같은 위치를 표현해 주는 것이다. 단, 왼쪽과 같이 평균과 표준편차를 각각 "0"과 "1"으로 입력한 경우는 미니탭이 제시하는 Z값을 이용하여 175(평균)+5(표준편차)×1.28(Z)=181.4과 같은 계산을 해야 하나, 오른쪽 화면과 같이 원래의 평균과 표준편차를 입력하는 경우는 추가적인 계산이 없이도 한 번에 해당 위치값이 181.4임을 미니탭이 알려준다.

Inverse Cumulative Distribution Function

Normal with mean = 0 and standard deviation = 1

P(X <= x)	x
0.9	1.28155

Inverse Cumulative Distribution Function

Normal with mean = 175 and standard deviation = 5

P(X <= x)	x
0.9	181.408

3. "측정 시스템 분석"을 손질하는 방법

선정된 Y에 대한 데이터 분석을 하기 전에, Y에 대한 데이터를 제공하는 측정 시스템이 과연 믿을 수 있는가를 먼저 확인해 보아야 한다. 측정 시스템이란 단지 측정하는 기계만을 의미하는 것이 아니라 측정자, 측정방법, 측정재료 및 측정환경 등을 모두 포함하는 개념이다. 하지만, 측정 시스템의 모든 요소 중에서 측정값에 가장 영향을 주는 두 가지는 측정기기와 측정자이므로, 일반적으로 측정 시스템 분석을 수행한다고 하면 측정기기와 관련 있는 반복성(Repeatability)과 측정자와 관련된 재현성(Reproducibility)에 대한 Gage R&R을 분석하는 것으로 이해하면 된다. 만약, Gage R&R로 소개되어 있는 방법 외에도 추진하고 있는 과제의 데이터를 검증할 수 있는 방안이 있다면, 이를 측정 시스템 분석의 방법으로 사용한다고 해서 전혀 문제 될 것은 없다. 그 방법이 무엇이건 간에, 측정데이터의 신뢰성을 담보할 수 있는 것이고, 분석방법이 논리적이며 객관성을 가지고 있다면 그 또한 측정 시스템 분석이 된다는 것이다. 측정 시스템 분석은 현 수준 파악이나 핵심 인자 선별 등을 하기 전에 수행하는 중요한 분석이긴 하나, 측정 시스템에 대한 신뢰도가 확보되어 있는 경우라면, 본 과정은 반드시 수행해야 하는 것은 아니다.

측정 시스템 분석의 방법으로 가장 많이 사용되는 Gage R&R은 작업자들 간의 변동을 나타내는 재현성과 작업자 내의 변동 및 기계적 변동을 포함하는 반복성에 의한 측정의 변동량을 구하는 것이다. 〈그림 2-11〉에서 설명하고 있는 재현성은 두 명 이상의 측정자가 동일한 측정기로 동일 대상을 반복해서 측정할 때 발생하는 평균의 차이를 통해 구하게 된다.

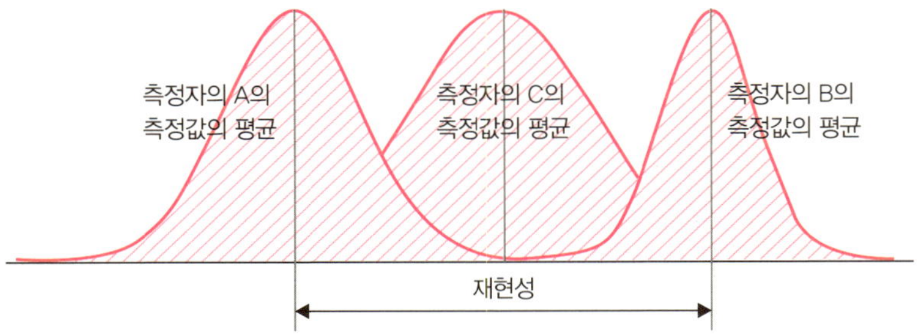

그림 2-11 **재현성**

만약 재현성에 문제가 있다면 이는 작업자들 간의 작업방법이 하나로 통일되어 있지 않기 때문이므로, 우선은 표준측정방법을 만들고 이를 측정작업자들에게 교육함으로써 모든 작업자가 하나의 표준화된 방법에 따라 측정할 수 있도록 해야 한다.

〈그림 2-12〉에서 보여주고 있는 반복성은 한 사람의 측정자가 동일한 측정기로 동일한 대상을 동일한 측정 과정을 사용하여 반복해서 측정할 때 발생하는 산포이다. 즉, 측정 시스템 내의 어떤 것도 바꾸지 않은 상태에서 몇 번의 반복 측정값에 나타나는 변동량을 파악하는 것이다.

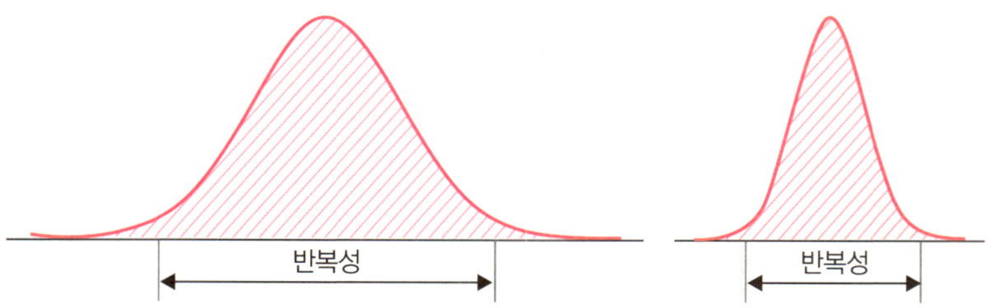

그림 2-12 **반복성**

만약 반복성에 의한 변동이 크다면, 이는 작업자의 숙련도 문제일 수도 있으나, 측정기기의 기계적 결함일 가능성이 더 크다. 따라서 측정기기를 공인된 기관에 맡겨서 검/교정하는 것이 필요하다. 〈그림 2-13〉은 관측되는 변동값에 영향을 주는 측정변동의 영역과 Gage R&R을 통해 분석하는 재현성 및 반복성의 영역을 보여준다.

Gage R&R 분석을 수행한 후에는 측정 시스템이 과연 신뢰할 수 있는가에 대한 판단을 해야

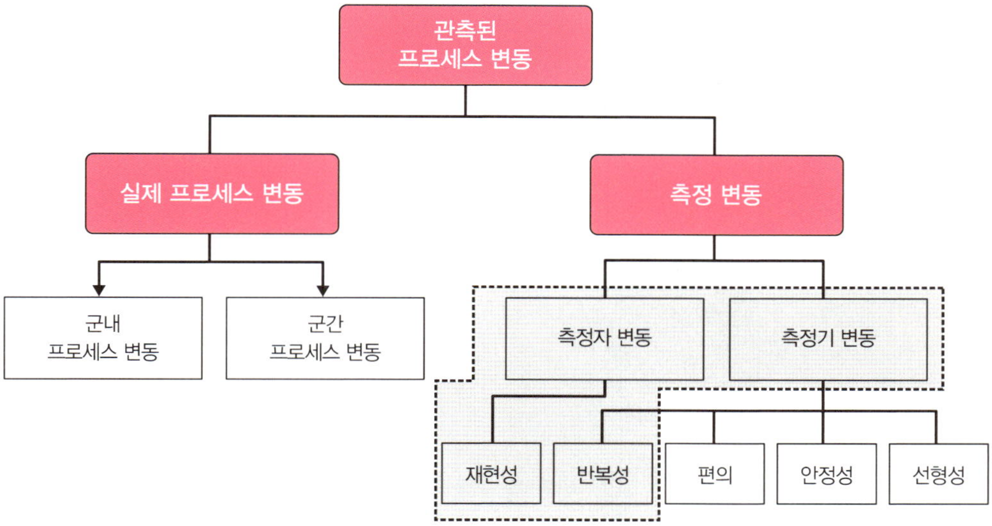

그림 2-13 Gage R&R 분석영역

하는데, 이때 사용하는 기준은 다음의 〈표 2-2〉와 같다. 만약 "수용"의 범주에 해당되면 측정 시스템이 믿을 만 하다는 뜻이며, "중요도와 비용에 따라 판단"의 범주라면 해당 측정 시스템을 사용하는 환경을 고려해서 측정 시스템을 그대로 사용할지를 결정하라는 것이다. 만약 "거부"의 항목에 들어간다면, 해당 측정 시스템은 전혀 신뢰성이 없기에 반드시 검/교정을 맡기거나 표준측정방법을 만들어야 한다는 의미이다.

구분	평가지표 계산방법	Gage R&R 평가지표	수용	중요도와 비용에 따라 판단	거부
%R%R	$\frac{\hat{\sigma}_{R\&R}}{\hat{\sigma}_{Total}} \times 100$ $\frac{\hat{\sigma}_{R\&R}}{\hat{\sigma}_{historical}} \times 100$	%Study Var %Process	< 10%	10% ~ 30%	> 30%
	$\frac{\hat{\sigma}^2_{R\&R}}{\hat{\sigma}^2_{Total}} \times 100$	%Contribution	< 1%	1% ~ 10%	> 10%
%Toler (허용오차율)	$\frac{6 \cdot \hat{\sigma}_{R\&R}}{Tolerance} \times 100$	%Tolerance	< 10%	10% ~ 30%	> 30%
편별 지표	$1.41 \times \frac{\hat{\sigma}_P}{\hat{\sigma}_{R\&R}}$	Number of Distinct Categories	> 10	5 ~ 10	< 5

표 2-2 Gage R&R 평가기준

미니탭에서 제공하고 있는 Gageaiag.MTW 파일을 이용하여 미니탭으로 분석하는 방법을 알아본다. 데이터를 입력하거나 파일을 연 후에, Stat>Quality Tools>Gage Study>Gage R&R Study(Crossed)를 선택한다.

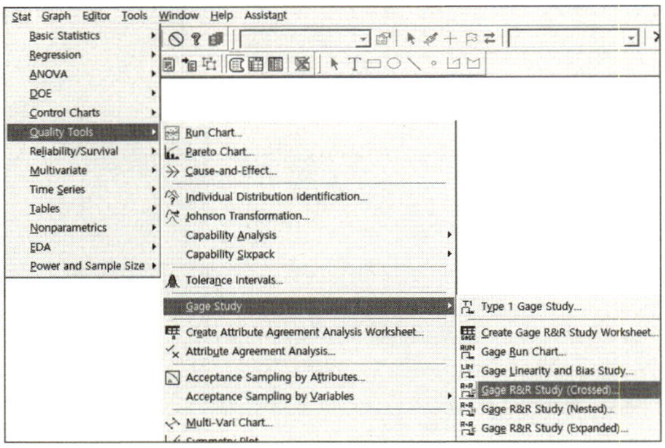

나타나는 대화창에서 "Part numbers"에는 분석을 위해 사용되는 시료가 들어있는 열(Column)을 입력하고, "Operators"와 "Measurement data"에는 작업자와 측정값을 넣어준 후 OK 를 클릭한다.

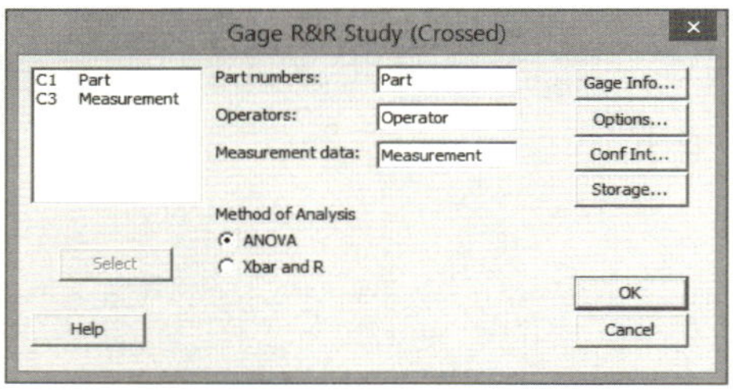

세션 창에 Gage R&R 분석에 대한 결과가 출력되며, 동시에 그래프 창이 나타난다.

6개의 그래프 중에서 왼쪽에 있는 그래프부터 하나씩 설명하도록 한다. "Components of Variation"이라는 것은 전체 관측변동 중에서 Gage R&R로 인해 발생하는 측정변동의 크기를 보여준다. 측정변동이 차지하는 비중이 작을수록 관측값과 실제값은 차이가 적게 발생하므로, Gage R&R에 의한 그래프의 크기가 작을수록 좋다는 의미이다. 우수한 측정 시스템은 Gage R&R에 대한 그래프가 거의 바닥에 붙어 있을 만큼 작게 보이는데, 다음장의 그래프에서는 눈에 확연히 보일 정도로 높은 모습을 보이고 있으므로 좋은 측정 시스템이라 하기는 어려울 것이다. "R Chart by Operator"는 각 작업자의 반복성을 보여주는 것이다. 동일한 작업자가 동일한 시료를 반복 측정한 값의 최대−최소 차이를 보여주는데, 이 값이 작고 관리한계선 이내에서 균일한 모습을 보

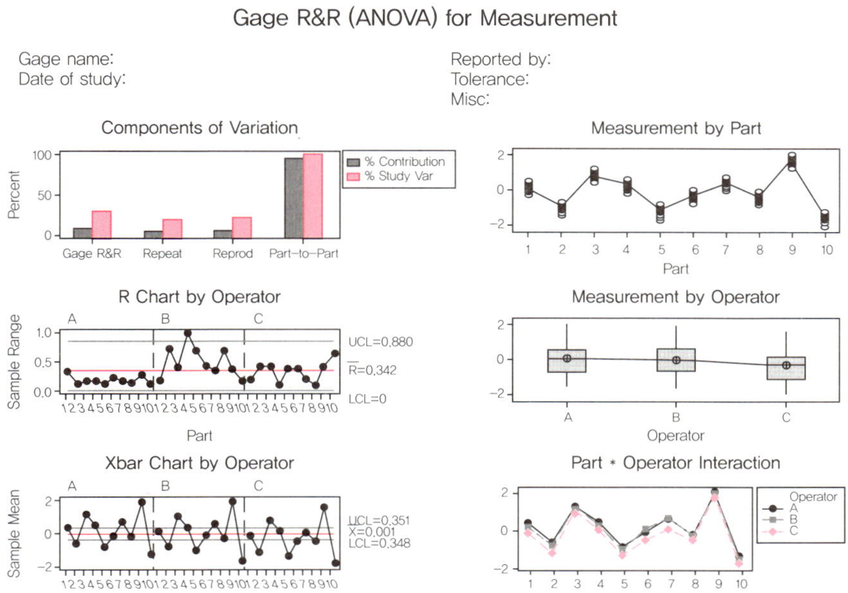

여줄수록 좋다. "B" 작업자의 경우는 측정값 간의 차이가 큰 경우도 있으며, 일반적으로 반복성이 다른 작업자들에 비해 좋지 않음을 알 수 있다. "Xbar Chart by Operator"는 각 작업자가 측정한 시료들의 평균을 보여주는데, 일반적인 관리도에서 와는 다르게 70%~80% 정도의 점들이 관리한계선 밖에 위치하는 게 바람직하다. 이는 측정 시스템 분석에 사용되는 시료의 다양성을 확인하는 것으로서, 시료가 거의 비슷한 것이면 대부분의 점들이 관리한계선 내에 위치하고, 다양할수록 점들의 산포가 크게 발생한다. "Measurement by Part"는 측정한 값들을 시료순서대로 보여주는 것인데, 시료별 측정값들의 산포를 알 수 있다. "Measurement by Operator"는 측정값들을 작업자별로 보여주는데, 측정자별 측정의 경향을 알 수 있다. "Part*Operator Interaction"은 시료와 측정자 간의 교호작용을 보여주는데, 개별 측정자가 특정 시료에 대해 어떠한 측정의 특이성을 가지고 있는지를 보여준다.

세션 창에는 다음과 같은 분석의 결과가 출력되는데, 이때 %Contribution, %Study var, Number of Distinct Categories는 항상 나타나지만, %Tolerance와 %Process를 구하기 위해서는 공정의 규격과 표준편차를 입력해 주어야 한다.

Gage R&R

Source	VarComp	%Contribution (of VarComp)
Total Gage R&R	0.09143	7.76

1% 미만

Repeatability	0.03997	3.39
Reproducibility	0.05146	4.37
Operator	0.05146	4.37
Part-To-Part	1.08645	92.24
Total Variation	1.17788	100.00

Source	StdDev(SD)	Study Var (6 * SD)	%Study Var (%SV)
Total Gage R&R	0.30237	1.81423	27.86
Repeatability	0.19993	1.19960	18.42
Reproducibility	0.22684	1.36103	20.90
Operator	0.22684	1.36103	20.90
Part-To-Part	1.04233	6.25396	96.04
Total Variation	1.08530	6.51180	100.00

10% 미만

10 이상

Number of Distinct Categories = 4

반복성과 재현성의 변동량이 측정값에서 얼마만큼을 차지하고 있는지를 % Gage R&R 값으로 표시하게 되는데, Gage R&R의 %Contribution, %Study Var, 그리고 Number of Distinct Categories 값 등을 통해 측정 시스템의 신뢰도를 판단한다. 일반적인 수용기준은 %Contribution＜1%, %Study Var＜10%, Number of Distinct Categories＞10일 때 측정 시스템의 신뢰도가 확보되었다고 한다. 본 사례의 경우는 %Contribution＝7.76%, %Study Var＝27.86%, Number of Distinct Categories＝4이므로, 측정 시스템은 믿을 수 없는 것으로 판단하게 된다. %Contribution의 Repeatability는 3.39%이며 Reproducibility는 4.37%이므로 둘 다 1%를 훨씬 상회하는 것이다. 따라서 측정기기에 대한 검교정과 함께 표준측정방법 마련 후 교육 등에 대한 활동이 요구된다.

4. "Y의 시그마수준계산"을 손질하는 방법

"식스시그마", "시그마", 그리고 "시그마수준"을 어떻게 구별해야 하는지에 대해 혼란스러워하는 분들이 많다. 우선 "식스시그마"는 본 도서에서 설명하고 있는 문제 해결 방법론을 의미한다. "시그마"는 표준편차(σ)로서 데이터들이 평균으로부터 흩어진 정도를 의미하며, "시그마수준"은 공정능력을 나타내는 다양한 지표 중의 하나로서, 정규분포에 근거한 Z값을 이용하여 표시하는 값이다. 명칭이 비슷하다 보니 많은 혼선들이 있는 것 같아서 본서에서는 식스시그마 문제 해결 절차는 "Six Sigma"로 쓰고, 흩어짐에 대한 표준편차를 의미하는 시그마는 (σ)를 붙여서 "시그마(σ)"라고 기술하였으며, 공정능력 지표로서의 시그마수준은 한글로 "시그마수준"이라고 하겠다.

본 장에서 다루게 될 시그마수준에 대한 이해를 돕기 위해 어떤 피자가게의 배달시간을 예로

들도록 한다. 〈그림 2-14〉에서 보여주고 있는 것처럼, 피자가게의 배달시간에 대한 데이터가 정규분포(평균 20분, 표준편차 5분)를 따르고 있으며, 고객과 약속한 배달시간의 상한선(상한규격, USL : Upper Specification Limit)은 30분이라고 하자.

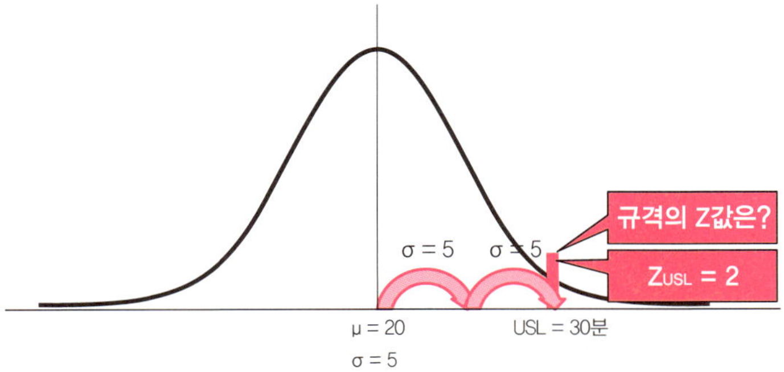

그림 2-14 시그마수준 1

이때 상한규격인 30분에 대한 Z값은 2임을 알 수 있는데, 바로 이 값이 피자배달 프로세스의 시그마수준이 되는 것이다. 시그마수준의 의미는 "규격이 평균으로부터 표준편차의 몇 배 밖에 위치하는가"를 나타내는데, 규격의 위치가 평균으로부터 표준편차의 여러배 멀리 떨어져 있을수록 시그마수준이 증가하며 반대로 불량률은 떨어지는 것을 지표화한 것이다. 그런데 고객의 만족을 정의하는 규격은 우리 마음대로 조정할 수는 없기에, 규격의 Z값을 증가시킬 수 있는 방법으로는 평균 배달시간을 줄이거나 배달시간의 산포인 시그마(σ)를 줄이는 것 등이 있다. 평균을 줄이는 방법은 생산성이 높은 새로운 장비를 들여오는 것처럼 비용이 발생하는 개선이 될 가능성이 높다. 또한 억지로 작업시간에 대한 평균만 줄이는 것을 강요하다 보면, 평균은 줄어드나 산포는 오히려 더 커질 수 있는데, 이럴 경우에는 불량률이 기존보다 더 증가하는 부작용도 있을 수 있게 된다. 반면에 기존의 시스템과 프로세스를 그대로 유지하면서, 표준편차를 줄여주는 방식을 선택하게 되면 시그마수준이 증가하면서 불량률은 감소하는 효과를 기대할 수 있게 된다. 〈그림 2-14〉에서 보여주고 있는 기존의 작업프로세스에서 시그마(σ)를 줄여서 〈그림 2-15〉와 같이 개선하는 경우 어떤 장점이 있는지를 생각해 보자.

〈그림 2-15〉와 같이 표준편차가 작아질 경우 시그마수준이 5로 증가함을 확인할 수 있는데, 이때는 30분을 넘어가는 불량률이 기존의 공정보다 줄어듦을 알 수 있다. 시그마수준을 계산할 때는 이상과 같이 평균, 표준편차, 그리고 규격이 주어지는 경우는 드물며, 현 공정의 불량률을 통해서 규격에 대한 Z값을 역산하는 경우가 대부분이라 할 수 있다. 〈그림 2-16〉를 보면, 규격

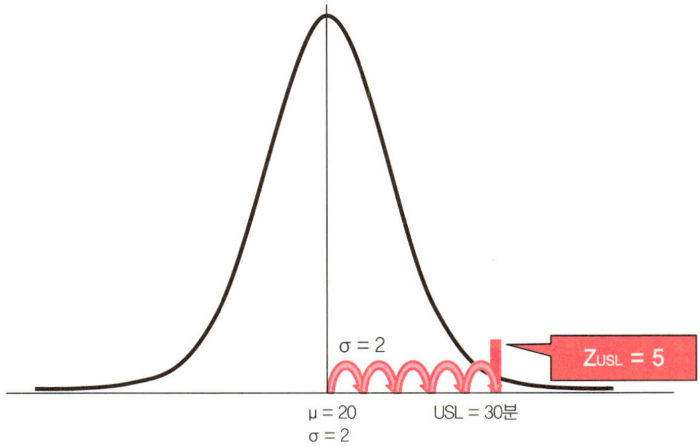

그림 2-15 시그마수준 2

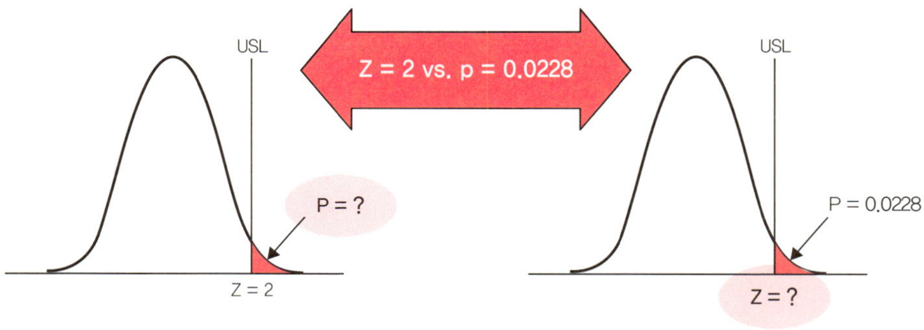

그림 2-16 시그마수준 3

의 Z값이 2일 때 불량률이 2.28%라는 것을 알 수 있다. 그렇다면, 반대로 불량률이 2.28%가 되기 위해서는 규격의 Z값이 2가 됨을 찾을 수 있다는 말도 성립되는 것이다. 이와 같이 공정의 불량률이 주어져 있다면, 평균이나 표준편차 같은 정보가 없다고 하더라도 해당 공정의 시그마수준을 산출하는데 아무런 문제가 없게 된다.

지금까지는 규격이 한쪽에만 있는 경우를 생각해 보았는데, 많은 경우는 〈그림 2-17〉과 같이 규격이 양쪽에 존재하게 된다. 이와 같은 경우는 어떻게 시그마수준을 산출할까? 제조공정에서 흔히 사용하는 전통적인 공정능력지표인 C_p나 C_{pk}의 개념을 이용하여 시그마수준을 산출하는 방법도 있으나, 미니탭에서 적용하고 있는 Z-bench 방식에 따라 개략적인 근사치를 아주 쉽게 구하는 방법을 따르는 것이 보통이다. Z-bench 방식은 왼쪽과 오른쪽의 불량을 모두 합친 총 불량에 대한 시그마수준을 구하는 것이다. 〈그림 2-17〉은 500ml 생수를 만드는 공장을 가정한 것이다. 생수 생산공정의 평균은 500이고 표준편차가 10이며 상/하한 규격을 510과 490이라 한다면,

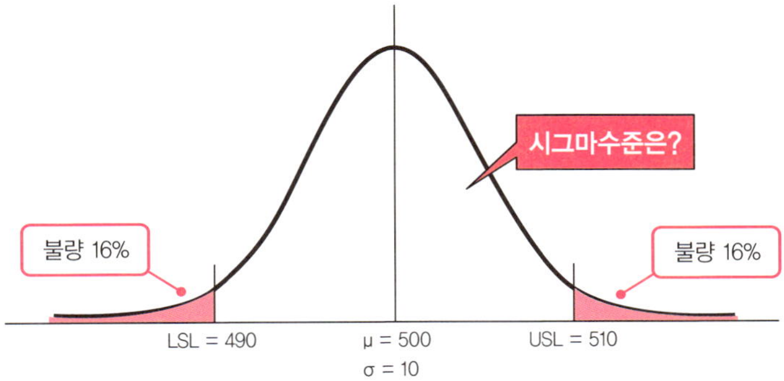

그림 2-17 시그마수준 4

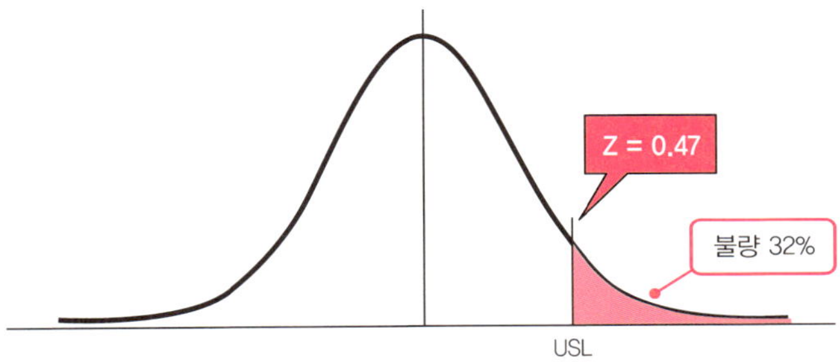

그림 2-18 시그마수준 5

규격의 위와 아래쪽에서 각각 15.87%(약 16%)의 불량이 발생하여 총 불량은 대략 32% 정도가 된다. 양쪽 규격에서 불량이 발생하는 경우는 총 불량을 이용하여, 〈그림 2-18〉과 같이 한쪽에 32%의 불량이 있는것으로 간주하고 시그마수준을 구하는 것이다.

32%만큼의 불량에 대한 시그마수준을 표준정규분포표나 미니탭이나으로 구해보면, Z값은 0.47이 되므로 본 공정의 능력은 0.47시그마수준이라 할 수 있다. 즉, 32% 정도의 불량이 발생하기 위해서는 규격은 평균으로부터 표준편차의 0.47배 정도 떨어진 거리에 있어야 한다는 의미가 된다.

이제 장기 및 단기시그마수준에 대해서 이해하여 보자. 우선 장기와 단기데이터의 의미를 파악하여야 하는데, 이때 군(Sub Group)의 의미를 이해하는 것이 중요하다. 군이란 동일조건에서 얻어진 데이터들의 집합이다. 어떤 공정이 계속해서 동일조건으로 제품을 생산하고 있다면, 모든 데이터는 하나의 군에서 얻어진 것이라 할 수 있다. 동일조건을 유지한다고 하더라도, 모든 데이터 값이 항상 일정한 것은 아니며 약간씩 다른 값이 나타나게 되는데, 이를 군내변동이라 한다. 일반적으로 동일조건을 지속적으로 유지하는 것은 매우 어려운 일이기에, 하루에도 다양한 조건변화가 있을 수밖에 없다. 조건이 변경되면 다른 군이 만들어지는 것인데, 조건이 변화하면서 생기

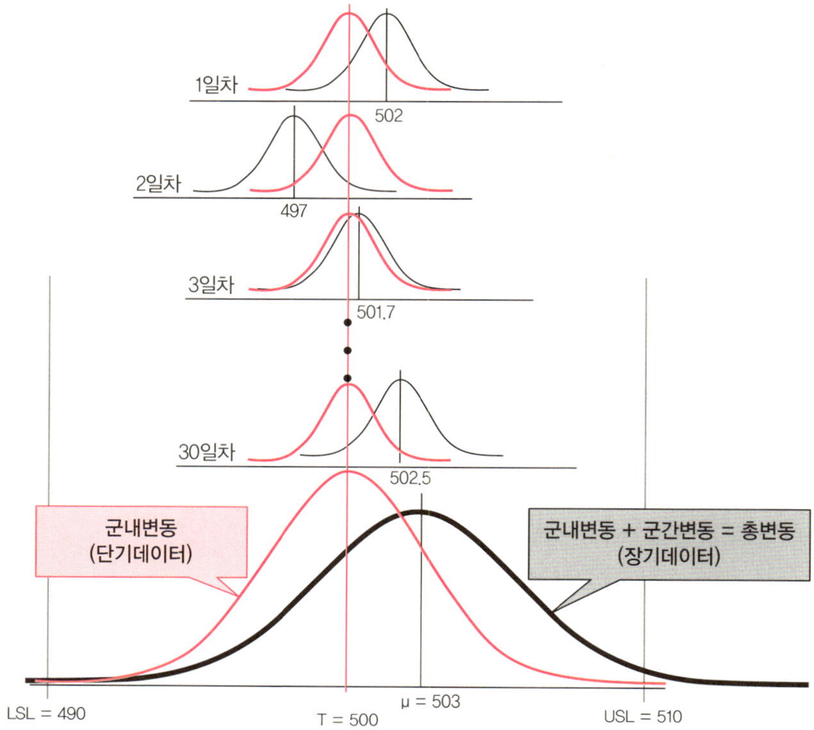

그림 2-19 장/단기데이터의 구분

는 공정의 변동을 군간변동이라 한다. 장기간에 걸쳐서 공정의 데이터를 수집하게 되면 군내변동과 군간변동이 모두 녹아있는 데이터를 얻게 되며, 이를 총 변동에 대한 장기데이터라 부른다. 반대로 짧은 시간 동안 같은 조건하에서만 데이터를 뽑게 되면 상대적으로 작은 변동량을 가지는 데이터가 나타나는데, 이를 단기데이터라 지칭한 것이다. 여기서 조심할 점은 장기/단기데이터가 뜻하는 것이 시간을 의미는 것은 아니라는 점이다. 짧은 시간 동안 뽑은 데이터라 할지라도 군간/군내 변동이 모두 포함되어 있다면 장기데이터이며, 긴 시간 동안 수집하였지만 모두 같은 조건하에서 얻어진 군내변동만 있는 데이터라면 이는 단기데이터가 되는 것이다. 〈그림 2-19〉는 위에서 언급한 500ml 생수공장에서 얻어진 데이터를 장기와 단기데이터로 구분하여 표시한 것이다.

각 일차별 군내변동과 각 군의 평균의 변화량을 모두 포함하고 있는 검은 선은 장기데이터를 설명하고 있으며, 가운데로 정렬된 빨간선은 단기데이터를 보여주고 있다. 〈그림 2-20〉에서는 장기데이터에 대한 부분만 발췌하여 장기불량률이 총 5% 임을 통해서 장기시그마수준이 1.64임을 구하는 과정을 설명하였다. 다시 말해서, 장기시그마수준 1.64란 총 불량이 5% 정도 발생하기 위해서는 규격은 평균으로부터 표준편차의 1.64배만큼 떨어진 거리에 있어야 한다는 것을 의미

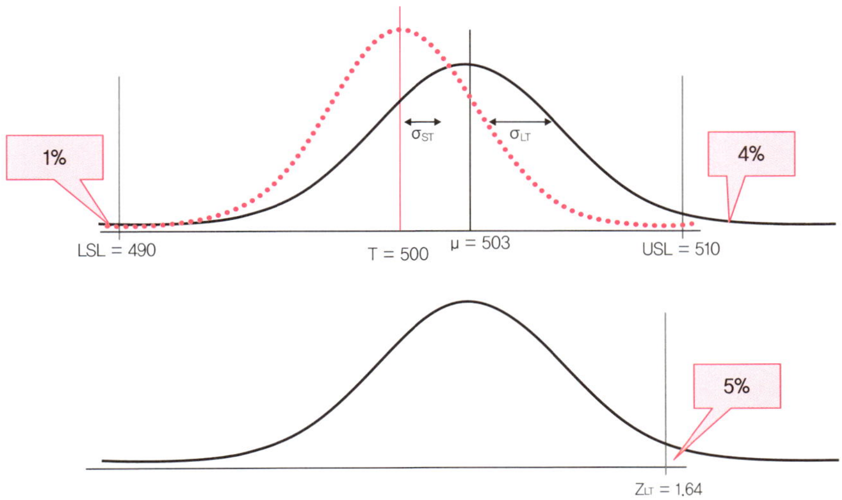

그림 2-20 장기시그마수준

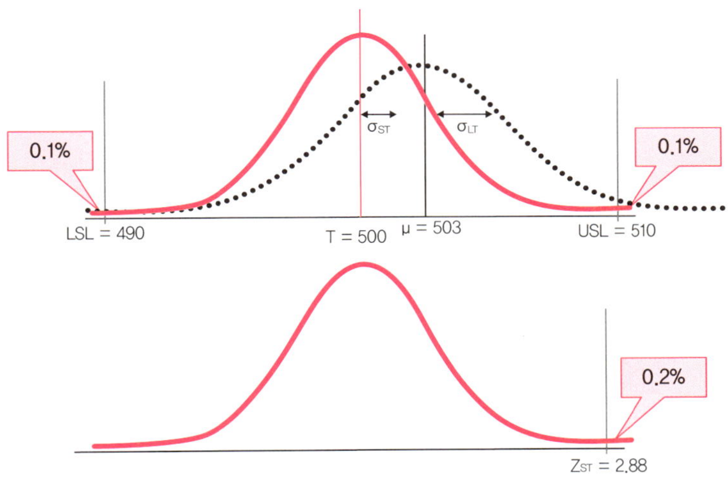

그림 2-21 단기시그마수준

한다.

〈그림 2-21〉에서는 같은 방법으로 단기데이터에 대한 부분만을 따로 떼어내어, 단기에 대한 총 불량률이 0.2%이며, 단기의 시그마수준은 2.88이 되는 과정을 설명하고 있다.

장기시그마수준은 Long Term에 대한 Z_{LT}라고 쓰며, 단기시그마수준은 Short Term에 대한 Z_{ST}라고 표시한다. Z_{ST}는 어떤 공정이 완벽하게 관리되어 있을 때 해당 공정이 보여줄 수 있는 잠재적인 최대 능력을 의미하며, Z_{LT}는 해당 공정의 일반적인 현상황을 그대로 표현하는 것이다. 당연한 이야기이지만, 단기데이터의 불량률이 장기데이터의 그것보다는 작기 때문에 Z_{ST}가

Z_{LT}보다는 높은 수준 일수 밖에 없다. 이 중에서 어떤 것을 현 수준지표로 사용하는 것이 더 타당할까? 이에 대한 서로 다른 의견들이 다소 있으나, 일반적으로는 Z_{ST}를 현 수준 지표로 사용하고 있다. Improve 단계를 마친 후 개선안에 대한 효과검증은 아주 긴 시간 동안 진행되는 것이 아니라 1~2주 정도의 짧은 시간 동안 이루어진다. 이와 같이 짧은 시간 동안 정제된 Pilot Line에서 얻어지는 데이터는 단기데이터에 가깝다. 같은 조건에서 개선 전/후를 비교하기 위해서는 개선 전의 현 수준 파악도 단기데이터로 하는 것으로 이해하면 된다. 하지만, Z_{ST}와 Z_{LT} 중에서 어떤 값을 이용할 것인가 하는 것은 전적으로 해당 기업의 경영진과 Six Sigma 추진 부서의 선택에 따라 결정되는 것이다.

Z_{ST}를 현 수준 지표로 이용하고자 하는 경우 단기데이터를 뽑아내기 위한 군구별(Rational Sub-grouping)이 되어 있어야 한다는 전제조건이 요구된다. 하지만, 대부분의 경우는 군구별이 되어 있지 않기에, Z_{ST}를 직접 구하기보다는 Z_{LT}에 1.5를 더해서 추론하는 방법을 사용한다. 장기시그마수준에 더해지는 1.5를 1.5 Sigma Shift라 부르는데, 이는 Gilson(1951년), Bender(1965년), Evans(1972년) 등이 연구/설계 단계에서 발생한 산포는 공정 단계에 이르면 목표치(Target) 값에서 약 1.5σ 정도 움직인다는 연구결과에 근거한 것이다. 6시그마도 이 개념을 받아들여 일반 공정에서 특별한 원인이 없을 경우 1.5σ 정도의 변동이 발생하는 것을 가정하고 있다. 1.5 Sigma Shift에 대한 반론도 존재하나, 각 기업별 Sigma Shift가 얼마나 되는지를 구한다는 것이 시간과 비용측면에서 비효율적이기에, 1.5 Sigma Shift를 그대로 적용하는 경우가 많다. 즉, 장기데이터

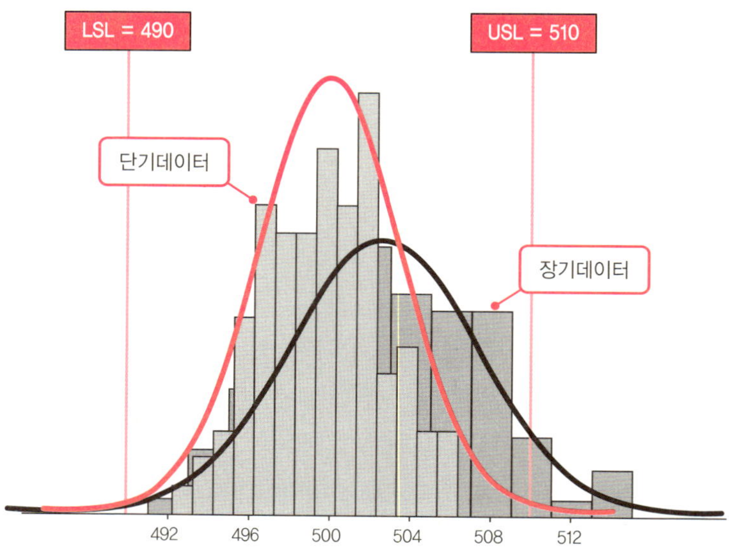

그림 2-22 Raw Data에 대한 시그마수준

에 대한 시그마수준(Z_{LT})이 1.64라고 한다면, 추론되는 단기시그마수준(Z_{ST})은 1.5를 더한 값인 3.14라고 계산하는 것이다.

한편, Raw Data가 그대로 주어진 경우도 미니탭을 이용하여 시그마수준을 쉽게 환산할 수 있다. 〈그림 2-22〉와 같이 입력된 데이터에 대한 히스토그램을 그리고, 해당 히스토그램을 가장 잘 표현할 수 있는 분포를 도시한 후, 이에 대한 불량률을 통해 단기 및 장기시그마수준을 계산하는 것이다. 이 부분에 대한 미니탭 메뉴에서 나타나는 제약 조건은 반드시 군의 크기를 입력해 주어야 한다는 점이다. 앞에서도 언급했듯, 군이 구별되어 있는 경우는 드물기에 군의 크기를 입력해 줄 수 있는 경우도 많지 않다. 미니탭은 군의 크기를 입력하지 않으면 시그마수준을 계산하지 않기 때문에, 아무런 숫자를 넣어 주어야 하는 한계가 있으며 보통은 5라는 값을 많이 넣는다. 여기서 5는 미니탭을 구동하기 위해 넣은 임의의 값이지 어떤 의미를 가지는 것은 아님을 확실히 해둔다. 물론 군의 크기가 5인 군을 구별하여 데이터를 뽑았다면, 그때는 단기시그마수준을 구하는 의미 있는 숫자가 될 것이다. 미니탭의 데이터 폴더에 들어있는 Camshaft.MTW 데이터를 이용하여 시그마수준을 계산해 보도록 한다. 미니탭의 Stat>Quality Tools>Capability Analysis>Normal을 선택한다.

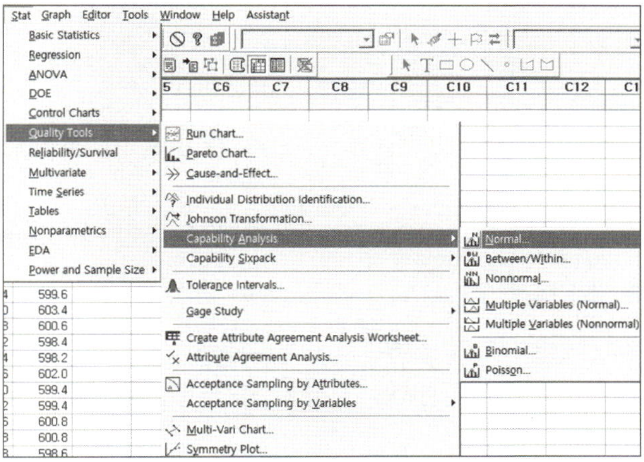

Single column에 Raw data를 입력하고, Subgroup size에는 군의 크기를 넣어준다. 앞에서 언급했듯이, 군 구별이 되어 있지 않다면 아무 숫자나 넣어 주어야 미니탭이 구동된다. Low spec과 Upper spec에 상/하한 규격을 입력한 후 **Options** 을 클릭하여 시그마수준을 구한다는 것을 미니탭에게 알려주어야 한다.

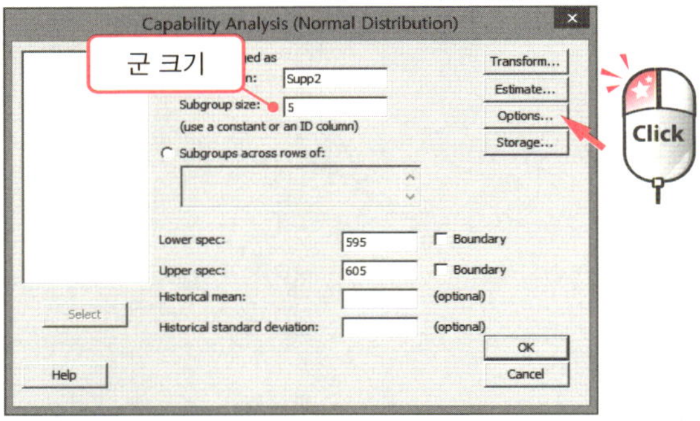

미니탭은 Default로 Capability stats(C_p, P_p)에 체크되어 있으므로, 이를 Benchmark Z's(sigma level)로 변경해 주어야 한다.

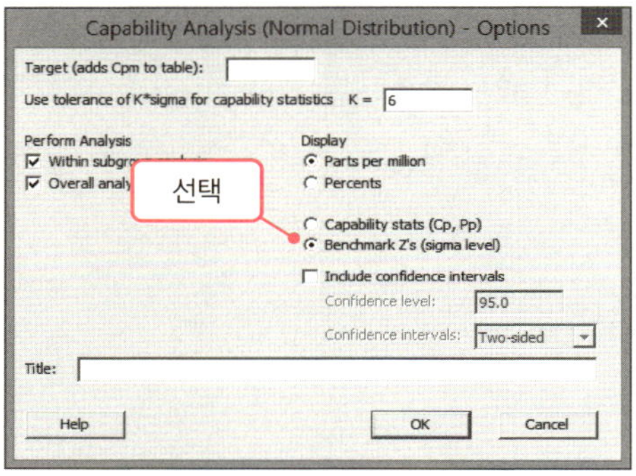

공정능력분석의 결과로 출력되는 그림에서 오른쪽 하단의 Overall Capability로 되어 있는 부분의 Z.Bench값은 Z_{LT}를 의미한다. 본 예제에서는 2.41임을 확인할 수 있으며, 이에 따라 추론되는 Z_{ST}는 Z_{LT}에 1.5를 더한 3.91로 계산할 수 있다. 이때 장기시그마수준은 Exp. Overall Performance의 PPM Total에 나타나 있는 8082PPM을 통해서 구해진 것이다. PPM은 Parts Per Million의 약자이며, 100만 개 중에 몇 개의 결함요소가 있는가를 의미한다. 따라서 8082PPM은 약 0.808%의 불량으로 환산되며, 이에 대한 시그마수준을 계산하면 Z_{LT}=2.41을 얻게 된다. 만약, 군이 구별되어 있어서 군의 크기를 5로 입력하였다면, Z_{LT}에 1.5를 더하여 Z_{ST}를 구하지 않고, 바로 Potential(Within) Capability에 표시되어 있는 Z.Bench값을 읽으면 된다.

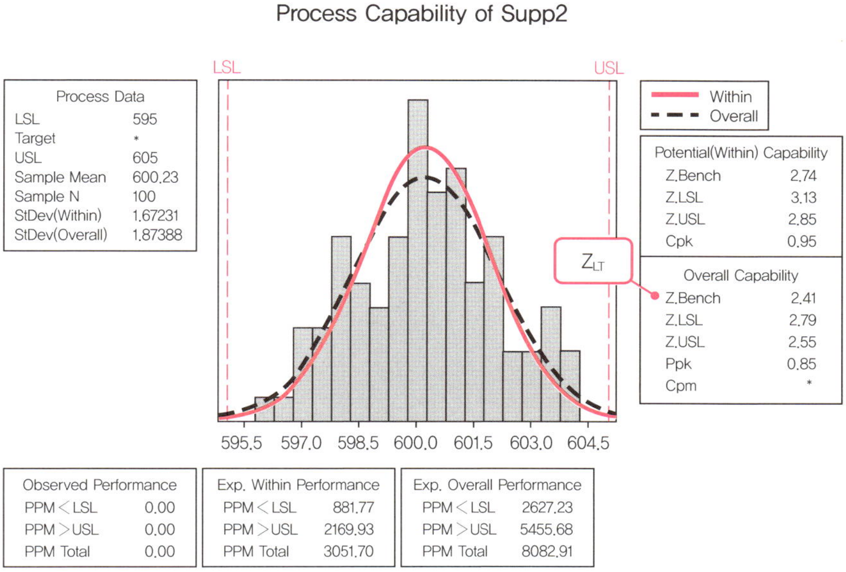

미니탭의 출력화면에서 한가지 주의할 사항은, 단기데이터에 대한 정규분포그래프가 정확하게 공정의 중심을 기준으로 그린 것이 아니라는 점이다. 미니탭은 공정 평균의 치우침을 고려한 C_{pk}를 기준으로 단기공정능력을 계산하기에, 시그마수준에 대한 그래프도 공정의 치우침을 고려하여 나타내고 있다. 따라서 〈그림 2-22〉와 같이 장/단기데이터의 평균은 일치할 수 없으나, 미니탭에서 출력되는 그래프에서는 두 개의 그래프가 같은 위치에 나타남을 확인할 수 있을 것이다.

우리가 사용하고 있는 어떤 공정능력지표도 완벽한 것은 없으며, 각각의 장/단점을 가지게 마련이다. 시그마수준도 각 공정의 생산/품질역량을 하나의 표준화된 지표인 Z값을 이용하여 나타낸다는 점은 매우 독특하다고 볼수 있으나, 군구별이 되어 있지 않은 상황에서 1.5를 더하여 단기 시그마수준을 구한다는 가정이 너무 작위적이며, 불량률을 그대로 표현하는 것과 다를 바없는 시그마수준의 계산과정이 너무 복잡하다는 반론이 여전히 존재하고 있다. 필자 역시 시그마수준에 대해서 다소간은 회의적인 시각을 가지고 있으며, 모든 Six Sigma 프로젝트 수행 시 무조건적으로 시그마수준을 통해 현 수준을 표현하는 것에 대해서는 반대 입장이다. 만약 현재의 공정을 표현할 수 있는 객관적이고 더 명확한 지표가 있다면, 그런 지표를 이용하는 것이 더 바람직할 것이다. 어떤 도구를 선택할 것인가 하는 것은 목수의 결정에 따르는 것이지, 상황을 무시한 채 무조건 정해진 도구 내에서만 선택해야 한다고 규정하는 것은 옳지 않다는 말이다.

5. "Y의 목표수립"을 손질하는 방법

Six Sigma 과제의 목표 수준은 보통의 개선과제보다는 높게 설정하는 경우가 많다. 3시그마수준 이하의 경우는 불량률 10배 개선과 같은 파격적인 목표를 세우게끔 하는데, 이는 낮은 목표의 과제를 100% 성공적으로 끝내는 것 보다는, 목표수준이 매우 높은 도전적과제를 70~80% 정도만 달성하더라도 그성과의 수준이 더 높기 때문이다. Six Sigma의 격언 중에 "5%는 불가능해도 30%는 가능하다."라는 말이 있다. 현재보다 5% 정도 높은 수준의 목표가 주어진 경우, 새로운 시도를 통해 목표를 달성하려고 하기보다는 지금의 업무방식을 그대로 유지하고 뭔가 조금 바꾸는 정도로 마무리하려다 보니, 단지 5%의 성과목표도 달성하지 못하게 된다. 하지만, 30% 정도의 매우 도전적인 목표를 가지고 일을 하게 되면, 완전히 새로운 시도와 함께 기존에 하지 않았던 개선방안들을 도출해야 하기에, 불가능해 보였던 높은 수준까지도 도달할 수 있다는 것이다.

목표 수준을 정의할 때는 업계 내에서의 경쟁우위를 확보할 수 있도록 과감하고 혁신적으로 설정한다. 일류기업의 수준을 추월하는 목표이면서 차별화가 가능한 목표(세계 초일류 지향)이며, 최소한 현 수준보다 30% 이상 혁신할 수 있는 목표가 바람직하다. 또한 가능한 한 목표는 계량화된 수치로 표현하는 것이 좋고, 달성률보다는 그 효과에 더 큰 관심을 두어야 한다. 선진 수준의 동태적 특성을 감안하여 목표설정을 하기도 하는데, 이때는 경쟁사나 선도 기업의 미래 성과수준을 예측하거나, 자사의 측정 가능한 성과에 대한 달성 가능한 최대의 목표 수준을 예측하여 설정한다. 〈그림 2-23〉은 선진수준의 변화를 예측하여 미래지향적으로 목표를 수립하는 것을 보여주고 있다.

만약 군 구별을 하여 Z_{ST}와 Z_{LT}를 각각 독립적으로 구할 수 있다면, 공정의 평균을 관리할 것

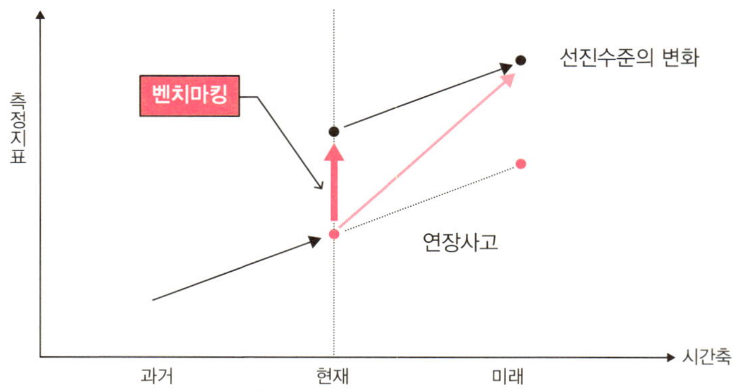

그림 2-23 미래지향적 목표설정

인지 아니면 변동을 개선할 것인지에 대한 방향을 4−Block Diagram을 통해 정할 수 있다. 예를 들어, 우리 공정의 $Z_{ST}=3$이고 $Z_{LT}=1$이라고 한다면, 공정 자체의 잠재적인 최대 능력도 그다지 뛰어난 것은 아니며, 공정의 관리가 부실하여 Z_{ST}와 Z_{LT}의 차이(Sigma Shift)도 2로서 일반적인 기준인 1.5보다 크다는 말이다. 즉, 〈그림 2−24〉의 4−Block Diagram에서 A의 영역에 속하게 되는데, 이때는 우선 공정의 관리를 통해 Sigma Shift를 줄여 주고(C 영역으로 이동), 다음에 공정의 기술력을 개선하는 활동을 하여 최종적으로 가장 우수한 D 영역의 프로세스를 만들어야 한다. 만약 Z_{ST}는 4.5 이상으로 매우 우수하며 Z_{ST}와 Z_{LT}의 차이인 Sigma Shift가 1.5 이상인 B의 영역에 있다면, 이는 잠재적인 능력은 매우 우수하나 공정관리가 되고 있지 않다는 의미가 되므로 관리를 통한 공정수준 향상이 필요할 것이다. C의 영역은 관리는 되고 있으나 프로세스의 자체적인 능력이 떨어진다는 의미가 되므로 프로젝트 등의 활동을 통해서 공정 자체의 기술력을 개선하는 활동이 요구된다. 일반적으로 Six Sigma와 같은 개선활동이 필요로 하는 경우는, C 영역에 현 수준이 위치할 때라고 할 수 있으며, A와 B의 영역에 현 수준이 위치한다면 공정관리가 우선적으로 필요한 활동이라 할 것이다.

$$Zshift = Z_{ST} - Z_{LT}$$

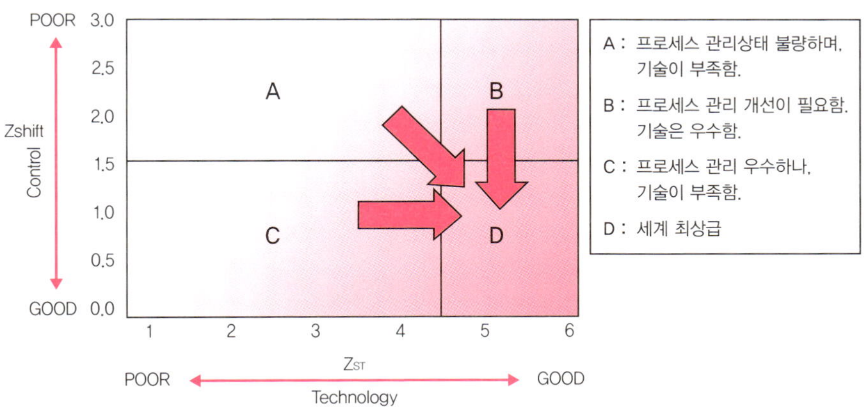

그림 2-24 **4−Block Diagram 및 개선의 방향**

쉬어가는 글

측정지표는 왜 중요할까?

행복은 인간이 추구하는 궁극적인 삶의 목표일 것이다. 우리가 하는 모든 행위는 더 행복해지기 위한 노력의 일환이며, 어제보다는 나은 내일을 위해 각자의 위치에서 열심히 살아가는 것이다. 그렇다면, 인간의 행복은 무엇에 의해 좌우되는가? 광복과 전쟁의 혼란기에서 갓 벗어난 1960년대~1970년대까지만 해도, 국민소득을 높이는 것이 행복해지는 유일한 방법이라 생각했다. 청춘을 불사른 부모 세대의 희생을 거름 삼아 기적과 같은 경제성장을 이루었고, 이제는 1인당 GDP $30,000를 바라보는 정도의 '살만한' 나라가 되었다. 그렇다면 현재의 우리는 예전에 비해 몇 배 더 행복해졌는가?

2012년 5월에 기획재정부에서 나온 "행복지수의 세계적 중요성과 시사점"이라는 보고서에 따르면, 그동안 삶의 질에 대한 지표로 사용되었던 GDP는 소득분배, 여가생활, 환경, 복지 등의 만족도를 측정할 수 있는 기준이 부재하기에 경제성장은 물론 사회의 발전정도, 국민의 행복정도를 측정할 수 있는 새로운 지표가 필요하다고 한다. 이제는 소득지수가 아니라 행복지수를 통해 국민이 얼마나 행복하게 살고 있는가를 측정해야 한다는 것이다. 우리보다 먼저 행복에 대한 측정지표를 국정운영 방향으로 삼은 예를 히말라야산맥 동부에 있는 왕국 "부탄"에서 찾을 수 있다. 세계에서 가장 행복한 나라로 인정받는 부탄의 왕추크 국왕은 1974년에 GDP가 아닌 국민들의 행복지수(GNH : Gross National Happiness)를 기준으로 나라를 통치하겠다고 발표하였다. GNH 지표는 건강, 시간 활용 방법, 생활수준, 공동체, 심리적 행복, 문화, 교육, 환경, 올바른 정치 등 9개 분야의 지표를 토대로 산출되는데, 심리적 웰빙과 건강, 생태계 보호(예 : 국토의 60% 이상을 산림으로 유지) 등 국민들의 행복을 증진시킬 수 있는 방법을 모색하면서 정체성(Identity) 유지를 위해 노력하는 정책을 표방한 것이다. 왕추크 국왕은 이와 같이 국민행복을 위한 올바른 지표를 개발하고 꾸준히 개선해가는 과정에서 전체 국민의 97%가 행복감을 느끼는 나라를 만들 수 있었다. 어떤 측정지표를 선택할 것인가 하는 것은 국민의 행복수준을 개선하는 방향을 설정하는 것이며, 올바른 지표를 선택하여 올바른 방향으로 나아갈 때 비로소 진정한 국민행복을 성취할 수 있게 됨을 의미하는 것이다.

이처럼 국가가 국민의 행복을 증진시키기 위해서 노력하는 것도 필요하지만, 각자 무엇을 삶의 행복지표로 삼아야 할 것인가를 고민해 보는 것도 그에 못지않게 중요할 것이다. 옥스퍼드 대학교의 심리학자인 마이클 아가일과 필터 힐에 의해 개발된 "옥스퍼드 행복지수"는 개인별 행복감을 측정할 수 있는 유명한 지표 중 하나로서, 1~6점 척도로 계산되는데 6에 가까울수록 행복한 것이다. 그런데 옥스퍼드 행복지수를 평가할 때 가장 중요한 것은, 자신의 행복지수와 다른 사람의 것을 비교하는 것이 아니라, 자신의 현재 지수와 나중의 지수를 비교하여 개선되어 가는가를 확인하는 것이다. 진정한 행복은 남과의 비교를 멈추고, 자신이 조금씩 더 나아지고 있음을 확인해 가는 과정에서 찾을 수 있다는 것을 말하는 것이다. 결국, 사회적/경제적 위상을 남과 비교하는 것보다는, 행복을 향한 올바른 방향을 정하고 이를 측정할 수 있는 지표를 찾아서 자신의 발전 정도를 확인해가는 과정이 행복한 삶을 살 수 있는 길이라 볼 수 있다.

■ 계량형 지표 Y의 도출

식당 사례의 CTQ는 밥맛에 대한 불량률(218명/500명)인 계수형 지표였다. 이를 계량형 지표로 전환한 값을 Y라고 하는데, 대부분의 경우 계량형 지표인 Y를 직접 찾는 과정은 쉽지 않기에, 팀 활동을 통해 밥맛에 대한 측정값을 어떤 것으로 할 것인가에 대해 심도 있는 논의가 필요하다. 식미(食味)는 소비자가 밥을 먹으면서 느끼는 여러 가지 감각을 종합적으로 표현한 용어이다. 밥의 "맛이 좋다" 또는 "맛이 나쁘다"의 표현은 소비자 각각의 기호에 따라서 다를 수 있기 때문에 시대, 지역, 전통 및 사회적인 여건이 다르면 맛에 대한 기호가 달라지지만, 예로부터 우리나라를 비롯한 일본, 대만 등에서는 아밀로스함량이 낮아서 밥을 지으면 찰기가 있는 쌀을 좋아하였다. 반면, 인도나 동남아시아의 여러 나라에서는 아밀로스함량이 높아서 찰기가 없는 쌀을 좋아한다. 물론, 동일한 함량의 아밀로스를 가지고 있는 쌀이라 할지라도, 어떻게 밥을 짓는가에 따라서 찰짐의 정도는 매우 달라진다. 본 과제에서는 식미에 대한 다양한 측정지표 중에서 위에서 언급한 찰짐을 점도계로 측정하기로 하였다. 밥의 점도는 측정의 용이성과 CTQ와의 관련성 측면에서 좋은 지표라는 것에 대해 팀원 간의 의견수렴이 이루어 졌다. 즉, 밥이 얼마나 찰진가 하는 것이 밥맛을 좌우하므로, 밥을 짓고나서 밥알의 찰기를 점도계로 측정하여 고객만족도와 밥의 품질을 계량화하기로 한 것이다.

■ 측정 시스템 분석

Y를 선정 한 후에는 데이터를 제공하는 측정 시스템의 신뢰도를 확인해 보아야 한다. 일반적으로 많이 사용되고 있는 Gage R&R(crossed)를 이용하여 측정자와 측정기기의 변동이 측정값에 얼마나 영향을 주고 있는지 확인하기로 하였다. 이를 위해 3명의 작업자와 10개의 표준시료, 그리고 2회씩 반복 측정을 한 데이터를 다음과 같이 정리하였다.

Part	측정자	점도	Part	측정자	점도	Part	측정자	점도
1	1	12.5	1	2	11	1	3	10
1	1	12	1	2	11	1	3	10
2	1	20	2	2	21	2	3	21
2	1	20	2	2	21	2	3	20.5
3	1	17	3	2	16	3	3	16
3	1	16.5	3	2	15.5	3	3	16
4	1	17	4	2	16	4	3	16
4	1	17.5	4	2	15	4	3	16
5	1	9	5	2	8	5	3	9
5	1	9	5	2	8	5	3	9.5
6	1	20	6	2	20	6	3	20
6	1	20	6	2	21	6	3	21
7	1	19	7	2	19	7	3	19
7	1	19	7	2	18	7	3	19
8	1	16.5	8	2	15	8	3	16
8	1	16	8	2	14	8	3	16
9	1	20	9	2	20	9	3	21
9	1	20	9	2	19	9	3	21
10	1	12	10	2	11	10	3	17
10	1	12.5	10	2	11	10	3	16.5

미니탭의 Gage R&R(Crossed) 메뉴를 이용하면, 세션 창에 분석에 대한 결과가 출력되며 동시에 Gage R&R 지표 관련 그래프 창이 나타난다.

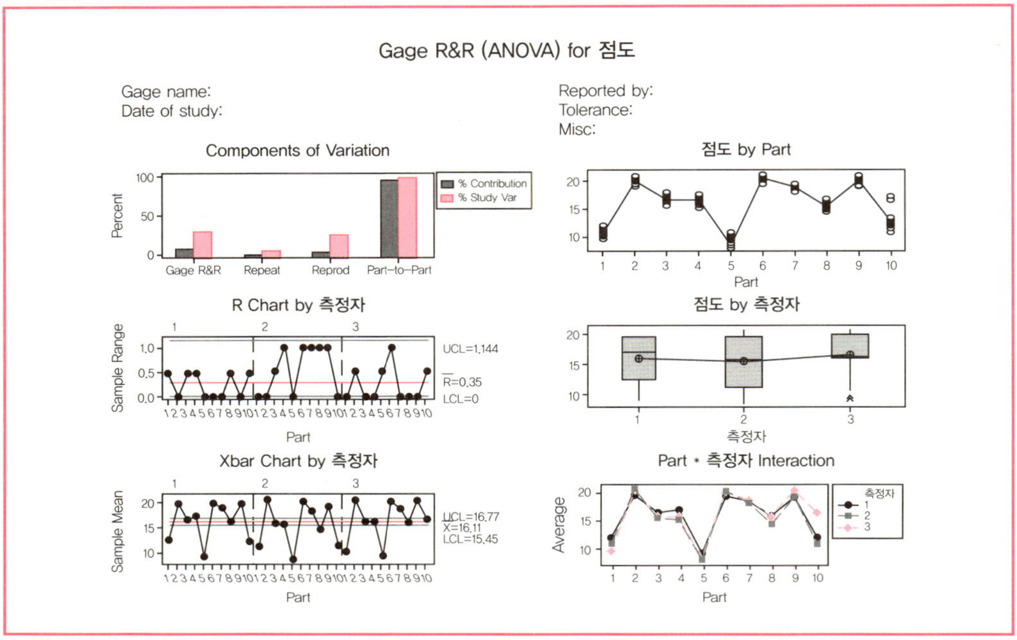

Source	VarComp	%Contribution (of VarComp)
Total Gage R&R	1.4542	8.26
Repeatability	0.1375	0.78
Reproducibility	1.3167	7.47
측정자	0.1470	0.83
측정자*Part	1.1697	6.64
Part-To-Part	16.1613	91.74
Total Variation	17.6155	100.00

Source	StdDev (SD)	Study Var (6 * SD)	%Study Var (%SV)
Total Gage R&R	1.20589	7.2353	28.73
Repeatability	0.37081	2.2249	8.83
Reproducibility	1.14746	6.8848	27.34
측정자	0.38339	2.3004	9.13
측정자*Part	1.08152	6.4891	25.77
Part-To-Part	4.02012	24.1207	95.78
Total Variation	4.19708	25.1825	100.00

Number of Distinct Categories = 4

6개의 그래프 중에서 왼쪽 상단의 첫 번째 그래프는 전체 변동 중에서 Gage R&R에 의한 변동이 얼마나 되는지를 막대그래프로 보여준다. 우수한 측정 시스템일수록 Gage R&R에 대한 막대그래프가 바닥에 붙어서 나타난다. 위의 그래프는 측정 시스템이 그다지 좋지 않음을 보여준다. 왼쪽의 두 번째와 세 번째에는 관리도가 나타나는데, R 관리도에는 측정의 반복성을 보여준다. 만약 반복성이 우수하다면 모든 점이 관리선 안에서 매우 작은값으로 나타나게 된다. 본 사례에서는 작업자 2와 3의 반복성이 작업자 1에 비해 상대적으로 좋지 않음을 보여준다. 일반적으로 반복성의 문제는 기계적 문제로만 치부하는데, 이는 잘못된 것이다. 작업자의 숙련도가 부족해서 발생하는 반복성 문제인지, 아니면 기계의 검교정에 문제가 있는 것인지를 파악해 보아야 한다.

세션 창에 표시되는 값들 중에서 Gage R&R의 %Contribution값은 1% 미만, %Study Var값은 10% 미만, 그리고 Number of Distinct Categories는 10 이상일 때 좋은 측정 시스템이라 한다. 본 예제의 경우는 모두 만족스럽지 못한 결과를 보여주고 있으며, 재현성(Reproducibility)의 %Contribution이 7.47%로 반복성(Repeatability)의 0.78%보다 매우 크므로 재현성에 의한 문제가 더 큰 것으로 진단하였다. 본 프로젝트 팀에서는 측정기기의 정밀도는 충분하며 작업자들의 측정방법이 상이한 것이 문제라고 판단하였기에, 표준측정방법을 고안하고 이를 모든 측정자들에게 교육하였다.

▪ Y의 시그마수준 계산

현재의 공정능력을 파악하기 위해서 일정 기간 동안 만들어진 밥의 점도를 다음과 같이 군 구별하지 않고 수집하였다. 고객이 가장 맛있다고 여기는 밥의 점도는 100이며 규격은 95~105 정도로 파악되었다.

미니탭에 다음과 같이 데이터와 군의 크기(임의로 5를 지정함) 및 상/하한 규격을 입력하고, 옵션에서 Benchmark Z's를 선택하면 장/단기데이터에 대한 히스토그램과 장/단기시그마수준을 구할 수 있다.

104.2	105.8	99.5	100.7	102.7	106.0	101.4	100.8	104.7	106.5
104.4	107.1	101.1	99.7	104.2	106.2	101.8	104.2	103.9	107.0
105.6	107.6	99.6	97.9	102.7	105.7	102.2	105.3	105.2	106.8
105.5	105.2	101.2	98.7	105.6	104.5	102.3	104.0	104.6	107.5
104.3	106.7	102.0	98.5	105.4	103.8	103.3	102.7	104.0	106.9
100.9	102.6	105.7	105.2	100.7	102.1	103.5	104.5	103.2	103.0
100.2	102.7	105.7	104.4	102.6	103.2	105.7	104.7	101.0	101.8
100.1	100.2	104.9	104.3	100.4	103.1	104.6	104.0	102.1	101.7
99.7	103.0	104.4	103.7	102.9	102.9	105.0	104.0	101.0	100.3
99.3	101.6	104.2	104.6	102.5	102.8	103.8	104.4	100.7	102.6

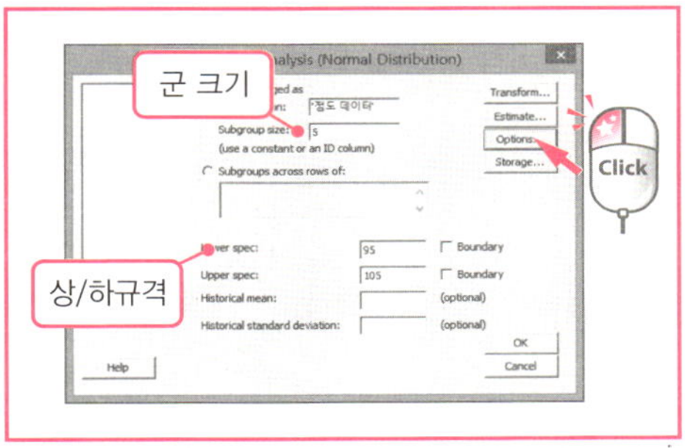

군 구별이 되어 있지 않으므로, 단기시그마수준(Z_{ST})은 직접 산출할 수 없으며 장기시그마수준(Z_{LT})에 1.5를 더하여 추론하여야 한다. Z_{LT}값은 0.77이므로, Z_{ST}는 1.5를 더하여 2.27로 계산된다. 또한 실제로 공정에서 발생하는 예상 결함률은 Exp. Overall Performance에 221462ppm로 나타나 있는데, 이는 100만 개 중에서 22만 개 정도의 결함을 보일 것으로 예상된다는 것이다.

현재 공정의 실제 모습을 예상하여 보여주고 있는 Exp. Overall Performance를 기준으로 할 때, 불량률은 약 22.1% 정도로 예상되므로 10배 이상을 개선하여 불량률 2% 미만, 즉 $Z_{ST}=3.55$ 시그마수준을 목표로 정하였다. $Z_{ST}=3.55$ 시그마수준은 불량률 2%에 대한 장기시스마수준인 Z_{LT}(2.05)에 1.5를 더하여 계산한 것이다. 현 수준 및 목표 수준을 표현할 때는 막대그래프가 많

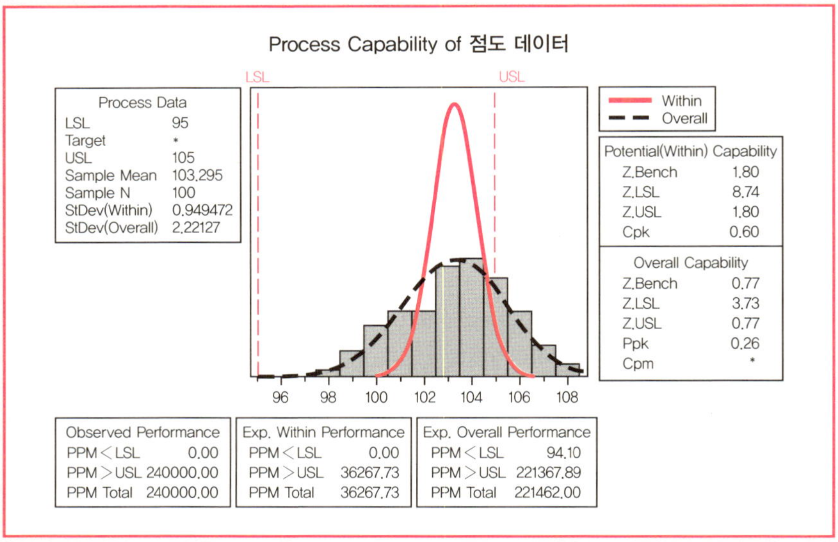

이 사용되는데, 미니탭이나 엑셀 또는 파워포인트 등 익숙한 것이라면 어떤 것을 이용해도 무방하다. 아래 그림은 엑셀을 이용하여 표현한 것인데, 불량률과 시그마수준에 대한 현 수준 및 목표 수준을 보여준다.

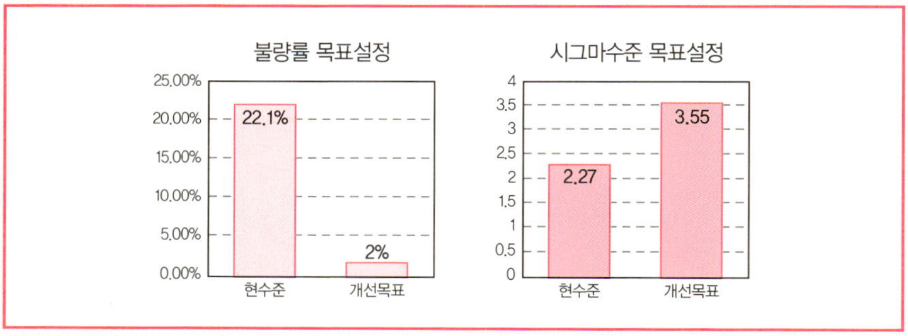

마지막으로 한가지 주의할 점은, CTQ 목표를 달성하기에 충분한 수준으로 Y의 목표를 설정하였는가를 확인해야 한다는 것이다. Six Sigma 과제는 실제로는 Y에 대한 개선활동을 진행하는 것이며, Improve 단계 후 Pilot Test를 통해 Y 목표가 달성되었는 가를 확인하게 된다. 하지만, 개선의 진정한 목적은 Y의 목표달성이 아니라, Y를 통해서 CTQ의 목표를 달성하는 것이라는 점을 항상 염두에 두어야 한다. Y만 성과목표를 달성하고 CTQ의 개선효과는 미미한 수준이라면, 이는 전투에서는 이겼으나 전쟁에서는 진 것과 다를 바 없는 것이다. 본 예제에서는 점도에 대한 시그마수준 3.55를 달성하게 될 경우, 자연스럽게 CTQ 목표인 밥맛의 불량률 10% 미만도 가능할 수 있을 것으로 판단하였다.

Course. 3

Analyze Recipe

CTQ나 Y의 목표달성을 위해 필요한 모든 개선안을 무턱대고 수행하는 것은 시간과 비용의 낭비가 될 가능성이 크다. 일단은 현재의 성과에 영향을 줄 수도 있는 가능한 모든 원인들을 발굴하고, 이들을 분석하여 영향이 큰 핵심 인자들을 찾아내는 것이 중요하다. Six Sigma 활동의 효과를 높이고 업무의 효율을 극대화시키기 위한 '선택과 집중'의 과정인 Analyze 단계를 맛있게 요리하기 위해서는 다음과 같은 재료별 혼합비율을 이해해야 한다.

1. 잠재인자발굴 및 구조화 30%
2. 그래프 분석 10%
3. 통계적 데이터 분석 30%
4. 정성적 분석 20%
5. 핵심 인자 개선방향성 설정 10%

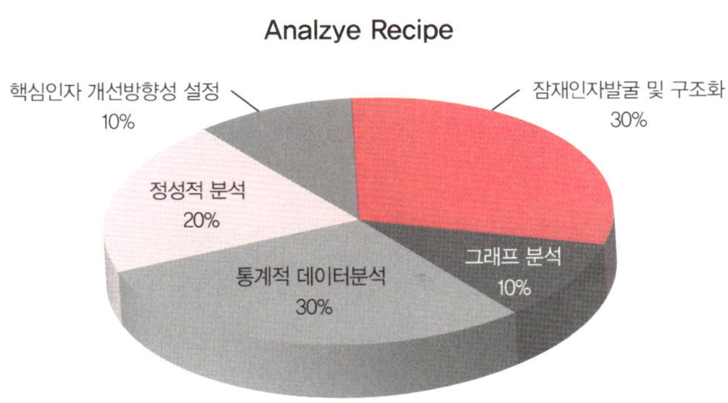

1. "잠재인자 발굴 및 구조화"를 손질하는 방법

1) 잠재인자 발굴

오랜 기간 동안 같은 현장에서 거의 같은 작업을 계속해 온 숙련공들은 조그만 진동과 미세한 소음만으로도 설비의 미결함이나 공정의 문제를 단번에 찾아내곤 한다. 그리고 그들이 지적한 문제의 원인들을 제거함으로써 공정안정화를 꾀하고 품질 및 생산성 혁신을 이루어 내는 경우가 자주 있다. 이를 통해 자신들의 기술력에 대한 자부심을 갖기도 하지만, 특정 사업 영역에서 오랜 기간 동안 종사하면서 쌓는 경험과 지식의 높이에 비례하여 고정관념도 같은 높이만큼 쌓일 수 있다는 것을 경계해야 한다. 즉, "이런 문제의 원인은 저것이다."라고 너무 성급하게 문제의 원인을 예단하다 보면, 한 꺼풀 밑에 숨겨져 있는 진정한 근본 원인들을 간과하고, 눈에 보이는 별로 중요하지 않은 원인인자들만 개선을 할 수도 있다는 것이다. Six Sigma 과제는 오랜 기간 동안 해결하려고 노력하였으나 해결되지 않는 고질적인 문제들에 대한 것을 다룬다. 고질적인 문제란 몇 년에 걸쳐서 비슷한 과제들을 수행하였으나 해결되지 않은 문제들을 말하는데, 이는 기존에 생각했던 문제의 원인들이 진정한 근본 원인이 아닐 수 있다는 것이다. "혁신을 위해서는 Zero-Base에서 생각하라"는 말을 자주 듣게 되는데, 이는 지금까지의 경험과 지식을 모두 버리라는 의미가 아니라, 고정관념을 버리고 Fact-Base로 문제의 원인에 접근해 보라는 뜻이다.

이처럼 고정관념으로부터 벗어나서 가능한 모든 원인들을 탐색해 보고, 이들을 정리하는 것에서 새로운 개선안이나 창의적 아이디어가 나올 수 있는 것이다. 아무리 뛰어난 천재라 할지라도 여러 명의 보통 사람이 생각하는 사고의 폭 보다 넓고 깊게 고민하기는 어렵다. 팀플레이란 보통의 팀원들이 모여서 회의를 주기적으로 진행하는 것인데, 원인인자 발굴이나 개선안 도출과 같은 사고의 확산 및 수렴이 필요한 단계에서 팀원 간의 협업을 통해 새롭고 창의적인 아이디어를 발굴하려는 노력이다. 팀플레이 과정에서 팀원 간의 상호작용을 통해 극대화 하고자하는 창의적 아이디어 발굴 능력은 문제에 대한 감수성을 가지고, 남들은 쉽게 지나쳐 버릴 것들을 면밀히 검토하여 새로운 것을 발견해내는 재능을 말한다.

어떤 문제에 대한 해결책을 단번에 찾으려는 시도는 대부분 좋지 않은 결과를 낳는다. 아무리 팀원들의 창의성을 이끌어 낸다고 하더라도, 단번에 문제의 근본 원인과 해결책을 찾는 것은 불가능하기 때문이다. 따라서 일단은 정답인지 아닌지를 고민하지 말고, 가능한 모든 원인들을 발굴해 보는데 이들을 잠재 원인변수, 또는 줄여서 잠재인자라고 한다. 발굴된 다수의 잠재인자들을 분석하고 평가하는 과정에서 그간 간과했던 진정한 원인인자를 찾을 수 있게 될 것이다.

잠재인자 발굴이나 개선안 도출을 할 때 사용하는 창의적 아이디어 발상법에 대하여 수리적/통계적 도구와 같이 명확한 공식이 존재한다면 정말 좋을 것이다. 하지만, 불행스럽게도 독창성을 훼손하지 않으면서도 새로운 아이디어를 찾아가는 발상법에 대한 명확한 공식이나 기법은 쉽게 찾아보기 어렵다. 아이디어 발상에 대한 개략적인 가이드라인을 제시하는 정도의 기법이 대부분이지만, 그중에서 일반적으로 많이 사용되고 있는 아이디어 발상법들을 크게 두 가지로 분류해 보면 발산적 사고기법과 수렴적 사고기법으로 나눌 수 있다.

발산적 사고란 기존의 지식에서 벗어나 자유로운 발상을 통해서 새로운 아이디어를 생각해 내는 것이고, 수렴적 사고란 기존의 지식이나 새로운 아이디어들을 이용하여 두 아이디어를 합치거나 가장 좋은 아이디어를 선별하여 해결책이나 답을 내는 것을 말한다. 일기를 쓰거나 글짓기를 할 때, 생각나는 첫 번째 주제를 쓰는 것보다 여러 가지 주제를 적어보고 더 나은 주제는 없을까 고민하고 찾는 과정이 발산적 사고과정이다. 반면에, 적어본 주제 중에서 하나를 선정을 하거나 두 가지 이상의 주제의 장점을 모아서 새로운 주제를 만들어 낸다면 수렴적 사고이다. Analyze 단계의 잠재인자 발굴과정에서는 발산적 사고가 더 필요하기에 발산적 사고의 대표적인 기법 중 브레인스토밍, 브레인라이팅, 마인드 매핑 기법을 소개한다.

① 브레인스토밍(Brainstorming)

브레인스토밍 방법은 광고 회사의 알렉스 오스본(Alex Faickney Osborn)에 의해 창안된 방법으로 여러 사람이 모여서 어느 한 주제에 대해 다양한 아이디어를 공동으로 내놓는 것으로 집단사고를 통해 사고의 확산을 추구하는 회의이다. 폭풍이 몰아치듯 두뇌를 자극하여 팀 토론의 효과를 극대화 함으로써 아이디어의 연쇄반응을 얻고자 하는 것이 목적이다. 따라서, 이 방법의 중점은 아이디어의 질보다는 많은 아이디어의 생산에 있다고 보면 된다. "백지장도 맛들면 낫다"라는 속담이 있듯이 어떤 문제가 생겼을 때 여러 사람이 함께 풀면 그 문제의 해결이 쉬워진다. 두 개 또는 그 이상의 물건을 합쳐서 부분의 총화보다 더 큰 것을 만들어 낼 수 있다는 종합 작용의 의미로 브레인스토밍을 이해하면 될 것 같다. 이러한 집단 브레인스토밍을 적절히 활용하면 아이디어의 연쇄반응을 일으켜, 보다 짧은 시간 내에 전통적인 회의보다 더 많고 우수한 아이디어를 생산할 수가 있기 때문에, 새로운 원인인자발굴이나 신제품 개발 등에 가장 효과적인 방법의 하나로 이용되고 있다. 브레인스토밍을 잘 하기 위해서 반드시 지켜야 할 4가지 Ground Rule은 다음과 같다.

▪ 4가지 Ground Rule–4S

- 비판엄금(Support) : 브레인스토밍의 특징은 개방성이다. 새로운 아이디에 대한 비판은 커뮤니케이션의 폐쇄를 유발할 수 있으므로 평가단계 이전에 결코 비판이나 섣부른 개인적 판단을 해서는 안 된다. 모든 아이디어는 존중되고, 서기의 역할을 부여받은 팀원은 모든 아이디어를 칠판이나 화이트보드에 기록해야 한다.
- 자유분방(Silly) : 무엇이든 자유롭게 말할 수 있어야 한다. 많은 사람들이 일반적으로 생각하고 있는 상식적인 사항에 배치되는 어리석은 안을 내놓아서는 안된다는 등의 생각은 하지 않아야 한다. 브레인스토밍의 측면에서 볼 때는 너무 당연하고 뻔한 아이디어보다는 조금은 바보 같더라도 독특하고 새로운 아이디어를 도출하는 것이 더 가치 있는 것이다.

– 질보다 양(Speed) : 자신의 아이디어를 내놓는 것을 꺼려하지 말고, 자꾸자꾸 발언해야 한다. 마치 기관총을 난사하듯 수없이 쏘다 보면 언젠가는 적중하기 마련인 것처럼 떠오르는 아이디어를 거침없이 아주 빠른 스피드로 계속 제시하는 것이다. 처음부터 고품질의 아이디어를 만들어내기는 어려우므로, 조금은 질이 떨어지더라도 많은 양의 아이디어를 창출하고 그중에서 좋은 것들을 추려내고자 하는 것이다.
– 결합과 개선(Synergy) : 다른 사람의 아이디어에 자극되어 보다 좋은 생각이 떠오를 수 있도록 한다. 도출된 다수의 아이디어를 서로 조합하다 보면 기존에 생각하지 못 했던 매우 새롭고 뛰어난 아이디어들이 만들어질 수 있다. 누군가의 아이디어를 빌리고 가공하고 변경하는 것을 통해 팀원들의 아이디어를 더 높은 수준으로 개량할 수 있게 된다.

브레인스토밍은 새로운 아이디어들을 발굴하는 아주 좋은 방법이나, 몇 명의 사람들에 의해 회의가 지배되거나, 일부 팀원들은 회의에서 배제될 수 있는 문제가 있다. 이와 같은 브레인스토밍의 단점을 보완하기 위해 만들어진 브레인라이팅은 모든 사람들에게 공평한 발언권을 부여하고, 회의가 논쟁적으로 소모되지 않도록 만들어 주는 방법이다.

② 브레인라이팅(Brain writing)

브레인스토밍과 마찬가지로 자신의 의견을 거침없이 개진하는 것은 동일하나, 말이 아닌 글을 이용한다는 특성으로 인해 각자 의견의 논리적 구체화가 가능하다는 장점이 있다. 제공된 종이에 자신의 생각을 구체적으로 적고 이를 팀원 간에 순환하여 공유함에 따라 새로운 의견 도출이 가능해지도록 하는 것을 목적으로 한다. 이와 같은 과정을 통하여 한 팀원의 의견을 토대로 다른 팀원의 아이디어에 발전이 이루어질 수 있다. 브레인스토밍은 자유롭게 발언하는 것이 토대가 되어 있었지만 실제로 그렇게 하기는 어려울 때가 많다. 다른 사람을 어렵게 생각한다든가, 조심한다든가, 배려한다는 생각이 자유분방한 발언을 막아버린다. 홀리거(Holiger)에 의해 제시된 브레인라이팅은 직접적으로 발언하는 방식의 약점을 보완하기 위하여 종이에 기록하는 방법을 택한 것이다. 사람들 앞에서는 발언하기가 거북스럽고 꺼려지게 되는 경우도, 종이에 쓰는 것이라면 남의 방해 없이 자유롭게 행할 수 있을 것이다.

브레인라이팅은 원래 브레인스토밍으로부터 출발한 것이므로 브레인스토밍의 4가지 규칙을 따라야 한다. 그런데 브레인라이팅은 발상의 협동작업이라는 새로운 이점을 낳았다. 브레인스토밍도 '결합, 개선'이라고 하여 다른 사람의 아이디어에 편승하는 것을 장려하고 있지만, 브레인라이팅은 한 장의 종이에 여러 명이 아이디어를 조합시키는 넓은 폭을 갖고 있다. 브레인라이팅의 가장 전통적인 방법은 '653'법이라고 할 수 있다. 이는 6명의 팀원이 둥근 테이블에 둘러앉아 5분 동안 3가지의 아이디어를 생각하는 방법이나, 팀원의 수가 6명이 아니어도 큰 문제가 되는 것은 아니다. 팀원들은 개별적으로 각각 한 장의 종이를 가지고, 5분간 3개의 아이디어를 써서 그것을 차례대로 옆 사람에게 돌린다. 30분간 6명이 각각 18개의 아이디어를 기록하므로, 종이에 아이디어를 써서 그것을 차례대로 옆 사람에게 돌리는 과정에서 합계 108개의 새로운 아이디어를 만들어 낼 수 있는 것이다.

③ 마인드 맵(Mind Map)

마인드 맵이란 마음속에 지도를 그리듯이 줄거리를 이해하며 정리해 나가는 방법으로 생각의 주제를 중심에 두고 떠오르는 생각들을 적어나가는 필기법이다. 영국의 토니 부잔(Tony Buzan)에 의해 1970년대에 고안되었으며 좌뇌와 우뇌의 특성을 적절히 활용할 수 있는 방법으로 인정받고 있다. 발산적 사고와 수렴적 사고의 특성이 반영된 마인드 맵은 창의성 개발, 문제의 구조이해, 그리고 암기와 같은 능력향상에 탁월한 효과를 가지고 있다. 중요한 핵심 개념들을 효과적으로 시각화하고 정보의 수렴과 아이디어의 결합을 자유롭게 해줌으로써 주제를 보다 쉽게 표현하고 정리할 수 있도록 해주는 생각의 도구이다. 기존의 지식을 바탕으로 더 새롭고 유용한 것들을 도출할 수 있도록 해주는 마인드 맵은 기본적으로 종이와 필기도구만 있으면 시작할 수 있다. 종이의 크기는 클수록 더 많은 아이디어를 낼 수 있으며, 필기도구는 여러 가지 종류와 색상을 사용하는 것이 시각적으로 도움이 된다. 최근에는 손으로 그리는 마인드 맵의 장점을 살리고 정보화 시대에도 적합한 디지털 마인드 맵을 많은 사람들이 활용하고 있다.

마인드 맵을 효과적으로 작성하기 위해서는 '어떻게 생각할 것인가' 그리고 '어떻게 표현할 것인가'에 대해 이해하는 것이 중요하다. 떠오르는 생각을 맵으로 잘 표현하기 위해서는 중심 이미지, 가지의 추가와 배치, 과장과 강조 효과, 관계선과 연결선을 사용한다. 그리고 풍부한 생각을 자연스럽게 떠올리고 생각을 확산해 나가기 위해 상상, 연상 및 결합의 방법을 사용한다. 마인드 맵을 작성하는 순서는 다음과 같다.

- 목표나 문제를 제시한다. 깨끗한 종이의 중앙에 목표나 문제를 적고 동그라미를 그린다.
- 연상한다. 제시된 목표나 문제를 중심으로 마음속에 떠오르는 것은 무엇이나 적는다. 새롭게 떠오르는 생각은 바깥쪽으로 파생된 선으로 연결한다.

- 가지를 친다. 제시된 단어를 중심으로 주된 선들을 모두 생각하고, 다음에 주된 선 중심으로 잘게 그린 선들을 생각한다.

위의 작성순서에 따라 팀플레이를 하면, 〈그림 3-1〉과 같은 형태로 중심토픽에서 세부적인 잠재 원인까지 아이디어가 분기되고 구조화된 모습의 마인드 맵을 얻을 수 있다.

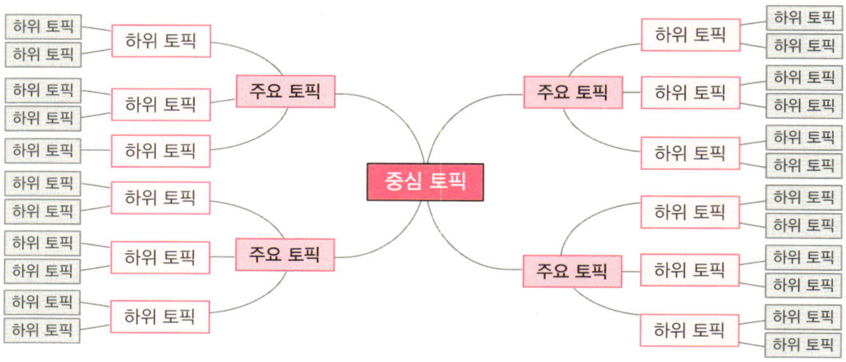

그림 3-1 마인드 맵

인간의 창의력을 대신하는 기계는 아직 없으며 "지식보다 더 중요한 것은 상상력이다."라는 말처럼 지식은 창의적으로 응용될 때 가장 강력한 힘을 발휘한다. 이러한 상상력이 구체적인 목적을 가지고 창의적으로 구체화될 때 이것을 아이디어라고 말할 수 있다. 이러한 아이디어를 창출하는 것이 쉬운 일은 아니기에, 아이디어 발상 방법에 대하여 여러 가지 연구가 이루어졌고, 그 결과로 제시된 많은 발상법들이 현업에서 활용되고 있다. 창의력의 개발이 수학적 공식처럼 이루어지지 않는 것은 인간의 정신세계를 다루기 때문이며, 혼자서 조용히 고민하는 것보다는 여러 명이 모여 팀플레이를 하는 과정에서 주고받는 상호 간의 정보교류와 창의적 분위기를 통해 더 많은 참신한 아이디어를 창출해 낼 수 있게 된다. 이상에서 설명된 아이디어 도출방법 외에도 고든법, 특성 열거법, 결점 열거법, 희망점 열거법 등 다양한 창의적 아이디어 발굴 방법들이 활용되고 있다.

2) 잠재인자 구조화 및 우선순위화

① 특성 요인도를 이용한 잠재인자 구조화

특성요인도는 1950년 초 동경대학의 이시카와 카오루(石川 馨) 박사가 창안한 아이디어 체계화 도구로서, 문제의 원인이라 생각되는 모든 인자들을 브레인스토밍이나 기타 방법들을 사용하여 최대한 많이 찾아낸 후 각각의 특성에 따라 구조화할 때 가장 많이 이용된다. 특성(결과)에 영향을 주는 인자들로는 어떠한 원인(요인)이 있는가를 알아보기 쉽게 물고기뼈 또는 나뭇가지 모양으로 Diagram화 함으로써, 어떤일의 결과와 그것을 유발하는 원인이 어떻게 관계되고 영향을 미치고 있는지 한눈에 파악할 수 있도록 하는 기법이다. 특성 요인도는 활용되는 범위가 매우 넓으며, 다양한 개선과제들에서 자주 활용되기에 이를 지칭하는 이름도 매우 다양하다. 흔히 생김의 모양 때문에 어골도(魚骨圖) 또는 Fish-bone diagram이라 하거나, 원인과 결과를 보여주는 특성으로 인해 Cause-Effet diagram 등으로 불리기도 한다.

물고기의 머리에 해당하는 부분에는 일의 결과로 나타나는 제품의 품질, 코스트, 생산량, 불량률, 안전, 시간 지연 등의 상황 등을 기술한다. 그리고, 뼈에 해당하는 부분에는 일의 결과에 영향을 미치는 원인들을 4M 등의 기준에 따라 나열한다. 특성 요인도를 작성하는 순서는 다음과 같다.

- 오른쪽에 품질특성을 쓰고, 굵은 횡선을 왼쪽에서 오른쪽 방향으로 화살표 형태로 그린다. 품질특성(Six Sigma 과제의 CTQ나 Y)으로 사용될 수 있는 것들은 다음과 같은 것들이다.

원가(Cost)	코스트에 관한 특성	재료비, 인건비, 원가 등
안전(Safety)	안전에 관한 특성	재해율, 사고건수 등
품질(Quality)	제품의 품질에 관한 특성	치수, 수명, 중량, 불량률 등
생산성(Productivity)	생산성에 관한 특성	생산량, 능률, 가동률 등
사기(Morale)	사기에 관한 특성	출근율, 개선제안 건수 등
서비스(Service)	서비스에 관한 특성	정확성, 고객만족도 등

- 브레인스토밍 등을 통해 도출된 문제의 원인들을 비슷한 특성에 따라 분류한다. 5M+1E(사람, 기계, 재료, 방법, 측정, 환경)로 요인을 분류하는 것을 기본으로 하되, 공정이나 프로세스의 특성을 동시에 고려한다. 분류의 기준에 따라 중앙의 굵은 화살표에 대각선으로 선을 긋고 각각의 사선 끝에 제목을 기입한다.
- 큰가지의 세부 원인들을 하부 전개하여 중간가지로 표현하고 그에 따른 제목을 기입한다.

특성요인도를 작성할 때 주의할 점은 5Why와 MECE(Mutually Exclusive & Collectively Exhaustive)라 할 수 있다. 이는 논리적 사고를 통한 아이디어 발상을 추구하는 대부분의 기법에서도 동일하게 적용되는 원리이다. 5Why는 문제의 원인에 대해 5번 이상 "왜?"라는 질문을 하는 것이다. 즉, 문제의 원인을 피상적으로만 이해하지 말고, 분석의 깊이를 깊게 함으로써 근본적인 원인에까지 도달하라는 것이다. MECE 사고방식은 사물이나 주제를 서로 간에 겹치지 않으면서

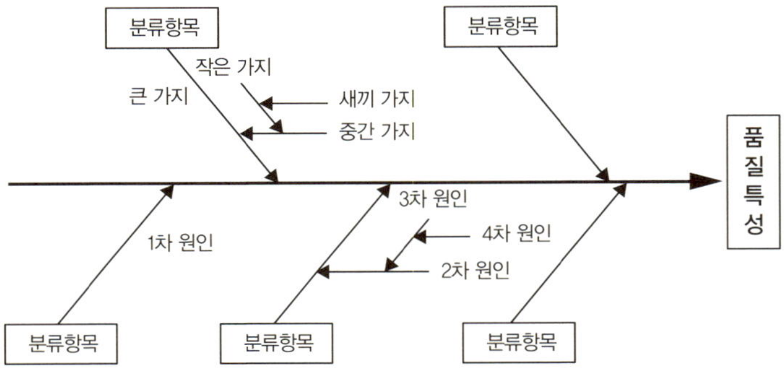

그림 3-2 특성요인도

부분이 전체의 합이 되도록 분배하는 것이다.

② X-Y Matrix를 이용한 잠재인자 우선순위화

결괏값에 영향을 주는 인자들을 특성 요인도로 나열한 후 모든 인자들에 대한 분석을 하는 것은 매우 비효율적이고, 시간과 비용의 제약으로 인해 불가능할 경우도 많다. 따라서 다수의 잠재 원인 인자들에 대하여 팀원들의 경험과 지식을 바탕으로 우선순위를 부여하여 중요한 잠재인자를 선별할 필요가 있는데, 이때 X-Y Matrix가 사용된다. X-Y Matrix를 적용하는 순서는 다음과 같다.

- 세로축의 가장 왼쪽에 문제의 잠재 원인 인자들을 모두 배치 시킨다.
- 가로축의 맨 윗부분에 결괏값에 대한 지표를 Y로 표현한다.
- 각 Y의 고객 중요도(가중치)를 구하여, Y의 하부에 기록한다.
- X의 Y에 대한 영향도를 각 팀원이 각자 부여하고, 이를 고객 중요도와 곱하여 개별 X에 대한 Y 영향도 합계를 구한다.
- 합계 점수가 높은 순으로 X를 재배열하고, 총합계 점수에서 각 X의 값이 차지하는 비율을 Percent(%)로 구한다.
- 영향도가 높은 X의 순으로 Percent(%)를 누적하여 그 합이 80%가 되는 X까지를 우선순위가 높은 잠재 원인변수 X로 선정한다. 다음의 그림은 X-Y 매트릭스를 통하여 중요 인자를 선정한 사례를 보여준다.

X's	Y1					Y2					합계	점수 (%)	누적 점수 (%)
	고객중요도 : 5					고객중요도 : 3							
	리더	팀원	팀원	지원	평균	리더	팀원	팀원	지원	평균			
X1	9	9	9	9	9	9	9	9	9	9	72	10%	10%
X2	9	9	9	9	9	9	9	3	3	6	63	9%	19%
X3	9	9	9	9	9	3	3	9	9	6	63	9%	28%
X4	9	9	3	9	7.5	9	9	9	3	7.5	60	8%	36%
X5	3	3	9	9	6	9	9	3	3	6	48	7%	43%
X6	9	3	3	9	6	9	9	3	3	6	48	7%	50%
X7	9	3	3	3	4.5	9	9	9	3	7.5	45	6%	56%
…	…	…	…	…	…	…	…	…	…	…	…	…	…
Xi	3	3	3	3	3	3	3	1	1	2	21	3%	80%
…	…	…	…	…	…	…	…	…	…	…	…	…	…
Xn	0	1	1	0	0.5	0	0	1	1	0.5	4	0.1%	100%

그림 3-3 X–Y Matrix

2. "그래프 분석"을 손질하는 방법

Define 단계에서 소개된 그래프(시계열도, 파레토도) 외에 데이터의 중심 위치나 산포를 비교하거나 변수들 간의 관계를 파악할 때 유용하게 사용되는 그래프들이 있다. 백번 듣는 것보다 한 번 보는 것이 낫다는 말이 있듯이, 어떤 현상을 그래프를 이용하여 시각화할 수 있다면 아무리 화려하고 고급스러운 통계분석보다 현상황을 설명함에 있어서 더 뛰어난 직관력을 제공할 수 있다. 그래서 항상 통계적 분석에 앞서서 그래프를 통해 설명할 수 있는지를 먼저 고민해 보아야 하는 것이다. 분석단계에서 가장 많이 사용되는 그래프로는 Scatter Plot, Box Plot, Histogram 등이 있다. 물론 이외에도 더 많은 그래프들이 미니탭에 구현되어 있으나, 이 정도의 그래프만 잘 사용해도 분석단계의 문제를 풀어나감에 있어서 부족함이 없다.

1) Scatter Plot(산점도)

Scatter Plot은 두 개의 변수가 서로 상관관계를 가지고 있는지를 파악하고자 할 때 사용한다. 아래에는 온도와 강도에 대한 데이터쌍이 정리되어 있는데, Scatter Plot을 이용하면 두 변수 간에는 서로 어떠한 관계가 있는지를 파악할 수 있다. 다음의 예제는 어떤 제품의 강도에 공정의 설정

온도가 영향을 주는지를 Scatter Plot으로 살펴본 것이다.

온도	강도
60	100
70	103
88	109
57	99
95	110
64	101
77	106
67	102
76	105
80	107
75	104
84	108

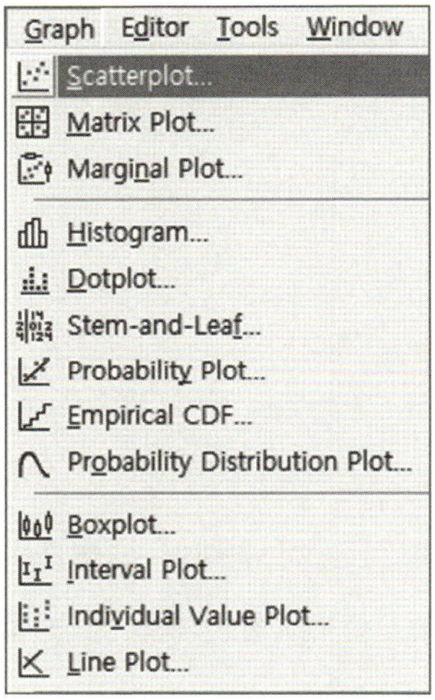

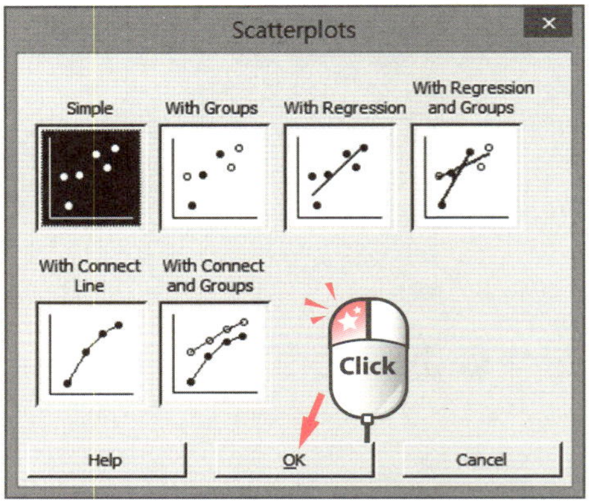

미니탭에 데이터를 입력한 후 Graph>Scatterplot를 선택한다. 두 변수 간의 관계에 대한 점들의 흩어짐 만을 그리기 위해서는 "Simple"을 선택하고 **OK** 를 클릭한다.

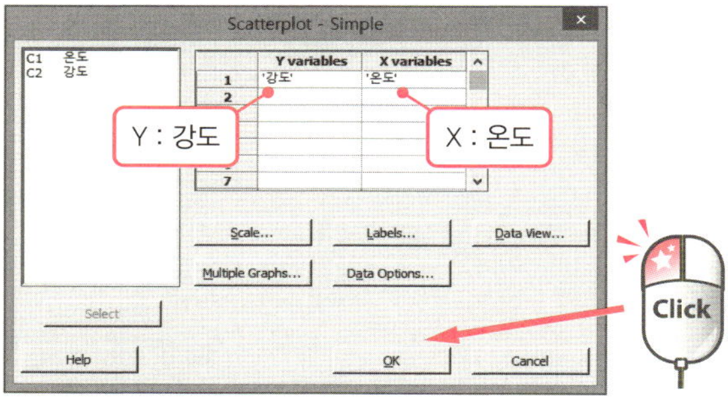

Scatter Plot뿐만 아니라 다양한 통계적 데이터 분석을 위해서도 X와 Y에 대한 구별은 확실하게 해 주는 것이 좋다. X는 실험 등을 할 때 조절가능한 인자를 의미하며, Y는 X 변화에 따라 변동되는 값을 말한다. 이 예제에서는 온도의 변화에 따라 제품의 강도가 어떻게 변하는지를 알고자 하는 것이라면, X에는 온도를 입력하고 Y로는 강도를 선택하여야 한다. 온도와 강도에 대한 Scatter Plot에서 온도가 증가하면 이에 비례하여 강도도 증가함을 확인할 수 있다. 그리고 두 변수 간의 관계는 거의 선형(Linear)으로 판단되며, 추후 선형상관분석이나 단순선형회귀분석을 통해 두 변수 간의 관계를 좀더 심도 있게 설명할 수 있을 것이라 여겨진다.

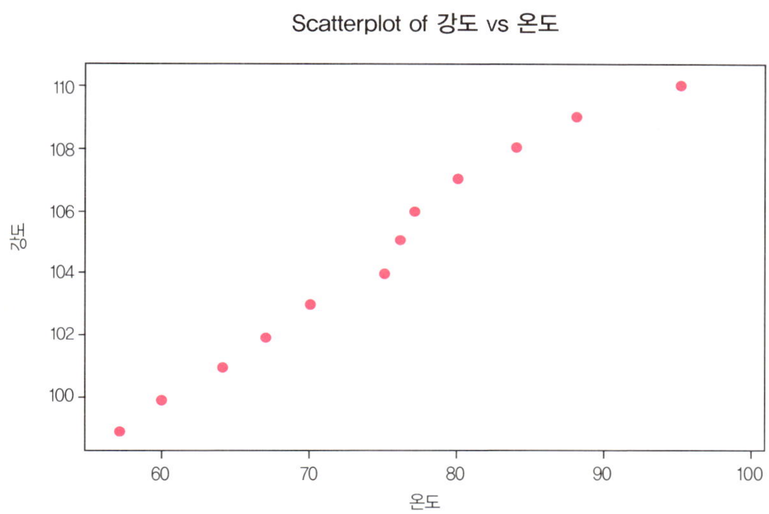

Six Sigma의 Analyze 단계에서 Graph 분석을 통해 알고자 하는 것은, 과연 잠재 원인변수 X가 특성치 Y값에 영향을 준다고 할 수 있는지를 확인하는 것이다. 위의 Scatter Plot을 보면 온도(X 변수)가 결괏값인 강도(Y)에 정비례하게 영향을 주는 변수라는 것을 쉽게 알 수 있다. 따라서 온도는 강도에 영향을 주는 핵심 인자라고 할 수 있게 되는 것이다.

2) Box Plot(상자그림)

2개 이상의 집단들 간의 중심 위치나 산포 등의 차이를 비교하고자 할 때 사용하는 그래프이다. Box Plot에는 평균(Mean)이 아니라 중앙값(Median)이 표시되는데, 이는 데이터를 크기 순서대로 정렬했을 때 가장 가운데 있는 값을 말하는 것이다. 예를 들어 다섯 명의 사람을 키 순으로 세우면 세 번째에 있는 사람의 키값이 중앙값이 된다. 만약 10명과 같이 짝수 개의 데이터가 있다면, 가운데 두 개 데이터의 평균을 중앙값으로 친다. Box의 크기는 25%의 위치에 해당하는 1사분위수

(1st Quartile)와 75%의 위치를 말하는 3사분위수(3rd Quartile) 간의 폭인 사분위범위(IQR : Inter Quartile Range)를 의미한다. Box의 좌/우(또는 상/하)에 긋게 되는 수염의 길이를 정하는 방법은 통계패키지마다 약간씩의 차이가 있다. 미니탭을 기준으로 설명하면, IQR×1.5의 폭만큼을 1사분위수(또한 3사분위수)에서 벌린 후, 해당 범위안에서의 가장 작은값(3사분위 수를 기준으로는 가장 큰 값)까지 직선을 연결하면 된다. 1사분위수와 3사분위수로부터 IQR×1.5의 폭을 넘어가는 데이터는 이상점이라 하며 별표로 표기된다. 〈그림 3-4〉는 Box Plot을 그리는 방법을 보여주고 있다.

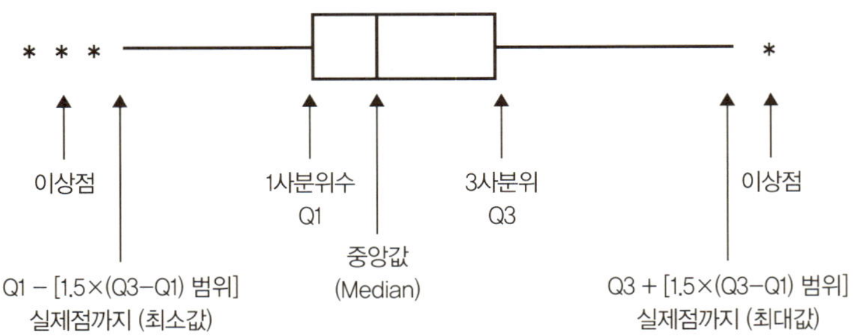

그림 3-4 Box Plot

일반적으로 Box Plot은 세로방향으로 그리며, 단독으로 하나만 그리기보다는 2개 이상을 같이 그려서 각 집단들 간의 중심 위치와 산포에 대한 특성을 비교하게 된다.

다음의 사례는 A사와 B사의 제품 강도가 차이가 있는지를 Box Plot을 통해 확인한 것이다.

C1	C2
A사	B사
22	22
20	19
28	16
24	17
22	19
28	16
22	26
19	24
25	18
21	19
23	13
24	16
23	22
23	18
29	19
23	22
	19
	28

이와 같이 미니탭에 데이터를 입력한다. 이때 각 집단 간의 데이터 개수는 달라도 전혀 문제가 되지 않는다. Graph>Boxplot을 선택한다.

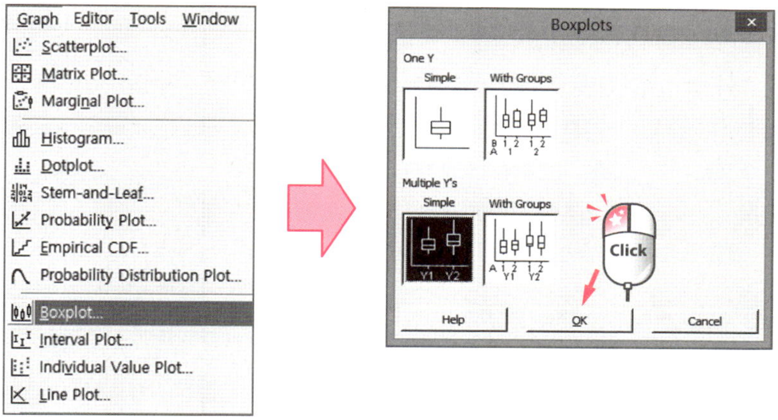

2개 이상의 그래프를 Group을 나누지 않고 그리기 위해서는 Multiple Y's에서 Simple을 선택한다.

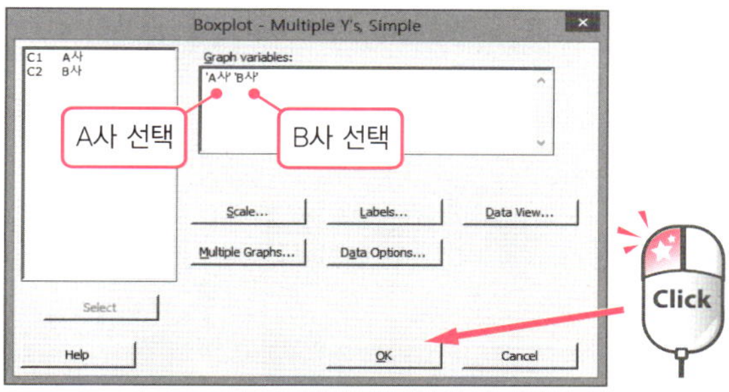

대화상자에서 그리고자 하는 집단의 데이터를 선택한 후 OK 를 클릭하면, 다음과 같이 세로 방향으로 그려진 두 개의 Box Plot을 얻게 된다.

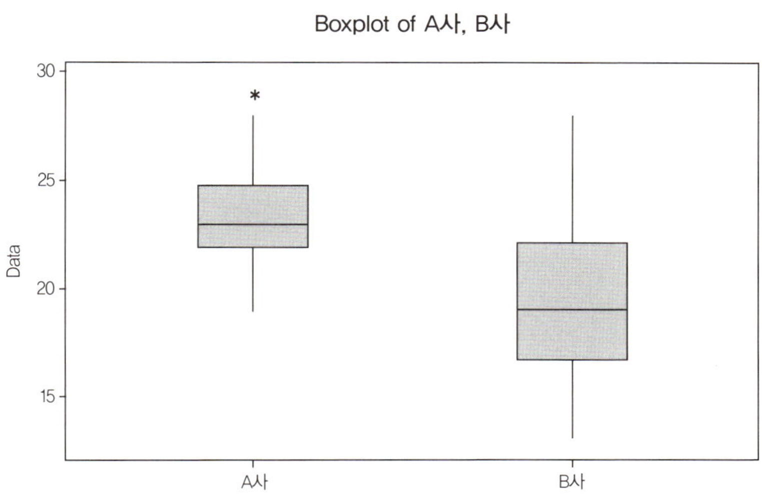

Box의 중간에 그어진 가로방향의 직선은 중앙값을 의미하며, Box의 크기는 각 집단들의 사분위 범위 폭을 나타낸다. A사 제품의 강도가 B사 제품의 강도보다 전반적으로 강하며, 산포도 훨씬 작음을 알 수 있다. 따라서 회사에 따라서 제품의 강도가 다름을 확실하게 파악할 수 있게 된다.

3) Histogram

히스토그램(histogram)이란 표로되어 있는 도수(어떤 사건이 발생하거나 나타나는 빈도수) 분포의 정보를 그림으로 나타낸 것이다. 간단하게 말하면, 어떤 데이터의 특징(지역, 나이, 성별 등)에 따라 구간을 나누고, 각 구간에 몇 개의 데이터가 있는지를 그래프로 나타낸 것이다. 보통 히스토그램에서는 가로축이 구간(계급), 세로축이 데이터의 수(도수)를 뜻하는데, 때때로 반대로 그리기도 한다. 구간은 서로 겹치지 않도록 하고, 〈그림 3-5〉에서처럼 구간(막대기)끼리는 서로 붙어 있어야 한다.

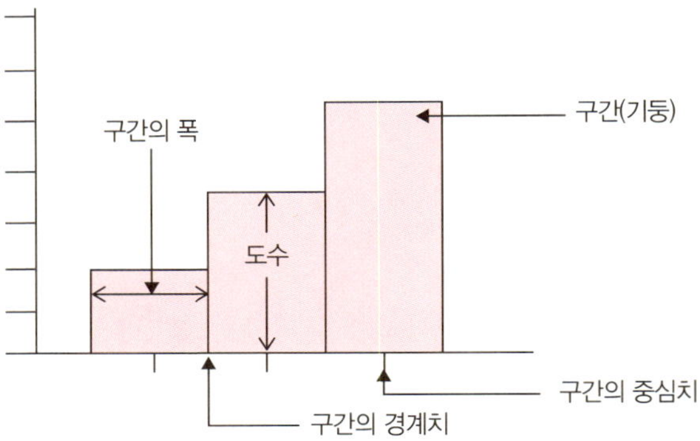

그림 3-5 Histogram

히스토그램은 데이터가 어떤 값을 중심으로 어떤 분포를 하고 있는가를 조사하는데 사용되는 그림으로써 다음과 같은 목적을 가진다.

- 데이터의 전체적인 모습을 통해 분포 양상을 파악한다.
- 데이터의 중심이 어디에 있는지 그 위치를 쉽게 파악한다.
- 데이터가 갖는 산포의 크기를 파악한다.

다음의 사례는 어떤 공정에서 생산되고 있는 제품의 강도가 정규분포를 따르고 있는지를 히스토그램을 통해 확인한 것이다.

↓	C1
	공정의 강도
1	105.4
2	96.7
3	96.4
4	101.4
5	100.0
6	96.6
7	93.0
8	101.0
9	99.9
10	99.7
11	104.0
12	101.3
13	92.9
14	97.2
15	99.8
16	94.0

미니탭의 임의의 칼럼에 데이터를 입력하고, Graph>Histogram을 선택한다. 여러 개의 히스토그램을 덧대어 그리거나 정규분포 곡선을 같이 그리지 않는다면 "Simple"을 선택하고 OK 를 클릭한다.

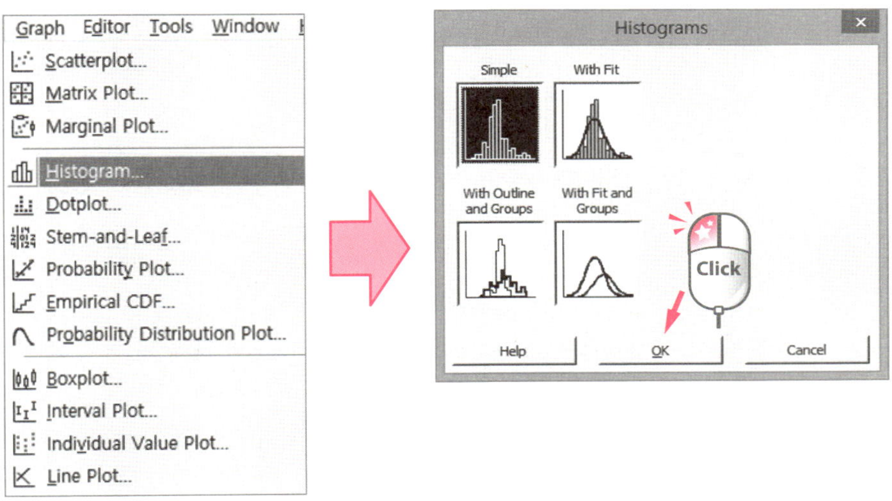

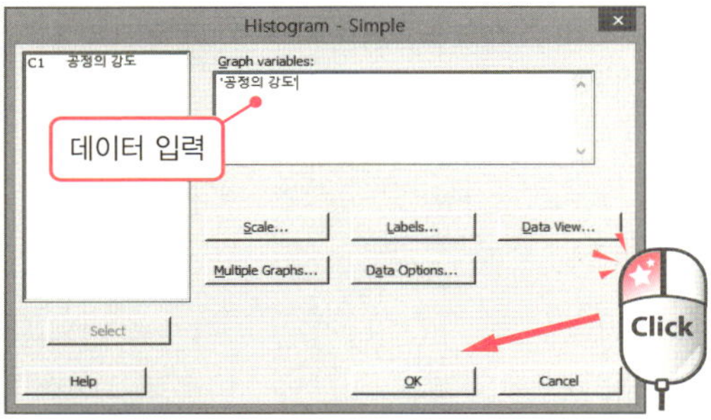

대화상자에서 그리고자 하는 데이터를 선택한 후 OK 를 클릭하면, 다음과 같이 전체적인 데이터의 모습을 보여주는 히스토그램을 얻게 된다.

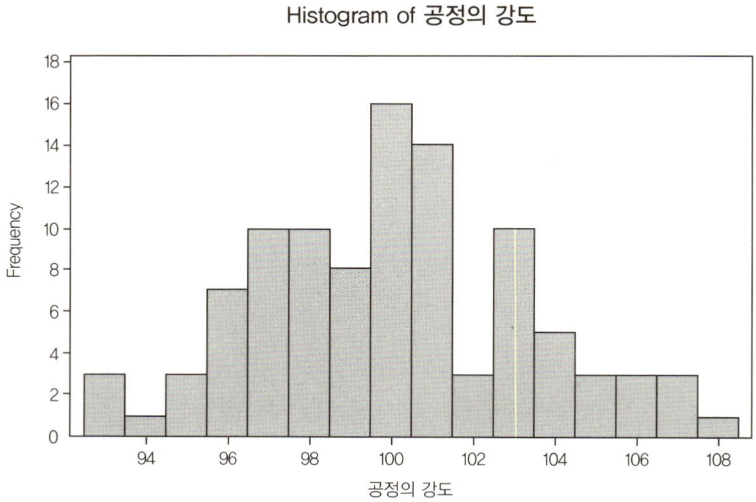

위의 그래프는 데이터의 중심이 대략 100 정도이고, 대부분의 데이터가 94~106 정도의 폭에서 발견되며, 중심부에서 도수가 높고 주변부로 갈수록 점차 빈도수가 줄어드는 대략적인 정규분포의 성향을 가지고 있음을 보여준다.

3. "통계적 데이터 분석"을 손질하는 방법

수치화된 데이터를 취하기 쉬운 경우는 통계적 데이터 분석이 가장 손쉽고 객관적 판단의 기준을 제시하는 방법이다. 통계적 데이터 분석의 목적은 매우 다양하나, 일반적으로 Six Sigma의 Analyze 단계에서 사용되는 통계적 가설검정의 목적은 잠재인자의 변화에 따라 결괏값의 평균,

분산, 비율 등의 차이를 분석하는 것으로 요약할 수 있다. 우선 가설검정의 개념을 먼저 설명하고 나서, 대표적인 통계적 가설검정도구들의 종류와 특징을 소개하기로 한다.

1) 가설검정이란?

가설(Hypothesis)은 확인된 사실(Fact)을 의미하는 것이 아니다. 맞는 것인지 혹은 틀린 것인지 아직은 확인되지 않은 사항을 일단 맞는 것으로 가정하는 잠정적인 결론을 의미한다. 가설검정(Hypothesis Test)은 둘 중 어떤 것이 맞는지 모르는 상황에서, 일단은 그중 하나를 맞는 것이라고 가정하고, 현상을 관찰하여 현재의 기본 가정이 정말로 맞는지를 검증하는 것이다. 만약 해당 가정하에 그러한 관찰값이 충분히 나타날 수 있다면 현재의 기본가설을 맞는 것으로 인정하고, 가정과 관찰값이 불일치한다면 기본 가정을 기각하게 된다.

가설검정에 대한 쉬운 예를 들어 설명한다. 1990년에 조사한 A사의 남자 사원들의 평균 키는 175cm이었다고 한다. 이를 근거로 사무실 책상, 의자 및 화장실 시설 등을 설계하였다고 한다. 최근에 남자사원들의 키가 예전보다 커졌고, 이로 인해 기존 시설물을 사용하는 것이 불편하다는 의견이 있다. 정말로 A사 남자사원들의 키는 예전보다 더 커진 것이 맞을까? 어떻게 하면 A사 남자 사원들의 키가 175cm 이상이라는 주장의 사실여부를 확인할 수 있을까?

위의 문제에서 A사 사원들의 키는 175cm에서 변화가 없거나, 아니면 175cm 이상으로 커졌을 것이다. 변화가 없다는 가정을 귀무가설(H_0 : Null Hypothesis)이라 하고, 변화가 있다는 가정을 대립가설(H_1 : Alternative Hypothesis)이라고 한다. 위의 문제를 귀무가설과 대립가설을 이용하여 간단하게 표현한 것을 가설식이라 하며 다음과 같이 나타낸다.

$$H_0 : \mu = 175$$

$$H_1 : \mu > 175$$

이제 두 개의 가설 중 어떤 것이 맞는지를 판단해야 하는데, 우선은 판단의 기준인 임계값을 먼저 설정해야 한다. 임계값이란, 귀무가설이 맞는 경우에 우연히 발견될 수 있는 표본의 한계선 정도로 이해하면 좋겠다. 위의 예에서 평균키가 175cm에서 변화가 없다고 하더라도, 샘플링된 개별 데이터는 항상 175cm만 검출되는 것이 아니라 어느 정도의 폭 안에서 랜덤으로 나타날 것이다. 따라서 귀무가설을 검정하기 위해 뽑은 표본값이 정의된 한계선 내에서 나타나게 되면, 이는 귀무가설(변화가 없다는 가정)을 받아들일 수밖에 없는 것이 된다. 반대로, 추출된 표본값이 일반적으로 나타날 수 있는 범위 밖에서 얻어지게 된다면, 이는 변화가 없다는 귀무가설 하에서는 쉽게 일어날 수 있는 일이 아닐 것이다. 따라서 귀무가설을 기각하고 변화가 있다는 대립가설을 선택할 수 있는 확실한 증거라고 여기는 것이다. 일반적으로 귀무가설 가정하에서 95% 정도의 표본이 얻어지는 한계값을 임계값이라 한다. 앞에서 설명한 것처럼, 임계값이란 귀무가설이 맞는다고 할 때 대부분의 표본이 검출될 수 있는 한계치를 말하기 때문에, 검정을 위해 샘플링된 값이 임계값을 넘어서면 대립가설을 선택하고 그렇지 않은 경우는 귀무가설을 유지하게 된다.

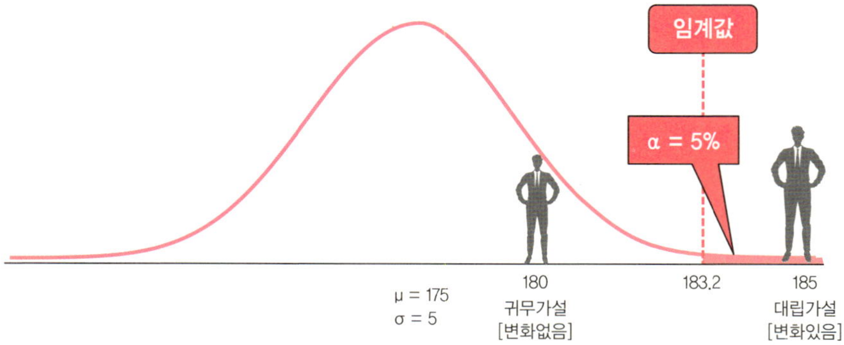

그림 3-6 **임계값과 검정 통계량**

정규분포의 Z를 이용하기 위해서는 모집단의 표준편차인 σ를 알아야 하기에, 이 문제의 σ는 5cm라고 가정하였다. 일반적으로 유의수준(변화가 없다는 귀무가설이 맞는데도 불구하고, 이상치의 표본이 나타나는 바람에 귀무가설을 기각할 위험)을 5%로 설정하는데, 이때의 임계값은 183.2cm가 된다. 이는 표준정규분포표에서 누적확률 95%에 해당하는 Z값(1.645)으로부터 역산(175+5×1.645)되는 것이다. 만약 표본에서 얻어진 값이 180이라면, 이는 임계값 이하의 값이므로 변화가 없다는 귀무가설 하에서 충분히 발생할 수 있는 값이라 볼 수 있다. 따라서 귀무가설을 기각하지 못하고 그대로 유지해야 한다. 하지만, 185cm처럼 임계값을 넘어가는 큰 값이 나타난다면, 이는 귀무가설을 기각할 만큼 충분히 큰 증거라 할 수 있다. 따라서 변화가 없다는 귀무가설을 기각하고 A사 직원들의 평균키는 175cm 이상으로 증가했다고 결론 내리게 된다.

Minitab이나 SPSS같은 통계패키지를 사용할 때는 유의확률이라 불리는 P-Value를 이용하여 보다 수월하게 가설검정을 할 수 있다. 통계적 가설 검정에서 P-Value는 귀무가설이 맞는다고 가정할 때, 표본에서 얻어지는 결과(검정 통계량)보다 더 큰 극단적인 결과가 우연하게 나타날 수도 있는 확률이다. 위의 예에서 185라는 표본값의 P-Value를 구해보자. 귀무가설 $\mu=175$가 맞는다는 가정하에, 185cm 이상의 값이 나타날 확률을 의미하므로 Z값 2 이상의 확률에 해당한다. 표준정규분포표에서 찾아보면 2.28%(0.0228=1-0.9772)라는 값을 쉽게 구할 수 있다. 즉 $\mu=175$,

$\sigma=5$인 정규분포에서 185 이상의 값은 2.28%의 확률로 우연히 나타난다는 것이다. 같은 방법에 따라 180의 P-Value는 15.87%로 계산된다. 일반적으로 유의수준 5%를 많이 이용하게 되는데, 이는 P-Value값이 5% 미만이면 귀무가설을 기각하고 대립가설을 선택하겠다는 의미이다. 샘플링된 값으로 180이라는 표본값을 얻게 된다면, P-Value가 15.87%이므로 귀무가설을 유지하나, 185의 값이 나타난다면 P-Value가 2.28%로 매우 작기 때문에 귀무가설을 기각하고 더 커졌다는 결론을 내릴 수 있는 증거라 할 수 있다는 말이다.

지금까지 설명한 가설검정의 이론은 1-Sample z test에 대한 것인데, 이는 모집단의 표준편차(σ)를 알고 있으며 모집단이 완벽한 정규분포를 따를 경우에, 1개의 표본만을 뽑는 것을 가정한 것이다. 하지만, 모집단의 σ를 알 수도 없을 뿐 더러, 완벽한 정규분포인 모집단도 존재할 수 없기에 표본을 1개만 취하여 통계적으로 가설검정하는 것은 불가능하다. 따라서, 평균에 대한 가설검정을 수행하기 위해서는 모집단의 표준편차를 모를 경우 표본의 표준편차(s)를 이용하는 t분포와, 모집단이 완벽한 정규분포가 아니라 할지라도 표본평균($\bar{x}$)들의 분포가 정규분포로 수렴해 가는 성질을 이용한 중심극한정리(Central Limit Theorem)를 반드시 이해하여야 한다. 본 장에서는 Six Sigma 과제를 수행하는 비전공자들을 위해 간단하게 가설검정의 종류와 미니탭을 통해서 분석하는 방법만을 소개한다. 중심극한정리에 대한 보다 자세한 내용은 6장에 있는 "도구활용의 근거" 부분을 참고하기 바란다.

2) 가설검정의 종류 및 선택

통계적 가설검정의 종류는 〈그림 3-7〉과 같이 매우 다양하나, 일반적으로 가설검정은 평균, 분산, 그리고 비율에 대한 것으로, t test, ANOVA, F test, Proportion test 등이 사용된다. 〈그림 3-7〉은 가설검정의 상황에 따라 검정도구들을 찾아 가는 로드맵을 보여주고 있다. 위에서 설명한 A사 사원들의 키를 분석하기 위해 적절한 분석도구는 무엇인지 찾아보자. 우선 키는 반드시 계량해야 하는 연속형 데이터이다. 다음으로 정규성(Normality) 여부를 확인해 보니, 정규성을 충분히 가지고 있는 것으로 판단된다. A사라는 하나의 모집단에서 키의 평균을 검정하는 것이므로, 관심을 가지는 모집단의 수는 1개이다. 단, 모집단의 수가 1개라는 것이 모집단 내에 있는 데이터의 개수가 1개라는 말이 아니라, 분석의 대상이 되는 집단이 몇 개의 집단인가를 말하는 것이다. 앞의 예에서는 관심의 대상이 되는 집단이 A사라는 1개의 집단임을 말하는 것이다. 모집단의 표준편차 $\sigma=5$라는 것을 알고 있는 것으로 가정했으므로 선정된 가설검정도구는 1-Sample z test가 되는 것이다. 통계적 가설검정을 수행할 때 가장 중요한 것은 바로 검정도구가 어떤 것인지를 바르게 선택하는 능력이다. 일단 올바른 도구를 선택할 수만 있다면, 미니탭 등을 이용하여 분석하는 것은 아주 쉬운 일이다. 따라서, 상황별 도구선택에 대한 연습을 꾸준히 하는 것이 미니탭의 메뉴를 외우거나, 너무 어려운 통계적 이론을 공부하는 것보다는 우선이 된다고 하겠다.

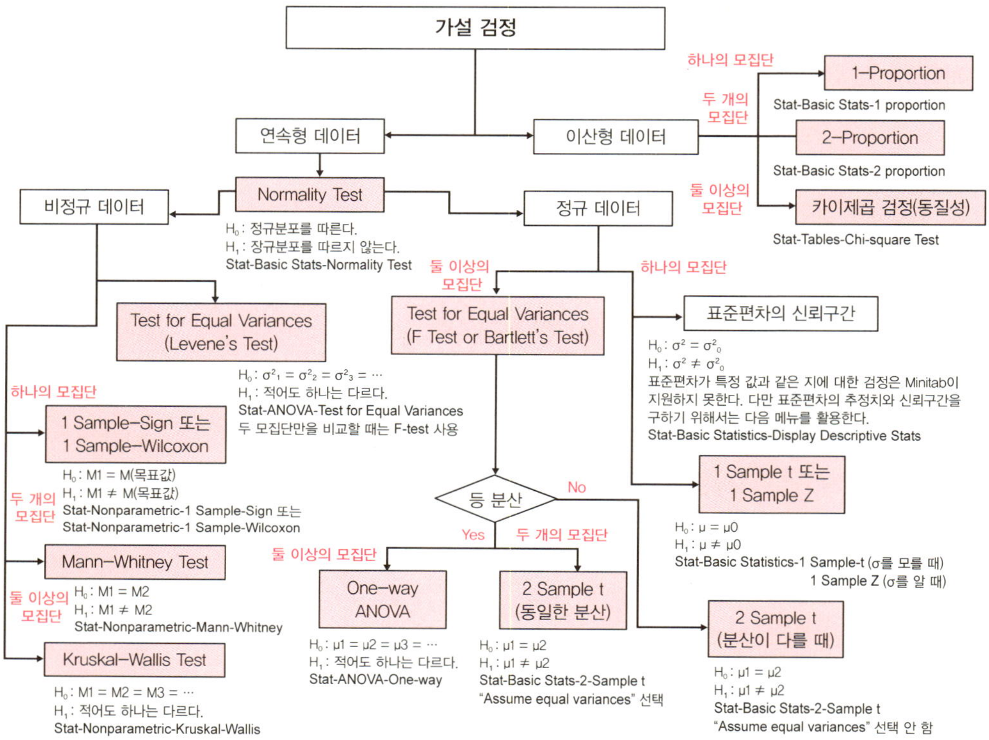

그림 3-7 통계적 가설검정의 종류

3) 미니탭을 통한 통계적 가설검정 활용

① 평균의 비교

평균의 차이를 분석하는 통계분석 도구로는 t test, ANOVA(분산분석) 등이 많이 활용된다. 일반적으로 t test는 비교하고자 하는 모집단의 수가 1~2개인 경우이며, ANOVA는 3집단 이상의 평균차이에 대한 분석을 하고자 하는 경우 사용된다.

■ 1-Sample t test

1-Sample z test는 모집단의 σ를 꼭 알아야 한다는 한계가 있는데, 표본의 표준편차 s를 이용

하는 1−Sample t test는 모집단의 표준편차를 모르더라도 사용에 전혀 문제가 되지 않는다. t분포는 기네스 맥주공장의 고셋(Gosset)에 의해 발견된 확률분포로서, 표본 추출시 샘플의 크기(실제로는 $n-1$ 자유도)에 따른 s의 변화가 분포의 모습에 어떻게 영향을 주는지를 보여준다. 표본의 크기가 작을 때는 s와 σ의 차이가 많이 발생하기에 t분포는 z분포보다 산포가 큰 넓적한 모습을 나타내나, 표본의 크기가 30 이상의 대표본일 때는 s의 신뢰구간 폭이 상당히 협소해져서 t분포는 z분포와 큰 차이를 보이지 않게 된다. 따라서 대표본을 이용한 평균의 검정은 t test와 z test 중 어떤 것을 사용해도 문제가 되지 않으나, σ에 대한 제약 조건이 없는 t test를 사용하는 것이 대부분이다.

A사의 키에 대한 데이터가 다음과 같이 수집되었다고 한다. 이는 30개 이하의 소표본이며 모집단의 표준편차에 대한 정보도 전혀 없기에 1−Sample t test를 사용해야 한다. 과연 이 정도의 데이터를 통해 A사 남자 사원들의 평균키는 175cm 이상이라 할 수 있는지 미니탭을 사용하여 검정해 보자.

A사 남자 사원들의 키에 대한 표본						
181.1	172.2	177.5	174.1	179.8	180.9	181.9
176.3	177.6	172.6	177.7	177.9	174.8	177.2

이 문제는 모집단의 평균값이 어떤 값보다 더 큰지에 대한 우측(Right tailed)검정에 해당하므로 가설식은 다음과 같이 표현하는데, 앞에서 언급했던 1−Sample z test와 1−Sample t test의 가설식은 차이가 없음을 알 수 있다.

$$H_0 : \mu = 175$$

$$H_1 : \mu > 175$$

미니탭에 위의 데이터를 한 열에 입력한 후 Stat > Basic Statistics > 1−Sample t를 선택한다.

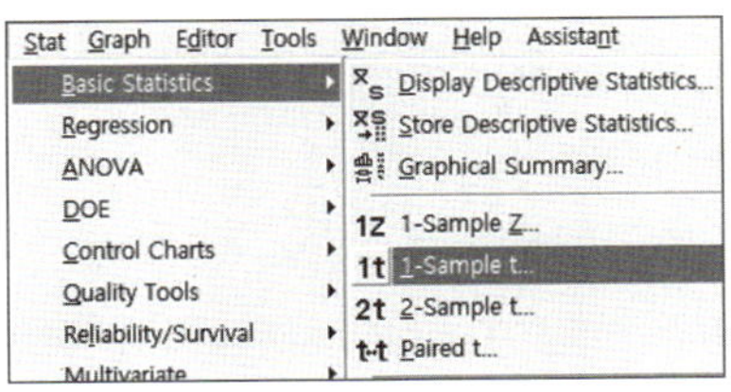

나타나는 대화창에서 검정하기 위해 수집한 표본의 열을 선택하고, 귀무가설의 평균값을 입력한다. 대립가설을 설정해 주기 위해서는 **Options** 을 클릭한다.

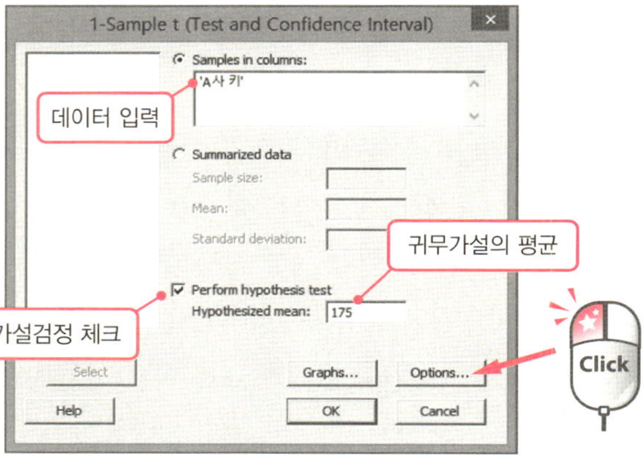

Options 창에서 대립가설의 방향이 $<$, $\neq$, $>$ 중에서 어떤 것인가에 따라서 less than, not equal, greater than 중에서 알맞은 것을 선택한다. 본 예제의 대립가설은 '$H_1 : \mu > 175$'이므로 greater than을 선택하면 된다.

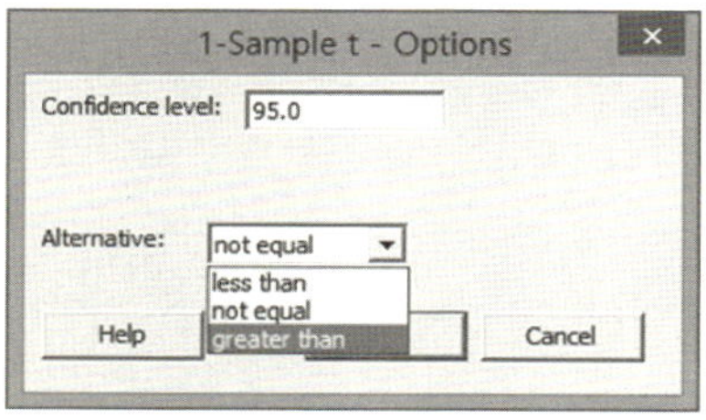

모든 설정을 완료하고, OK 를 클릭하면 다음과 같은 분석의 결과들이 세션 창에 출력된다.

One-Sample T: A사 키

Test of mu = 175 vs > 175

Variable	N	Mean	StDev	SE Mean	95% Lower Bound	T	P
A사의 키	14	177.257	3.051	0.815	175.813	2.77	0.008

세션 창에 나타난 분석의 결과들을 조금 자세하게 이해하여 보자. "Test of mu=175 vs>175"의 의미는 귀무가설 $H_0 : \mu = 175$와 대립가설 $H_1 : \mu > 175$에 대한 검정을 수행함을 설명하는 것이다. Variable은 사용된 데이터가 'A사의 키'라는 것을 나타내며, N은 표본의 크기가 14임을 말한다. Mean과 StDev는 표본의 평균과 표준편차가 각각 177.257과 3.051이라는 것이며, SE Mean은 평균에 대한 표준오차(Standard Error of Mean)로서 표본의 표준편차 s를 표본의 크기에

대한 제곱근($\sqrt{n}$)으로 나누어 $3.051/\sqrt{14}=0.815$와 같이 계산된다. 모집단의 평균과 분산은 모집단을 구성하고 있는 전체 관측치를 기초로 한 모수(母數)이므로 모집단 고유의 것으로 일정하지만, 모집단의 일부를 취한 표본의 평균은 표본을 선택할 때마다 일정할 수가 없으며 변이를 보인다. 표준오차는 전체 표본평균이 모평균을 중심으로 어떻게 산포되는가를 추정하기 위하여 사용되는 측도로서 표본평균의 표준편차를 말한다. 이 경우 평균의 표준편차를 구하기 위해서는 크기가 n인 표본을 모집단에서 계속 추출해야 하지만, 실제로는 이와 같은 일이 실용적이지 못하므로 통상적으로는 단일표본에서 구한 평균의 표준편차인 표준오차를 이용한다. 95% Lower Bound는 단측검정에 대한 95% 신뢰구간을 의미하는데, 본 예제는 대립가설이 greater than의 문제이므로 수집된 데이터를 근거로 95% 신뢰수준에서 A사의 평균키는 최소한 175.813 이상이라 할 수 있다는 의미이다. 즉, 95% 신뢰수준에서 평균값이 175는 넘는다고 할 수 있게 되는 것이다. T는 표본의 평균과 검정하고자 하는 평균의 차이(177.257−175)를 표준오차(0.815)로 나눈 것으로서 표본의 평균값이 t분포상에서 어디쯤 위치하는 가를 나타낸다. 즉, 가설검정을 하기 위해 구한 표본의 평균값 177.257은 귀무가설에서 가정하고 있는 모집단의 평균 175로부터 표본오차 0.815의 2.77배 더 큰쪽에 위치한다는 의미이며, 이는 표준정규분포에서 표본평균에 대한 Z값과 같은 의미로 이해하면 된다. P−Value는 t분포에서 $t=2.77$까지의 누적확률에 대한 반대방향의 면적을 의미하는데, 이는 표준정규분포에서 Z값에 대한 P−Value를 구하는 과정과 동일하다고 볼 수 있다. P−Value가 0.05보다 작은 0.008이므로, 이 정도의 표본이면 A사의 남자사원들의 평균키는 175cm 이상이라고 할 수 있는 증거가 된다고 결론짓는다.

2−Sample t test

사용할 사례는 그래프 분석에서 Box Plot을 설명할 때 이용한 데이터로서, 두 회사(A사와 B사)에서 생산되는 동일한 제품의 강도를 비교한 것이다. A사의 제품 강도가 B사의 제품에 비해 더 강하다고 할 수 있는지를 확인하고자 한다면, 〈그림 3−7〉을 이용하여 2표본의 평균을 비교하는 2−Sample t test가 적절한 가설검정 도구가 됨을 찾을 수 있다.(단, 등분산성과 정규성에 대한 가정은 만족한다고 하자.)

이 문제는 A사의 제품 강도에 대한 모집단의 평균값이 B사의 평균값보다 더 큰가를 검정하는 것이므로 가설식은 다음과 같이 표현하게 된다.

$$H_0 : \mu_A = \mu_B$$

$$H_1 : \mu_A > \mu_B$$

미니탭에 데이터를 입력한 후 Stat>Basic Statistics>2-Sample t 를 선택한다.

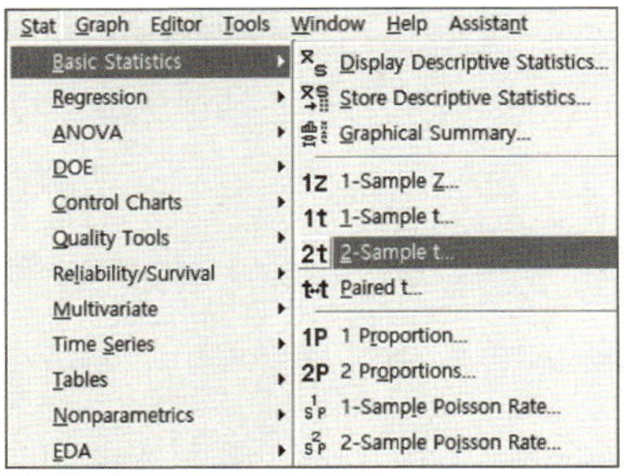

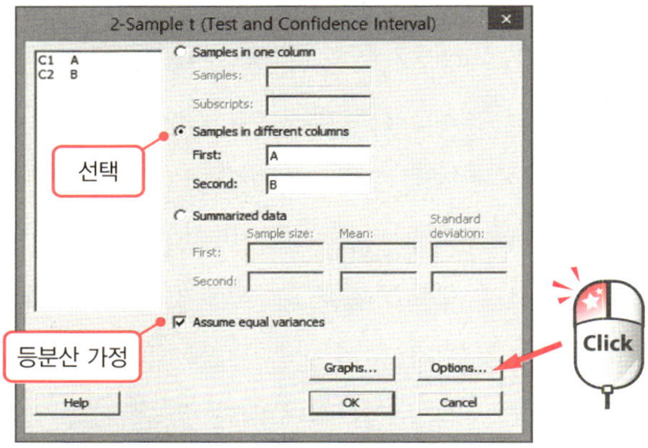

데이터가 하나의 열에 Stack되어 있는 것이 아니라, 두 개의 서로 다른 열에 입력되어 있으므로, Samples in different columns를 선택한다. A와 B열의 데이터를 입력 한 후, 두 집단의 분산에 차이가 없다면 Assume equal variances를 체크하고, 그렇지 않을 때는 체크하지 않는다. 위의 예는 등분산을 가정한 경우이며, 이는 두 집단 분산에 대한 분석인 F−test를 통해 파악 가능하다. **Options** 을 클릭하면 다음과 같은 대화창이 열린다.

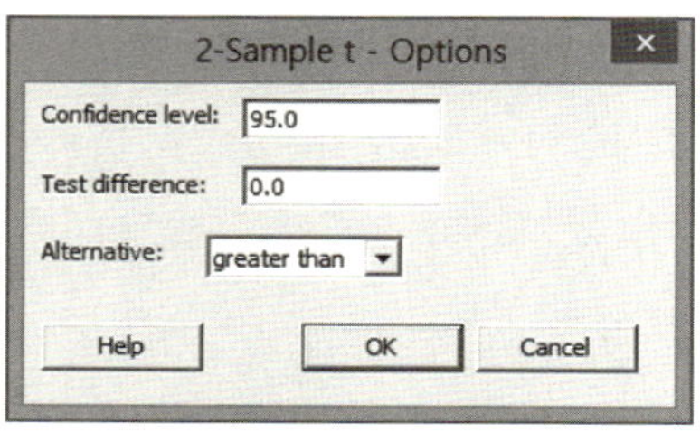

A사 제품 강도의 평균이 B사 제품의 평균강도보다 더 강한가 하는 것을 밝히기 위한 문제이므로, 대립가설에 해당하는 Alternative 칸의 내용 중 greater than을 선택한다. 마지막으로 원래의 대화창에서 **OK** 를 클릭하면 다음과 같은 결과가 세션 창에 나타난다.

Two-Sample t test and CI: A, B

Two-sample T for A vs B

	N	Mean	StDev	SE Mean
A	16	23.50	2.83	0.71
B	18	19.61	3.79	0.89

Difference = mu (A) -mu (B)
Estimate for difference: 3.89
95% lower bound for difference: 1.93
T-Test of difference = 0 (vs >): T-Value = 3.35 P-Value = 0.001 DF = 32
Both use Pooled StDev = 3.3740

A사 제품의 평균강도는 23.5이며, B사 제품의 평균강도는 19.61이므로 이들 간의 차이는 3.89 정도로 예상된다. 이 정도의 차이면 A사의 제품 강도가 B사의 제품 강도보다 확실히 강하다고 볼 수 있는가? 이에 대한 답은 P-Value가 0.05(5%)보다 작은가를 통해 결정하여야 한다. 위의 예에서는 P-Value값이 0.001(0.1%)로 0.05보다 매우 작으므로 두 집단 평균의 차이는 통계적으로 의미가 있다고 결론 내릴 수 있다.

■ Paired t test

겉모습만 보았을 때는, 두 개의 집단으로 나누어진 데이터로서 2-Sample *t* test에서 분석한 데이터와 비슷한 모습을 가지나, 실제로는 하나의 모집단에서 쌍(Pair)으로 수집한 데이터인 경우가 있다. 예를 들어, 어떤 제약회사에서 기존의 진통제보다 성능이 뛰어난 신약을 개발하였다고 하자. 과연 신약이 기존의 약보다 성능이 뛰어난지를 어떻게 확인할 수 있을까? 만약 무작위로 선정된 1번 집단에는 기존의 약을 먹이고 진통의 지속시간을 측정하고, 또 다른 2번 집단에는 신약을 투여하여 진통지속 시간을 측정하는 것으로 신약의 효과를 분석하면 될까? 만약, 2번 집단(신약 투여 집단)에 있는 사람들이 원래부터 약의 효과가 잘 나타나는 사람들이라면, 신약의 효과를 검정하는 이 실험의 결과는 믿을 수 없다는 점이 문제이다. 두 약의 효과를 공정하게 비교하기 위해서는 한 사람씩 신약과 기존약을 개별적으로 투여하여 각 개체별 약의 차이를 비교하여야 할 것이다. 이와 같은 분석을 할 때 사용하는 통계적 분석 도구가 Paired *t* test이다.

이 문제는 신약의 약효 지속시간의 평균이 기존 약의 약효 지속시간의 평균보다 더 오래가는가를 검정하는 것이므로 가설식은 다음과 같이 표현하게 된다. 단, 여기서 μ_D는 두 약의 쌍(Pair)에서 발생하는 차이(Differece)의 평균값을 의미한다.

$$H_0 : \mu_D = 0 \qquad H_1 : \mu_D > 0$$

New	Old
14.0	13.2
8.8	8.2
11.2	10.9
14.2	14.3
11.8	10.7
6.4	6.6
9.8	9.5
11.3	10.8
9.3	8.8
13.6	13.3

미니탭에 데이터를 입력한 후 Stat > Basic Statistics > Paired t를 선택한다.

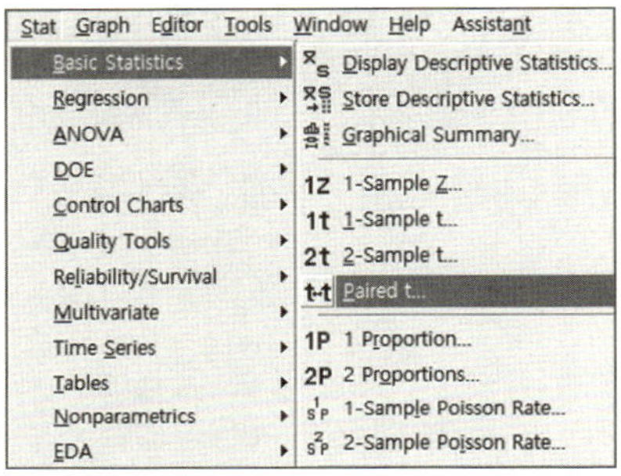

두 약의 효과에 대한 차이(Difference)를 계산하여 하나의 열에 입력한 것이 아니라, 두 개의 서로 다른 열에 각각의 약효 지속시간이 입력되어 있으므로, Samples in columns를 선택한다. First sample과 Second sample에 해당 데이터를 입력한 후 대립가설을 설정해 주기 위해서 **Options** 을 클릭한다.

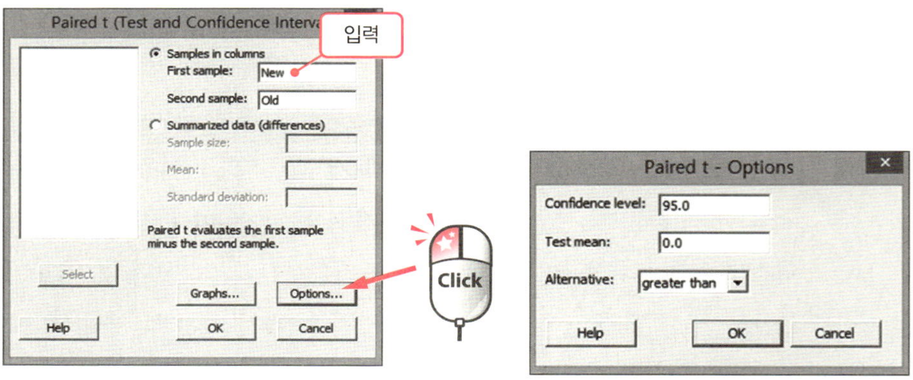

대립가설이 더 큰가에 대한 우측 검정이므로 greater than을 선택한 후 미니탭을 실행시키면 세

션 창에 다음과 같은 결과물이 출력된다.

Paired t test and CI: New, Old

```
Paired T for New -Old
              N      Mean     StDev     SE Mean
New          10    11.040     2.518       0.796
Old          10    10.630     2.451       0.775
Difference   10     0.410     0.387       0.122

95% lower bound for mean difference: 0.186
T-Test of mean difference = 0 (vs > 0): T-Value = 3.35   P-Value = 0.004
```

세션 창의 결과에서 P−Value를 확인한 결과 0.004(0.4%)이므로 유의수준 5%보다 매우 작았다. 따라서 귀무가설을 기각하고 두 약의 차이는 통계적으로 유의하다고 결론지을 수 있다.

- One Way ANOVA

동일 제품을 생산하는 두 곳의 공장에서 제품의 강도 간에 차이를 보이는지를 파악하고자 할 때는 2−Sample t test를 수행할 수 있을 것이다. 하지만, 세 곳 이상의 공장을 비교하고자 할 때는 One Way ANOVA를 이용하여야 한다. 서울, 부천, 천안, 그리고 안양에 공장을 가지고 있는 어떤 제조업체에서 동일한 종류의 제품에 대한 강도의 평균에 차이가 있는지를 파악하고자 한다. One Way ANOVA에서의 귀무가설은 모든 공장에서의 평균강도는 모두 같다는 것이며, 대립가설은 적어도 하나 이상의 공장은 또 다른 어떤 공장과 다른 평균값을 가진다는 것이다. 따라서 이에 대한 가설식은 다음과 같이 작성할 수 있을 것이다.

$$H_0 : \mu_{\text{서울}} = \mu_{\text{부천}} = \mu_{\text{천안}} = \mu_{\text{안양}}$$

$$H_1 : \mu_i \neq \mu_j \ (\text{단, } i \neq j)$$

서울공장	부천공장	천안공장	안양공장
88	78	80	71
99	62	61	65
96	98	74	90
68	83	92	46
85	61	78	53
90	88	54	67
99	74	77	76
76	59	83	63

앞의 데이터는 여러 열에 각 집단의 결괏값이 분할되어 있는데, 미니탭을 사용할 때는 되도록이면 한 열(Column)에는 하나의 특성으로만 쌓는 것이 좋다. 이와 같이 하는 작업을 Stack 한다고 하며, One Way ANOVA의 데이터는 미니탭의 메뉴를 이용하여 Stack 할 수 있다. Data>Stack>Columns를 선택한다.

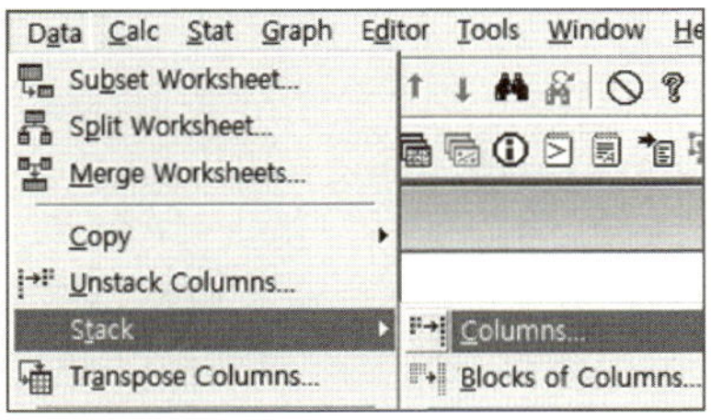

나타나는 대화창에서 Stack 하고자 하는 모든 Column을 선택하여 준다. 현재 열려있는 워크시트에 Stack 하고자 할 때는 Column of current worksheet에 Column 번호를 입력하고, Stack되어 있는 데이터가 어떤 열에서 온 것인지를 알려주기 위해서 Store subscripts in에는 첨자를 입력할 Column 번호를 넣어 준다.

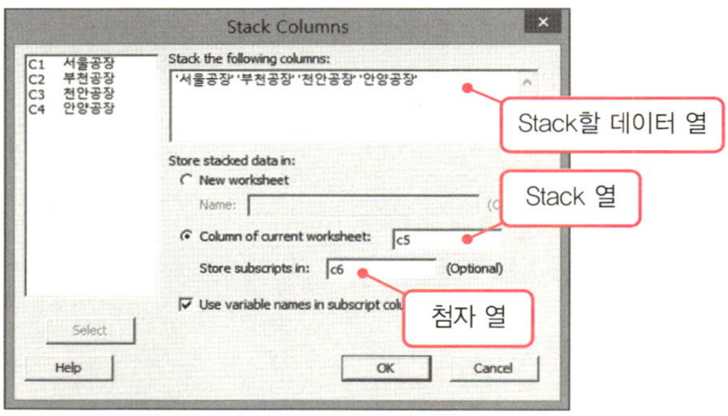

Stack 명령을 실행하면 데이터들이 다음과 같이 정렬된다. 물론 C5와 C6의 데이터 이름은 강도와 공장 등으로 직접 입력해 주어야 하며, 'C6-T'의 의미는 C6에 들어 있는 데이터들은 숫자가 아니라 문자(Text) 임을 설명하는 것이다.

C5	C6-T
강도	공장
88	서울공장
99	서울공장
96	서울공장
68	서울공장
85	서울공장
90	서울공장
99	서울공장
76	부천공장
78	부천공장
62	부천공장
98	부천공장
83	부천공장
61	부천공장

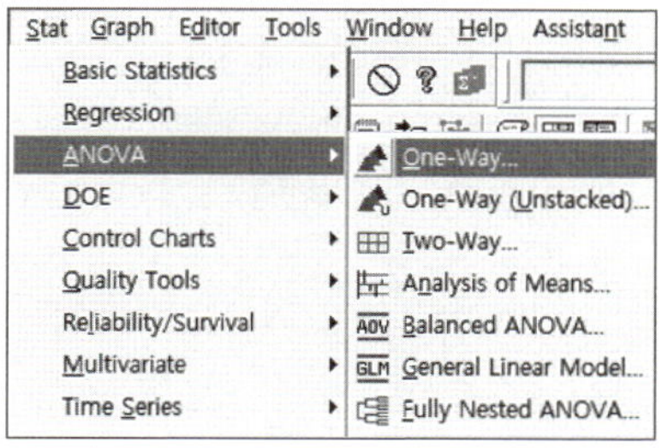

Stack을 완료 한 후 Stat>ANOVA>One-Way를 선택한다. 만약 Stack을 하지 않았다면, One-Way(Unstacked)를 이용하면 된다. 하지만, Two Way 이상의 분석은 Stack을 하지 않으면 미니탭을 사용할 수 없으므로, 항상 Stack을 하는 습관을 가지는 것이 좋다.

나타나는 대화창에서 Response에는 강도를 그리고 Factor에는 공장을 선택한 후 OK 를 클릭한다.

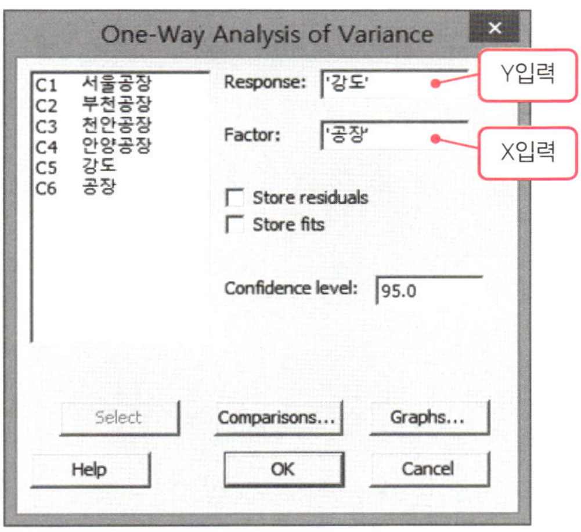

세션 창에 One Way ANOVA 분석의 결과가 나타난다. 총 변동(Total), 인자에 의한 군간변동(공장), 그리고 군내의 오차변동(Error)를 계산하는 방법과, 각 변동의 자유도(DF)로 나누어 평균제곱(MS)를 구함으로써 최종적으로 F값을 계산하고 이에 대한 P-Value를 구하는 내용은 6장 도구활용의 근거에서 'ANOVA 표에 대한 이해' 부분을 참고하기 바란다.

One-way ANOVA: 강도 versus 공장

```
Source   DF    SS    MS     F      P
공장      3  1835   612  3.75  0.022
Error    28  4563   163
Total    31  6398
S = 12.77    R-Sq = 28.69%    R-Sq(adj) = 21.05%

                             Individual 95% CIs For Mean Based on
                             Pooled StDev
Level     N   Mean  StDev  ---+---------+---------+---------+------
부천공장  8  75.38  14.10          (--------*---------)
서울공장  8  87.63  11.10                      (---------*--------)
안양공장  8  66.38  13.52  (--------*---------)
천안공장  8  74.88  12.12          (--------*--------)
                           ---+---------+---------+---------+------
                             60        70        80        90
```

세션 창의 P-Value가 0.022(2.2%)이므로 귀무가설을 기각하고 대립가설을 선택한다. 즉, 어떤 공장은 다른 공장과 다른 평균 강도를 가진다는 것이다. 이에 대해서는 그래프를 통해 확실히 알 수 있는데, Box Plot을 그려보면 다음과 같다.

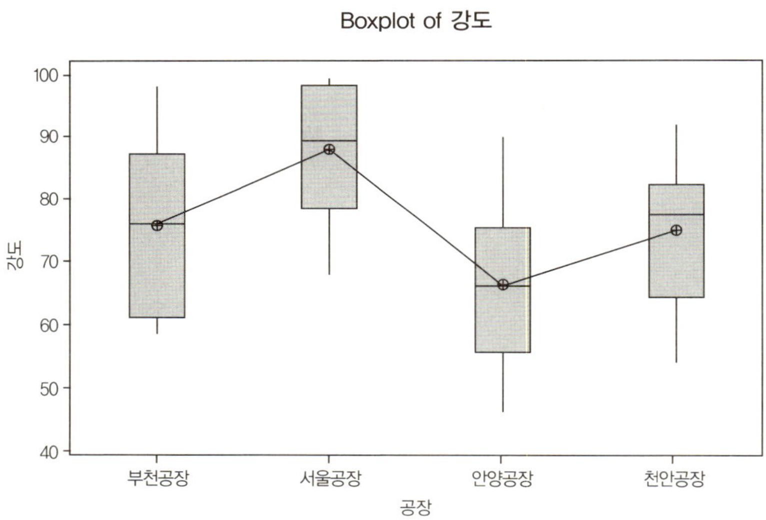

서울공장과 천안공장은 Box가 서로 빗겨나갈 정도로 큰 차이가 있으므로, 두 집단 간 평균강도의 차이가 있음을 시각적으로 쉽게 확인할 수 있다. 미니탭을 사용할 때는 데이터를 Stack했는지의 여부에 따라 Box Plot의 순서가 다르게 나타날 수 있다. 하지만, 순서만 바뀌었을 뿐 기본적으로 같은 그래프임을 주의할 필요가 있다.

■ Two Way ANOVA

다음 데이터는 제품의 강도에 합성온도와 촉매의 종류가 어떻게 영향을 주는지를 분석한 것이다. 결괏값인 강도에 대한 실험인자가 2개이므로 Two Way ANOVA를 이용하여 분석하여야 한다.

합금의 강도

항목		합성온도		
		200℃	300℃	400℃
촉매	A	80, 69	103, 111	117, 140
	B	122, 132	141, 143	185, 186

미니탭에서는 Two Way ANOVA부터는 Stack된 데이터만 이용하는데, One Way ANOVA에서처럼 미니탭의 Stack 메뉴를 이용하는 것이 불가능하기에 Stack된 상태로 직접 입력하여야 한다. 강도라는 Response값에 영향을 줄 것으로 판단된 두 개의 인자(촉매와 합성온도)에 대한 실험값을 Stack 하여 미니탭에 입력한 모습은 다음과 같다.

강도	촉매	온도
80	A	200
69	A	200
122	B	200
132	B	200
103	A	300
111	A	300
141	B	300
143	B	300
117	A	400
140	A	400
185	B	400
186	B	400

Stack을 완료한 후 Stat>ANOVA>Two-Way를 선택한다.

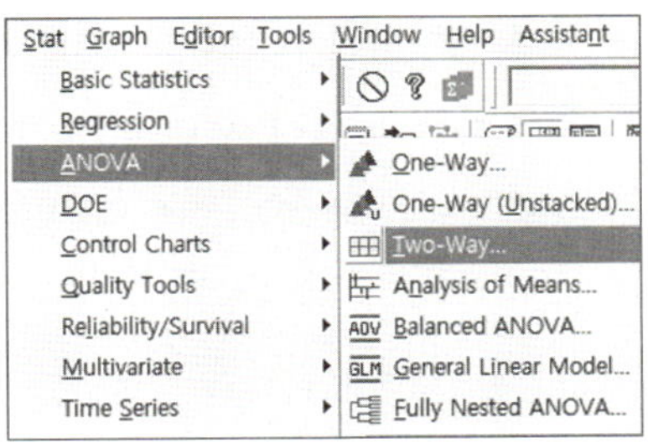

나타나는 대화창에서 Response에는 강도를 Row factor와 Column factor에는 촉매와 온도를

각각 입력한다. Row factor와 Column factor는 순서가 바뀌어도 상관없으나, Response값은 반드시 측정되는 결괏값으로 지정해 주어야 한다.

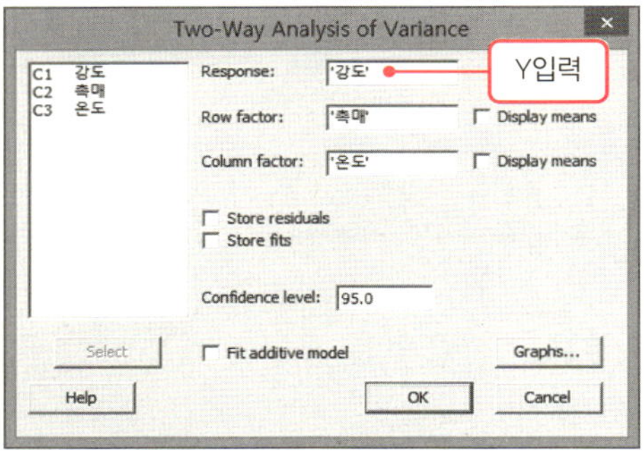

Two Way ANOVA에서부터는 결괏값에 영향을 주는 효과를 주효과(Main Effect)와 교호효과(Interaction Effect)로 나누어 생각할 수 있는데, 이 중에서 주효과는 어떤 변수가 직접 결괏값에 영향을 주는 효과이며, 교호효과는 두 가지 이상의 변수가 특이하게 결합되어 그들이 각각 독립적으로 결괏값에 주는 영향력 외의 어떤 효과를 가져오는 상태를 말한다.

가령, 어떤 연구자가 성별(남/여)과 교수방법(강의/토론)에 따라 학생들의 학업성적에 어떤 차이가 있는지에 대하여 관심을 가지고 있다고 하자. 남학생의 성적과 여학생의 성적을 비교한다거나, 혹은 두 가지 교수방법, 즉 강의방법과 토론방법을 적용할 때의 성적 차이를 각각 비교할 수 있다. 이것은 성별과 교수방법이라는 변수의 효과를 따로 분리시켜 분석하고 있는 셈이다. 이와 같이 성별이나 교수방법이 독립적/직접적으로 학생들의 학업성적에 영향을 주는 효과를 주효과라고 한다.

반면, 좀더 세련된 연구자는 이 두 가지 변수들이 상호 간에 조합되는 방식에 따라 각각 다른 효과를 얻게 될지도 모른다는 교호작용 효과에 관한 가설을 세운다. 즉, 남학생은 토론방법보다는 강의방법에 의해서, 그리고 여학생은 강의방법보다는 토론방법에 의해서 더욱 높은 성적을 올린다는 가설, 혹은 그 반대의 가설을 세울 수도 있다. 만약 이 연구에서 사실상 가설에 부합한 결과가 나왔다면 우리는 성별에 따라 각각 다른 교수방법을 적용하여 좀더 향상된 학업성적을 얻게 되는 것이다. 이와 같이 서로 다른 두 가지 변수들의 조합을 통해 결괏값이 어느 정도의 영향을 받을 것인가에 해당하는 것이 교호효과라고 하면 되겠다.

세션 창의 결과를 보면, 촉매와 온도의 주효과에 대한 P-Value는 0.00으로 매우 영향이 큼을 알 수 있다. 반면, 두 인자 간의 교호효과의 P-Value가 0.219로서 통계적 유의성은 없는 것으로 본다. 즉, 촉매와 온도는 독립적/직접적으로 강도에 영향을 매우 크게 주나, 이들이 결합되어 강도의 변화에 미치는 영향은 미미하다는 것이다.

Two-way ANOVA: 강도 versus 촉매, 온도

Source	DF	SS	MS	F	P
촉매	1	6960.1	6960.08	101.98	0.000
온도	2	6379.2	3189.58	46.73	0.000
Interaction	2	270.2	135.08	1.98	0.219
Error	6	409.5	68.25		
Total	11	14018.9			

② 분산의 비교

산포를 나타내는 다양한 지표 중에서 분산은 평균을 기준으로 데이터의 흩어짐을 나타내는 표준편차의 제곱값이다. 즉, 산포에 대한 지표로서 표준편차와 분산은 같은 부류의 측정값으로 활용될 수 있는 것이다. 어떤 공정의 평균값을 개선하더라도 산포가 더 커지면 개선의 효과가 반감될 뿐 아니라 오히려 개악의 결과를 초래할 수도 있다. 따라서 공정의 품질 및 생산성을 강화하기 위해 수행하는 공정관리의 기본은 공정데이터의 산포를 관리하는 것이다. 두 집단의 분산에 차이가 발생하고 있는지에 대한 분석도구로 사용되는 것은 F test이며, 3집단 이상의 분산검정을 위해서는 Bartlett's test가 사용된다. 이 중에서 F test는 2-Sample t test와 ANOVA 등을 이해하고 수행하는데 필수적인 분석이며, 일반적으로 두 개의 정규모집단에 대한 분산의 차이가 있는지를 판단할 때 사용된다.

두 모집단의 분산의 차이가 있는가에 대한 가설식은 다음과 같이 표현된다.

$$H_0 : \sigma_1^2 = \sigma_2^2$$

$$H_1 : \sigma_1^2 \neq \sigma_2^2$$

위의 2-Sample t test의 예를 이용하여 F test를 수행하도록 하므로, 미니탭에 입력한 데이터는 2-Sample t test의 예와 같다.

Stat > Basic Statistics > 2 Variances를 선택한다.

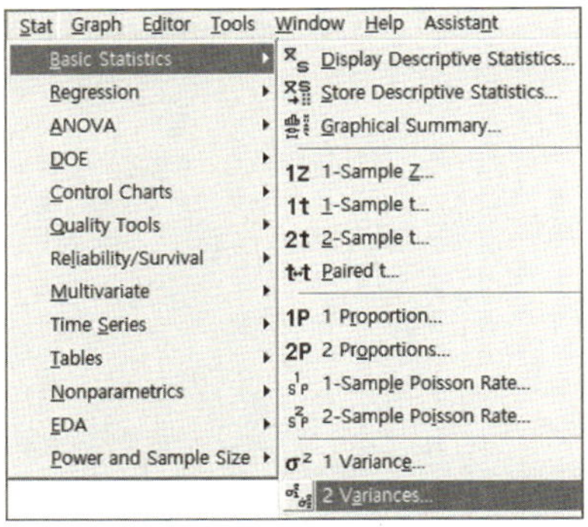

만약, 데이터가 Stack이 되어 있다면 Samples in one column을 선택하고, 그렇지 않다면 예제와 같이 Samples in different columns를 선택한다. 각 열의 데이터를 First와 Second에 입력하는데, 대립가설이 not equal일 경우는 이들이 순서가 바뀌는 것은 전혀 문제가 되지 않는다. 하지만, 대립가설 어느 한쪽의 분산이 더 크거나 작은 것을 표현하고 있다면, 항상 First를 기준으로 입력해야 한다.

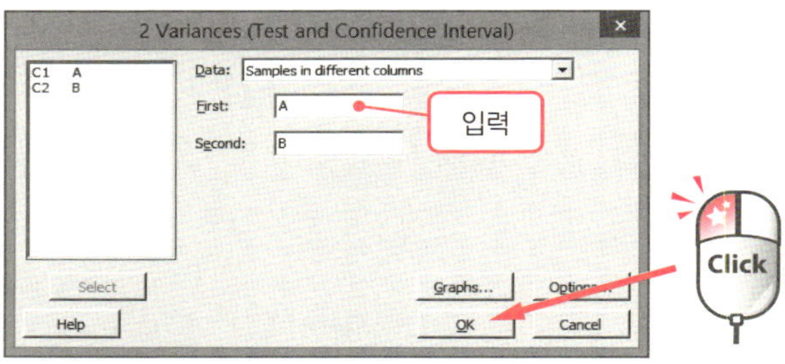

대화창에 필요한 정보를 입력한 후 OK 를 클릭한다. 다음의 그림은 세션 창에 출력된 결과물로서 F Test(normal)의 P-Value가 0.260으로 0.05보다 매우 크므로 두 집단의 분산의 차이가 통계적으로 유의하다 할 수 없다. 따라서 A사와 B사의 제품 강도에 대한 분산은 통계적으로 차이가 없는 것으로 결론짓는다.

Test and CI for Two Variances: A, B

Method

Null hypothesis	Sigma(A) / Sigma(B) = 1
Alternative hypothesis	Sigma(A) / Sigma(B) not = 1
Significance level	Alpha = 0.05

Statistics

Variable	N	StDev	Variance
A	16	2.828	8.000
B	18	3.791	14.369

Ratio of standard deviations = 0.746
Ratio of variances = 0.557

95% Confidence Intervals

Distribution of Data	CI for StDev Ratio	CI for Variance Ratio
Normal	(0.452, 1.251)	(0.204, 1.566)
Continuous	(0.344, 1.597)	(0.118, 2.550)

Tests

Method	DF1	DF2	Test Statistic	P-Value
F Test (normal)	15	17	0.56	0.260
Levene's Test (any continuous)	1	32	0.80	0.379

P–Value

③ 비율의 비교

측정하지 않고 발생횟수를 세어야 하는 이산형(계수형) 데이터의 경우는 불량 발생비율 등을 통해 공정의 수준을 표현하게 된다. 한 집단의 비율에 대한 검정도구는 1–Proportion test가 있으며, 두 집단 이상의 비율 간에 차이가 발생하는지를 분석하는 통계도구로는 2–Proportion test, χ^2 test 등이 있다.

이 중에서 2–Proportion test는 이항분포의 정규분포 근사에 근거하여 두 모집단의 불량률 등에 차이가 있는지를 파악하는 것으로서 평균이나 분산의 검정에서와 마찬가지로 P–Value를 통해 차이의 유무를 가르게 된다. 어느 두 공장의 불량률에 차이가 있는지 알아보고자, 각 공장별로 생산량과 불량 수를 조사하였다. A 공장은 3,500개 중에서 57개의 불량이 발생하였으며, B 공장에서는 5999개 중에서 71개의 불량이 발견되었다. 이 정도의 데이터를 통해 A 공장의 불량률이 B 공장의 불량률 보다 높은 상태인지를 파악하려고 한다. 이 문제에 대한 가설식은 다음과 같이 설정하고, 미니탭 메뉴의 Stat>Basic Statistics>2 Proportions을 선택한다.

$$H_0 : P_A = P_B$$

$$H_1 : P_A > P_B$$

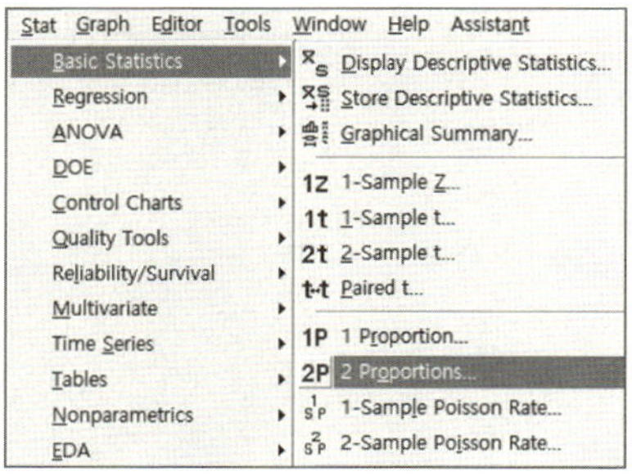

Raw data를 입력한 것이 아니라, 각 공장별 생산수량 대비 불량의 개수를 파악한 것을 통해 분석하므로 Summarized data를 선택한다. 그리고 각 공장에서 얻어진 불량의 값들을 입력하여 준다. 미니탭 14버전 이하의 경우는 Events와 Trials를 입력하는 순서가 반대이므로 주의를 요한다.

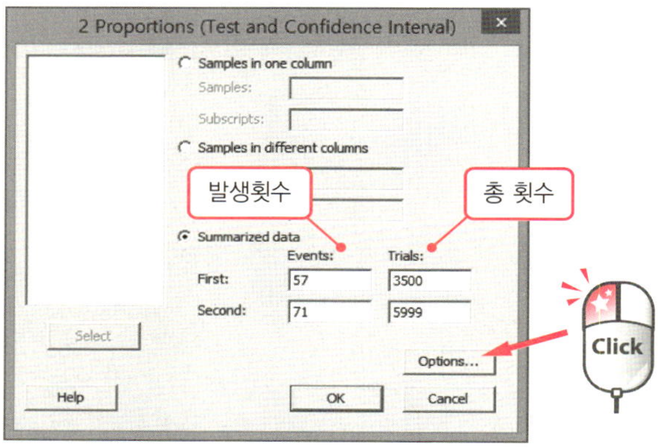

대립가설 설정을 위해 **Options** 을 클릭한다. A 공장에 대한 내용을 First에 입력하였으므로 A 공장을 기준으로 대립가설을 설정해 주어야 한다. 이 문제의 경우는 대립가설을 greater than으로 설정하여 준다.

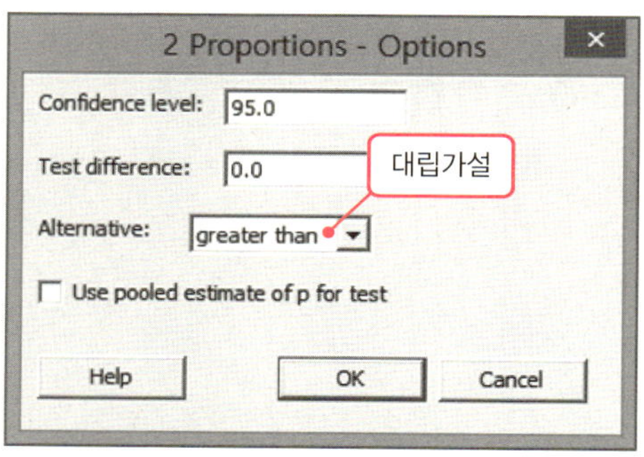

세션 창의 결과에는 두 개의 P–Value가 나타난다. 양/불과 같이 둘 중 하나가 나타나는 데이터들은 이항분포로 설명하여야 한다. 그런데 두 집단에 대한 불량을 비교할 때는 이항분포를 적용하여 손으로 계산하는 것이 다소 번거로운 작업이다. 이와 같은 계산상의 불편 때문에 이항분포를 정규분포에 근사 시켜서 구하는 방법이 일반적으로 사용되어 왔다. 미니탭도 예전에 출시된 버전에는 정규분포로 근사치를 구하는 방법을 택하고 있는데, 16버전 부터는 이항분포를 이용하여 정확한 P–Value를 따로 구해준다. 세션 창에서 P–Value=0.41로 되어 있는 부분은 정규분포를 이용한 근사치이며, Fisher's exact test : P–Value=0.44에는 이항분포를 통해서 정확하게 구한 P–Value가 표시되어 있다. 어떤 P–Value를 선택하던 0.05 이하의 값이므로 A 공장의 불량률은 B 공장의 불량률보다는 높은 것으로 판단된다.

Test and CI for Two Proportions

Sample	X	N	Sample p
1	57	3500	0.016286
2	71	5999	0.011835

Difference = p (1) - p (2)
Estimate for difference: 0.00445041
95% lower bound for difference: 0.000248198
Test for difference = 0 (vs > 0):   Z = 1.74   P-Value = 0.041 ← 정규근사 P–Value

Fisher's exact test: P-Value = 0.044 ← 이항분포 P–Value

④ 정규성검정

이상에서 설명한 가설검정방법들은 데이터가 정규성을 가지고 있어야 분석의 결과를 신뢰할 수 있다. 따라서 지금까지 설명한 통계적 가설검정을 수행하기에 앞서서 데이터의 정규성 여부를 확인해 보아야 한다. 이를 정규성검정(Normality test)이라 하는데, 일반적으로 귀무가설은 "정규성을 가진다"이며, 대립가설은 "정규성을 가지지 않는다"로 설정하곤 한다. 그런데 지금까지의 모든 귀무가설은 "~없다"로 서술되었는데, 정규성 검정만 예외적으로 정규성이 있다는 것이 귀무가설이라는 것에 의문을 품을 수 있다. 정규성을 가지고 있다는 말은 다시 말하면, 가지고 있는 데이터와 정규분포는 차이가 없다는 말이 된다. 따라서 정규성 검정의 귀무가설은 "표본 데이터와 정규분포에는 차이가 없다"로 이해하면 좋을 것 같다. 물론 대립가설은 "표본 데이터와 정규분포에는 차이가 있다"가 된다. 미니탭을 통해 정규성검정에 대한 내용을 시각적으로 확인해 보도록 하자. 어떤 회사의 남자사원들의 키에 대한 데이터를 다음과 같이 수집하였다.

A사 남자 사원들의 키에 대한 표본						
181.1	172.2	177.5	174.1	177.8	167.9	161.9
166.3	172.6	172.6	177.7	170.9	174.8	174.2

이를 미니탭에 Stack하여 입력한 후, Stat>Basic Statistics>Normality Test를 선택한다.

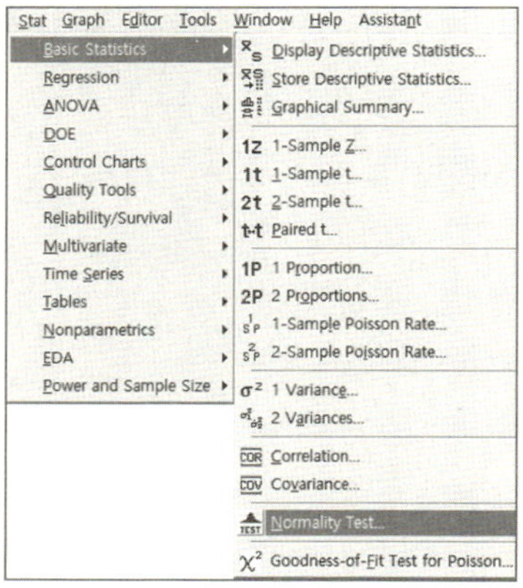

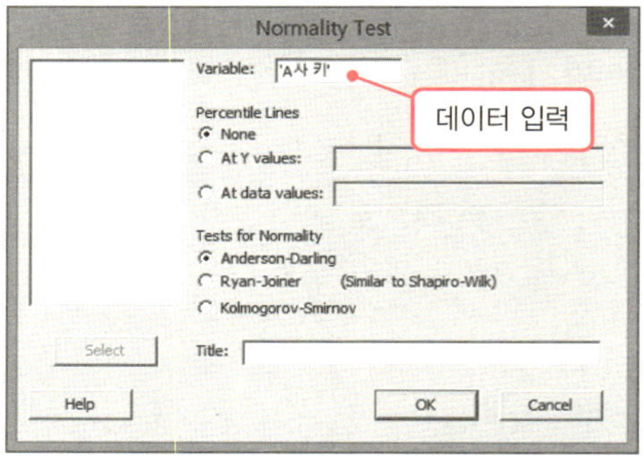

Variable에 분석할 데이터를 입력 한 후 **OK** 를 클릭하면 다음과 같은 그래프가 나타난다.

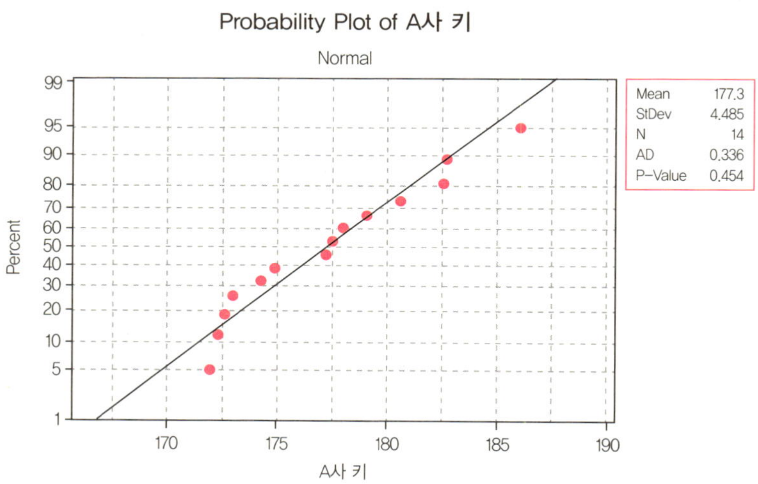

미니탭에 제시된 그래프의 좌하단에서 우상단으로 뻗은 직선은 완벽한 정규분포의 곡선을 로그 변환하여 선형으로 만든 것이다. 산점도의 형태로 나타나 있는 점들은 입력한 표본 데이터를 나타낸다. 이때 표본 데이터의 점과 정규분포의 선에 차이가 없다면, 이는 정규성을 가지는 것이 된다. 우측에 표시된 P-Value는 0.454이므로 귀무가설을 채택하게 되고, 정규성을 가지는 데이터라 결론짓는다.

4. "정성적 분석"을 손질하는 방법

그래프 분석이나 통계적 데이터 분석을 할 수 없는 경우는 정성적으로 분석하는 방법을 고민해 보아야 한다. 정성적 분석이란 정량화되지 않는 현상이나 기술적 문제에 대하여 결과 및 원인에 대한 상호 관련성을 명확화하는 것이다. 정성적 분석은 주로 계량/계수 형태의 데이터를 취득하여 분석하기 어려울 때, 관련공정의 관리자들이나 해당 분야의 전문가들이 그들의 경험과 주관적인 판단을 이용하여 잠재 원인에 대한 유의성을 결정하는 방법으로서 반드시 사실에 근거하여야 한다. 정량적인 분석도구들은 매우 다양하며 도구 자체의 완성도 역시 매우 높으나, 정성적 분석에 제시되는 도구들은 그 수도 적을뿐만 아니라, 도구의 세련된 맛도 상대적으로 덜한 편이다. 본 장에서는 정성적 분석의 기법 중 일반적으로 많이 사용되는 신(新) QC 7가지 도구와 5Why 분석법에 대해서 설명한다.

1) 신 QC 7가지 도구

수리적 데이터에 근거한 QC 7가지 도구 외에, 수리적이지 않은 문어(文語)적 데이터에 대한 분석 도구의 필요성이 제기되어 1977년에 일본과학기술연맹 QC기법개발부회는 '신 QC 7가지 도구'를 발표하였다. 신 QC 7가지 도구를 적절하게 활용하면 언어 데이터로부터 유용한 정보를 체계적으로 파악할 수 있으며, Six Sigma의 Analyze 단계 및 Improve 단계에서 QC 7가지 도구와 통계적 기법 등을 보강하여 좀더 효율적으로 정성적인 문제에 대한 분석 및 개선안 도출을 수행할 수 있다.

〈표 3-1〉에 설명되어 있는 바와 같이 신 QC 7가지 도구는 친화도, 연관도, 계통도, 매트릭스도, 매트릭스 데이터 해석도, 네트워크도, PDPC로 구성되어 있다. 친화도는 도출된 아이디어를 유사성이 높은 것끼리 묶어서 구조화하여 데이터를 몇 개의 그룹으로 분류하고자 할 때 사용한다. 연관도는 관련된 문제를 여러 가지 측면에서의 인과관계로 정리하여 복잡한 문제의 원인을 분석하거나 도출할 때 사용된다. 계통도는 신 QC 7가지 도구 중 가장 빈번하게 쓰이는 도구로써 목표를 달성하기 위한 목적과 수단을 계통적으로 전개하여 최적의 목적달성 수단을 찾고자 하는 방법이다. 매트릭스도는 두 개 이상의 특성, 기능 등의 관련 정도를 표(Table)로 표현하는 기법으로 특성간의 관계파악, 추진과제 선정 등에 사용되고 있다. 이외에도 매트릭스 데이터를 쉽게 비교해 볼 수 있도록 나타낸 매트릭스 해석도, 활동의 선후관계를 네트워크로 표시한 네트워크도, 우발적상황에 대한 대응책을 점검하기 위한 PDPC(Process Decision Program Chart)가 신 QC 7

종류	용도
친화도	– 데이터의 유사성 및 관련성 파악 – 정돈되지 않은 데이터의 정리
연관도	– 요인 간의 인과관계 파악 – 문제가 되는 핵심 요인 파악 – 복잡한 문제의 원인 분석
계통도	– 목표 달성을 위한 수단, 방법 도출
매트릭스도	– 요소들의 관련성이나 그 정도를 파악 – 우선적으로 추진해야 할 과제 선택
매트릭스데이터 해석도	– 매트릭스도의 속성에 대한 상대적 비교 분석 – 변수들 사이의 상관 정도를 확인
네트워크도	– 활동들의 선후관계 파악 – 프로젝트의 일정관리
PDPC	– 우발적인 문제 상황을 사전에 확인 – 일어날 수 있는 문제점에 대한 대책 마련

표 3-1 신 QC 7가지 도구

가지 도구로 사용되고 있다.

신 QC 7가지 도구 중에서 친화도, 연관도, 매트릭스도 및 매트릭스 데이터해석도는 A 단계에서 잠재인자들의 도출 및 분석과 관련하여 많이 이용되고 있으며, 계통도는 I 단계의 개선안 도출 부분에서 주로 사용한다. Six Sigma에서는 상대적으로 활용빈도가 낮은 네트워크도는 개선안의 실행계획을 수립하고 일정을 관리할 때, 그리고 PDPC는 앞으로 발생할 수 있는 모든 상황별 대응방안을 마련할 때 사용된다.

① 친화도

혼돈된 상태에서 수집한 언어 데이터들을 상호의 친화성에 따라 구조화한 그림을 친화도라 한다. 복잡하고 정리되지 않은 문제일수록, 친화도를 작성함으로써 해결해야 할 문제의 소재 · 형태를 명확히 할 수 있다. 친화도법은 창조적인 사고를 요하는 모든 상황에 활용될 수 있으며 개인적으로 또는 업무적으로 활용 가능하다. 데이터가 비수치적이며 통계적 테크닉이 적용되지 않은 경우, 성공적인 문제 해결을 위해 팀 전체의 의견 일치가 필수적인 경우, 그리고 문제를 둘러싼 이슈들이 매우 복잡하고 광범위한 경우에 매우 유용하게 사용될 수 있다.

친화도를 작성하는 방법은 다음과 같다.

- 팀 토의 안건이 무엇인지에 대하여 명확하게 이해하고 있는지를 확인한다.
- 모든 팀원이 참여하여 안건에 대한 개인적인 의견 및 사실들을 도출한다.
- 비슷한 의견 및 사실들을 Grouping 한다.(소 그룹 분류)
- 그룹의 명칭을 정한다.
- 비슷한 그룹들을 다시 재 Grouping 한다.(중/대 그룹 분류)
- 중/대 그룹들의 명칭을 부여한다.
- 모든 Grouping 과정을 마친 후 그룹들 간의 관계를 표시한다.
- 그룹 간의 관계를 통해서 중요 그룹 및 중요 인자들을 발굴한다.

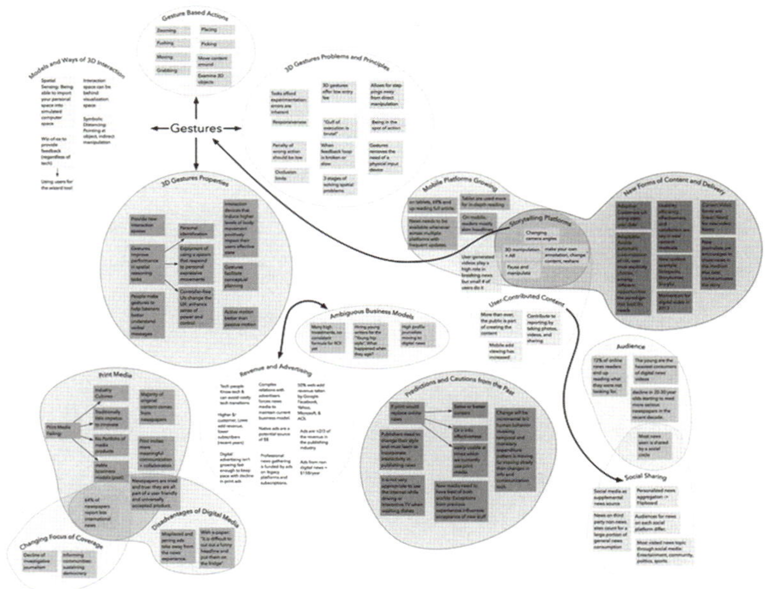

그림 3-8 친화도

② **연관도**

문제와 관련된 여러 가지 측면의 인과관계를 정리한 그림이다. 연관도를 사용하면 요인들 간에 복잡하게 서로 연결된 문제를 정리하기 좋고, 계획단계에서부터 문제를 넓은 시각에서 관망하고, 중요항목을 쉽게 파악할 수 있다. 연관도의 사용목적은 가장 논란이 되는 문제를 포함하여 모든 이슈들 간에 인과관계를 분석함으로써, 신뢰할 수 있는 데이터가 없어도 근본적인 원인을 파악할 수 있게 하는 것이다.

연관도를 작성하는 방법은 다음과 같다.

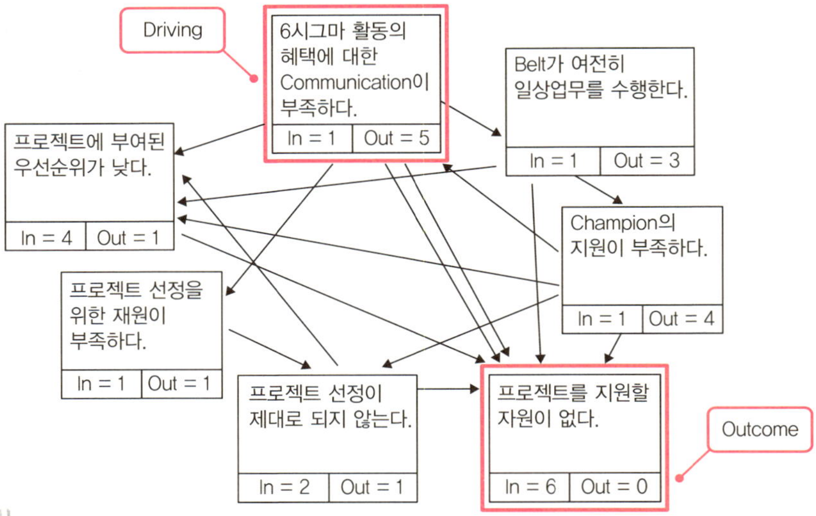

그림 3-9 연관도

- 플립차트의 상단에 핵심안건이나 질문을 완전한 문장으로 표현한다.
- 브레인스토밍을 통해 도출된 이슈들을 Post-it에 기록하고, 이를 플립차트 상에 큰 원형으로 붙인다.
- 모든 이슈나 아이디어 조합 간의 인과관계를 조사한다. 인과관계가 있는 모든 아이디어 간에 원인/영향을 나타내는 화살표를 그린다.(원인으로부터 결과로 향하는 화살표를 그린다.)
- 각 이슈로 들어오고 나가는 모든 화살표의 수를 각 이슈 위에 기록한다. 나가는 수가 많으면 핵심 Driving 이슈(개선을 위해 계속 추적해야 할 이슈)이며, 들어오는 수가 많으면 Outcome 이슈이다.
- 일반적으로 화살표가 가장 많이 나가는 Driving 이슈가 결과에 영향을 주는 근본 원인이라 할 수 있다.

③ 매트릭스도

매트릭스도는 두 개 또는 그 이상의 특성, 기능, 아이디어 등의 집합에 대한 관련 정도를 행렬(Matrix) 형태로 표현하는 기법이다. 여러 개선 과제 중 품질개선을 우선적으로 추진해야 할 과제를 선택하고자 할 경우, 한 종류의 특성이 다른 종류의 특성과 어떤 관계에 있는지 이해하고자 할 경우, 그리고 필요한 업무가 누락 또는 중복되지 않도록 조직 전체의 관점에서 업무분담을 명확히 하고자 할 경우 많이 이용된다.

비교하고자 하는 항목의 수에 따라 L형, T형, X형, Y형, C형 등으로 나뉘어지며, 매트릭스도

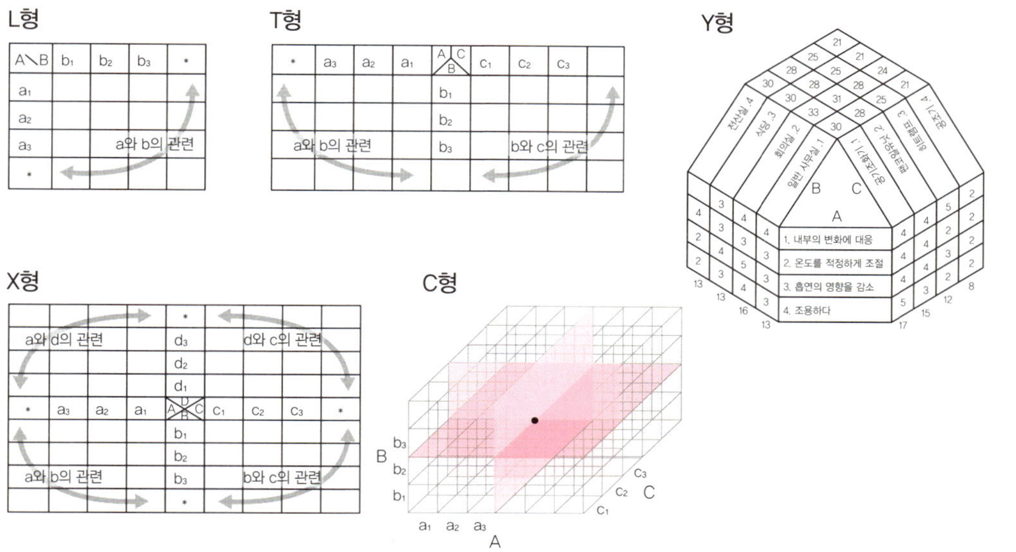

그림 3-10 매트릭스도의 유형

를 작성하는 방법은 다음과 같다.

- 비교하고자 하는 특성의 종류를 결정한다.
- L형, T형, Y형, X형, C형 중에서 사용할 매트릭스도의 유형을 결정한다.(일반적으로 "L"자형이 가장 많이 사용된다.)
- 선택한 매트릭스도의 형태를 그리고, 비교하고자 하는 특성을 매트릭스도의 축에 기입한다.
- 매트릭스도의 각 셀(cell)에 관련 정도를 표시한다.(일반적으로 ◎, ○, △과 같은 기호로 관련 정도를 표시한다.)

운송수단과 서비스요소의 관계

구분		운송수단			
		항공기	선박	철도	트럭
서비스요소	운임	△	○	◉	○
	운송속도	◉	△	○	○
	안전도	○	○	◉	○
	운반용량	○	◉	◉	○
	편의성	◉	○	○	○

그림 3-11 매트릭스도

– 완성된 매트릭스도를 검토하고, 필요한 경우 관련 정도에 따라 점수를 부여하여 특성항목별 점수를 계산한다. 일반적으로 여러 가지 특성항목 중에서 가장 중요한 한 가지를 선택하고자 할 경우 점수 계산을 많이 한다. 점수 계산 시에는 ◎는 9점 ○는 3점 △는 1점 빈칸에는 0점을 부여한다.

④ 매트릭스 데이터 해석도

매트릭스 데이터 해석도는 매트릭스 데이터를 쉽게 비교해 볼 수 있도록 그림으로 나타낸 것이다. 매트릭스 데이터 해석도는 통계학의 다변량분석법인 주성분 분석방법의 한 가지 수법으로서 신 QC 7가지 수법 중 유일하게 수치 데이터를 사용한다. 특히 매트릭스 데이터 해석도는 매트릭스도에서 두 가지 요인 간의 관련 정도를 수량화하여 분석하고자 할 때 자주 사용된다. 이런 특성들 때문에, 마케팅 분야에서 제품이나 서비스의 포지셔닝(positioning)을 결정하기 위해 자주 사용하는데, 소비자들의 인식에 대한 설문조사를 실시하고 요인분석 결과를 그래프로 표현하는 것이다. Six Sigma에서는 CTQ나 Y와 같은 결괏값에 영향을 주는 인자를 점수에 따라 도표화 함으로써, 핵심 인자를 쉽게 찾아낼 목적으로 사용된다.

매트릭스 데이터 해석도를 작성하는 방법은 다음과 같다.

– 어떤 속성들을 분석할 것인지 결정한다.
– 매트릭스 데이터 해석도의 작성에 필요한 데이터를 수집한다(서베이, 인터뷰, 포커스 그룹, 과거 자료, 문헌으로 공표된 자료 등으로부터 데이터를 구할 수 있다).
– 수집된 데이터를 이용하여 매트릭스 데이터 해석도를 작성한다.

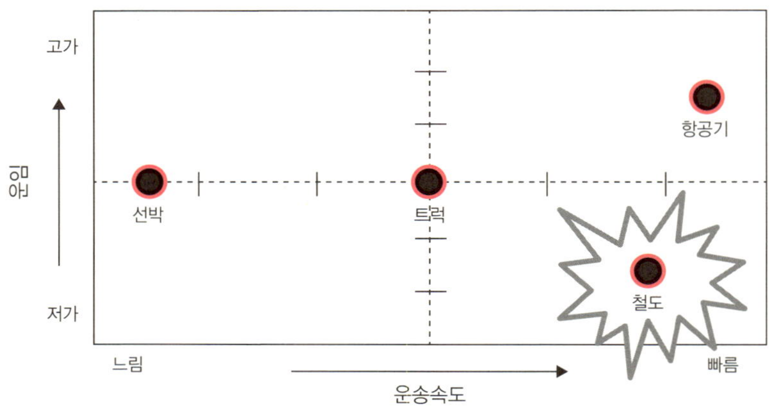

그림 3-12 매트릭스 데이터 해석도

– 완성된 매트릭스 데이터 해석도를 검토하고, 해석결과를 요약하여 정리해 둔다.

2) 5Why 분석

문제에 대한 근본적인 원인과 핵심에 대해 구체적으로 파고드는 방법이다. 5번의 Why를 통하여 표면으로 나타나는 이유가 아닌 진정한 원인을 찾아내어 각 관점의 명확한 원인을 발견하는 것에 목적을 둔다. Root Cause Analysis(RCA) 기법 중에서 가장 널리 사용되는 5Why 기법은 도요타 자동차의 제조혁신 과정에서 진화해온 도구이다. 미국 켄터키주의 조지타운에 있는 도요타 공장 정문 위에는 "무언가 잘못된 것이 있으면 왜 그렇게 되었는지 다섯 번 질문하자"고 적혀있는데, 이는 5Why의 원칙과 방법을 강조하는 것이다. 잭 웰치도 GE에서 이 기법을 경영성과 향상에 많이 적용했다고 하며, 공적인 영역에서 사적인 영역에 이르기까지 '왜'라는 의문사를 붙일 수 있는 모든 것들에 적용할 수 있다.

5Why기법을 좀더 효율적으로 활용하기 위해서는 무조건 다섯번 'Why?'라고 질문하기 보다는 다음과 같은 3가지 Ground Role을 지켜야 한다.

① 내가 통제 가능한 것들을 답하라.

우선 Why에 대한 대답을 하는 사람이 통제 가능한 것들이어야 한다. 예를 들어, "왜 성적이 오르지 않는 걸까?"라는 질문을 시작할 때, 그 답을 "시험문제가 어려워서"라고 한다면, 이는 통제할 수 없기에 답도 될 수 없는 것이다. 어떤 것의 근본적인 원인을 찾는 과정에서 '내가 할 수 없는 것'으로 답을 하는 것은 전혀 의미가 없다. 우리는 현상의 문제를 해결하기 위해 원인을 찾기 때문에, 우리가 통제할 수 없는 것들은 문제의 원인도 아니며 그로부터 해결책도 나올 수 없다.

② 수치와 근거에 의한 사실로서 답하라.

Why에 대한 대답은 반드시 사실(Fact)이어야 한다. 즉, 검증이 가능한 실재(實在)적인 것이어야 한다는 말이다. "왜 회사의 매출이 오르지 않을까?"에 대한 대답으로 "직원들이 게을러서"라는 답변은 좋은 답변이 아니다. "직원들 중 몇%가 근무시간을 지키지 않아서"와 같이 직관적인 수치와 근거를 제시할 수 있는 Fact Base로 대답을 해야 한다.

③ 더 이상 "왜?"라는 질문을 할 수 없을 때까지 답하라.

계속된 Why를 통해 도출된 가장 마지막 답, 즉 문제의 핵심 원인은 Logic Tree에 따라 논리적

으로 설명 가능한 것이 되어야 한다. 그리고, 더욱 중요한 것은 도출된 핵심 원인에 대해 더 이상 "왜?"라는 질문을 할 수 없어야 한다. 계속해서 "왜?"라는 질문을 할 수 있다면, 그것은 근본적인 해결방안이 아직은 아니라는 것이다. 더 이상 질문을 할 필요가 없을 때, 5Why에 대한 답이 제대로 이루어진 것이며, 문제의 원인에 대한 분석을 충분히 깊게 했다고 볼 수 있는 것이다.

5Why에 대한 가장 대표적인 사례로 알려져 있는 토머스 제퍼슨 기념관의 예를 소개한다. 한때, 미국의 워싱턴 DC에 있는 토머스 제퍼슨 기념관의 벽이 심하게 부식되어 있어서 유지보수 작업이 불가피하게 된 적이 있었다. 방문객들은 기념관에 대한 관리가 부실하여 훼손된 것이라며 불만을 터트렸고, 기념관의 이미지는 악화되었다. 또한 보수작업에 들어가는 비용도 증가하고 있는 실정이었다. 5Why를 이용하여 어떻게 해결했는지 살펴보자.

우선, "기념관의 대리석 벽이 심하게 부식되고 있다"와 같이 현재 상태를 구체적으로 설명하는 문제기술문을 작성해야 한다. 다음 현 상태의 이유와 원인에 대하여 5번 이상 질문하고 답을 한다.

■ 1Why?

– 왜 기념관의 대리석 벽이 부식되고 있는가?

→ 대리석 벽을 독성이 강한 세척제로 너무 자주 닦기 때문이다.

■ 2Why?

– 왜 독성이 강한 세척제로 자주 닦는가?

→ 비둘기가 너무 많아 비둘기의 배설물이 벽에 많이 묻기 때문이다.

■ 3Why?

– 왜 비둘기들이 많은가?

→ 기념관에 비둘기들이 좋아하는 거미가 많기 때문이다.

■ 4Why?

– 왜 거미가 많은가?

→ 해지기 전에 조명을 켜서 거미들의 먹이인 나방이 많기 때문이다.

- 5Why?

– 왜 해지기 전에 조명을 켜는가?

→ 기념관 직원들이 퇴근을 일찍 하기 때문이다.

결국 기념관의 벽이 부식되는 근본적인 이유는 기념관에서 일하고 있는 직원들이 황혼 무렵에 퇴근하면서 조명을 일찍 켜는 것 때문이라는 것을 알고 문제를 해결하였다. 이와 같이 문제의 핵심 원인은 생각하지도 못 했던 곳에 숨어있기 마련이며, 직관에 의존하는 단편적인 분석은 문제를 해결하는데 도움이 되지 못할 수 있다. 만약 기념관의 이미지 추락에 대해서 직원들만 닦달 했다면 이 문제는 해결될 수 없었을 것이다. 원인을 하나씩 하나씩 추적해 나갈 때, 창의성도 올라가고 문제도 해결할 수 있게 되는 것이다.

5. "핵심 인자 개선방향 설정"을 손질하는 방법

원인변수의 종류에 따라 적합한 개선방안을 선정하기 위하여 Analyze 단계에서 선정한 "핵심 인자들"의 특성을 규명하고 적합한 개선방안을 수립한다. 개선안 도출 방법으로는 개선 아이디어 발상, 프로세스 매핑, 실험계획법을 통한 최적조건 도출 등의 개선 방식이 있다. 팀 활동을 통해 핵심 인자의 특성을 대안인자(Critical Element)와 제어인자(Operating Parameter)로 구분하여 각각에 대한 개선 계획서를 작성해야 한다. 실험계획법(Design of Experiment)을 적용하여 최적 조건을 찾아야 할 인자는 제어인자로 정의하여 구분한다. 반면, 팀원과 전문가들의 의견을 모아 대안을 창출하고, 이로 인한 위험 요소 등을 평가하여야 할 핵심 인자는 대안인자로 정의하여 구분한다. 대안인자는 벤치마킹, 브레인스토밍 등의 Tool을, 제어인자는 실험 계획법, 다중 회귀 분석 등 실험통계적인 기법을 사용하여 최적화하게 된다. 〈그림 3-13〉은 핵심 인자의 특성별 구분 및 개선안을 도출하는 방안을 설명하고 있다.

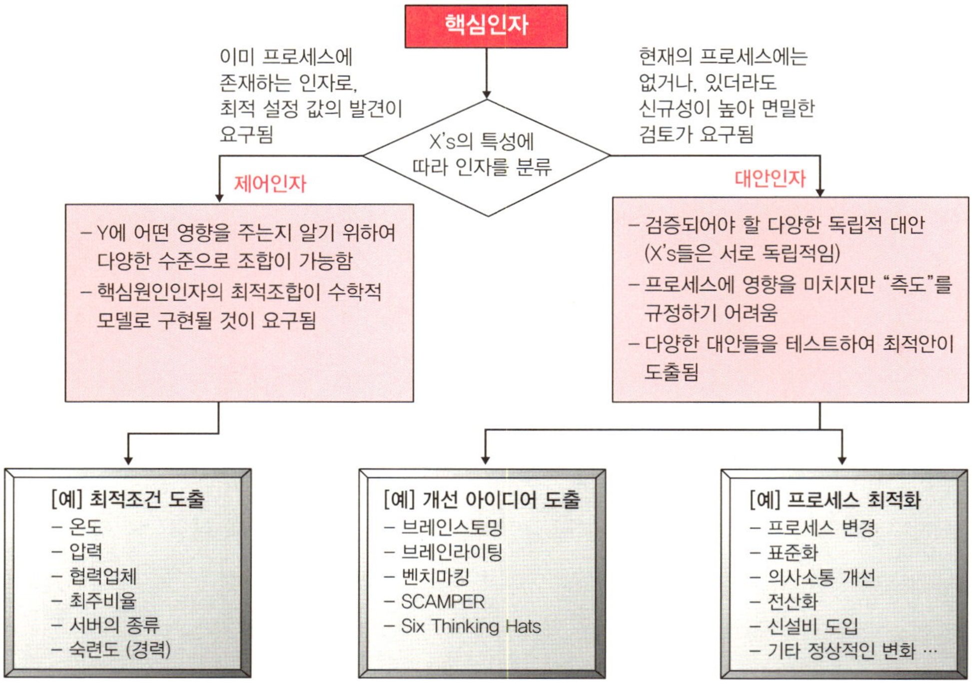

그림 3-13 핵심 인자의 특징 및 개선방향성

쉬어가는 글

통계적 데이터 분석을 하는 이유

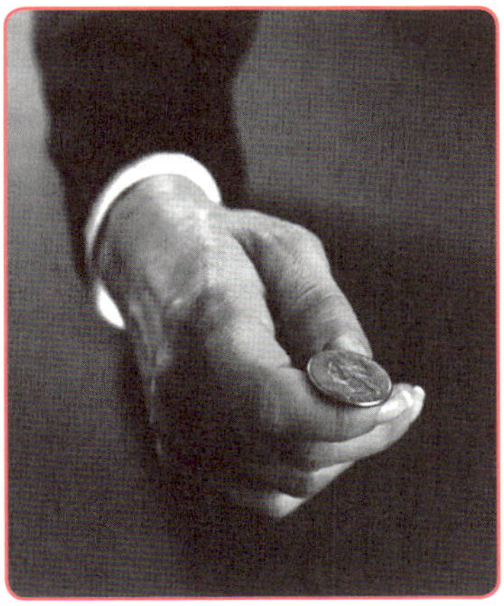

어떤 현상을 분석하고 판단할 때 그간의 경험과 지식을 이용하는 것이 나쁜 것은 아니다. 그런데 경험 · 지식과 같은 정성적인 근거만을 가지고 분석하는 것은 가끔 잘못된 결론에 이르게 할 수 있다. 이 책을 읽는 독자들이라면, 그간의 삶 속에서 동전을 던질 때 앞과 뒤가 어느 정도 나올 수 있는지에 대해서는 충분히 경험해 보았을 것이다.

앞이 나올 확률이 50%인 동전 10개를 던졌을 때, 앞면이 나오는 횟수가 0, 1, 2, 3 중에서 하나에 걸리면 이기는 게임이라고 하자. 승자에게 베팅 한 돈의 3배를 준다고 한다면, 이 게임을 하는 것이 좋을까?

앞면이 나올 수 있는 횟수에 대한 경우의 수는 0~10까지로 총 11가지 종류가 있다. 11개 중에서 0~3까지 4가지 중에 하나에 걸리면 3배의 돈을 받을 수 있다면, 이 게임은 내게 유리한 것이라 생각할 수도 있다. 이 정도로는 부족하다고 생각하는 분들을 위해서 보상금액을 4배로 올리도록 한다면, 어떻게 할까? 베팅을 할까? 말까?... 만약, 5배로 보상금을 올린다면 이 게임에 참여 하고자 하는 사람들이 많이 늘어 날 것이다. 베팅금액의 5배를 돌려받을 수 있는 게임에서는 이길 확률이 20%만 넘으면 내게 유리한 것이라 봐도된다. 즉, 이 게임에 참여한다는 것은 이길 확률이 20%는 넘을 것으로 기대한다는 의미이다. 그렇다면, 이 게임에 참여하는 것을 옳은 결정이라 봐도 될까?

이항분포를 이용해서 동전 10개를 던질 때 앞면이 0~3까지 나올 확률을 계산해 보면, 17% 정도라는 것을 알 수 있다. 즉, 베팅금액의 5배를 보상받는다고 하더라도 내게 불리한 게임이라는 것이다.

이처럼, 주관적인 분석 및 판단에 따른 위험을 줄여주기 위해서는 객관적인 데이터를 분석할 필요성이 있으며 통계적 데이터 분석이 그 대안이 될 수 있는 것이다. 물론 통계적으로 분석하는 것만을 신봉하는 경우도 문제가 될 수 있기에, 어떤 문제에 대한 분석을 할 때는 주관적인 정성적 분석과 객관적인 정량적 분석을 병행하여 사용해야 한다는 점을 꼭 기억해야 한다.

Analyze Case Study

■ 잠재인자 발굴 및 구조화

밥맛을 계량화할 수 있는 구체적인 측정지표인 점도를 Y로 선정하고, 이에 영향을 줄 수 있는 모든 가능한 원인들을 찾기 위한 팀토의(브레인스토밍, 브레인라이팅 등)를 진행하였다. 팀플레이를 통하여 도출한 잠재인자들을 분류해 보니 시간, 온도, 물의 양과 같은 작업방법, 쌀의 종류나 물의 종류와 같은 원자재, 숙련도나 마음가짐과 같은 사람관련 항목, 밥솥의 종류와 같은 기계 등으로 구분됐다. 잠재인자들을 특징에 따라 구분하지 않고 그대로 나열해 놓으면 어떤 내용들로 구성되어 있는지를 파악하는데 어려움이 있을 수 있기에, 특성 요인도(또는 마인드 맵)를 이용하여 정리하도록 하였다.

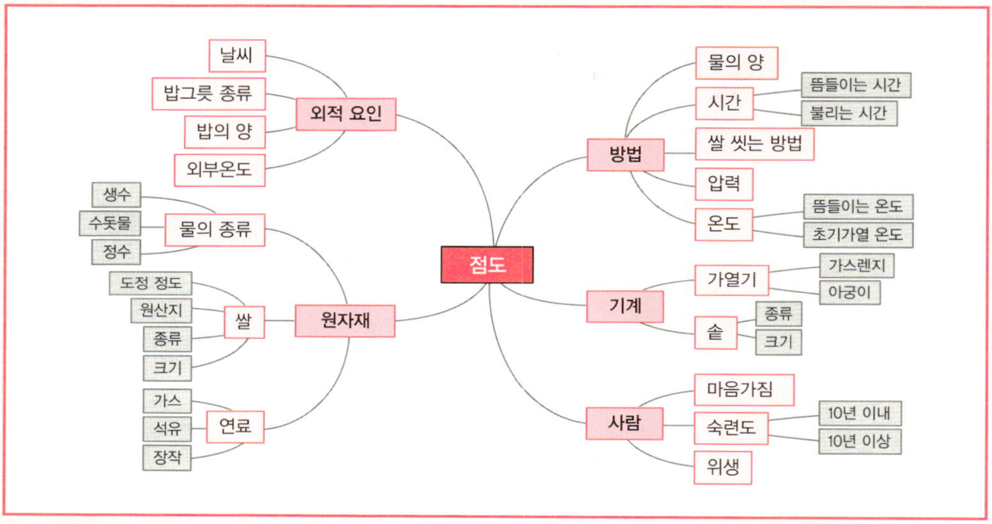

잠재인자	팀원 1	팀원 2	팀원 3	팀원 4	총점
온도	9	9	9	9	36
시간	9	9	9	3	30
물의양	9	9	9	9	36
쌀의 종류	3	9	9	9	30
솥의 종류	3	3	9	9	24
압력	3	9	9	3	24
숙련도	3	1	3	3	10
도정의 정도	1	3	3	1	8
발통의 크기	1	1	1	3	6
쌀의 크기	3	1	0	3	7
쌀 원산지	1	3	1	1	6
쌀씻는 방법	1	3	0	1	5
밥의 양	1	0	1	0	2
밥그릇 종류	3	1	1	0	5
장소	1	1	1	0	3
물의 종류	1	1	0	0	2

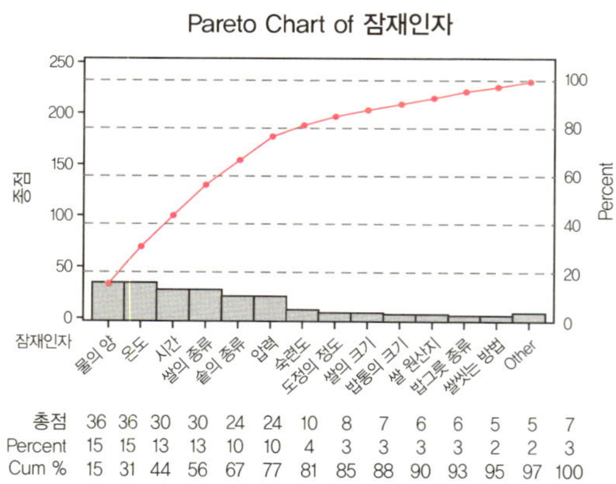

팀원들의 경험과 지식에 근거하여 Y와 잠재인자 간의 관련 정도에 대한 점수를 부여함으로써 우

선적으로 중요한 잠재인자를 선별하는 X-Y Matrix를 작성하였다. 또한 파레토도를 통해 X-Y Matrix의 결과물을 시각화 함으로써 좀더 보기 쉽도록 하였다. X-Y Matrix 및 파레토 분석을 통해 온도, 시간, 물의 양, 쌀의 종류, 솥의 종류, 압력 등 6개인자가 중요한 잠재 원인 변수들 임을 확인하였다.

본 프로젝트 팀은 모든 잠재인자를 분석하는 대신, 중요한 잠재인자들에 대한 분석을 통해서 핵심인자를 찾기로 하였다. 잠재인자의 인자선별을 위한 분석 방법으로는 그래프 분석, 통계적 데이터 분석, 그리고 정성적분석 등이 가능한데, 본 사례에서는 모든 잠재인자들에 대한 데이터수집이 가능하므로 정성적 분석보다는 좀더 객관적인 분석인 그래프 및 통계적 데이터 분석방법을 사용하기로 하였다.

▪ 그래프 분석

중요 잠재인자들을 분석하여 핵심 인자를 파악하기 위해서, 그래프를 그릴 수 있는 인자는 어떤 것들이 있는지 찾아본 결과, 온도와 시간은 점도와의 관계를 그래프화하여 보여주는 것만으로도 인자의 유의성을 파악할 수 있는 인자라는데 의견을 같이 하였다.

① 온도에 대한 Box Plot

밥을 지을 때의 온도별로 점도의 차이가 발생하는지에 대한 데이터를 확보하고, Box Plot을 통해 비교하기로 하였다.

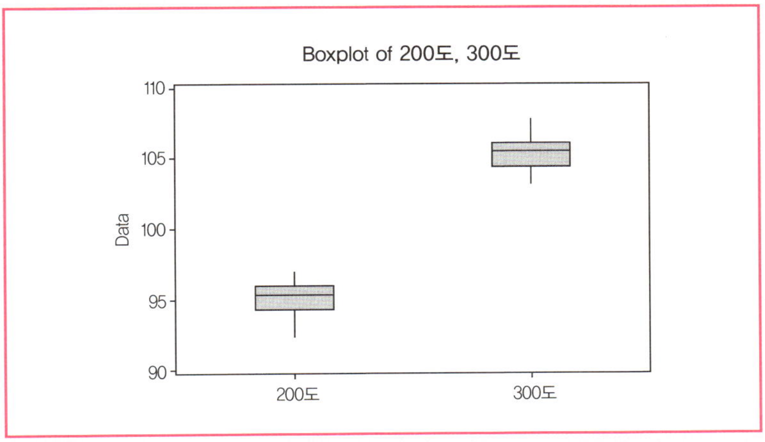

200도와 300도에서 지은 밥에 대한 Box Plot은 서로 겹치지 않고 완전히 빗나가는 모습임을 확인할 수 있다. 이와 같이 서로 겹치는 부분이 없는 경우는 두 집단의 결과물은 매우 다른 상태임을 말하는 것이다. Box Plot을 통해 200도와 300도에서 지은 밥의 점도 차가 명확하게 나타남을 알 수 있기에 온도는 점도에 영향을 주는 핵심 인자로 결론지었다.

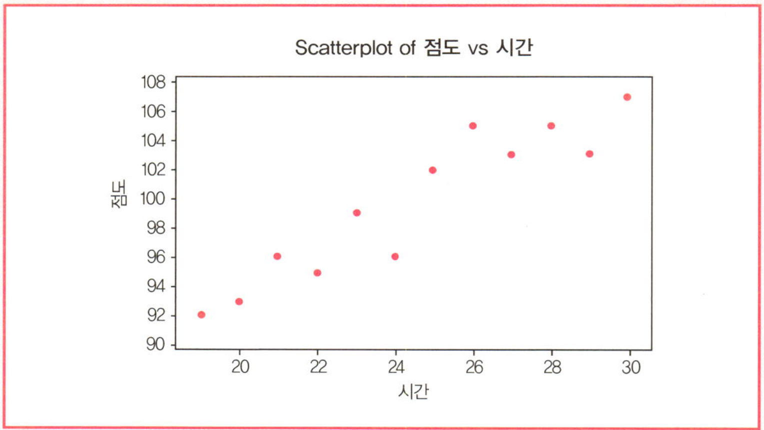

② 시간에 대한 Scatter Plot

시간과 점도는 모두 계량형 데이터이며, 두 변수 간의 상관관계가 있는지를 Scatter Plot을 통해 분석하기로 하였다.

시간의 변화에 따라 점도의 변화가 직선적인 상관성을 띠는 것이 명확하므로, 시간 역시 핵심 인자로 결정되었다. 즉, 시간을 증가시키면 이에 비례하여 점도 역시 증가하는 추세가 확실하게 있다는 것이므로, 시간은 점도에 영향을 주는 인자라고 결론지을 수 있는 것이다.

■ **통계적 데이터 분석**

물의 양, 솥의 종류, 쌀의 종류, 그리고 압력은 단순히 그래프로 분석하기보다는 좀더 정밀한 통계적 분석을 수행하기로 하였다. 물의 양은 다른 인자들과 상호작용(Inter-action)이 그다지 크지 않고 단독으로 실험하는 것이 간편하다고 판단되었기에 One Way ANOVA 방법을 이용하기로 하였다. 솥의 종류와 쌀의 종류는 둘 간의 상호작용도 중요하며 같이 실험할 수 있는 인자이므로 Two Way ANOVA를 이용하기로 하였으며, 압력은 두 개의 조건에서 차이를 좀더 정밀하게 분석하는 기법인 Paired t 검정을 통해 유의성검정을 하는 것으로 의견을 모았다.

① 물의 양과 점도에 대한 One Way ANOVA

물의 양에 의한 점도의 변화는 좀더 자세하게 통계적으로 분석하는 것이 좋다는 의견에 따라 One Way ANOVA 분석을 수행토록 하였다. 물의 양을 1리터, 1.5리터, 2리터로 변화시켜 가면서 점도의 변화가 발생하는지를 통계적 분석 방법과 그래프 분석 방법을 병행하여 확인하였다.

세션 창의 결과로 나타나는 ANOVA표를 보면, P-Value가 0.000이므로 귀무가설을 기각하여야 함을 알 수 있다. 즉, 물의 양을 변화시키면 최소한 하나 이상의 군에서는 다른 군과 평균 점도가 다른 군이 존재한다는 것이다. 이를 시각적으로 확인하기 위해 그린 Box Plot 상에서도 물의 양에 따른 점도의 변화량은 확연한 차이를 보이므로, 물의 양도 점도에 영향을 주는 핵심 인자로 선정하였다.

One-way ANOVA: 1리터, 1.5리터, 2리터

Source	DF	SS	MS	F	P
Factor	2	960.044	480.022	1780.03	0.000
Error	27	7.281	0.270		
Total	29	967.325			

S = 0.5193 R-Sq = 99.25% R-Sq(adj) = 99.19%

```
                              Individual 95% CIs For Mean Based on
                              Pooled StDev
Level      N    Mean   StDev  ---+---------+---------+---------+----
1리터      10   91.083  0.462  (*)
1.5리터    10   98.879  0.722                 (*)
2리터      10  104.901  0.273                                (*)
                              ---+---------+---------+---------+------
                              92.0      96.0     100.0     104.0
```

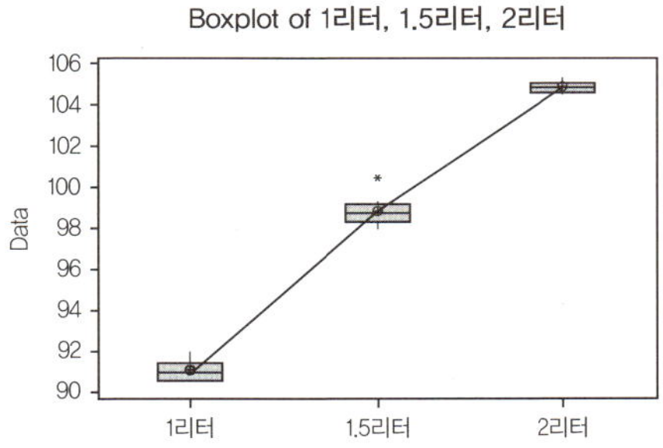

② 솥과 쌀의 종류에 대한 Two Way ANOVA

솥과 쌀은 동시에 실험이 가능한 인자이므로 이들은 각각 3수준에 대하여 같이 실험하였다. 점도(y)에 영향을 주는 두 개의 인자에 대한 분석이므로, Two Way ANOVA를 사용하기로 하였다. 세션 창의 결과를 살펴보면, 솥과 쌀의 주효과 중에서 쌀의 P-Value는 0.000이므로 쌀의 주효과가 매우 유의하다. 솥의 P-Value는 0.748로서 점도에 주는 영향은 미미한 수준인 것으로 보이며, 두 인자 간의 교호작용효과에 대한 P-Value 역시 0.871로 별다를 의미는 없다. 따라서 쌀은 핵심 인자이며, 솥은 의미 없는 인자로 선별되었다.

Two-way ANOVA: 점도 versus 솥, 쌀

Source	DF	SS	MS	F	P
솥	2	1.333	0.6667	0.30	0.748
쌀	2	100.000	50.0000	22.50	0.000
Interaction	4	2.667	0.6667	0.30	0.871
Error	9	20.000	2.2222		
Total	17	124.000			

S = 1.491 R-Sq = 83.87% R-Sq(adj) = 69.53%

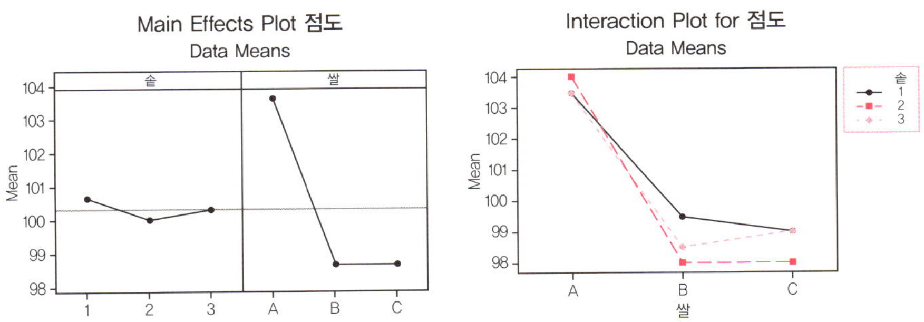

③ 압력에 대한 Paired t 검정

압력에 대한 실험은 같은 조건에서 압력만 100과 200으로 분기하여 쌍으로 데이터를 수집하였기에 Paired *t* test를 통해 분석하기로 하였다.

Paired t test and CI: 압력 100, 압력 200

Paired T for 압력 100 - 압력 200

	N	Mean	StDev	SE Mean
압력 100	7	101.57	6.45	2.44
압력 200	7	102.43	7.89	2.98
Difference	7	-0.857	2.545	0.962

95% CI for mean difference: (-3.211, 1.496)
T-Test of mean difference = 0 (vs not = 0): T-Value = -0.89 P-Value = 0.407

세션 창의 결과에서 보면, 압력을 100으로 하였을 때의 점도의 평균은 101.57이며, 압력이 200인 경우는 점도의 평균이 102.43이다. Paired *t* test는 단순히 이 둘 간의 평균 차이를 비교하는 것이 아니라, 각 쌍에서의 차이를 비교하는 것이다. P-Value는 0.407이므로 압력에 의한 점도의 차이는 유의하지 않은 것으로 판단한다.

핵심 인자 개선방향 설정

잠재인자들에 대한 분석의 내용을 정리하면 다음과 같다.

종류	잠재원인변수	분석 Tool	분석 결과	핵심원인 여부
1	① 온도	Box Plot	–	○ 온도가 높을수록 점도에 영향이 있음
2	② 시간	Scatter Plot	–	○ 시간이 증가할 수록 영향이 있음
3	③ 물의 양	1way ANOVA	P = 0.000	○ 물의 양이 증가할 수록 점도가 증가함을 확인
4	④ 쌀의 종류 및 ⑤ 솥의 종류	2way ANOVA	P = 0.000 (쌀) P = 0.748 (솥)	○ 이천쌀은 상대적인 점도가 높음을 확인함 × 솥의 종류는 점도에 주는 영향이 없음
5	⑥ 압력	Paired t test	P = 0.407	× 압력은 점도에 주는 영향이 없음

분석과정에서 솥의 종류와 압력은 별다른 영향이 없는 인자임이 밝혀졌기에 선별하여 버리고, 핵심 인자로 선정된 4가지 인자(온도, 시간, 물의 양, 쌀의 종류)에 대한 개선의 방향을 설정해야 한다. 온도, 시간, 그리고 물의 양은 동시에 실험이 가능하며 최적의 조건을 도출하는 것이 필요하기에 실험계획법(DOE : Design Of Experiment) 기법을 사용하기로 하였다. 일정한 점도의 수준에서 점도의 변화량이 가장 적은 쌀을 도출하는 것은, 실험을 통해서 얻을 수 있다기보다는 시장조사 및 팀토의 과정을 거치는 것이 좋다고 판단되었다. 따라서 쌀의 종류에 대한 개선은 실험이 아니라 창의적 대안을 마련하는 쪽으로 결론지었다.

Course. 4

Improve Recipe

Analyze 단계에서 넘어온 핵심 인자들을 개선하는 방법으로는 팀플레이를 통한 창의적 아이디어 발굴과 실험 데이터를 통계적으로 분석하여 최적의 조건을 도출하는 실험계획법 등이 있다. 이를 위해서는 창의성을 개발할 수 있는 팀회의 방법과 통계적 실험분석 도구인 분산분석/회귀분석 등에 대한 이해가 필수적이다. 새로운 아이디어를 통해 개선대안을 탐색하고 합리적인 실험을 통해 공정조건을 최적화하는 Improve 단계를 맛있게 요리하기 위해서는 다음과 같은 재료별 혼합비율을 이해해야 한다.

1. 창의적 개선대안 도출 20%
2. 대안의 평가 및 선정 5%
3. ANOVA 및 회귀분석의 이해 30%
4. 실험계획법에 의한 최적화 35%
5. 파일럿 테스트 10%

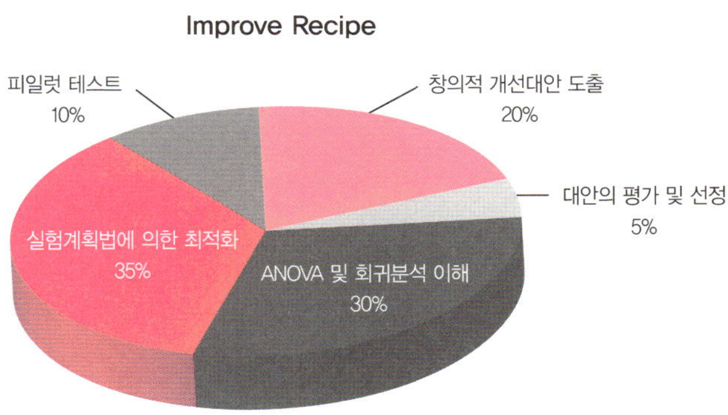

1. “창의적 개선대안 도출”을 손질하는 방법

A 단계에서 핵심 인자로 판명된 원인 변수 중에서 실험을 통해 최적 조건을 도출할 수 없는 대안인자들에 대해서는 창의적 개선안을 마련해야 한다. 창의적 아이디어 발굴을 위해서는 정답에 대한 제약을 두지 않는 자유로운 사고와 발상의 전환을 통해서, 기존에 생각하지 못 했던 완전히 새롭고 독특한 방안을 찾아보는 것이 중요하다. 기존의 사고에 갇혀 있는 폐쇄적인 틀을 벗어나서 여러 각도에서 사물에 대한 견해나 의견을 제시하는 과정에서 창의성이 개발될 수 있다. Six Sigma 활동에서 주로 사용되는 창의성 개발 도구들은 Six Thinking Hats, SCAMPER, ECRS,

TRIZ, 계통도, 벤치마킹 등이 있다.

1) Six Thinking Hats

논쟁은 경우에 따라 사고의 유용한 도구가 될 수 있으나, 논쟁만을 사고의 주된 도구로 사용하는 것은 매우 부적절하다. 사회적으로 급격한 변화가 별로 없었던 과거에는 논쟁과 같은 비판적 사고를 통해 어떤 아이디어를 공박하고 문제점을 보완하는 것만으로도 충분했기에, 건설적이거나 창의적인 사고가 반드시 필요한 것은 아니었다. 하지만, 과학기술뿐만 아니라 경제, 사회, 문화 등 모든 영역에서 하루가 달리 변화하는 현재 시점에서는 논쟁보다는 창의성을 개발할 수 있는 새로운 사고방식이 요구된다. 논쟁의 주된 약점은, 그것이 건설적인 에너지, 창의적인 에너지를 제한한다는 사실이다. 결점을 지적함으로써 보완할 수는 있으나 새로운 것을 만들어 낼 수는 없으며, 양측의 입장을 종합한다고 해서 새로운 대안이 창출되는 것은 아니다. 논쟁은 진리 탐구를 위한 것일 수는 있으나, 건설과 창조를 위한 것은 아니다. 오늘날의 기업 활동은 건설적, 창조적 측면을 요구하기 때문에, 기존의 가능성을 놓고 논쟁하는 것에서 벗어나 새로운 가능성을 창조해 내야 하는 것이다.

Six thinking hats 기법은 논쟁과 같이 어떤 주제에 대한 모든 측면(장점, 단점, 느낌, 정보 등)을 한꺼번에 사고하는 것이 아니라, 사고의 여러 측면을 분리한 다음, 여러 사고 과정이 뒤섞이지 않게, 차례대로 사고의 한가지 유형에만 집중하는 방법이다. 서구에서 모자의 의미는 본인의 생각이나 어떤 입장을 나타낸다. "생각의 모자를 쓰고 해결책을 생각해봅시다.(Let's put on our thinking hats and find a way out)"라는 말처럼, 모자는 생각을 상징적으로 표현하는데 쓰인다. 또는 "내가 환경보호요원 입장이라면, 그 제안에 반대한다.(Wearing my ecology hat, I do not

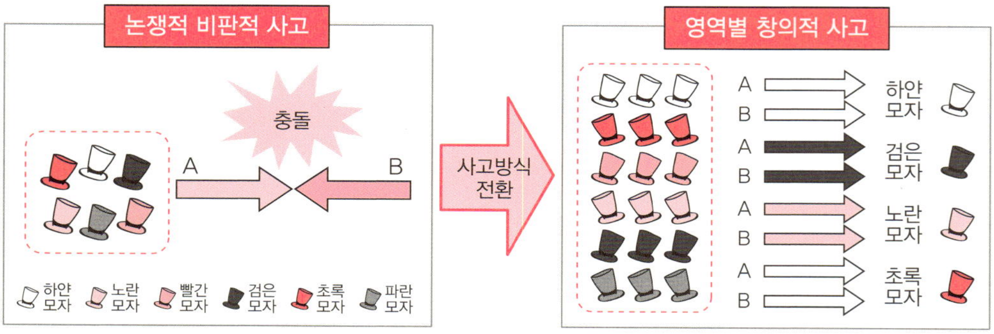

그림 4-1 Six Thinking Hats

like that idea)"와 같이 모자를 쓰는 행위는 일종의 역할이나 입장을 의미하기도 한다.

Six thinking hats 기법을 활용하기 위해서는, 서로 다른 유형의 사고를 대표하는 6가지 색깔의 모자를 가정해야 한다. 어떤 색깔의 모자를 「머리에 쓰면」그 모자에 해당하는 유형의 사고만을 해야 한다. 모자를 바꿔 쓸 경우, 다시 거기에 맞는 사고 유형을 적용하도록 한다.

6가지 모자의 사고영역은 다음과 같다.

- **하얀 모자 :** 정보
- **노란 모자 :** 이점
- **빨간 모자 :** 감정(느낌)
- **검은 모자 :** 주의
- **초록 모자 :** 창의
- **파란 모자 :** 사고관리

모자를 쓰는 행위는 대화나 회의 등에서 수시로 사용 가능한데, 되도록 이면 사용할 사고모자의 순서를 미리 정해 두고 체계적으로 사용하는 것이 좋다. 예를 들어, 아이디어를 생성하고자 할 때는 하얀 모자 + 초록 모자 + 노란 모자 + 검은 모자 + … + 빨간 모자의 순으로 진행하는 것이 좋다. 우선 하얀 모자를 통해 아이디어를 창출하기 위한 정보나 지식을 얻고, 이를 바탕으로 창의적 아이디어를 발굴하는 초록 모자를 쓰게 된다. 다음은 아이디어들에 대한 장점 및 단점을 노란 모자와 검은 모자를 이용하여 평가하고, 마지막으로 전체적인 회의 및 아이디어에 대한 자신의 느낌이나 감정을 표할 수 있는 시간을 갖는 것이다. 물론 중간에 회의 방향이 엉뚱한 곳으로 향하지 않도록 파란 모자를 이용하여 관리할 수도 있다. 이와 같이 여러 가지 사고의 영역이나 방향에 대한 관리 없이 논쟁을 벌이는 것보다는, 회의의 특성에 맞게 모자를 정해진 순으로 적용하는 것이 회의를 체계적으로 이끌어 나가는데 유리하다.

2) SCAMPER

스캠퍼(SCAMPER)란 아이디어를 창출하고자 하는 체크리스트로서, 브레인스토밍 기법을 창안한 오스본(Alex Osborn)의 체크리스트를 에이벌(Bob Eberle)이 약자로 재구성하고 발전시킨 것이다. 이 방법은 브레인스토밍을 재구성하고 발전시킨 것으로서 정해진 항목에 따라 아이디어와 상상력을 자극하는 방법으로 많이 활용된다. 따라서 SCAMPER는 자체가 창조적 아이디어일 수도 있고, 창조적 사고를 위한 출발점이 될 수도 있다. 간단한 질문들의 체크리스트로 이루어진 이 기법은 팀이 어떤 안건을 탐색하고 모든 것에 질문을 던져 새롭고 신선한 아이디어를 창출하는 데 사용되고 있다. SCAMPER는 Substitute(대체), Combine(결합), Adapt(적용/응용), Modify(변형/수정), Put to other uses(다른 용도로 전환), Eliminate(제거), Reverse(뒤집기/재배열)의 창조적 사고를 자극하기 위한 7가지 변화의 패턴으로 구성된다. 과제에 따라 7가지 패턴 중 몇 가지를 조합하여 적용하게 되는데, 7가지 패턴 중 일부는 상반된 접근방식이며, 일부는 보완적인 관계라 할 수 있다. SCAMPER의 항목별 세부사항은 다음과 같다.

▪ S : 대체하기(Substitute)

기존 시각과는 다른 시각으로 생각을 유발하기 위해 기존의 것을 다른 것으로 대체하면 어떻게 될지에 대한 질문이다. 다른 무엇으로 라는것은 '다른 누가', '다른 재질이라면' 등과 같은 것으로 해석할 수 있다.

ex) 오리털 패딩은 겨울용 재킷의 보온충전재를 솜에서 오리털로 대체하여 새롭게 만들어진 것이다.

▪ C : 결합(Combine)

두 가지 이상의 것들을 결합해 새로운 것을 유발하기 위한 질문으로 '새로운 무엇과 결합시키면' 등과 같은 것이다.

ex) 복합기는 복사와 팩스 그리고 스캐너 등의 기능이 결합된 것이며, 스마트폰은 전화기+인터넷+카메라+동영상 재생 등의 기능이 결합된 것이다.

▪ A : 적용(Adapt)

어떤 것을 다른 분야의 조건이나 목적에 맞게 적용해 볼 수 있도록 생각을 유발하는 질문으로 '이것과 비슷한 것은', '이것과 다른 것이 어떻게 적용될 수 있나', '과거의 것과 비슷한 것은' 등과 같은 것이다.

ex) '벨크로아'(일명 찍찍이)는 식물의 씨앗이(우엉씨) 옷에 붙는 원리를 적용한 것이다.

▪ M : 변형(Modify), 확대(Magnify), 축소(Minify)

어떤 것의 특성이나 모양 등을 변형하거나 확대 또는 축소하여 새로운 것을 생성할 수 있도록 하는 질문이다.

ex) '아이패드', '갤럭시 탭'은 컴퓨터와 노트북을 간소화해 휴대하기 쉽게 만들어진 것이다.

■ P : 다르게 활용하기(Put to other uses)

다른 용도로 사용될 가능성을 생각하도록 하는 질문으로 '다른 사용 용도는'과 같은 것이다.

ex) 유효 사용연한이 지난 열차나 유람선을 이용해 음식점을 만들어 사용할 수 있다.

■ E : 제거(Eliminate)

어떤 것의 일부분을 제거해 봄으로써 새로운 것을 생성해낼 수 있도록 하는 질문으로 '이것을 제거해 버리면', '없어도 할 수 있는 것은', '수를 줄이면' 등과 같은 것이다.

ex) 자동차 지붕을 제거해서 만든 '컨버터블'(오픈카)이 있다.

■ R : 뒤집기(Reverse), 재배열(Rearrange)

주어진 것의 순서나 모양 등을 거꾸로 해 보거나 다시 배열해 보도록 하여 새로운 것을 생성해내도록 하는 질문으로 '거꾸로 하면', '역할을 바꾸면', '순서를 바꾸면', '원인과 결과를 바꾸면' 등이 있다.

ex) 화장품 용기의 경우 위에서 퍼내는 사고에서 벗어나 바닥과 뚜껑을 뒤집음으로써, 사용자가 화장품의 양을 조절하기 쉽게 하였고 양이 적어져도 잘 나올 수 있게 만든 것이다.

3) ECRS

SCAMPER가 조금은 복잡하고 비슷한 항목들이 겹치는 문제가 있을 수 있기에, 보다 간단한 ECRS 기법을 사용할 수 있다. ECRS의 의미를 살펴보면, 제거(Eliminate), 결합(Combine), 교환(Rearrange), 단순화(Simplify)이다.

■ E : 제거(Eliminate)

어떤 문제를 해결하고자 할 경우 제거는 '그만둘 수 없는가'를 생각하는 것으로 현재의 일을 그만두기 위해서는 그 일을 왜(또는 무엇을 위해) 하고 있는가라는 업무의 이유, 또는 목적을 철저히 하는 것이다.

■ C : 결합(Combine)

결합은 '함께 할 수 없을까?'를 생각하는 것으로 몇 가지 일이나 공정을 합쳐서 한 번에 함께 할 수 있다면 커다란 개선의 효과를 가져올 수 있다는 것이다. 이를 위해서는 그것이 어떤 일인지, 그 일은 누가 담당하고 있는지, 그 일은 어디에서 실행하고 있는지, 언제 하는지 등을 관점을 바꾸어 생각하고 합쳐서 할 수 있는 가능성을 잘 조사해 본다.

■ R : 재배치(Rearrange)

재배치는 '순서를 바꿀 수 없는가'를 생각하는 것으로 직렬방식의 가공순서를 병렬처리로 바꾸는 것처럼 가공순서를 바꾸거나 부품과 가공법의 일부를 다른 부품이나 가공법으로 옮겨 놓을 수 없을까 등을 생각하는 것이다.

■ S : 단순화(Simplify)

단순화는 '간단히 할 수 없을까?'를 생각하는 것으로 이를 위해 왜 그 부품을 사용하는지, 왜 그런 방법으로 일을 하는지 등을 질문하고 단순화의 가능성을 찾아가는 것이다.

4) TRIZ

TRIZ란 창조적 문제 해결 이론(Theory of Inventive Problem Solving)이란 뜻의 러시아 말(Teoriya Reshniya Izobretatelskikh Zadatch)의 머리글자로서, 발명과 혁신을 달성하기 위한 체계적 접근법이다. 1940년대 중반 무렵부터 구소련의 겐리히 알츠슐러(Genrich Altshuller)는 일반적이고 체계적인 문제 해결 발명이론을 연구하기 시작했는데, 이러한 그의 노력이 TRIZ의 탄생 계기가 되었다. 알츠슐러는 전 세계의 특허를 분석하여 창의적이라고 인정되는 공통점을 추출하려는 시도를 하였다. 1946년에 20만 건의 특허를 조사하였고, 그중 약 4만 개의 혁신적인 특허를 선별하여 정밀 연구하는 과정에서 「창의적 문제 해결(발명)의 원리」를 발견하였다. 그의 연구에 의하면 대부분의 문제는 세상의 어딘가에 해결안이 이미 존재하고 있으며, 특허의 2%만이 진정한 의미의 창조적인 발명이며, 98%는 이미 알려진 아이디어와 개념을 이용하여 개발된 것이라 한다. 또한, 발명은 그와 관련한 최소한 하나 이상의 모순(Contradiction)을 해결함으로써 완성된다고 주장하였다. 알츠슐러는 시스템의 어느 한 특성을 개선하고자 할 때, 반대로 그 시스템의 다른 특성이 악화되는 상황이 발생하는 것을 모순이라 정의하였고, 창조적인 문제란 하나 이상의 모순을 포함하고 있다고 생각했다. 따라서 이러한 모순을 해결하는 것이 다름 아닌 발명이라고 보았다.

모순은 TRIZ의 가장 중요한 개념으로서, 알츠슐러는 모순을 기술적 모순(Technical Contradiction : TC)과 물리적 모순(Physical Contradiction : PC)으로 구분했다. 기술적 모순은 앞서 언급한 바와 같이 시스템의 어느 한 특성을 개선하고자할 때 그 시스템의 다른 특성이 악화되는 상황을 말한다. 예를 들어 자동차의 가속성능을 높이기 위해서는 연료소모가 증가하므로, 가속성능과 연비 사이에는 기술적 모순이 내포되어 있다. 한편, 물리적 모순은 시스템의 어느 한 특성이 높아야 함과 동시에 낮아야 하고, 존재해야 함과 동시에 존재하지 말아야 하는 상황을 말한다. 예를 들어 면도기의 날은 면도성능을 높이기 위해서는 날카로워야 하고, 동시에 피부가 손상되는 것을 방지하기 위해서는 무뎌야 하는 것이 물리적 모순에 해당한다.

TRIZ는 문제를 해결하는데 있어서 이러한 모순들과 타협하거나 절충하는 것이 아니라, 모순의 근원적인 해결을 추구하고 있다. TRIZ에는 문제를 분석하고 해결하기 위한 분석도구와 지식베이스가 있다. TRIZ의 분석도구로는 물질-장(Substance-Field) 분석과 ARIZ라는 것이 있다. 그리고 TRIZ의 지식베이스로는 진화의 유형과 기술적 모순을 해결하기 위한 모순행렬(Contradiction Matrix)이 있으며, 물리적 모순을 해결하기 위한 것으로는 분리원리(Separation Principle)와 그 밖의 물리/화학 등의 과학적 이론들이 있다. 지식베이스의 모순행렬과 분리원리들을 이용하여 기술적모순과 물리적모순을 해결하는 방법을 간단하게 설명한다.

① 모순행렬을 이용한 기술적 모순의 해결

기술적 모순은 시스템의 한 특성을 개선하고자 할 때 그 시스템의 다른 특성이 악화되는 상황을 말한다. 기술적 모순을 해결하기 위해서 TRIZ는 모순행렬이라는 것을 제공한다. 모순행렬은 매우 간단해서 현업에서도 쉽게 사용할 수 있는 도구로서, 1956년에서 1975년 사이에 알츠슐러에 의해서 개발되었다. 모순행렬은 39가지의 표준 특징과 40가지의 발명원리로 구성되어 있는데, 표준 특징들은 〈표 4-1〉에 나타나 있는 것과 같이 길이, 부피, 힘, 속도 등과 같은 공학적 특성들을 의미하는 것이다.

〈표 4-2〉의 40가지 발명원리는 표준 특징들 간의 기술적인 모순을 해결하는 방안들로 제시된 것인데, 알츠슐러가 전 세계의 특허들을 조사하면서 도출한 것들이다. 표준 특징과 발명원리가 정리된 표를 모순행렬이라 하는데, 모순행렬의 주변부에는 표준 특징들을 배치하여 어떤 특징들 간에 부딪히는 모순이 발생하는지를 찾아내고, 이들 간의 교차점에 해결방안인 발명원리를 배치하여 해당모순을 극복할 수 있는 창의적 아이디어의 방향을 제시하는 것이다.

〈그림 4-2〉는 모순행렬을 개략적으로 설명하고 있는데, 모순행렬의 좌측 세로열에는 개선하려는 표준 특징들이 놓이고, 상단의 가로행에는 이로 인하여 악화되는 표준 특징들이 나열되어

1) Weight of moving object	21) Power
2) Weight of nonmoving object	22) Waste of energy
3) Length of moving object	23) Waste of substance
4) Length of nonmoving object	24) Loss of information
5) Area of moving object	25) Waste of time
6) Area of nonmoving object	26) Amount of substance
7) Volume of moving object	27) Reliability
8) Volume of nonmoving object	28) Accuracy of measurement
9) Speed	29) Accuracy of manufacturing
10) Force	30) Harmful factors acting on object
11) Tension/Pressure	31) Harmful side effects
12) Shape	32) Manufacturability
13) Stability of object	33) Convenience of use
14) Strength	34) Respirability
15) Durability of moving object	35) Adaptability
16) Durability of nonmoving object	36) Complexity of device
17) Temperature	37) Complexity of control
18) Brightness	38) Level of automation
19) Energy spent by moving object	39) Productivity
20) Energy spent by nonmoving object	

표 4-1 39가지 표준 특징

1) Segmentation	23) Feedback
2) Extraction	24) Mediator
3) Local quality	25) Self–service
4) Asymmetry	26) Copying
5) Combining	27) Inexpensive, short–lived object for expensive, durable one
6) Universality	28) Replacement of a mechanical system
7) Nesting	29) Pneumatic or hydraulic construction
8) Counterweight	30) Flexible membranes or thin film
9) Prior counter–action	31) Use of porous material
10) Prior action	32) Changing the color
11) Cushion in advance	33) Homogeneity
12) Equipotentiality	34) Rejecting and regenerating parts
13) Inversion	35) Transformation of the physical and chemical states of an object
14) Spheroidality	36) Phase transformation
15) Dynamicity	37) Thermal expansion
16) Partial or overdone action	38) Use strong oxidizers
17) Moving to a new dimension	39) Inert environment
18) Mechanical vibration	40) Composite materials
19) Periodic action	
20) Continuity of a useful action	
21) Rushing through	
22) Convert harm into benefit	

표 4-2 40가지 발명원리

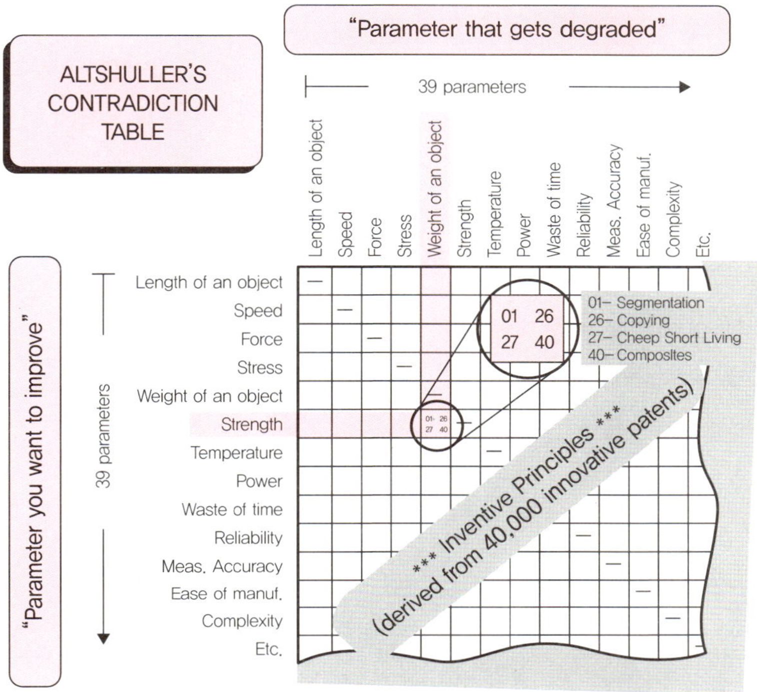

그림 4-2 모순행렬

있다. 행렬의 내부에는 이 기술적 모순을 해결하는데 사용될 수 있는 발명원리(표 4-2 참조)들이 배치되어 있다.

개선하려는 표준 특징에 의해 악화되는 표준 특징을 해결할 수 있는 발명원리들을 기반으로 창의적인 아이디어를 발굴해 나는 것이 TRIZ의 기본이다. TRIZ의 모순행렬을 적용한 사례를 하나 소개한다. 무른 물질을 운반하는데 사용되는 깔때기는 종종 막힌다. 이것을 해결하기 위하여 종종 진동기를 사용하지만, 문제는 시스템이 더욱 복잡해진다는 것이다. 이 문제의 기술적 모순은 깔때기가 막히는 문제를 해결하기 위해서 진동기를 사용하게 되면 시스템이 복잡하게 된다는 것이다. 모순행렬을 이용하기 위하여 개선하려는 표준 특징으로 Durability(Duration of action) of moving object, 악화되는 표준 특징으로 Complexity of device를 선정하면, 모순행렬은 Asymmetry, Prior action, Pneumatic or hydraulic construction, Dynamicity와 같은 발명원리들을 이용하라고 제안한다. 모순행렬에서 제안한 발명원리 중에서 이문제의 해법으로 Asymmetry를 선택하게되면, 깔대기의 바닥을 비대칭으로 만들어 구멍이 막히는 것을 방지하면서도 시스템을 복잡하게 만들지 않고 물질의 흐름을 원활하게 할 수 있다.

② 분리의 원리를 이용한 물리적 모순의 해결

앞서 설명한 바와 같이 물리적 모순(Physical Contradiction : PC)이란 기술시스템의 어느 한 속성 혹은 파라미터가 높아야 함과 동시에 낮아야 하고, 있어야 함과 동시에 없어야 하는 상황 등을 말한다. 이러한 물리적 모순을 해결하기 위해서 TRIZ는 다음과 같은 4가지 분리의 원리(Separation Principle)를 이용한다.

- 시간적 분리(Separation in Time)
- 공간적 분리(Separation in Space)
- 부분과 전체를 분리(Separation between the Parts and the Whole)
- 조건에 따른 분리(Separation upon Conditions)

위와 같은 분리의 원리를 이용한 사례를 하나 소개한다. 초기의 자전거는 〈그림 4-3〉의 왼쪽과 같이 앞바퀴에 페달이 달려 있는 모습이었기에, 자전거에 올라탄 사람이 페달을 밟는 만큼 앞으로 나아갈 수 있었다. 속도를 증가시키려면 페달을 빠르게 밟던가, 아니면 바퀴의 지름을 크게 해야만 했다. 하지만 바퀴의 지름을 크게 하면 사람이 올라타기가 매우 힘들기도 했으며, 바퀴를 회전시키는 힘도 굉장히 많이 필요했다. 여기에는 바로 다음과 같은 물리적 모순이 존재한다 : 자전거의 속도를 높이기 위해서는 바퀴의 지름이 커야 하고, 페달을 쉽게 밟을 수 있도록 하기 위해서는 지름이 작아야 한다. 이와 같은 물리적 모순을 해결하는 해법은 간단하다. 〈그림 4-3〉의 오른쪽과 같이 체인을 이용하여 발을 구르는 부분과 바퀴를 회전시키는 부분을 분리하면 된다. 이것은 체인을 이용하여 구동부를 공간적으로 분리한 예이다.

그림 4-3 TRIZ 적용사례

⑤ 계통도

계통도는 설정된 목표를 달성하기 위해 목적과 수단의 계열을 계통적으로 하부전개하여 최적의 목적달성 수단을 찾고자 하는 방법이다. 목적을 달성하기 위한 수단을 찾고, 또 그 수단을 달

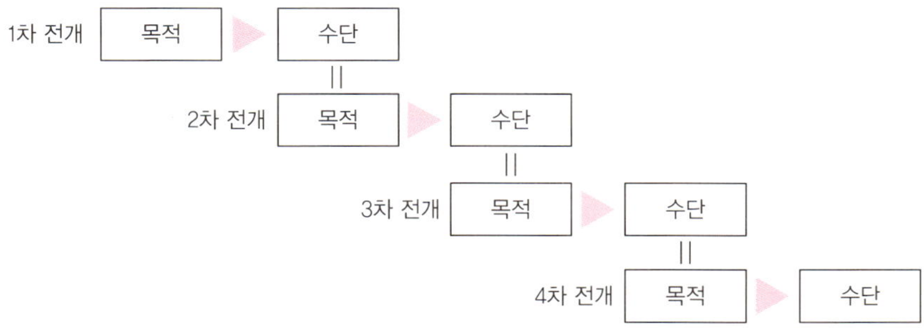

그림 4-4 계통도의 기본개념

성하기 위한 하위 수준의 수단을 찾아나간다. 따라서 상위수준의 수단은 하위 수준의 목적이 된다. 이처럼 상위단계에서 하위단계로 목적과 수단의 연결관계를 찾아나가는 것을 '전개'라고 하는데, 이것이 계통도의 기본적 개념이다.

계통도는 일반적으로 문제에 영향을 미치는 원인은 밝혀졌지만 문제의 해결 방법이나 수단이 아직 도출되지 않은 경우 이를 찾기 위해 사용된다. 계통도를 작성하는 순서는 다음과 같다.

– 해결해야 할 문제나 성취하고자 하는 목표를 명확히 한다.
– 문제해결(또는 목표달성)에 필요한 수단을 찾기 위한 1차 전개를 실시한다.
– 더 세부적인 수단을 찾기 위해 하부 전개를 계속한다.
– 끝까지 전개가 제대로 되었는지 확인한다.
– 전개의 총체적인 타당성을 확인하고, 마지막 수단 중에서 해결책을 선정한다.

2. "대안의 평가 및 선정"을 손질하는 방법

개선안에 대한 충분한 고민을 통해 다양한 개선안들이 도출되었을 때, 모든 개선안을 실행에 옮기는 것이 아니라, 이들을 평가하여 중요도가 높은 개선안 위주로 실행하게 된다. 일반적으로 Show Stoppers 제거, 조직 적합성 검토, 평가표에 따른 점수 부여의 순서로 개선안의 평가 및 선정 작업이 이루어진다.

① Show Stoppers 제거

개선안을 실행에 옮기기 전에 법규나 회사의 사칙과 관련하여 다음과 같은 명백한 장애 요소가

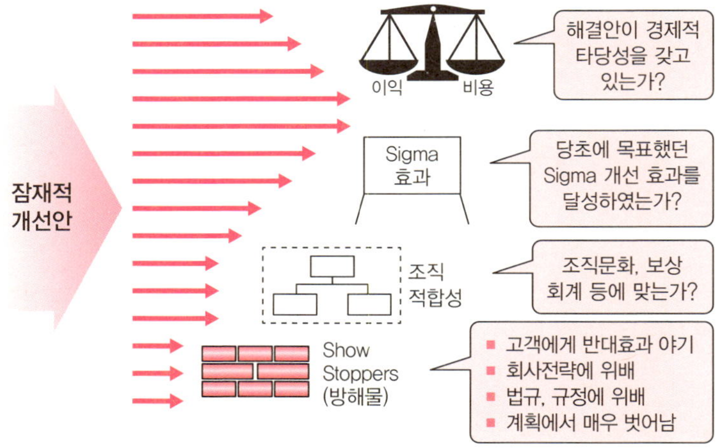

그림 4-5 잠재적 개선안 평가요소

있는지를 미리 확인하여 조치해야 한다.

- 개선안과 관련된 법규 및 기업 방침에 배치되지는 않는가.
- Define의 과제 범위를 벗어나는가.
- 해당 기업의 전략과 명확히 대치되지 않는가.
- 개선안에 필요한 설비 추가에 엄청난 경비가 소요되는가.
- 또 다른 개선안과 정면으로 대치되지 않는가.

② 조직 적합성 검토

경영진/상사의 지원이 없으면 개선안의 실행에 곤란을 겪을 수 있으며, 해당 기업의 문화에 적합하지 않은 개선안이라면, 사원들의 반발에 직면하게 된다. 따라서 경영진의 가치관, 상사의 가치관, 의사결정체계, 부서 간의 벽, 조직 문화적 가치 등을 살펴보고 문제가 없는 개선안에 대해서만 실행여부를 평가하게 된다.

③ 평가표에 따른 점수 부여

법규 및 문화에 배치되지 않는 개선안들은 과제의 성과지표 측면의 시그마효과, 실행기간, 비용, 기타효과 등에 대한 점수를 부여하여 높은 점수를 받은 개선안을 선정하게 된다. 평가의 기준들에 대한 부수적 설명은 다음과 같다.

- **시그마 효과 :** 목표했던 시그마수준을 도달하는데 충분한 효과가 있을까?
- **실행기간 :** 설정된 목표를 달성하여 개선 성과를 파악하는데 필요한 총 시간은 너무 길지 않은가?
- **비용 :** 예상되는 총이익이 투입된 비용에 비해 효익이 있는가?
- **기타 효과의 평가 :** 환경 문제 또는 안전 문제와 관련된 이슈는 없는가?

위와 같은 평가 기준이 결정되면 각 평가기준(평가항목)의 중요성을 기준으로 가중치를 부여하게 된다. 가중치를 어떻게 부여하는가에 따라 선정되는 개선안이 달라질 수 있기 때문에, 평가에 앞서서 가중치 결정에 대한 방안을 반드시 마련해야 한다.

개선안	평가 항목				총합	순위
	시그마 효과	실행기간	비용	기타		
	4	2	3	1		
개선안 1	0	1	9	1	30	3
개선안 2	9	3	9	3	72	1
개선안 3	3	1	3	1	24	4
개선안 4	3	9	9	3	60	2

표 4-3 **개선안 평가표**

3. "ANOVA 및 회귀분석의 이해"를 손질하는 방법

ANOVA에 대해서는 Analyze 단계의 통계적 데이터 분석에서 설명하였으므로, 이 장에서는 생략한다. 회귀분석(Regression Analysis)은 독립변수(예측변수, Predictors) x들과 종속변수(반응변수, Response) 간의 관계를 설명하는 함수식을 찾는 것이다. 즉, 어떤 x와 y 간에 상관관계를 보여주는 Scatter Plot을 그리는 것에서 그치는 것이 아니라, 해당 Scatter Plot에 나타나 있는 점들을 가장 잘 설명할 수 있는 선을 찾는 것이라고 보면 된다. 만약 두 변수 간의 관계가 직선으로 설명된다면 1차 선형(Linear) 회귀방정식을 통해 나타낼 수 있으며, 곡선관계가 있다면 2차 이상의 고차 비선형(Non-linear)회귀방정식을 이용해야 한다. 실험계획법(Design of Experiment)은 ANOVA+회귀분석으로 만들어 진 것인데, 1차 선형 회귀방정식을 이용한 실험계획법은 요인배치법(Factorial Design)이며, 2차 곡선 회귀방정식을 이용한 실험계획법으로는 반응표면분석법(Response Surface Method) 등이 있다.

온도	강도
49	255
70	457
30	178
⋮	⋮
109	521
X 평균	Y 평균

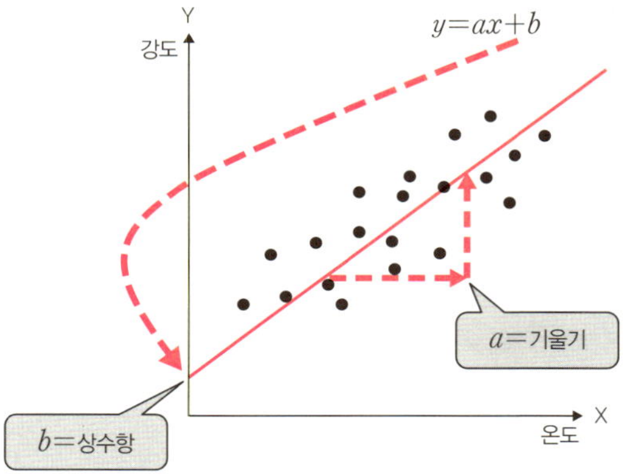

그림 4-6 회귀계수의 의미

〈그림 4-6〉은 세팅 온도(x)와 제품 강도(y) 간의 Scatter Plot을 그리고, 이점들을 가장 잘 설명하는 직선의 모습은 어떤 것인지 보여주고 있다. 이 직선은 1차 방정식이므로, $y=ax+b$의 형태로 표현하게 되는데, 여기서 a는 기울기를 b는 상수항(절편)을 의미한다.

회귀방정식을 구한다는 것은 미지수인 a와 b를 구함으로써 완전한 함수식을 만드는 것이다. 회귀방정식은 세 가지의 기능을 가지게 되는데, 예측, 최적화, 그리고 인자선별이 그것이다. 우선 예측은 x값을 얼마라고 가정할 때, 예상되는 y값을 구하는 것이다. 〈그림 4-7〉과 같이 기울기는 5이며 상수항은 10인 회귀방정식에서 x인 온도를 100도로 세팅하게 되면, 생산되는 제품의 강도는 510 정도 될 것이라 추론할 수 있다. 최적화는 예측의 반대 방향인데, 고객이 원하는 제품의 강도가 260이라고 할 때, 이 제품을 만들어 내기 위해서는 공정의 세팅 온도를 얼마로 해야 하는

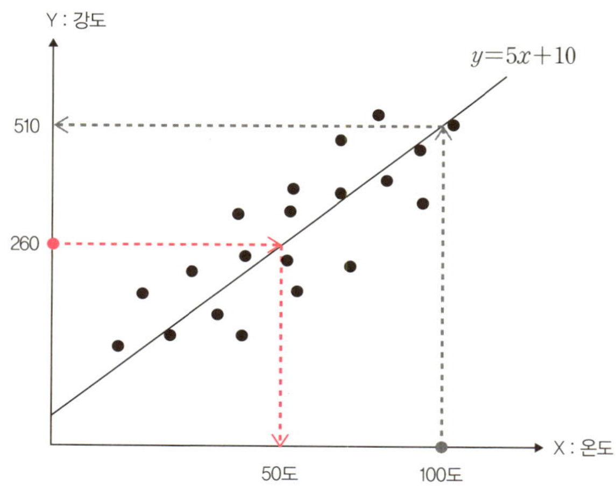

그림 4-7 예측과 최적화

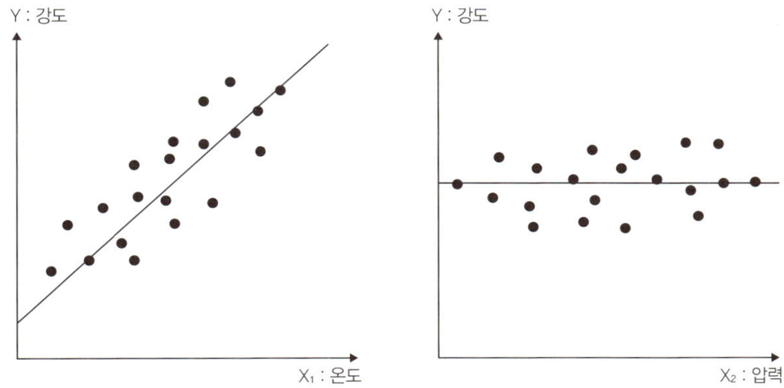

그림 4-8 회귀분석을 통한 인자선별

지를 탐색하는 것이다. y값에 260을 넣고 1차함수식을 풀면 x값인 온도는 50이 돼야 함을 쉽게 알 수 있다.

마지막으로, 인자선별은 y에 영향을 줄 수 있는 x들 중에서 어떤 인자가 실제로 영향을 크게 주는 인자인지를 구분해 내는 것을 말한다. 〈그림 4-8〉은 y인 강도에 영향을 줄 것으로 생각되는 두 개의 인자 온도(x_1)와 압력(x_2)에 대한 Scatter Plot을 보여주고 있다.

온도와 압력 중에서, 온도는 영향을 주고 압력은 별다른 영향을 주고 있지 않다는 것을 알 수 있다. 즉, 해당 x에 대한 기울기를 통해 y에 주는 영향의 크기를 파악할 수 있게 되는 것이다.

지금까지는 회귀방정식을 $y=ax+b$의 형태로 기술하였으나, 일반적으로 회귀방정식은 β 계수를 사용하여 표현하게 된다. 단, ε_i는 실제값과 예측값 사이의 차이값인 오차항을 의미하는데, 오차항의 모습은 평균이 0이고 분산이 σ^2인 정규분포를 따라야 해당 회귀방정식을 신뢰할 수 있다.

$$y_i=\beta_0+\beta_1x_i+\varepsilon_i,\ \text{단},\ \varepsilon_i\sim N(0,\ \sigma^2)$$

$y=ax+b$에서 상수항과 기울기에 대한 순서만 바뀌었을 뿐, β_0는 상수항(절편)을 의미하며 β_1는 기울기를 나타낸다. 여기서 β_0와 β_1를 구하기 위해서는 모집단 전체 데이터를 조사해야 한다. 이는 시간과 비용의 측면에서 너무 손실이 크기에 표본으로부터 얻은 데이터를 통해서 β_0와 β_1를 추정해야 한다. 이와 같이 추정된 회귀계수를 이용하여 얻어진 회귀식을 표본회귀 또는 추정된 회귀직선이라 하며 다음과 같이 표현한다.

$$\hat{y}_i=b_0+b_1x_i$$

여기서 $\hat{y}_i$ 는 독립변수(또는 예측변수)가 x_i 일 때 추정되는 결괏값들의 평균을 의미하며, b_0과 b_1는 각각 β_0과 β_1에 대한 추정값이다. 여러 개의 회귀식 중에서 가장 좋은 회귀직선식 $\hat{y}_i = b_0 + b_1 x_i$ 를 구하기 위해서는 실제 관찰치 y_i 와 회귀식에 의한 추정치인 $\hat{y}_i$ 의 차이를 구하고, 이 차이의 제곱을 전부 더한 값인 오차 제곱합을 최소화해 주는 방법을 이용한다. 이와 같이 실제값과 추정값의 차이인 오차의 제곱합을 가장 작게 해주는 방법을 최소제곱법이라 하는데, 이에 대한 자세한 설명은 6장 도구활용의 근거 부분을 참조하기 바라며, 본 장에서는 미니탭을 통해 회귀방정식을 구하는 방법만을 소개한다.

금 도금을 하는 업체에서 생산하는 제품의 품질특성은 광택도인데 이 광택도는 온풍기에서 발산하는 온도에 영향을 받는 것으로 알려져 있다. 이를 확인하기 위해 다음과 같이 온도(x)와 광택도(y)에 대한 데이터를 미니탭에 입력하였다.

온도	광택도
4.1	2.1
2.2	1.5
2.7	1.7
6.0	2.5
8.5	3.0
4.1	2.1
9.0	3.2
8.0	2.8
7.5	2.5

Stat > Regression > Regression을 선택한다.

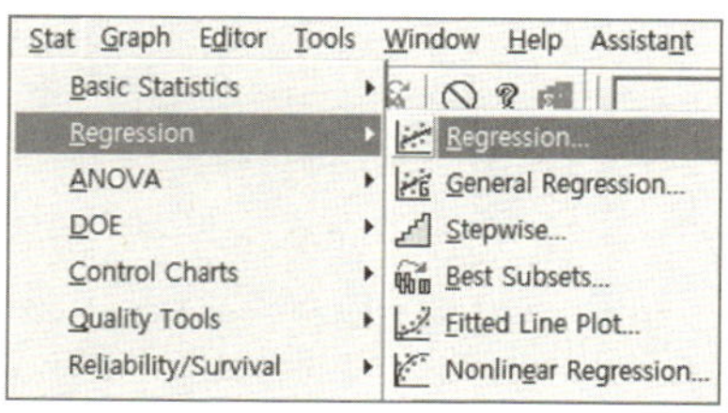

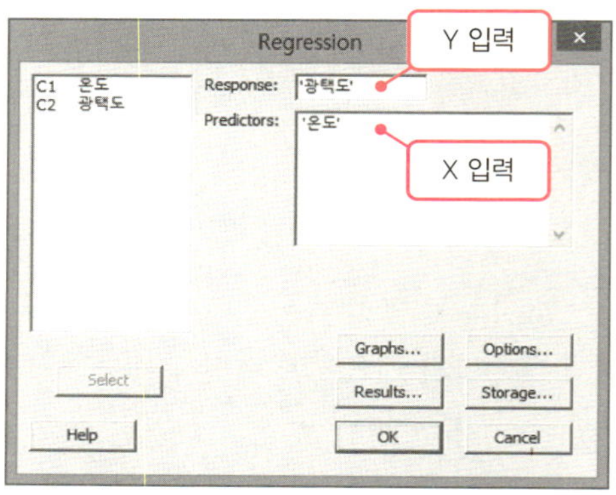

나타나는 대화창에서 Response에는 반응변수인 광택도를 입력하고, Predictors에는 예측변수인 온도를 입력한다.

세션 창의 결과물을 살펴보면, 회귀방정식은 "광택도=1.12+0.218온도"임을 확인할 수 있는데, 여기서 1.12는 상수항이며 0.218은 온도의 기울기에 대한 추정값을 의미한다. Constant(상수항)와 온도에 대한 P-Value가 모두 "0.000"으로 나타나 있는데, 이는 상수항이 원점을 지나고 있는지에 대한 검정과, 회귀식에서 온도의 기울기가 '0'인가에 대한 검정의 통계적 유의성을 보여준다. 이 중에서 기울기에 대한 유의성 검정이 더 중요하므로, 이에 대한 가설식을 표현하면 다음과 같다.

$$H_0 : \beta_1 = 0$$

$$H_1 : \beta_1 \neq 0$$

이 문제에서는 온도에 대한 P-Value값이 0.000(거의 0%)이며 5%보다 매우 작으므로, 귀무가설을 기각하고 대립가설을 선택하게 된다. 대립가설은 기울기는 0이 아니라는 것이므로, 온도에 대한 회귀식의 기울기가 존재하게 되는데 이는 해당 x 인자인 온도가 y값인 광택도에 영향을 주는 인자임을 설명하는 것이다.

Regression Analysis: 광택도 versus 온도

The regression equation is
광택도 = 1.12 + 0.218 온도

Predictor	Coef	SE Coef	T	P
Constant	1.1177	0.1093	10.23	0.000
온도	0.21767	0.01740	12.51	0.000

S = 0.127419 R-Sq = 95.7% R-Sq(adj) = 95.1%

Analysis of Variance

Source	DF	SS	MS	F	P
Regression	1	2.5419	2.5419	156.56	0.000
Residual Error	7	0.1136	0.0162		
Total	8	2.6556			

위의 결과 창에서 R-Sq(또는 R-Square, R^2)는 결정계수라고도 불리며 예측변수 x의 변화량에 의해 구해진 회귀식을 통해 반응변수 y의 변화량을 몇 %나 설명할 수 있는가를 의미한다. R-Sq를 구하는 방법은 다음과 같은데, 이는 전체변동 중에서 회귀변동이 몇%인가를 나타낸다.

$$R^2 = \frac{SSR}{SST}$$

R-Sq에 대한 자세한 내용은 6장 도구활용의 근거 부분을 참고하기 바란다. 총 변동(SST)=회

귀변동(SSR)+오차변동(SSE)이므로, 위의 식에서 R-Sq는 0(0%)보다는 크거나 같고, 1(100%)보다는 작거나 같은 범위에서 구해진다. 만약 R-Sq가 0이라면, 총 변동 중에는 회귀변동은 0%이며 전체변동은 모두 오차변동만 있다는 의미가 된다. 반대로 R-Sq가 1이되면, 모든 변동은 오로지 회귀변동만 있고 오차변동은 전혀 없기에 모든 점은 회귀선상에 존재하게 된다. 따라서 R-Sq값이 1에 가까울수록 해당 회귀식을 이용하여 반응값 y에 대한 설명을 더 잘할 수 있게 되는 것이다.

다른 데이터와는 매우 다른 특성을 가지는 이상치는 Unusual Observations에 설명되는데, 이상치에 대한 표준화 값으로 세션 창에 표시되는 St Resid(Standard Residual)의 절대값이 2를 넘어서면, 우연하게 발생할 확률이 5% 미만으로 발생하는 특이한 잔차(오차에 대한 추정치)를 가지는 데이터라는 의미이다. 미니탭을 실행시키면 앞의 예에서는 9번째 데이터(x : 7.5, y : 2.5)가 이상치로 나타나는데, 이는 x값이 7.5인데도 불구하고 y값은 2.5로 다른 데이터들에 비해 상대적으로 낮은 값을 보여준다는 뜻이다.

이제 미니탭을 이용하여 위의 데이터에 대한 Scatter Plot과 이에 적합된 회귀직선을 그려 보도록 한다. Stat>Resgression>Fitted Line Plot을 선택한다.

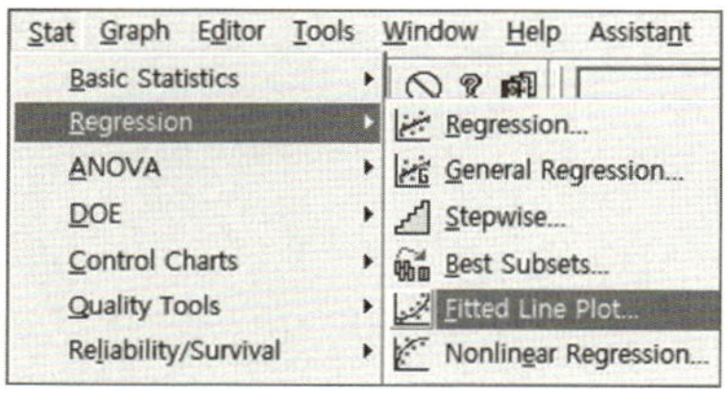

나타나는 대화창에서 Response(y)에는 광택도를, Predictors(x)에는 온도를 입력한다.

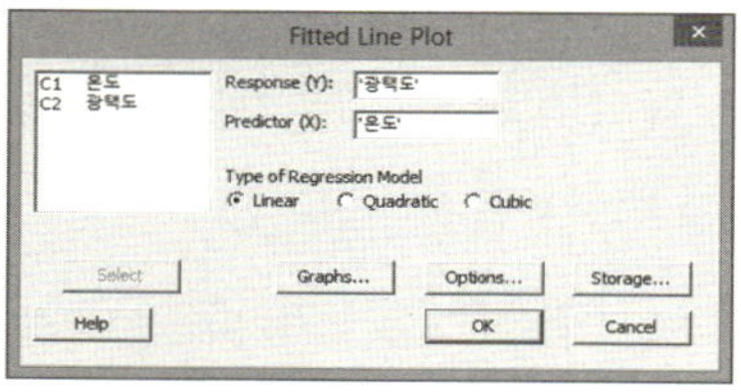

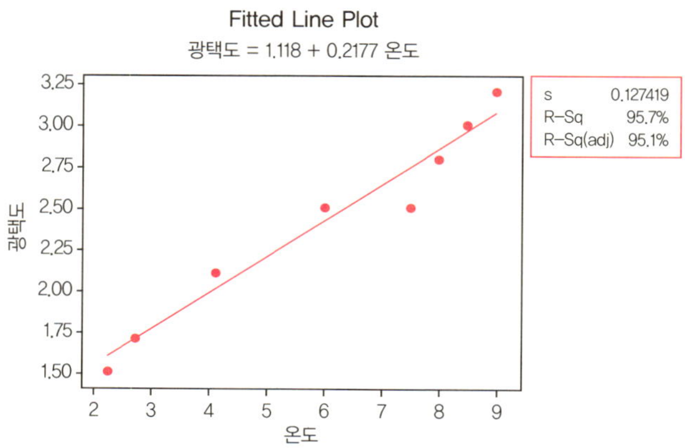

앞의 그래프는 Scatter Plot에 적합된 회귀직선과 이에 대한 회귀방정식을 보여준다. 또한 오른쪽 상단에는 R-Sq값이 95.7%로써, 온도를 이용한 회귀식을 통해서 광택도의 변화량을 95.7%

설명할 수 있다는 것을 알 수 있다.

이제 본 회귀식을 통해서 y에 대한 예측을 수행해 보도록 하겠다. 예측은 어떤 값 x에 대한 y 값을 추론하는 것이라고 앞에서 설명했다. 그런데 예측이라는 이름 때문인지 이에 대한 맹목적인 믿음을 가지는 분들이 많이 있는 것 같다. 아무리 완벽한 회귀식을 가지고 있다고 하더라도, 회귀 방정식을 도출하기 위해 수집한 x 데이터의 영역 범주를 벗어난 위치에서 y를 예측할 수 있는 것으로 생각하는 것은 매우 위험하다. 회귀식에서 수행하는 예측은 이미 경험한 영역 내에서 하는 것을 원칙으로 한다. 위의 예에서 온도의 범주는 2.2~9까지였다. 이 범위 내에서는 온도와 광택도의 관계를 파악할 수 있으나, 온도가 9도를 넘어서면서부터는 탐사를 해본 적이 없는 미지의 세계라는 것이다. 9도 이후에도 광택도가 지금과 같은 경향성을 가질 것인가에 대해서는 어느 누구도 장담할 수 없는 것이다. 온도 5도는 경험한 영역의 범위 내에 있으나 직접 세팅해 본적은 없는 온도이므로, 온도를 5도로 세팅했을 때의 광택도에 대한 예측을 미니탭으로 해보도록 한다.

Stat > Regression > Regression에서 나타나는 대화창에서 **Options** 을 클릭한다. Option 창의 "Prediction intervals for new observations"칸에 예측하고자 하는 x의 위치값인 5를 입력한 후 **OK** 를 클릭하면 결괏값이 세션 창에 출력된다.

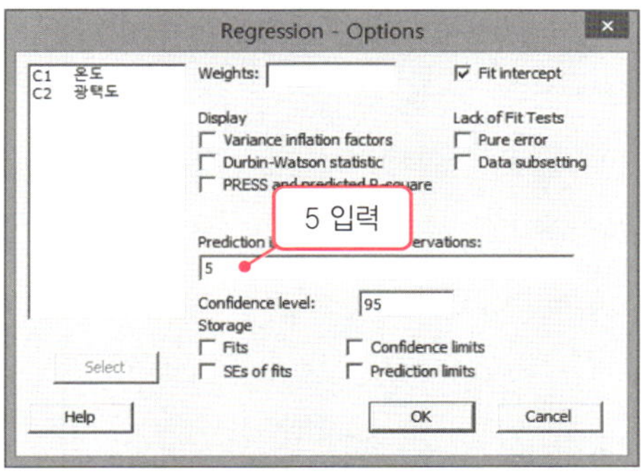

예측값은 Fit(적합값)으로 표시되어 있는데, x가 5일 때 추론되는 y값은 2.2061이라는 것이다. 이를 점추정(Point Estimation)값이라 하는데, 통계적으로 추론할 때는 점추정이 아니라 오차범위를 감안한 구간추정을 이용해야 한다. 95% CI는 95% Confidence Interval을 의미하는데, x를 5도로 세팅하면 y값인 광택도는 2.1005~2.3116의 범위에 있을 것이라고 95% 신뢰도로 말할 수 있다는 것이다.

Predicted Values for New Observations

New Obs	Fit	SE Fit	95% CI	95% PI

```
        1  2.2061    0.0446    (2.1005, 2.3116)    (1.8868, 2.5253)

  Values of Predictors for New Observations
  New Obs     온도
        1     5.00
```

다중선형회귀분석에 대한 미니탭 활용은 기본적으로 지금까지 설명한 단순선형회귀에 대한 것과 동일하므로 이에 대한 설명은 생략하도록 한다.

4. "실험계획법에 의한 최적화"를 손질하는 방법

실험계획법(Design of Experiment : DOE)은 영국의 피셔(R.A Fisher, 1890~1962)가 농사시험에 통계적 사고법을 적용한 것이 그 효시이며, Six Sigma의 확산에 따라 제조업을 중심으로 생산공정의 품질관리와 연구소의 신제품 설계에 자주 응용되고 있다. 실험계획법의 주된 목적은 해결하고자 하는 문제에 대하여 실험을 어떻게 행하고, 데이터를 어떻게 취하며, 어떠한 통계적 방법으로 데이터를 분석하면, 최소의 실험 횟수에서 최대의 정보를 얻을 수 있는가를 계획하는 것이다. 실제로 실험을 해보지 않으면 어떤 명확한 결론을 내릴 수 없는 문제를 해결하고자 할 때, 무턱대고 실험을 함으로써 의미 없는 실험을 많이 하게 되면 시간과 비용의 낭비를 초래하게 된다. 이때 어떻게 실험을 하면, 반응회귀식을 도출하기에 꼭 필요한 위치에서만 실험을 할 수 있는가를 고민해 봄으로써, 실험의 효용성을 높이고 시간과 비용의 낭비를 줄일 수 있는 방안을 마련해야 한다.

실험계획법의 종류는 매우 많이 알려져 있으나, 산업계에서 일반적으로 사용하고 있는 실험계획법은 요인배치법(Fatorial Design), 반응표면분석법(Response Surface Method), 혼합물 설계(Mixture Design), 그리고 다구찌법(Taguchi Method) 정도이다. 〈그림 4-9〉는 산업현장에서 일

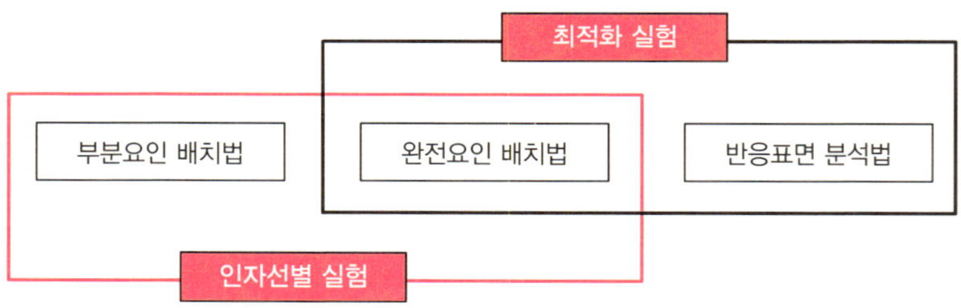

그림 4-9 실험계획법의 용도 및 분류

반적으로 많이 사용되고 있는 수리적 실험계획법인 요인배치법과 반응표면분석법의 용도를 보여주고 있다. 모든 실험계획법은 최적화와 인자선별의 목적으로 이용될 수 있으나, 보통은 다음과 같이 사용 목적을 분류하고 있다.

① 완전요인배치법(Full Factorial Design)

모든 실험계획법 중에서 가장 중요한 실험계획법은 완전요인배치법(Full Factorial Design)인데, 모든 실험계획법의 이론적 근거가되며, 최적화 및 인자선별의 목적으로 매우 빈번하게 사용되고 있다. 예를 들어, 어떤 제품의 강도에 영향을 주는 두 개의 인자가 온도와 시간이라고 하고, 제품의 강도를 500으로 만들기 위해서는 온도와 시간을 어떤 조건으로 설정해야 하는지를 찾고 있다고 하자. 이를 위해, 무턱대고 온도와 시간을 변화시켜 가면서 강도의 변화를 살펴보는 방식으로 실험을 하게 되면, 최적 조건을 찾기도 어려울 뿐만 아니라 시간과 비용이 매우 많이 들것이다. 만약, 온도와 시간이 반응값인 강도와 직선관계를 보인다면, 직선회귀방정식을 이용한 완전요인배치법을 사용할 수 있게 된다. x와 y의 관계가 직선일 때는 x의 대표적인 위치 두 군데에서 실험함으로써 직선방정식을 얻을 수 있게 되는데, 이와 같이 모든 x 인자의 두 군데서만 실험하는 것을 2^n 완전요인배치법이라고 한다. 여기서 2는 모든 x 인자의 실험수준이 2임을 의미하며, n은 실험에서 사용하는 x 인자의 갯수를 나타낸다. 2^n 완전요인배치법을 사용하게 되면, 실험자가 과거의 경험이나 직관에 의해 특성치에 영향을 줄 것으로 예상되는 인자의 수를 늘리되, 인자의 수준은 2로 한정하여 전제적인 실험 수를 줄일 수 있게 된다. 〈그림 4-10〉은 2^2 완전요인배치법에 대한 이론을 설명하고 있는데, 온도는 500도와 700도에서 실험하며, 시간은 20분과 30분만 실험의 조건으로 사용한다. 이상의 실험조건은 네 가지 처리조합으로 표현되는데, 500도-20분, 500도-30분, 700도-20분, 700도-30분이 바로 해당 실험점(처리조합)이다. 각각의 처리조합에서 실험한 결괏값들이 Y 축 방향으로 나타나고, 이들의 평균을 연결하면 〈그림 4-10〉과 같이 다소간의 트위스트 효과가 포함된 4각형 모양의 반응표면이 나타나게 된다. 반응회귀식은 $\hat{y}_i = b_0 + b_1x_1 + b_2x_2 + b_3x_1 \cdot x_2$으로 표현되는데, b_0는 상수항, b_1은 x_1의 기울기, b_2는 x_2의 기울기, b_3는 x_1과 x_2의 교호작용(Interaction Effect)을 나타낸다. 교호작용의 이해를 위해서는 A 단계의 Two Way ANOVA 부분을 참조하기 바란다.

만약 고객이 원하는 제품의 강도가 500이라면, 반응식의 등고선이 500이 되는 온도와 시간의 조건을 쉽게 찾을 수 있다. 〈그림 4-10〉에서 반응값 500을 만들기 위한 온도와 시간의 조건으로 670도와 21분을 선정하였다. 이와 같이 실험계획법은 원하는 반응값을 얻어내기 위한 인자들의 조건을 찾아내는 최적화의 용도로 많이 사용되고 있다.

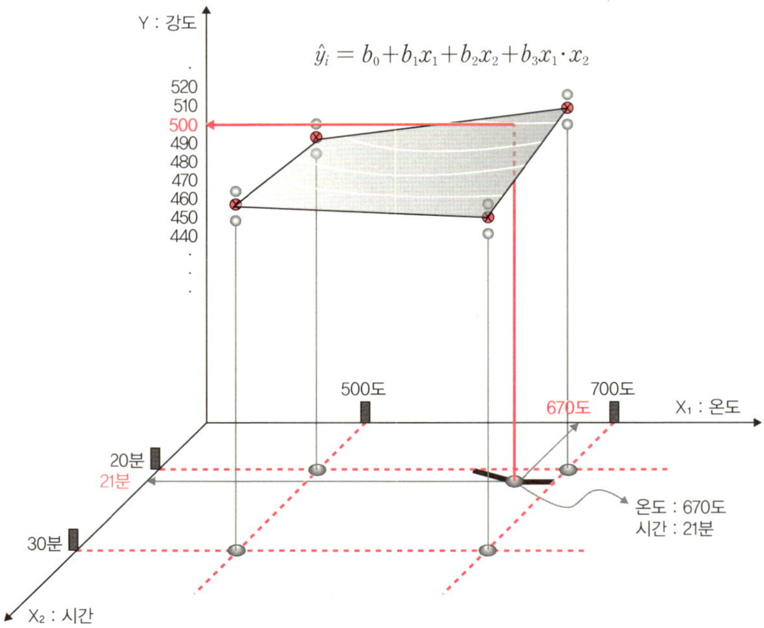

그림 4-10 2^n 완전요인배치법

미니탭을 이용하여 실험계획법을 수행하여 본다. Stat>DOE>Factorial>Create Fatorial Design을 선택한다.

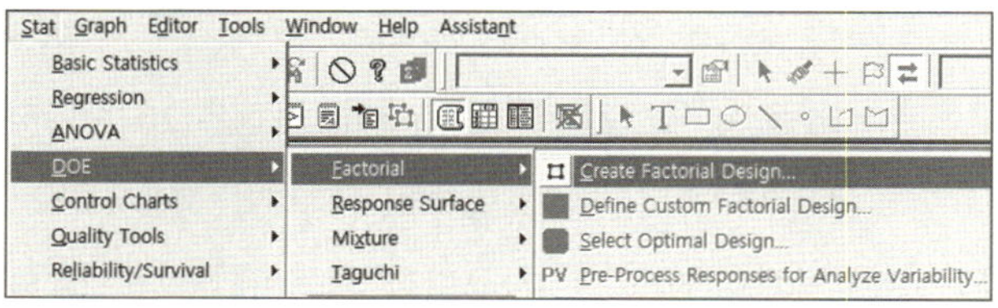

나타나는 대화창에서 인자의 수를 2로 입력하고, **Designs** 를 클릭한다. 요인배치법에는 완전요인배치법과 부분요인배치법이 있는데, 이 중에서 어떤 실험배치를 이용할 것인지를 선택해야 한다. 본 예제에서는 인자의 수가 2로서 완전요인배치만 가능하나, 만약 인자의 수가 3개 이상이 되면 완전/부분 요인배치법 중에서 실험자가 원하는 것을 선택해야 한다. 다음은 Number of replicates for corner points에 실험의 반복수를 입력한다. 본 예제에서는 각 실험점에서 두 번씩 반복하는 것으로 하였기에, 2라는 반복수를 선택하여 준다.

OK 를 클릭하고 다시 초기 메뉴창으로 돌아와서 **Factors** 를 클릭한다. 그리고 두 개의 인자에 대한 이름과 실험의 수준을 넣어준다. 만약, Factor에 대한 아무런 설정을 해주지 않게 되면,

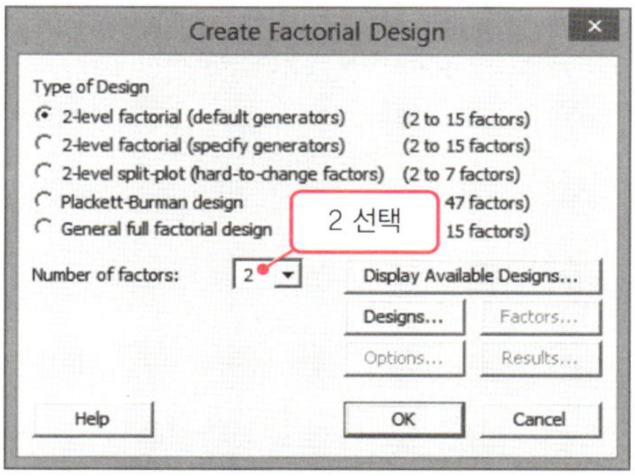

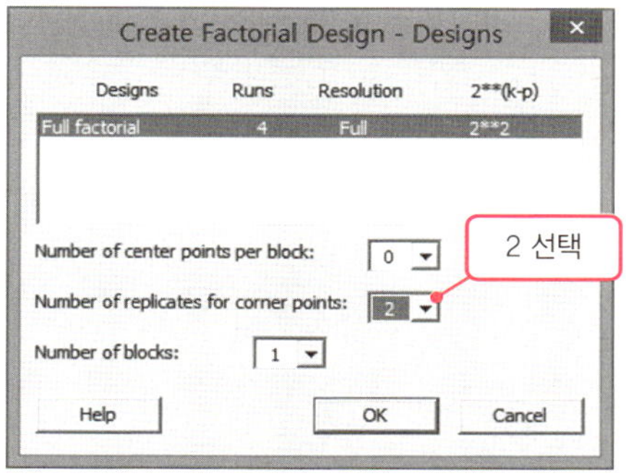

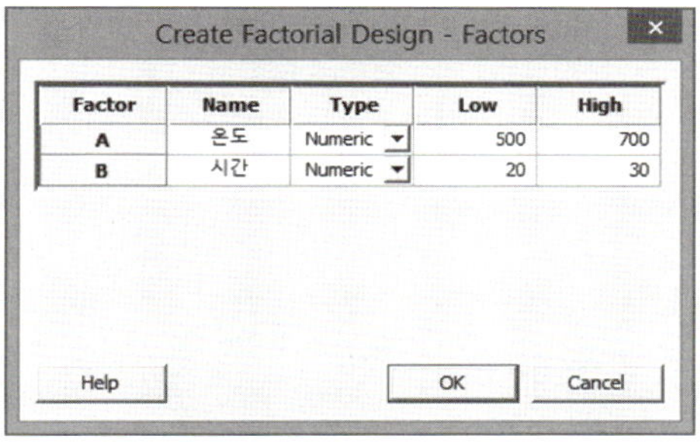

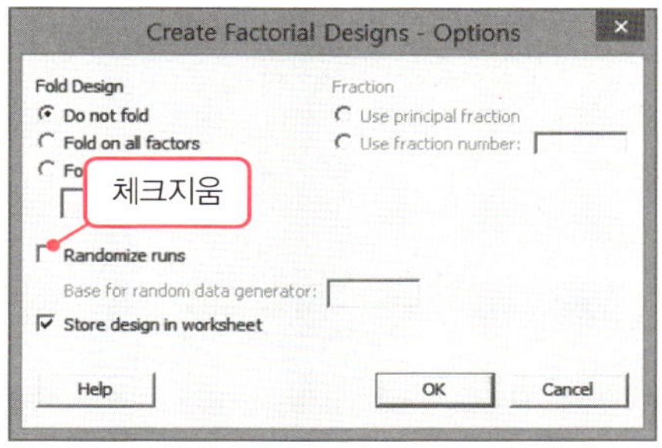

인자의 이름은 A와 B로 정의되고, 실험의 수준은 −1과 +1로 지정이 된다. 이와 같이 직교코딩의 형식을 이용하여 실험하는 것도 기술적으로 문제 되는 바는 없으나, 실험자가 실제 실험의 수준을 이해하기 어렵고, 최적 조건을 도출할 때도 선형변환의 과정을 거쳐야 하는 어려움이 있다. 따라서 미니탭을 사용할 때는 인자의 실제이름과 수준을 입력하여 주는 것이 편리하다.

실험은 랜덤 순서로 진행하는 것이 원칙이기에, 미니탭의 Default 상태로 진행하게 되면 모든 실험의 순서가 랜덤으로 나타나게 된다. 하지만, 예제의 실험순서를 독자들이 보기 좋게 배치하기 위해서 본 예제에서는 랜덤을 지우기로 한다. 초기 메뉴창에서 **Options** 을 클릭하고 “Randomize runs”의 체크를 지워준다.

실험의 인자가 온도와 시간 두 개이므로, 실험의 처리조합의 수는 4개인에, 각 처리조합에서 2번의 반복실험을 하기로 하였기에, 총 실험 수는 8회가 된다. 이상의 세팅에 따라 미니탭을 구동하면, Worksheet 창에 8회 실험에 대한 완전요인배치법의 실험설계가 나온다. Run Order 실험의 순서에 따라 실험을 수행 한 후, 실험의 결괏값은 C7에 “강도”라는 열을 만들어 입력한다.

C1	C2	C3	C4	C5	C6	C7
StdOrder	RunOrder	CenterPt	Blocks	온도	시간	강도
1	1	1	1	500	20	197.9
2	2	1	1	700	20	497.7
3	3	1	1	500	30	553.0
4	4	1	1	700	30	993.3
5	5	1	1	500	20	197.1
6	6	1	1	700	20	497.3
7	7	1	1	500	30	555.8
8	8	1	1	700	30	997.1

모든 실험을 끝마쳤으므로, 이제는 실험결과값을 분석할 차례이다. Stat>DOE>Factorial> Analyze Factorial Design을 선택한다.

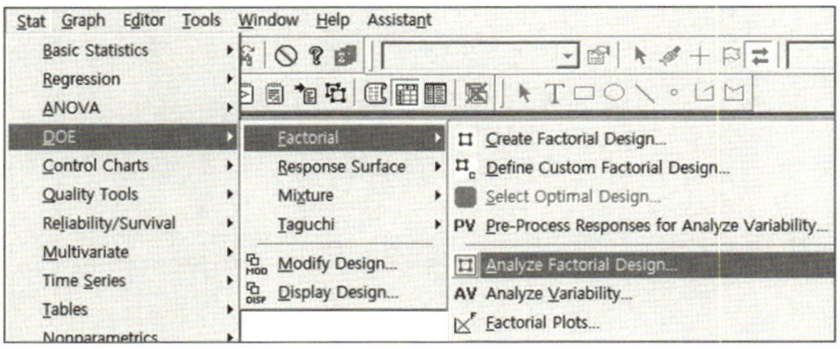

대화창의 Responses : 에 분석할 데이터가 들어가 있는 열을 입력하여 준다.

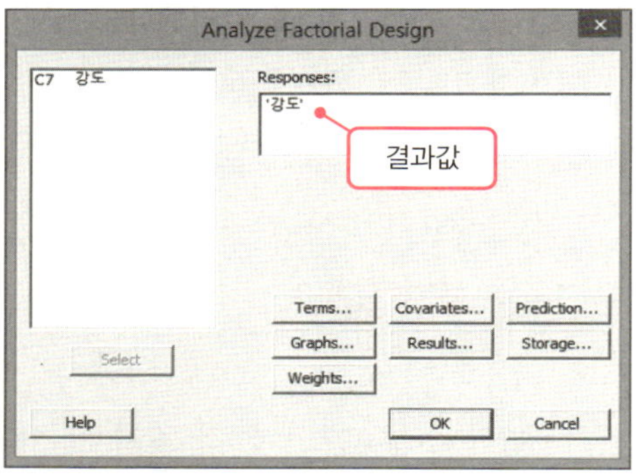

세션 창에 출력된 분석결과를 살펴보면 온도, 시간, 그리고 온도와 시간의 교호작용에 대한 P-Value가 모두 0.000으로 매우 작다. 따라서 온도 및 시간의 주효과(Main Effect)와 두 인자의 교호작용효과(Interaction Effect)는 모두 통계적으로 유의하다. 인자의 수준을 −1과 +1로 코딩한 경우의 회귀방정식은, 세션 창의 Coef에 나와 있는 회귀계수들을 이용하여 "강도=561.15 +185.2·온도+213.65·시간+35.2·온도×시간"라는 것을 알 수 있다. 단, 이는 인자의 수준을 −1과 +1로 직교코딩한 경우의 회귀식이다. 실제 수준의 회귀계수는 세션 창의 아랫부분에 있는

"Estimated Coefficients for 강도 using data in uncoded units"에 나와있는 Coef를 통해 확인할 수 있다. 인자별 수준에 대한 직교코딩 관련내용은 6장 도구활용을 근거 부분을 참고하기 바란다.

Factorial Fit: 강도 versus 온도, 시간

직교코딩 회귀계수

Estimated Coefficients for 강도 (coded units)

Term	Effect	Coef	SE Coef	T	P
Constant		561.15	0.6005	934.44	0.000
온도	370.40	185.20	0.6005	308.40	0.000
시간	427.30	213.65	0.6005	355.77	0.000
온도*시간	70.40	35.20	0.6005	58.62	0.000

S = 1.69853 PRESS = 46.16
R-Sq = 100.00% R-Sq(pred) = 99.99% R-Sq(adj) = 100.00%

Analysis of Variance for 강도 (coded units)

Source	DF	Seq SS	Adj SS	Adj MS	F	P
Main Effects	2	639563	639563	319781	110842.79	0.000
온도	1	274392	274392	274392	95109.99	0.000
시간	1	365171	365171	365171	126575.59	0.000
2-Way Interactions	1	9912	9912	9912	3435.81	0.000
온도*시간	1	9912	9912	9912	3435.81	0.000
Residual Error	4	12	12	3		
Pure Error	4	12	12	3		
Total	7	649487				

Estimated Coefficients for 강도 using data in uncoded units

Term	Coef
Constant	-562.300
온도	0.0920000
시간	0.490000
온도*시간	0.0704000

실제수준 회귀계수

인자별 주효과(Main effect)와 교호작용(Interaction effect)에 대한 그래프를 그려보도록 한다. Stat > DOE > Factorial > Factorial Plots를 선택한다.

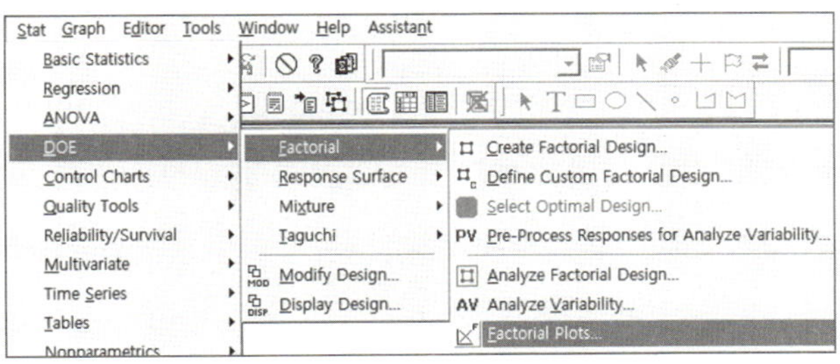

나타나는 대화창에서 Main Effect Plot, Interaction Plot, 그리고 Cube Plot을 체크한 후

Setup 을 클릭한다.

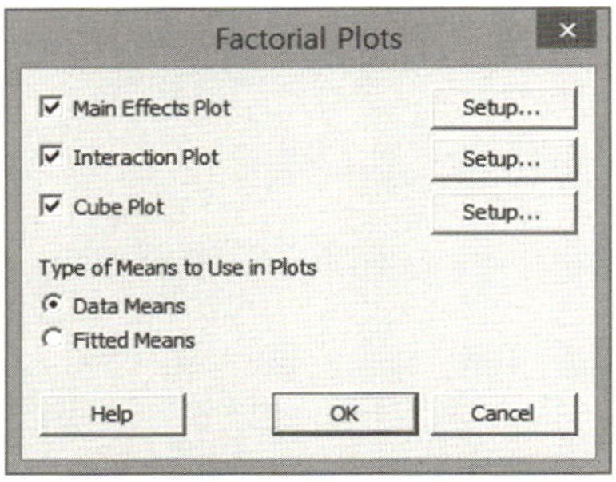

Responses에 결괏값인 "강도"를 입력하고, Factors to Include in Plots에서 온도와 시간을 Selected 쪽으로 이동시킨다.

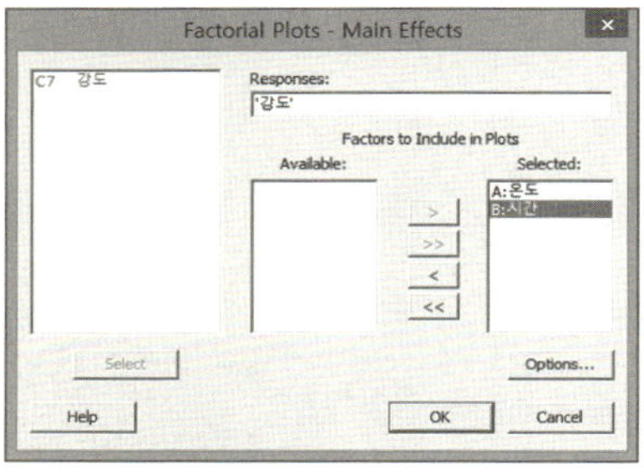

Interaction Plot과 Cube Plot에서도 동일하게 셋업한다. 온도와 시간에 대한 Main Effects Plot의 기울기가 매우 급하므로, 두 인자 모두 결괏값이 강도에 큰 영향을 주는 것으로 판단할 수 있다. 기울기의 방향보다는 크기에 주목해야 한다. 온도와 시간의 Main Effets Plot은 모두 우-상 방향으로 증가되고 있는데, 이는 온도와 시간을 증가시키면 반응값인 강도도 같이 증가함을 나타낸다. 만약, 온도의 그래프가 우-하 방향으로 감소한다면, 이는 온도를 증가시킬 때 강도는 떨어짐을 말하는 것이다. 미니탭을 통해 최적해를 찾아가는 방법을 이해하기 위해서는, 지금 설명한 Main Effect Plot을 보는 방법을 잘 알고 있어야 한다.

Interaction Plot에서는 두 그래프의 기울기 차이를 비교하여 Interaction Effect의 크기를 가늠하게 되는데, 미니탭의 결과 창에 나타나는 두 개의 직선이 거의 비슷한 기울기를 보여주고 있다. 따라서 Interaction은 별로 크지 않을 것으로 생각된다. 하지만, 세션 창에서 확인한 Interaction에 대한 P-Value는 매우 작았기에 Interaction도 영향이 크다고 판단했었다. Interaction Plot과 P-Value값이 서로 모순되는 것처럼 보이나, 통계적 유의성에 대한 이해를 조금만 할 수 있다면 이 현상에 대해 적절하게 답할 수 있다. P-Value로 표현되는 통계적 유의성은 "효과/오차"로 판단하게 된다. 아무리 큰 효과가 있어도, 오차가 더 크다면 이는 통계적으로 유의하지 않은 효과(P−Value가 큼)이며, 반대로 효과가 작아도 오차가 더 작다면 통계적으로 유의한 효과(P−Value가 작음)가 되는 것이다. 이 문제는 Interaction의 효과는 그다지 크지 않으나, 오차항이 워낙 작다 보니 이 정도의 Interaction 조차도 통계적으로 유의한 것으로 나타난 것이다.

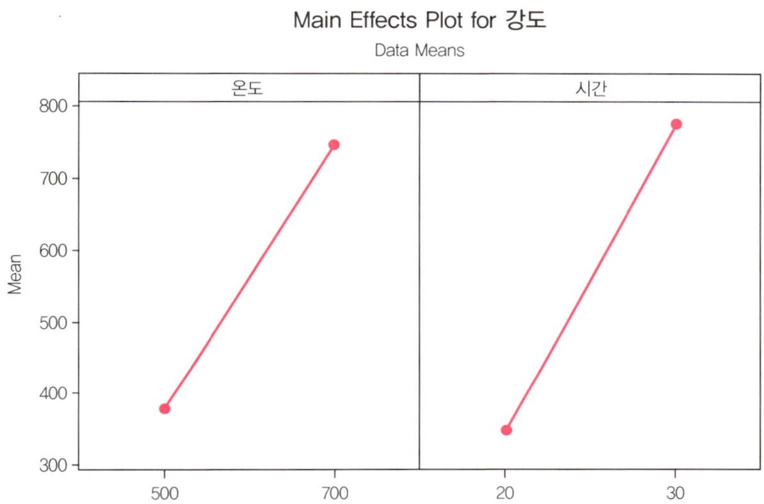

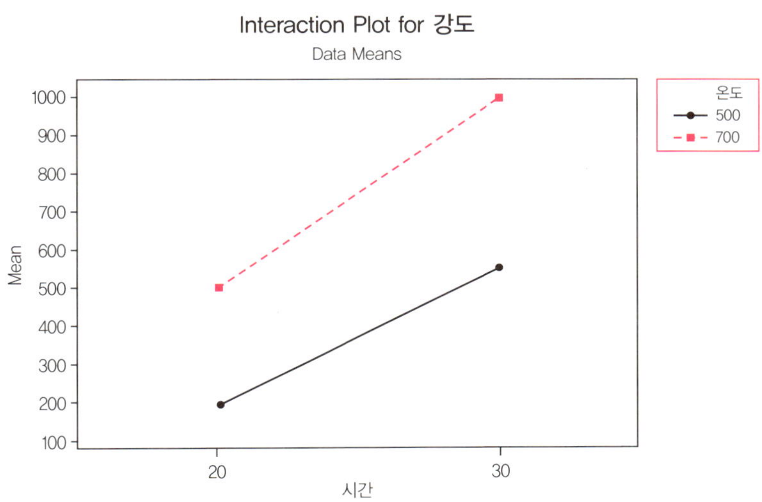

Cube Plot은 실험의 처리조합이 어떤 조건이었으며, 각 실험의 조건에서 나타난 결괏값의 평균은 얼마였는지를 보여주는 것이다. 이 예제에서는 인자가 2개이므로 처리조합은 4각형의 형태를 띠고 있으나, 인자가 3개 이상으로 증가하게 되면 처리조합의 모습이 Cube의 형태로 나타난다. 좌측 상단의 처리조합은 온도가 500도이며, 시간은 30분을 나타낸다. 이때 관측된 강도의 평균은 554.4이다. 이와 같이 Cube Plot은 4개의 실제 처리조합에서의 결괏값에 대한 이해를 도와준다.

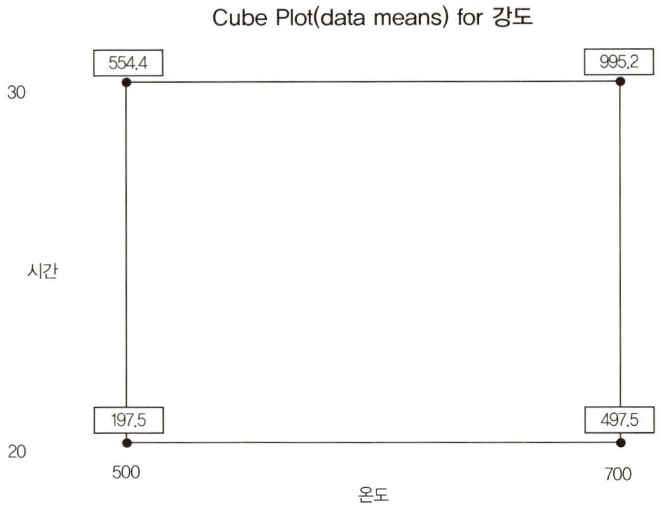

이제는 반응식에 대한 그래프와 등고선도를 그려봄으로써 인자들과 반응값 간의 관계를 시각적으로 확인하고자 한다. Stat>DOE>Factorial>Contour/Surface Plots를 선택한다.

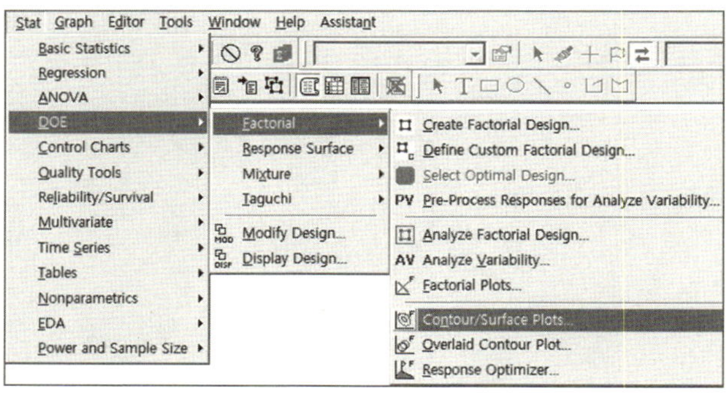

Contour plot과 Surface plot을 모두 체크하고, **Setup** 을 클릭한다.

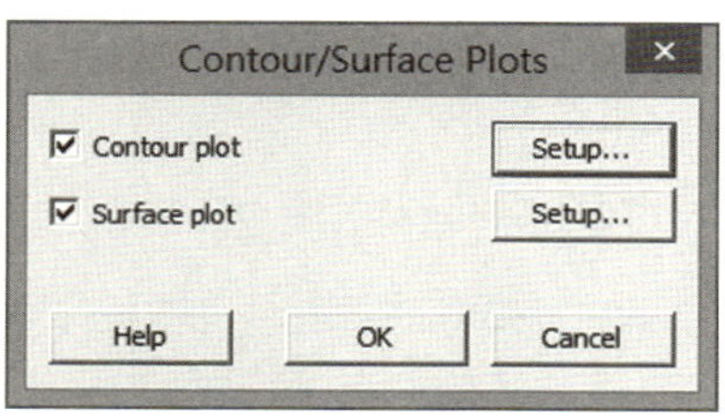

Response는 강도로 설정되어 있으며, 인자들 중에서 2개까지 선택할 수 있다. 이 예제의 경우는 x 인자가 2개이므로 모두 선택이 가능하다.

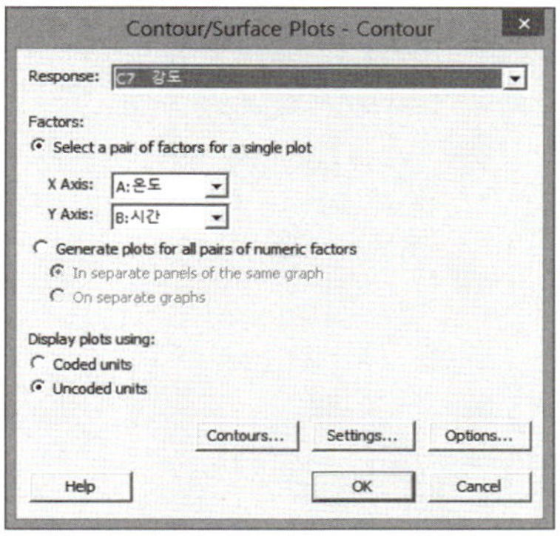

Surface plot에서도 동일하게 세팅하고 **OK** 를 클릭하면 Contour plot과 Surface plot을 얻을 수 있다.

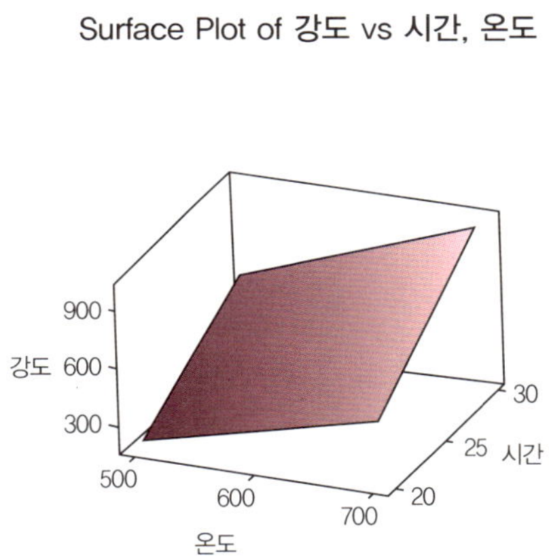

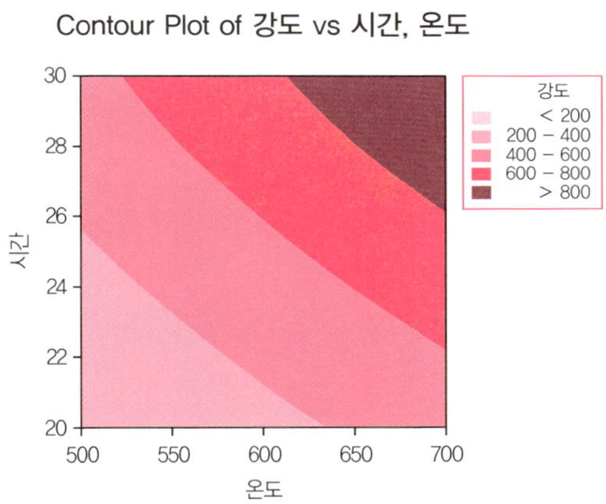

위의 왼쪽은 Surface Plot이며, 오른쪽 그림은 Contour plot이다. 온도와 시간을 증가시키면 반응값인 강도가 증가함을 알 수 있다. 하지만 정확하게 고객이 원하는 강도의 제품을 만들기 위해서는 최적화 기능을 이용해야 한다. Stat>DOE>Factorial>Response Optimizer를 선택한다.

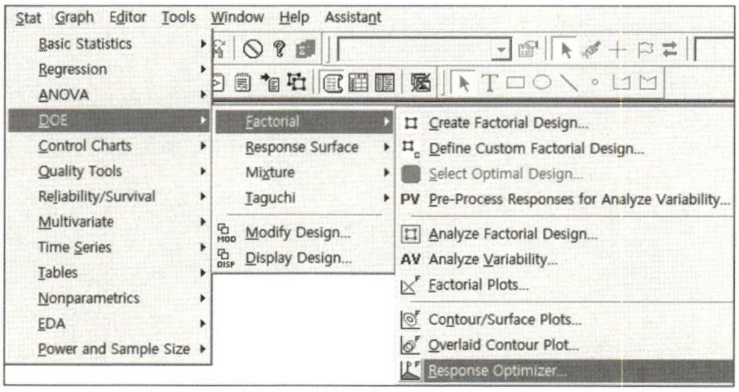

다음의 대화창에서 "강도"값을 선택하고, **Setup** 을 클릭한다.

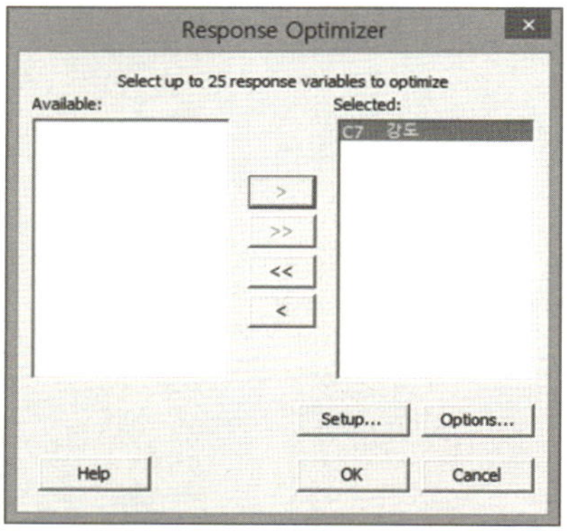

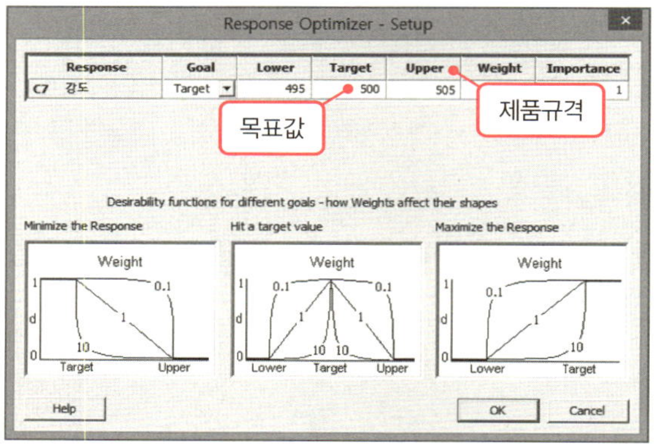

고객이 원하는 제품의 강도는 500이므로 Target값 500과 상/하한 규격을 495와 505로 입력하고, **OK** 를 클릭한다.

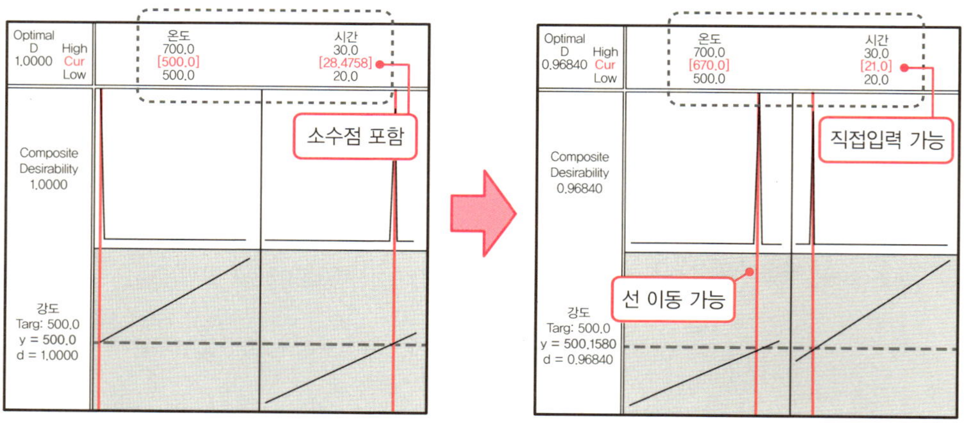

미니탭이 처음에 제공하는 최적해(온도 500, 시간 28.4758)는 반응값 500을 만들어 낼 수 있는 다수의 해중에서 무작위로 선정한 것이기에, 인자의 수준에 소수점이 포함되어 실제 적용에 문제가 있을 수 있다. 최적해의 인자 수준에서 소수점을 최소화함으로써 공정에서 쉽게 적용할 수 있으면서도 반응값 500을 만들어 내는 다른 해들을 찾아 보아야 한다. 결과 창의 하단부분 회색영역에 나와 있는 그래프는 Main Effect와 Interaction Effect를 혼합하여 그려진 것이다. 온도와 시간을 증가시키면 강도도 같이 증가하는 형태임을 알 수 있는데, 이 특징을 이용하면 반응값은 거의 500이 나오면서 공정에서 설정하기는 쉬운 최적 조건을 어렵지 않게 찾을 수 있다. 빨간색으로 표시되어 있는 현재조건 부분에 새로운 조건을 직접 입력하거나, 미니탭 화면상의 빨간색 선을 좌/우로 이동하여 새로운 공정조건을 찾아보는 것이다. 위의 예는 이와 같은 방식으로 결괏값 500에 대한 근사치를 제공하는 또 다른 조건인(온도 670도, 시간 21분)을 찾은 것인데, 이것 외에도 다른 해들은 다수존재할 수 있다.

② 부분요인배치법(Fractional Factorial Design)

완전요인배치법은 인자와 반응간의 관계가 직선일 때 실험의 양을 최소화할 수 있는 매우 효율적인 실험계획이라 할 수는 있으나, 인자가 하나 추가될 때마다 실험의 양이 2배씩 증가하는 문제점이 있다. 인자가 3~5개 정도일 때는 큰 문제가 되지 않으나, 7~8개 이상의 인자에 대한 실험을 하는 것은 시간과 비용의 문제로 인해 거의 불가능에 가까운 일이 될 수 있다. 이와 같이 많은 인자 중에서 핵심 인자를 선별하는 것이 우선적으로 필요할 경우는 부분요인배치실험이 하나의 대안이 될 수 있다.

Number of Factors	Number of Factor Combinations
n	2^n
2	$2^2 = 4$
3	$2^3 = 8$
4	$2^4 = 16$
5	$2^5 = 32$
6	$2^6 = 64$
7	$2^7 = 128$
8	$2^8 = 256$

표 4-4 완전요인배치와 실험의 수

Order	A	B	C	AB	AC	BC	ABC	Y
1	−	−	−	+	+	+	−	[1]
2	+	−	−	−	−	+	+	a
3	−	+	−	−	+	−	+	b
4	+	+	−	+	−	−	−	ab
5	−	−	+	+	−	−	+	c
6	+	−	+	−	+	−	−	ac
7	−	+	+	−	−	+	−	bc
8	+	+	+	+	+	+	+	abc

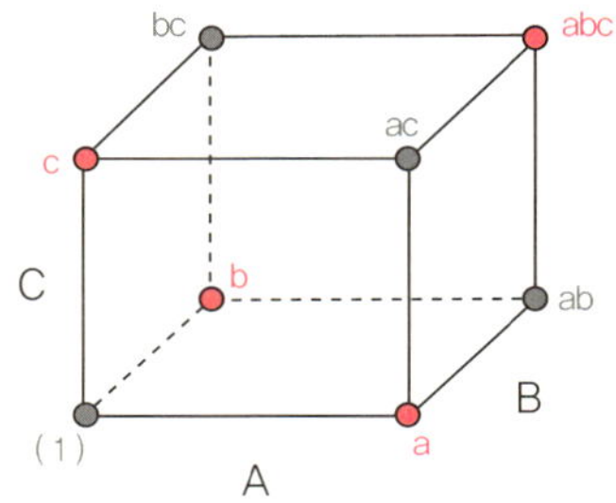

그림 4-11 부분요인배치법

〈그림 4-11〉은 인자가 3개인 2^3 완전요인배치법의 8개 실험위치 중에서 절반만 실험을 하는 2_{III}^{3-1}의 실험위치를 보여주고 있다. 그림에서 색으로 표시된 4개의 실험만이 실시되었고, 나머지 실험은 생략된 $\frac{1}{2}$ 실험을 의미한다.

부분요인배치법은 일부에서만 실험이 실시되므로 시간과 비용을 절약할 수 있다는 장점이 있으나, 문제는 인자들의 주효과 및 교호효과를 모두 분리하여 검출할 수 없다는 단점을 가진다. 몇 개 인자들의 효과가 서로 합쳐있어서 효과의 전체합은 구할 수 있으나, 각각의 효과가 얼마나 되는지 분리하지 못하는 상태를 교락이라 하는데, 부분요인배치법에서는 교락이 발생하게 된다. 인자가 세 개이고 절반만 실험하는 위의 부분요인배치법에서는 A의 효과를 구하는 방법과 BC 교호작용을 구하는 방법이 동일한데, 이는 두 효과의 크기가 같다는 것이 아니라, 두 개의 효과를 분리하지 못하는 교락의 상태를 말하는 것이다. 즉, $A=\frac{1}{2}(a+abc-b-c)$이며, $BC=\frac{1}{2}(a+abc-b-c)$로 동일한데 이는 두 개의 효과가 합쳐져서 분리할 수 없음을 의미한다. 만약 주효과와 교락되는 교호효과의 크기가 그리 크지 않을 것으로 판단된다면, 교호효과를 무시하고 주효과와 교호효과의 합인 전체량을 주효과만의 것으로 인정하는 것이다. 미니탭을 사용한 부분요인배치실험은 완전요인배치실험과 거의 차이가 없으므로, 여기서는 생략하기로 한다.

③ 반응표면분석법(Response Surface Method)

반응표면분석법은 여러 개의 설명변수 x들이 복합적인 작용을 함으로써 어떤 반응변수 y에 영향을 주고 있을 때, 이러한 반응의 변화가 이루는 반응표면에 대한 통계적 분석 방법을 말한다. 일반적으로 반응표면분석법은 x와 y의 관계가 2차 곡선반응을 나타낼 때 사용하고 있으며, 중심합성계획법(Central Composite Design)이 대표적 방법이라 할 수 있다. 완전요인배치법을 이용한 회귀반응식은 상수항과 1차항만 있었으나, 2차 곡선반응에 대한 회귀계수까지 모두 파악하기

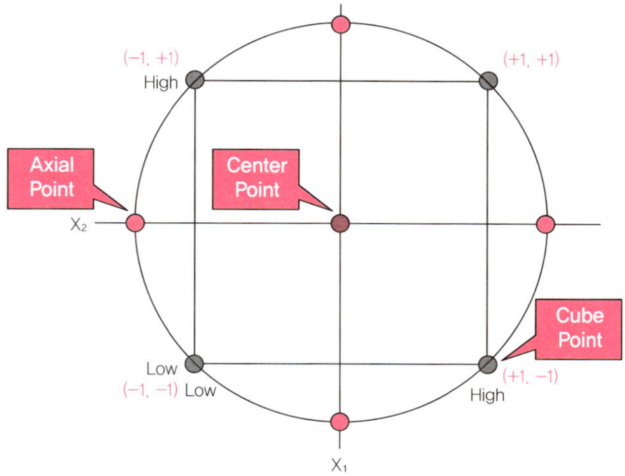

그림 4-12 중심합성계획법의 실험위치

위해서는 기존의 실험위치에 추가적인 실험이 포함되어야 한다. 시간과 비용의 문제를 최소화시킬 수 있도록 실험 횟수의 증가폭을 최소화 하는 방법으로 고안된 것이 중심합성계획법인데, 이를 위해서는 완전요인배치법에서 설명된 실험의 위치(Cube Point)와 새롭게 추가되는 축점(Axial Point)에서는 반복 없이 1회의 실험만 실시하며 중심점(Center Point)에서만 반복 실험을 통해 오차항을 구하게끔 한다.

중심합성계획법의 중요한 성질은 중심점에서 동일한 거리에 있는 점들에서의 반응값에 대한 분산 크기의 기대값이 같다는 사실이다. 따라서 Axial Point를 추가할 때는 중심점으로부터 떨어진 거리를 Cube Point와 같은 거리에 위치토록 함으로써 반응값들의 분산을 같도록 해주는 것이 바람직하다. 이러한 실험설계를 회전가능 실험설계(Rotatable Design)라고 하며, 〈그림 4-12〉는 이와 같은 회전가능 실험을 보여주고 있다.

〈그림 4-13〉은 Cube Points와 Axial Points 및 Center Point의 위치에서 실험이 이루어진 후, 각 반응값들을 설명할 수 있는 회귀반응표면의 모습을 보여주고 있다. 이와 같은 중심합성계획법은 각 인자별로 5수준 실험을 하게되며, 축점의 위치에서는 소수점으로 인자의 수준이 나타나게 된다. 또한 축점은 일반적인 공정의 조건을 벗어나는 경우도 있으므로 많은 경우는 축점을 좀더 안쪽으로 당겨서 사각형의 면까지 이동시킨 실험을 수행하게 된다. 이와 같은 실험을 면중심설계(Face Centered Design)이라 하는데 실험을 3수준으로 단순화 시킬 수 있으며, 축점에서 소수점이 나타나지 않기 때문에 좀더 수월하게 실험을 할 수 있는 장점이 있다.

$$Y = \beta_0 + \beta_1 x_1 + \beta_2 x_2 + \beta_3 x_1 x_2 + \beta_4 x_1^2 + \beta_5 x_2^2$$

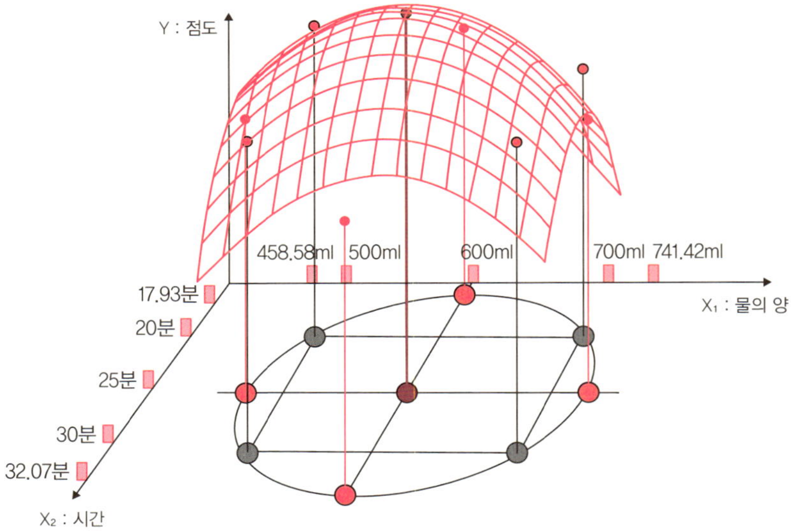

그림 4-13 중심합성계획법의 반응회귀식

④ 혼합물 설계(Mixture Design)

잉크, 타이어, 페인트 등과 같이 제품이 여러 개의 성분(Components)의 혼합으로 이루어져 있고 각 성분의 혼합량이 문제가 아니라, 각 성분의 혼합비율만이 문제가 되는 경우가 있다. 이처럼 몇 개 성분의 혼합물에 관한 실험에서 어떠한 성분이 실험자가 관심을 가지고 있는 반응량에 유의한 영향을 미치며, 반응을 최대(또는 최소)로 만드는 최적 혼합비율은 어떤 것인지를 찾고자 하는 실험계획법이다. K개의 성분 혼합에 있어서, x_i를 i번째 성분의 혼합비율이라고 한다면, 다음과 같은 관계식을 만족시켜야 한다. 즉, 모든 성분의 비율을 합하여 100%가 되어야 하며, 각 성분은 0% 이상으로 음수가 될 수 없다.

$$x_1 + x_2 + x_3 + \cdots x_k = 1 \quad x_i \geq 0 \quad i = 1, 2, 3, \cdots, k$$

〈그림 4-14〉는 성분의 개수가 2개이거나 3개일 경우에 대한 실험공간인 Simplex를 보여주고 있다. Simplex란 n차원 벡터 공간의 $n+1$개의 점을 가지는 볼록집합 S를 말한다. 즉, n차원의 유클리드공간에서 $n+1$개의 실험점으로 구성된 다각형으로써, $x_1 + x_2 + \cdots + x_k = 1$, 단 $x_i \geq 0$을 만족시키는 점($x_1, x_2, \cdots x_k$)의 집합을 $(k-1)$차원 심플렉스라고 부른다. $k=2$인 경우 심플렉

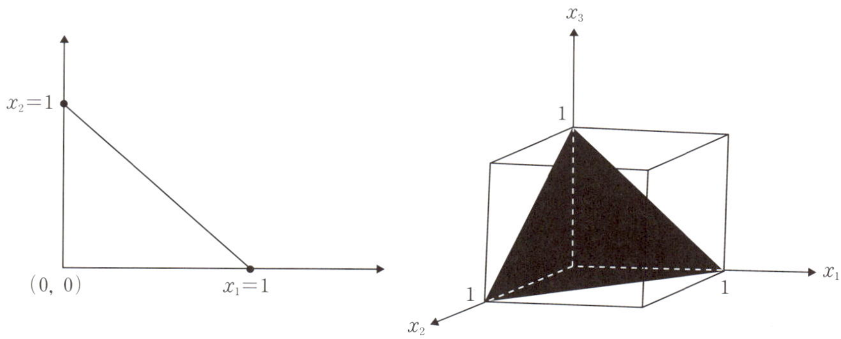

그림 4-14 혼합물 설계의 심플렉스

스의 모양은 〈그림 4-14〉의 왼쪽과 같이 1차원 직선이 되고, $k=3$인 경우는 〈그림 4-14〉의 오른쪽과 같이 2차원 평면 삼각형이며, $k=4$일 때는 3차원 사면체가 된다.

혼합물 설계의 가장 기본적인 실험인 심플렉스 격자 배열법(Simplex Lattice Design)에서 성분의 개수가 3인 경우 격자의 수준을 얼마로 하는가에 따라 실험의 위치와 도출되는 회귀방정식의 차수가 결정된다. 예를 들어 Degree를 1로 설정하면, 심플렉스의 꼭지점 부분에서만 실험이 되

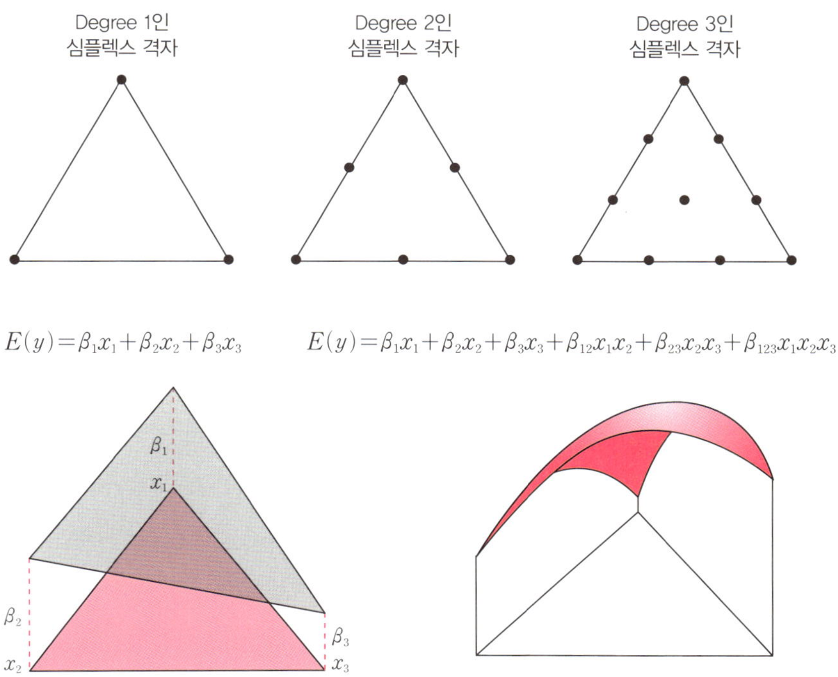

그림 4-15 격자수준과 회귀방정식

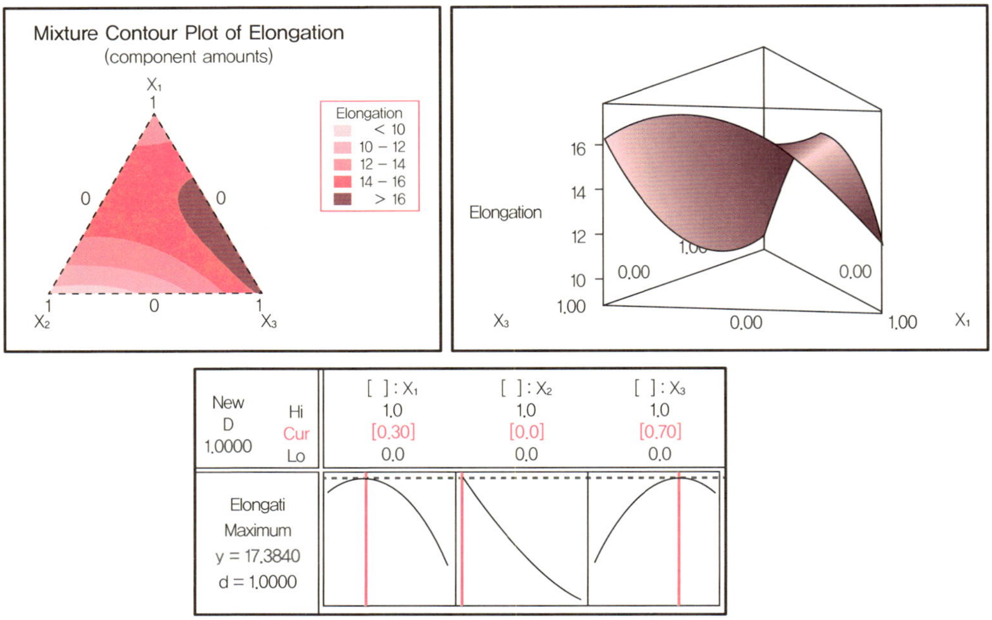

그림 4-16 미니탭 활용사례

며, 반응회귀식은 1차 직선으로 나타난다. 만약 Degree를 2나 3으로 설정하면, 인자들 간의 혼합(Double Blend 및 Triple Blend)이 발생하며 2차 및 3차 회귀식을 구하게 된다.

혼합물 설계는 기본적으로 반응표면분석법의 범주에 들어 있으며, 미니탭을 이용하면 혼합물 설계의 최적 조건을 쉽게 도출할 수 있다. 다음의 〈그림 4-16〉은 어떤 혼합물실험의 반응표면을 보여주고 있으며, 미니탭의 최적화 도구를 통해 가장 높은 반응을 나타낼 것으로 보이는 위치를 구한 예를 보여준다.

⑤ 다구찌법(Taguchi Method)

수리적인 방법에 근거한 전통적 실험계획법은 반응값의 평균에 중점을 둔다면, 강건설계(Robust Design)로 통칭되는 다구찌법은 반응값의 평균과 산포를 동시에 고려하는 방법이다. 예를 들어, 어떤 제품의 강도를 100으로 하고자 할 때, 전통적인 실험계획법은 수리적으로 평균값이 100이되는 위치를 최적 조건으로 설정한다. 하지만, 공정의 온도나 습도 등이 미세하게 변동할 수 있는데, 이에 따라 제품의 강도도 심하게 흔들린다면, 이는 문제가 될 수 있을 것이다. 다구찌의 강건설계는 제품의 품질특성에 영향을 주나 관리하기 어려운 잡음인자에 의한 영향을 최소화하여 언제나 일정한 품질의 제품을 만들어 내는 것에 관심을 가진다.

〈그림 4-17〉은 어떤 산을 위와 옆에서 본 그림이다. 산의 높이를 표현한 등고선에서 A와 B는

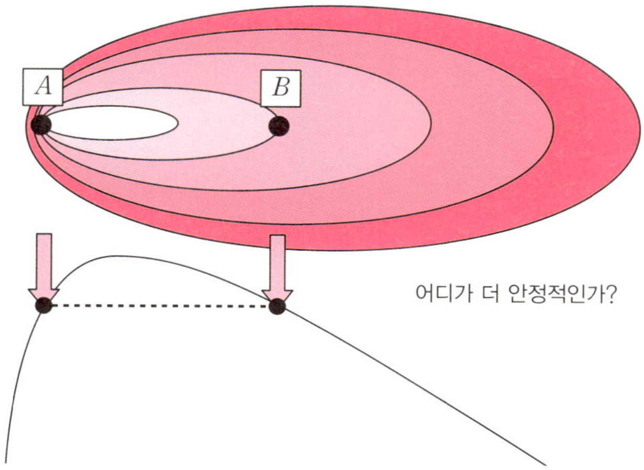

그림 4-17 강건성의 의미

동일한 해발고도를 갖는 위치들이다. 그런데 산의 옆에서 같은 해발고도인 A와 B를 볼 때, 어느 위치가 더욱 안정적인 위치라 할 수 있을까? 요인배치법이나 반응표면분석법과 같은 전통적인 서구식 실험계획법에서는 A와 B의 위치에 대하여 좋고 나쁨이 구별되지 않는다. 하지만, 다구찌법에서는 평균적으로 같은 반응값을 나타낸다고 하더라도 더 안정적인 위치인 B가 강건한 설계점이라고 보는 것이다.

〈그림 4-18〉은 어떤 인자 X_1과 반응값 Y에 대한 반응식을 보여준다. 목표값을 얻기 위해서는 X_1의 조건을 A_0에 맞추어야 한다. 하지만, A_0조건은 X_1이 조금만 흔들려도 결괏값에서 매우 많은 폭의 산포가 발생하게 된다. 비록 평균값은 목표값에 일치한다 할지라도 산포가 매우 큰 불안정한 위치라는 뜻이다. 일단은 산포가 작은 조건인 A_1조건으로 이동하여 산포를 개선할 수 있다. 하지만, A_1조건은 목표값과는 거리가 있는 조건이다. 이때 또 다른 인자 X_2가 있는데, 이 인자

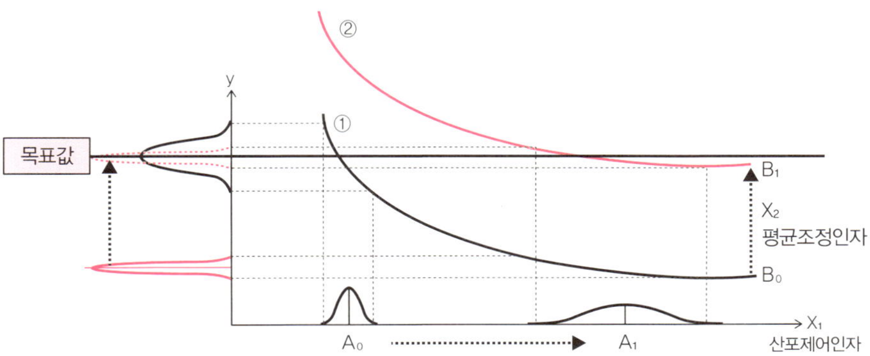

그림 4-18 비선형성의 원리와 2단계 최적화

는 산포와는 무관하며 반응평균값에만 영향을 준다고 하자. 그렇다면 X_2의 수준을 변화시켜 가며 반응값을 목표값 근처로 이동시킬 수 있을 것이다. 기존의 조건은 X_1과 X_2를(A_0, B_0)로 설정하는 것인데, 이는 평균적으로 목표값을 얻을 수는 있으나 매우 큰 산포를 나타낸다. 하지만, 또 다른 조건인(A_1, B_1)으로 공정의 조건을 변경하면 산포가 매우 작으면서도 원하는 결괏값을 얻을 수 있는데 이를 강건설계조건이라 한다.

⑥ 실험계획법의 기본원리

실험계획법에는 직교화의 원리, 반복의 원리, 랜덤화의 원리, 블록화의 원리, 교락의 원리와 같은 다섯 가지의 기본원리가 있다.

▪ 직교화의 원리(Principle of Orthogonality)

직교성이란 인자들 간의 간섭을 최소화하여 여러 개의 인자를 동시에 실험에서 사용하더라도, 각각의 주효과 및 교호효과를 모두 분리하여 검출해 낼 수 있는 것을 의미한다. 따라서 인자 간의 직교성을 갖도록 실험을 계획하여 데이터를 구하면 같은 실험 횟수라도 검출력이 좋은 검정을 할 수 있게 된다. 직교성은 실험계획의 원리 중 가장 중요한 것으로, 실험의 수를 줄일 수 있는 논리적 기반이 될 뿐만 아니라, 인자들의 주효과 및 교호작용의 효과를 모두 검출해 낼 수 있는 실험설계의 기본적인 틀이라 할 수 있다.

▪ 반복의 원리(Principle of Replication)

여러 집단의 특성치를 비교할 때, 동일 군(Sub-group)으로부터 여러 번의 독립적 무작위 추출을 실시하게 되는데, 이와 같은 여러 번의 독립적 무작위 추출이 바로 반복실험의 개념이다. 이때 주의할 점은 반드시 동일조건에서 랜덤으로 정해진 숫자만큼의 반복실험이 수행되어야 한다는 점이다. 반복은 동일 군내에서의 군내변동량을 구하는 유일한 방법이며, 모든 통계적 유의성을 판단하기 위한 오차의 크기를 구할 수 있도록 해준다. 또한, 실험의 신뢰도를 높여주는 효과도 가지게 된다. 만약 어떤 조건에서 단 한번만의 실험만 수행이 될 경우, 해당 결괏값이 그 조건의 평균적 반응값을 잘 대변할 수 있는 값인지 확인할 수 없다. 하지만, 같은 조건에서 두 번 이상 실험한 값들이 비슷한 정도를 보인다면 그 결괏값에 대한 신뢰도는 높아질 것이다.

▪ 랜덤화의 원리(Principle of Randomization)

실험을 수행할 때 아무리 완벽하게 외부의 잡음을 차단한다고 하더라도, 알 수 없는 잡음에 의한 영향을 모두 제거할 수는 없다. 따라서 모든 주효과 및 교호효과들을 다양한 잡음들의 효과에 고루 영향을 받게 함으로써 실제로 처리 간의 비교에는 잡음에 의한 영향이 서로 상쇄되도록 할 필요가 있다. 랜덤화란 실험해야 할 처리들을 실험단위에 동일한 확률로 배치하는 방법인데, 이를 통하여 통제가 어려운 외부잡음에 의한 영향을 각 인자에 균등하게 배분하게 된다. 예를 들어 비타민C의 감기 예방효과를 분석하는 실험의 경우 실험군과 대조군의 구분을 난수표 등을 사용하여 실시한다면, 두 실험군이 비타민C 복용여부 이외의 다른 요인(체력의 차이 등)에 대해 평준화되는 효과를 기대할 수 있다.

■ 블록화의 원리(Principle of Blocking)

실험환경의 동질성은 단순한 랜덤화의 방법으로는 한계가 있을 수 있다. 특히, 어떤 외부인자가 실험에 영향을 주는지 알고 있으며, 이에 의한 영향을 제거하기 어려운 경우는 블로킹의 방법이 필요하다. 영향력이 큰 실험단위들의 차이를 단순하게 랜덤화에 의해 평준화시켰을 경우 오차제곱이 커져 분석력이 떨어질 수 있기 때문에, 동질의 실험단위들을 모아 블록을 만들어 각각의 블록에 모든 처리들을 실험하는 것이 합리적이라 하겠다. 이 블록화 방법은 처리효과에 대한 오염을 막을 수 있을 뿐 아니라 오차 제곱합을 크게 줄여 실험의 정밀도를 높일 수 있다. 블록화하였을 경우 블록 내 처리의 배치는 일반적으로 랜덤화 방법에 따른다.

■ 교락의 원리(Principle of Confounding)

교락이란 두 개 이상 인자의 효과가 합쳐져 있으며 그 전체량은 구할 수 있으나, 각각의 효과가 얼마나 되는지는 구분할 수 없는 상태를 말한다. 일반적으로 교락은 각 효과를 분리해 낼 수 없는 것이기에 바람직한 것은 아니나, 실험의 수를 줄이거나 동일한 환경에서 모든 실험을 한 번에 수행 할 수 없는 경우, 효과의 크기가 작을 것으로 생각되는 고차의 교호작용이나 블록의 효과를 다른 인자효과에 교락시킴으로써 관심이 높은 주효과나 2차 교호작용의 효과를 좀더 정확하게 분리해 낼 수 있게 된다. 교락법 실험은 블록효과와 어떤인자의 효과가 교락되는지를 파악해야 하며, 부분요인배치실험의 경우 주효과와 교락되는 교호작용이 어떤 것들이 있는지를 잘 이해하는 것이 중요하다. 현장 작업자들이 교락이나 부분요인배치에 대한 이론적 이해 없이도 자연스럽게 교락에 의한 부분요인배치 실험을 할 수 있도록 만들어 놓은 것을 직교배열표라고 한다. 다구찌법은 기본적으로 직교배열표에 의한 실험을 근간으로 하기에, 다수의 인자에 의한 실험이 가능해지는 것이다.

5. "로지스틱회귀분석의 이해"를 손질하는 방법

일반적으로 오차항을 가장 작게하는 최적의 회귀식을 도출하는 방법으로 사용하는 것은 최소제곱법이지만, 적절한 회귀식을 도출하는 또 다른 방법으로 최대우도(尤度)추정법이 있다. 우도란 나타난 현상을 일으킬 수 있는 가장 가능성이 높은 모수가 무엇인지를 역으로 찾아가는 방식인데, 로지스틱회귀분석의 회귀계수 추정방식은 바로 최대우도추정법(Maximum Likelihood Estimation : MLE)을 따른다.

예를 들어, 동전의 앞면이 나타날 확률이 얼마나 되는지 알고자 한다. 열 번을 던져서 조사해 보니, 다음과 같이 7번이 앞면, 3번이 뒷면이었다. 이 동전을 던질 때 앞이 나올 확률을 p라고 한다면, 위의 표본과 같은 상황이 일어날 확률은(독립시행의 경우),

번호	앞/뒤
1	앞
2	뒤
3	앞
4	뒤
5	앞
6	앞
7	앞
8	앞
9	뒤
10	앞

$$p\times(1-p)\times p\times(1-p)\times p\times p\times p\times p\times(1-p)\times p$$
$$=p^7\times(1-p)^3$$

과 같이 계산할 수 있다.

최대우도추정법은 위의 확률(가능성)이 최대가 되기 위해서는 동전의 앞면이 나올 비율이 얼마인지를 추론하는 것이다. 즉, 동전의 앞면이 나타날 비율이 어떤 값일 때, 이와 같은 표본이 나올 가능성이 최대가 되는가를 구하는 것이다. 다시 말하면, p가 어떤 값일 때 위의 식 $p^7\times(1-p)^3$이

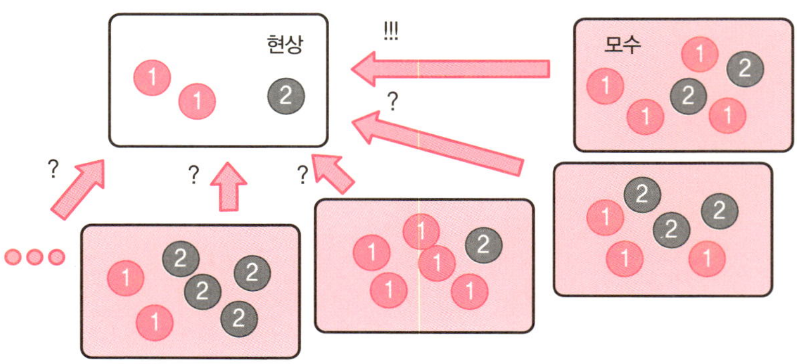

그림 4-19 우도의 의미

	p	$1-p$	$p^7\times(1-p)^3$
	0	1	0
$p=0.1$일때 $0.1^7\times0.9^3$	0.1	0.9	0.000000073
$p=0.2$일때 $0.2^7\times0.8^3$	0.2	0.8	0.000006554
$p=0.3$일때 $0.3^7\times0.7^3$	0.3	0.7	0.000075014
·	0.4	0.6	0.000353894
·	0.5	0.5	0.000976563
·	0.6	0.4	0.001791590
·	0.7	0.3	0.002223566
·	0.8	0.2	0.001677722
$p=0.9$일때 $0.9^7\times0.1^3$	0.9	0.1	0.000478297
	1	0	0.000000000

표 4-5 p의 변화에 따른 우도추정값의 변화

최대가 되는지(나타날 가능성이 최대가 되는지)를 구하는 것이다. 〈표 4-5〉는 p가 얼마인가에 따른 우도추정값의 변화를 보여주고 있다.

동전 앞면의 비율 p를 가로축으로 설정하고, 각 p값에 따라 앞에서 구한 샘플이 발생할 확률을 세로축에 표현하면 〈그림 4-20〉과 같은 그래프를 얻을 수 있다.

이때, 발생확률(가능도, 우도)을 가장 크게 하는 앞면의 비율 p는 0.7이다. 이와 같이 발생된

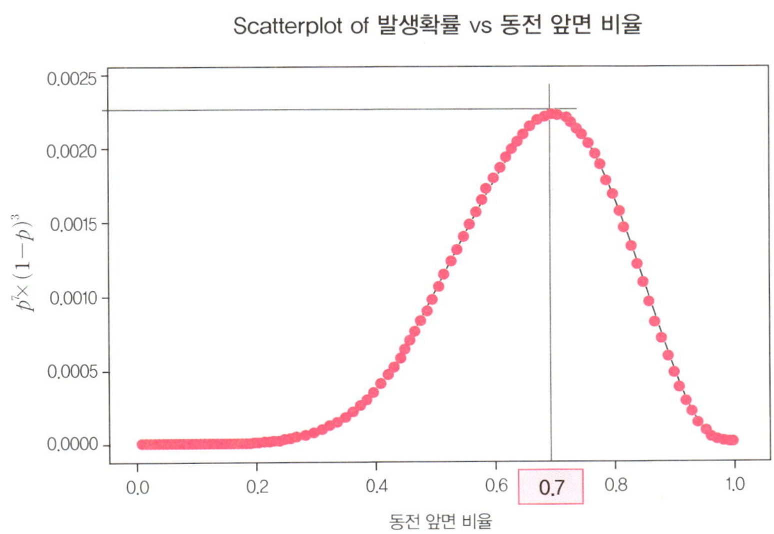

그림 4-20 발생확률 vs. 동전앞면의 비율

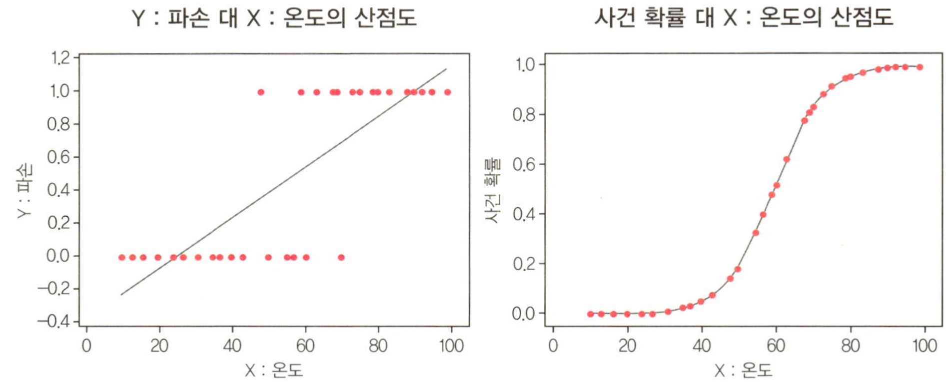

그림 4-21 1차 선형모형과 로지스틱회귀모형

결괏값을 통해, 원래의 집단이 어떤 값(분포)일 때 해당 결과가 나타날 가능성이 가장 큰지를 찾아가는 방법이 MLE이다. 여기서 동전 앞면의 비율에 따른, 해당 결과의 발생가능성을 우도(尤度)함수라고 하며, $p^7\times(1-p)^3$과 같이 표현한다. 일반적으로 계산의 편의성을 위해 로그함수를 취하게 되는데, $ln\{p^7\times(1-p)^3\}$과 같이 표현되며 이를 로그우도함수라 한다. 로지스틱회귀분석은 반응값이 0과 1같이 둘 중에 하나로 나타나는 범주형 데이터를 표현할 때 사용된다. 종속변수가 0과 1 둘 중에 하나일 경우 일반적인 선형회귀분석을 사용하면 〈그림 4-21〉의 왼쪽 그림과 같이 회귀식으로 반응값들을 정도 좋게 설명할 수 없게 된다. 즉, Y값이 파손여부로 만 되어 있는 경우는, 반응값으로 비파손(0)과 파손(1)의 두 가지 값만 가지게 되므로 회귀직선을 이용하여 반응값을 설명하는데 무리가 따르게 된다.

이와 같은 문제에서는 X값의 변화에 따른 Y값의 발생확률을 표현해 주는 것이 좀더 효과적인 설명을 가능하게 한다. 독립변수의 값에 따라 종속변수의 값이 0~1사이의 확률값으로 나타나는 경우는 〈그림 4-21〉의 오른쪽 그림과 같이 "시그모이드" 함수를 사용하여 표현할 수 있다. "시그모이드 함수"를 이용한 반응식을 로지스틱함수라고 하며, 로지스틱함수를 이용한 회귀식을 "로지스틱회귀식"이라 하는데, 이에 대한 회귀모형 및 그래프의 형태는 〈그림 4-22〉와 같다.

어떤 꽃가게에서 장미꽃의 판매에 영향을 주는 인자로는 성별과 나이가 주요인자로 파악되었다. 22명의 구매정보를 정리하여 다음과 같은 데이터를 얻었다. 성별의 경우 여성이 "0"이고, 남성을 "1"로 구분하였다. 구매여부에서는 "0"은 안 팔린 경우이고, "1"은 팔린 것을 의미한다. 이 경우 구매여부는 계량이 불가능한 이산형(범주형) 데이터이다. 로지스틱회귀분석은 "1"이라는 원하는 결과(팔린다는 것)가 나타날 "확률"을 구하는 것이다. 성별과 나이에 따라 장미꽃의 판매 확률은 앞에서 언급한 것과 같이 로지스틱회귀모형으로 표현된다.

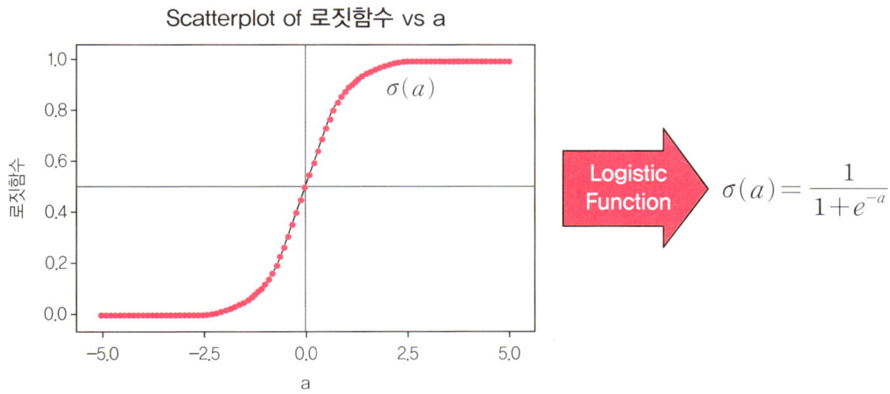

그림 4-22 로지스틱회귀모형 및 그래프

$$P(y=1|x_1, x_2)$$

미니탭의 회귀분석 메뉴에 있는 Binary Logistic Regression메뉴를 이용하여 분석하면 편리하다. 이항로지스틱회귀분석의 대화창에서 'Response'에는 구매여부를 입력하고, 'Model'에 성별과 나이를 입력한 후 실행시키면 다음과 같은 결과가 세션 창에 나타난다. 미니탭에서는 성별과 같은 질적변수는 'Factors'에 지정해 주도록 되어 있으나, 본 예제에서는 분석결과를 좀더 단순하게 보여주기 위해 해당 설정을 하지 않았다.

성별(x_1)	나이(x_2)	구매여부(y)
0	28	1
0	24	0
1	26	0
0	24	0
0	23	0
1	28	1
1	24	0
0	26	1
0	25	0
1	28	1
0	21	0
0	22	0
1	27	1
1	26	1
0	26	0
0	21	0
1	21	1
0	27	0
0	23	0
1	22	0
1	24	1

Binary Logistic Regression: 구매여부 versus 성별, 나이

Link Function: Logit

Response Information

Variable	Value	Count	
구매여부	1	8	(Event)
	0	13	
	Total	21	

Logistic Regression Table

회귀계수 / 각 계수별 P-Value / 승산비

Predictor	Coef	SE Coef	Z	P	Odds Ratio	95% CI Lower	95% CI Upper
Constant	-15.2035	7.65657	-1.99	0.047			
성별	2.44265	1.24045	1.97	0.049	11.50	1.01	130.83
나이	0.544505	0.296860	1.83	0.067	1.72	0.96	3.08

Log-Likelihood = -8.901

Test that all slopes are zero: G = 10.108, DF = 2, P-Value = 0.006 (전체 모형 P-Value)

Goodness-of-Fit Tests

모델적합도 P-Value

Method	Chi-Square	DF	P
Pearson	8.55221	11	0.663
Deviance	9.48432	11	0.577
Hosmer-Lemeshow	4.97424	7	0.663

세션 창에 나타나는 회귀계수의 분석결과를 이용하여 판매의 확률은 다음과 같이 계산됨을 알 수 있다.

$$P(\text{판매}\,|\,x_1, x_2) = \frac{1}{1+e^{-(-15.2+2.44x_1+0.54x_2)}}$$

각 계수별 P-Value를 통해 나이보다는 성별에 의한 영향이 좀더 큼을 알 수 있으며, 승산비를 통해 성별에 의한 판매확률이 나이보다 더 크게 변함을 확인할 수 있다. 즉, 여성에서 남성으로 바뀔 때 꽃을 구매할 승산(Odds)이 11.5배 증가하며, 나이가 1세 증가할 때는 꽃구매에 대한 승산이 1.72배 증가한다는 것이다. 전체 모형에 대한 P-Value도 0.05보다 매우 작으므로 본 회귀모형은 통계적으로 의미를 가지며, 모델 적합도에 대한 P-Value는 0.05보다 매우 크므로 모델의 적합도가 나쁘지 않음을 확인할 수 있다. 미니탭이나 엑셀을 이용하면 성별과 나이에 따른 구매확률을 구할 수 있는데, 만약 남성(1)이고 나이가 27세일 경우 구매할 확률을 예측해 보면 약 87% 정도임을 알 수 있다.

6. “파일럿 테스트”를 손질하는 방법

선박을 안전하게 항구에 접안 시키기 위해 그 선박에 탑승하는 사람을 Pilot이라고 한다. 선박을 접안 시키기 전에 수행하는 시험절차를 Pilot test라고 하는 것에서 어원을 찾을 수 있는 것처럼, 대규모 프로젝트나 제품생산 및 제품개발 전에 제한된 범위와 환경 하에서 개선안을 시험적으로 실행하는 것이 파일럿 테스트(Pilot test)이다. 핵심 인자의 최적 조건 또는 최적 대안이 실제 프로세스에서도 적용이 가능하며, Y의 개선성과를 확인하여 실제로 향상될 것인지를 검증하고, 실제 적용시 발생할 수 있는 실패 위험을 최소화할 수 있어야 한다. 이와 같은 위험요소들에 대한 검증이 확인된 후에야 비로소 과제의 개선활동 성과가 실제 프로세스로 이어질 수 있다. 또한, 파일럿 테스트를 통하여 개선안에 대한 실제 프로세스에서의 검증을 실시하기 위해서는, 우선 핵심 인자의 허용 공차 등을 관리할 수 있는 기준을 설정하여야 한다. 파일럿 테스트의 목적을 정리하면 다음과 같다.

- 문서상으로 나타난 개선안을 현업에 실제로 적용해 볼 수 있는 기회를 제공한다.
- 개선안의 본 실행 이전에 보완의 기회를 가질 수 있다.
- 관련된 직원들에게 개선안의 효과에 대한 이해도를 향상시킬 수 있다.
- 위험 요소와 함께 개선안의 적용결과를 확인할 수 있다.
- 비용 관련 문제나 잠재적 문제를 사전에 파악할 수 있다.
- 개선안을 본 실행에 효과적으로 적용할 수 있다.

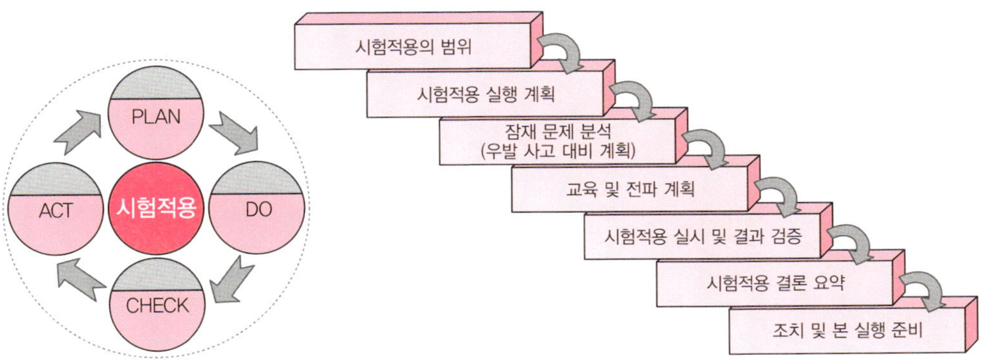

그림 4-23 파일럿 테스트절차

파일럿 테스트의 추진 방법은 Deming Cycle을 따르는 것이 효과적이다. Deming Cycle은 Plan–Do–Check–Act로 시행되는 지속적인 개선활동을 말한다. 시험 적용에서는 되도록 2번 이상 Deming Cycle을 수행하지 않도록 설계하는 것이 좋다. 파일럿테스트를 수행하는 구체적인 절차는 〈그림 4–23〉에서 설명하고 있는 것처럼 P–D–C–A에 입각하여, "시험적용의 범위"를 설정하는 것에서부터 시작하여 "조치 및 본 실행준비"에 이르기 까지를 순서에 따라 진행한다.

만약, 기술적/비용적 문제로 인해 시험적용이 어려울 경우에는 시뮬레이션을 통해 가상 시험적용 결과를 도출할 수도 있다. 대부분의 경우 파일럿 시험적용은 장기간의 공정능력을 대변할 수 있을 만큼 많은 변동요인을 충분히 반영하지 못하고 단기간의 성과를 확인하는 것에 불과하기에, 파일럿 결과만을 가지고 과제의 성공여부를 속단해서는 안 된다. 실제적인 과제의 성과는 Control 단계에서 본 적용을 하고 나서 장기적인 관찰을 통해 확정된다.

쉬어가는 글

개선안과 창의성

창의력은 새로운 것을 궁리해내는 것이고 혁신은 새로운 것을 행하는 일이다.

– 테오도르 레비트 –

혁신적 개선안을 수행하기 위해서는 우선 창의적인 아이디어 도출이 선행되어야 한다. 하지만, 창의적 개선 아이디어는 머리를 쥐어짜거나 생각을 떠올리기 위해 노력한다고 해서 만들어지는 것이 아니다. 가끔은 공연이나 전시회를 간다거나 여행을 떠나는 등 자신의 일에서 벗어나서 여유를 갖게 될 때 문득 영감이 떠오르게 된다. 인위적이라 할지라도 마음의 여유를 갖게 될 수만 있다면, 틀에 박힌 사고의 틀을 깰 수 있는 보다 넓은 시야를 얻게 될 것이다.

다음의 그림은 '레고'의 지면 광고이다. 파란 바닥에 하얀색 'ㄱ'자 블록이 보이는데, 이 광고는 어떤 메시지를 담고 있을까? 꼭 맞춰야 한다는 강박관념에서 벗어나서 여유를 가지고 다양하게 생각해 보자.

이 문제의 정답이 무엇인지 궁금한 독자는 하단에 적혀있는 내용을 확인하면 된다.

하지만, 서둘러서 정답을 확인하거나 다른 이들의 답을 궁금해하지 말고, 자유로운 상상의 나래를 펼칠 수 있는 시간을 자신에게 허락해 보는 것은 어떨까? 나의 생각을 떠올리기 전에 남들은 어떤 생각을 하고 있을 것인가를 고민하고 있다면, 창의성과는 조금 거리가 먼 사람이라 할 수 있다. 남의 시선으로부터 자유로울 수 있다면, 인생은 좀더 풍요롭고 창의적인 아이디어는 넘쳐날 것이다.

모두가 같은 생각을 하고 있다면, 아무도 생각하지 않고 있는 것이다.

– 월트 리프먼 –

LEGO 광고의 의미 : 잔잔한 바다와 잠수함의 잠망경

Improve Case Study

■ **창의적 개선대안 도출 및 평가**

A 단계의 다양한 분석을 통해 핵심 인자로 선정된 인자들 중에서, 실험계획법을 이용하여 최적 조건을 계산하기보다는, 팀토의를 통하여 개선대안을 마련하는 것이 더 바람직하다고 판단되는 인자로는 쌀의 종류가 선정되었다. 쌀은 품종 및 생산되는 지역에 따라 점도(y)가 매우 다른데, 점도가 조금은 높은 편에 속하면서도 늘 일관성을 유지하는 쌀이 개선성과 측면에서 좋은 쌀이라는데 팀원 모두 의견을 같이 했다. 팀원들은 전문가 인터뷰 및 관련문헌 자료분석을 통해 어떤 지역의 쌀이 이에 합당하다고 볼 수 있는지를 찾아보기로 하였다.

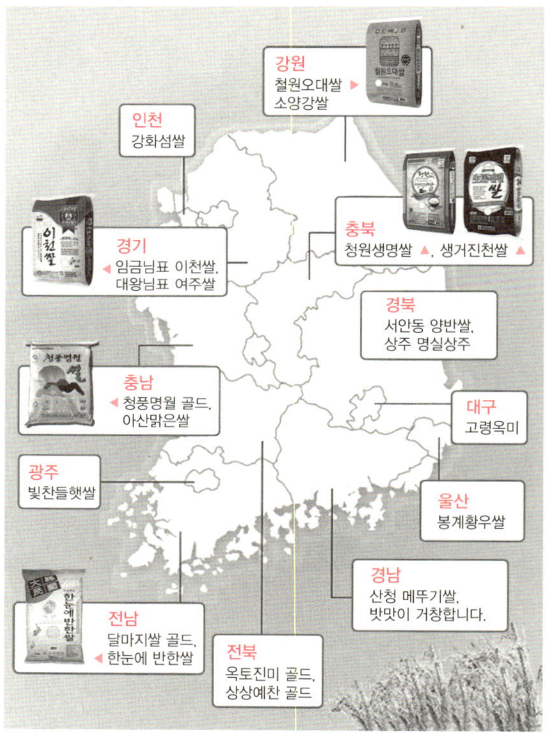

프로젝트 팀이 조사한 자료에 따르면, 밥의 맛에 영향을 주는 쌀의 품종은 전국적으로 대략 100여 종이 넘었다. 가장 흔하게 볼 수 있는 '추정'을 비롯해 '고시히까리', '운광', '말그미', '미품', '새누리', '히토메보레' 등 쌀 품종은 수를 헤아릴 수 없을 정도로 많다. 게다가 이천쌀, 호남미, 충청미, 강원미, 영남미 등 지역별로도 다양하게 분류되고 있었다. A 단계의 Case Study에서도 언급했듯이 밥의 맛을 좌우하는 찰기는 아밀로스의 함량에 크게 의존하게 되는데, 국내의 쌀을 조사해 본 결과 이천쌀이 상대적으로 아밀로스의 함량이 낮으며, 그 변동의 폭도 그리 크지 않은 것으로 확인되었다.

이천쌀을 연구한 △△대학교의 보고서에 따르면, "이천쌀은 알칼리에서 잘 분해되어 소화흡수 및 취사시 뜸드는 정도가 양호하고 밥의 찰기를 떨어뜨리는 아밀로스 함량(17.2~19.7%)이 낮아 양질미 허용범위 내의 이화학적 특성을 보여 밥맛이 좋다."라고 한다. 또한 이천지역은 지리적으로도 가깝기 때문에 필요시 빠른시간 안에 공급받기 쉬우며, 쌀이 재배되고 있는 동안에도 지속적으로 관리감독하기도 수월 할 것으로 판단되었다. 이상의 자료들을 바탕으로 핵심 인자인 "쌀의 종류"에 대한 최적대안은 이천쌀로 확정하였다. 아래는 쌀의 품질과 관련된 사항을 고려하여 평가항목 및 가중치를 설정하고 각 대안(쌀)별 평가를 통해 임금님표 이천쌀이 선정된 과정을 보여준다.

평가항목 및 가중치 / 쌀의 종류	아밀로스 함유량	아밀로스 변동량	공급 편리성	가격	품질관리	
	5	5	3	2	3	총점
임금님표 이천쌀	5	5	5	2	5	**84**
철원 오대쌀	4	3	2	3	2	53
전남 달마지쌀	3	3	2	4	3	47
산청 메뚜기쌀	3	3	1	3	3	42
아산 맑은쌀	2	2	3	5	3	44

■ **실험계획법에 의한 최적화**

쌀의 종류를 제외한 핵심 인자로는 시간, 물의 양, 그리고 온도가 있는데, 이들은 모두 실험을 통해 최적 조건을 도출할 수 있는 인자로 생각되었다. 실험을 하기 위해서는 우선 인자들과 결괏값 간의 관계가 어떤 관계인지를 알아야 한다. 또한, 각 인자별 실험 수준을 얼마로 할 것인지에 대해서도 고민할 필요가 있다. 주방에서 20년 넘게 밥을 지어온 전문가의 의견을 들어보니, 시간, 물의 양, 그리고 온도는 모두 점도와 직선관계가 있는 것으로 보였다. 적어도 주방에서 밥을 짓는 조건의 범주 내에서는 선형관계라 해도 큰 문제는 없을 것으로 판단되었기에, 2^n 완전요인배치법을 사용하기로 하였다. 이 경우는 인자의 수가 3개이므로, 총 실험 조합의 수는 8개가 되며 2번 반복실험을 하면 실제 실험의 횟수는 16회가 된다.

식당에서 사용하고 있는 솥의 크기에 기준하여, 각 인자에 대한 낮은수준 및 높은수준을 설정하기로 하였다. 전문가들의 열띤 토론을 통해서 시간은 최소 30분~최대 40분 정도의 범위 안에 최적의 시간이 있을 것으로 추정되었기에, 밥을 짓는 시간에 대한 수준은 30분과 40분으로 정하였다. 또한, 물의 양은 1L~1.5L로 온도는 100도~200도의 조건으로 실험하기로 하였다.

미니탭을 이용하여 2^3 완전요인배치표를 만들고, 각 실험의 조건에 따라 실험을 진행하여 얻어진 데이터를 입력한 결과는 다음과 같다. 실제의 경우는 다음과 같이 실험을 Random 순서로 진행하는 것이다. "Std Order"는 표준순서로서 직교배열에 근거한 실험의 순서를 의미하는데, 실험을 진행할 때 통제할 수 없는 외부잡음에 의한 영향을 최소화시켜주기 위한 목적으로 다음과 같이 무작위의 순서로 흔들어 놓는 것이다. "Run Order"는 단순히 실험의 순서로서 통계적 의미는 가지고 있지 않다. 두 번의 반복시행이 되어 있기에, “Std Order”의 1번과 9번은 같은 실험이다. 마찬가지로 2번과 10번은 같은 것이며, 8만큼의 차이가 나는 실험번호가 같은 실험의 반복된 실험을 말하는 것이다. 첫 번째로 수행해야 할 실험은 “Std Order” 12번이며, 실험의 조건은 시간 40분, 물의 양 1.5L, 그리고 온도 100도로 세팅하여 밥을 하는 것이다. 이때 결괏값인 점도가 96.2로 측정되어 이 값을 미니탭의 “점도”열에 입력한 것이다. 이와 똑 같은 실험이 “Std Order” 4번으로서 실험순서상 5번째에 배치되어 있다. 다음과 같이 여덟개의 처리조합에서 두 번씩 반복실험을 무작위로 하여 총 16회 실험하고, 측정된 점도 데이터를 입력하였다.

StdOrder	RunOrder	CenterPt	Blocks	시간	물의 양	온도	점도
12	1	1	1	40	1.5	100	96.2
7	2	1	1	30	1.5	200	103.7
1	3	1	1	30	1.0	100	84.5
5	4	1	1	30	1.0	200	93.7
4	5	1	1	40	1.5	100	95.2
9	6	1	1	30	1.0	100	84.0
3	7	1	1	30	1.5	100	94.0
11	8	1	1	30	1.5	100	93.7
8	9	1	1	40	1.5	200	105.4
14	10	1	1	40	1.0	200	96.0
15	11	1	1	30	1.5	200	102.8
10	12	1	1	40	1.0	100	87.0
2	13	1	1	40	1.0	100	85.5
13	14	1	1	30	1.0	200	93.8
6	15	1	1	40	1.0	200	95.4
16	16	1	1	40	1.5	200	106.0

실험이 모두 끝났으므로, 이제는 분석을 할 차례이다. Analyze Factorial Design메뉴를 이용하여 분석하면 다음과 같은 결과를 세션 창에서 확인할 수 있다.(단, 세션 창의 결과 중 설명에 필요한 부분만 편집하였음.)

Factorial Fit: 점도 versus 시간, 물의 양, 온도

Estimated Effects and Coefficients for 점도 (coded units)

Term	Effect	Coef	SE Coef	T	P
Constant		94.8063	0.1416	669.73	0.000
시간	2.0625	1.0313	0.1416	7.28	0.000
물의 양	9.6375	4.8187	0.1416	34.04	0.000
온도	9.5875	4.7937	0.1416	33.86	0.000
시간*물의 양	0.0875	0.0438	0.1416	0.31	0.765
시간*온도	0.1375	0.0688	0.1416	0.49	0.640
물의 양*온도	0.1125	0.0563	0.1416	0.40	0.701
시간*물의 양*온도	0.1625	0.0812	0.1416	0.57	0.582

S = 0.566238   PRESS = 10.26
R-Sq = 99.66%   R-Sq(pred) = 98.65%   R-Sq(adj) = 99.37%

Estimated Coefficients for 점도 using data in uncoded units

Term	Coef
Constant	44.4000
시간	0.365000

물의 양	24.2000
온도	0.137500
시간*물의 양	-0.160000
시간*온도	-0.00135000
물의 양*온도	-0.0410000
시간*물의 양*온도	0.00130000

시간, 물의 양, 그리고 온도의 주효과는 모두 P-Value값이 0.000으로 매우 작기 때문에 통계적으로 유의한 인자임을 확인할 수 있다. 하지만, 모든 교호작용의 효과들에 대한 P-Value가 5%보다 매우 크므로, 교호작용에 의한 효과는 통계적으로 유의하지 않음을 알 수 있다. 결과 창의 하단 부분에 나와 있는 "Estimated Coefficients for 점도 using data in uncoded units"는 각 인자의 수준을 -1과 +1로 직교코딩하지 않고 실제의 수준에서 구한 회귀방정식을 의미한다.
다음은 각 효과에 대한 크기를 그래프로 확인해 보기로 하였다.

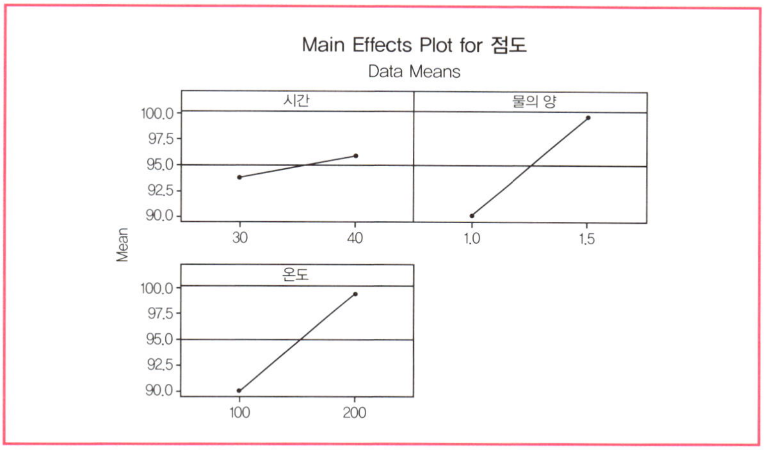

Main Effects Plot을 보면, 모든 인자의 기울기가 우-상 방향으로 나타나고 있다. 이는 인자의 수준을 높여주면 점도가 증가함을 의미한다. 또한, 3개의 인자 중에서 물의 양과 온도의 영향이 시간보다는 상대적으로 큼을 확인할 수 있다.
Interaction은 크지 않았기에 반드시 그려보아야 하는 것은 아니었으나, 확인 차원에서 그려본 결과 다음과 같이 나타났다. 모든 교호작용에 대한 그래프가 기울기에서 차이가 나타나지 않았다. 따라서 모든 교호작용의 효과는 무의미한 것으로 보인다.
Cube Plot는 3개 인자의 2수준 실험조건을 나타내고 있으며, 각 조건에서의 실험결과값의 평균이 얼마나 되는지도 보여준다.
Surface Plot과 Contour Plot을 통해 인자들과 결괏값 사이의 반응에 대한 실제적인 모습을 확인하기로 하였다. 3차원 공간을 넘어서는 그래프를 그릴 수는 없기에, 인자 중에서 2개까지만 선택이 가능하다. 위의 인자 중에서는 효과가 좀더 큰 물의 양과 온도를 기준으로 다음과 같은 그래프를 그렸다.

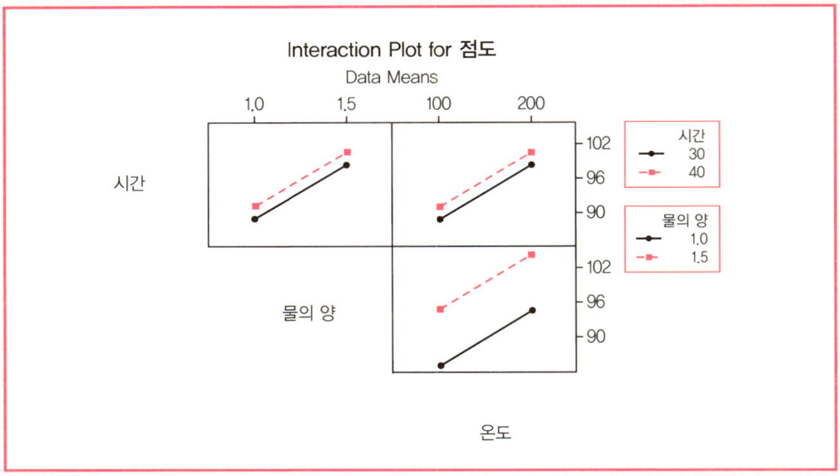
Interaction Plot for 점도
Data Means
1.0
1.5
100
200
102
96
90
시간
30
40
물의 양
1.0
1.5
102
96
90
시간
물의 양
온도

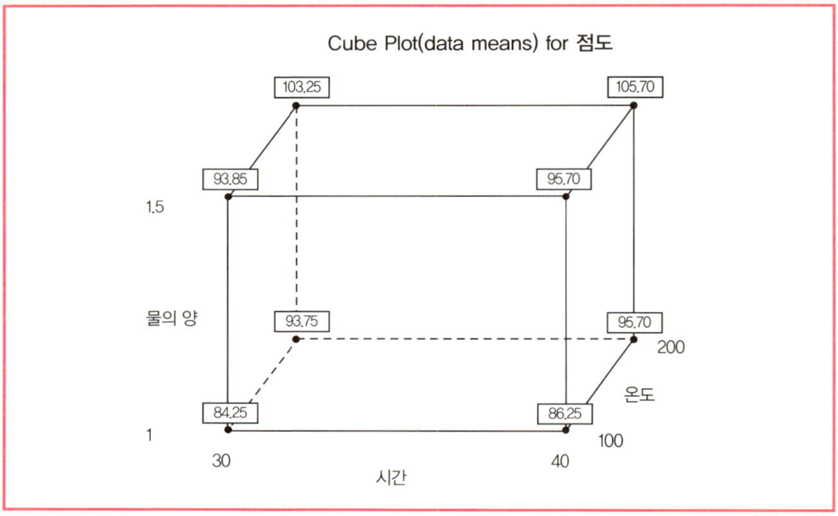
Cube Plot(data means) for 점도
103.25
105.70
93.85
95.70
93.75
95.70
84.25
86.25
1.5
물의 양
1
30
40
시간
200
온도
100

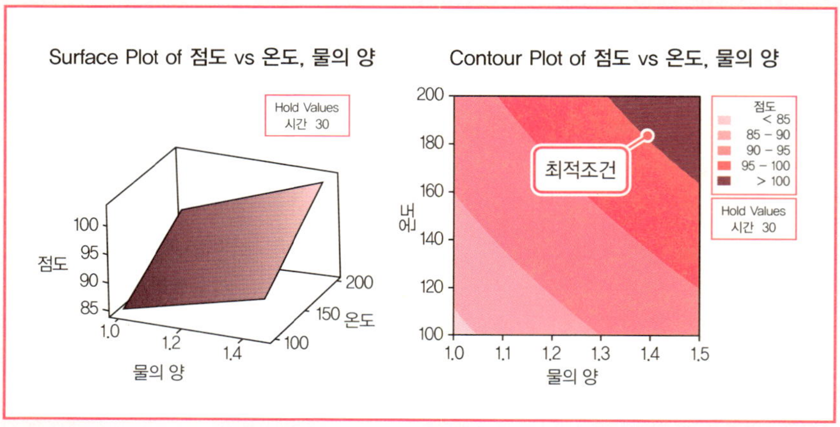
Surface Plot of 점도 vs 온도, 물의 양
Hold Values
시간 30
점도
100
95
90
85
1.0
1.2
1.4
물의 양
200
150
100
온도
Contour Plot of 점도 vs 온도, 물의 양
200
180
160
140
120
100
온도
1.0
1.1
1.2
1.3
1.4
1.5
물의 양
최적조건
점도
< 85
85 – 90
90 – 95
95 – 100
> 100
Hold Values
시간 30

고객이 가장 원하는 점도인 100을 만들기 위해서는 시간 30분, 물의 양 1.4L, 그리고 온도는 대략 180보다 조금 높게 설정할 필요가 있음을 Contour Plot에서 찾을 수 있다. 하지만, 정확한 최적점을 도출하기 위해서 "Reponse Optimizer"기능을 이용하기로 하였다. 미니탭에서 최초에 제공하는 해는 소수점을 포함하고 있었기에 이를 실제 공정에 적용하기는 어려웠다. 따라서 공정에서 설정할 수 있는 다른 조건을 찾아 본 결과 다음과 같이 시간 40분, 물의 양 1.5L, 온도 143도에서 점도 100의 결과가 나올 것이라 예상되었다.

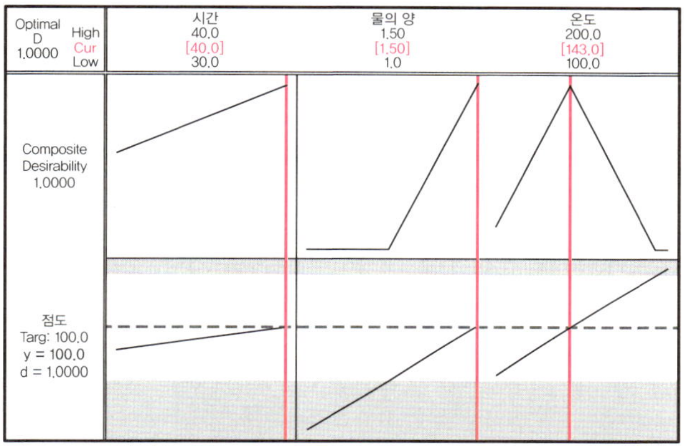

■ **파일럿 테스트**

창의적 대안 마련 및 최적화 실험을 통해 도출된 최적해를 실제 적용하기에 앞서서, 개선성과를 확인하고 발생할 수 있는 여러 가지 변인들을 미리 파악해서 수정 보완하기 위해 소규모로 파일럿

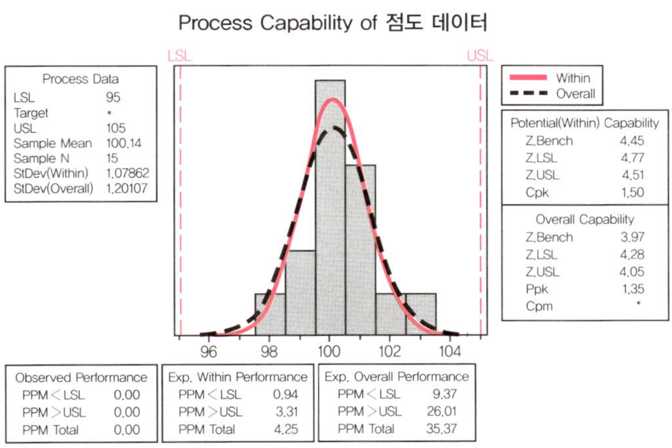

실험을 시행해 보았다. 파일럿 테스트를 위해 군 구별하여 데이터를 뽑았으나, 군간의 차이는 그리 심하지 않았다. 미니탭에는 실제적인 군의 크기를 입력하고 시그마수준을 계산하였기에, 1.5 Sigma Shift를 반영하지 않고 단기시스마수준(Z_{ST})과 장기시그마수준(Z_{LT})을 구분하여 계산할 수 있었다.

파일럿 테스트를 통해 수행된 결과를 보면, 실제 불량률은 100만 개중에서 35.37개의 수준으로 줄어들 것으로 보이며, 시그마수준은 $Z_{ST}=4.45$수준으로 개선되어 모두 목표 수준을 초과 달성할 것으로 예상된다.

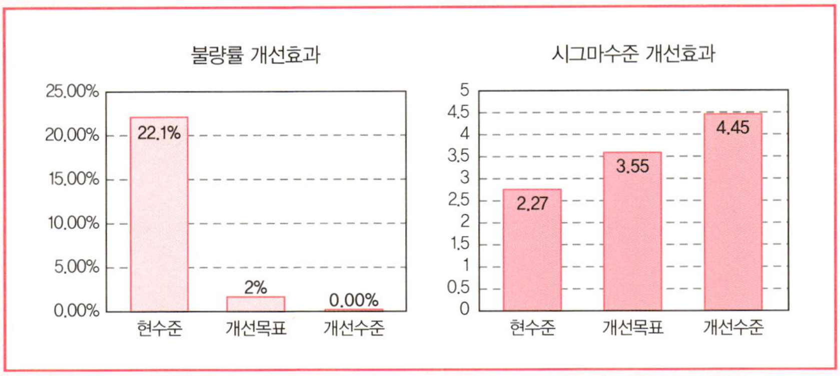

Y(점도)측면에서 개선의 효과가 충분할 것으로 기대되었고, 최적 조건을 실제 공정에 적용함에 있어서도 전혀 문제가 없는 것으로 판단되었기 때문에, 이 정도에서 개선활동을 정리하고 다음 단계로 넘어가기로 하였다.

Course. 5

Control Recipe

과제를 성공적으로 마무리하기 위해서는 개선의 성과가 유지될 수 있도록 어떻게 관리할 것인가를 고민해야 한다. 하지만, 개선성과 유지를 위해 관리해야 할 사항이 너무 많다면, 관리자체가 또 다른 업무로 가중되기에 성과유지도 어렵게 되는 문제가 있다. 작업자 실수로 인한 최적 조건의 이탈을 자동으로 막아주는 '실수방지책'은 관리항목 최소화를 위한 대안이 될 수 있다. 가능한 많은 실수방지책을 적용시킬수록 좋으나, 일부 인자들에 대해서는 실수방지책을 적용하기 어려울 수 있다. 이와 같은 인자들에 대해서는 관리 계획에 따라 관리를 해야 한다. 관리의 방안으로 가장 널리 사용되는 ' 관리도'를 통해 핵심 인자들의 조건을 관리하게 되면, Y의 성과는 늘 기대하고 있는 수준에서 유지될 것이며, 최종적으로는 CTQ의 목표 수준도 달성되는 것이다. 개선안의 효과가 유지될 수 있도록 핵심 인자의 최적수준을 관리하는 Control 단계를 맛있게 요리하기 위해서는 다음과 같은 재료별 혼합비율을 이해해야 한다.

1. 실수방지 10%
2. 관리 계획서 작성 20%
3. 관리도에 의한 모니터링 40%
4. CTQ 성과확인 20%
5. 표준화/공유 10%

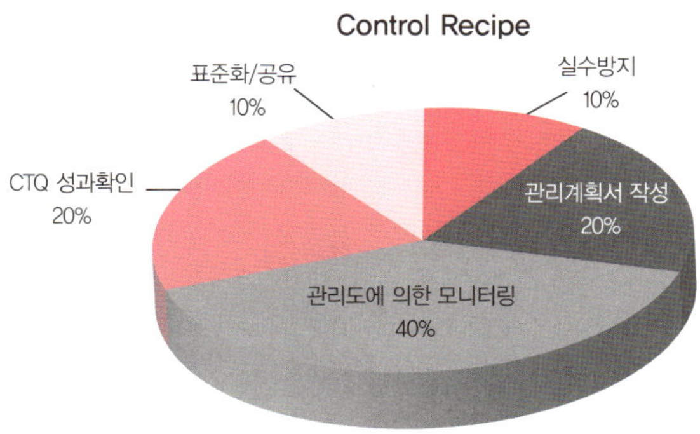

1. "실수방지"를 손질하는 방법

실수(휴먼 에러)란 시스템의 성능이나 효율 저하를 초래하는 작업자들의 부적절한 의사결정이나 행동을 의미한다. 새로운 개선안을 사용해야 하는 상황이거나, 신입 근로자들의 경우는 새로운 현장의 업무에 익숙하지 않기 때문에 보다 효율적인 업무방법을 잘 모르며, 작업 표준과 관련하여 배운 것들을 제대로 이행하지 못하는 경향이 높다. 아직은 습관이 형성되어 있지 않아 어떻게 처리해야 좋을지를 망설이게 되고, 확인하는 시간이 길어지다 보니 정해진 시간 안에 작업이 완료되지 않는다. 시간을 맞추기 위해 서두르다 보면 설비 등의 조작에 혼란이 생기고, 불필요한 긴장으로 인한 정신적 피로가 높아 결국은 실수를 범하게 된다. 반면, 작업방법을 잘 알고 있는 숙련자들의 실수는 오랜 경험과 습관에 대한 과신때문에 발생하는 경우가 많다. 익숙한 설비를 조작하게 될 때, 크게 중요하지 않다고 판단되는 몇 가지 주의사항들을 생략하거나 대충처리함으로써 설비의 오동작을 유발하게 되는 것이다. 이와 같이 작업 중 사람에 의해 발생하는 실수는 다음과 같은 것들이 있다.

- 잘 잊어 버림(집중하지 않음)
- 오해에 의한 에러(성급한 결론 내리기)
- 식별 착오에 의한 에러(잘못 봄, 멀리 떨어져 있음)
- 훈련받지 못한 작업자에 의한 에러
- 의도적인 에러(규정 무시)
- 부주의에 의한 에러(주의산만, 피로)
- 행동이 느려서 발생하는 에러(판단 지체)
- 표준의 부재에 의한 에러(문서상의 그리고 시각적인)
- 불시에 발생하는 에러(성능이 부족한 기계, 고장)
- 고의적인 에러(태업)
- 과도한 작업량에 의한 에러

한 가지 주의할 점은 결함(Defect)과 실수(Error)는 같은 것이 아니라는 것이다. 결함은 실수의 결과물이며, 실수는 결함의 원인이 된다. 즉, 어떤 에러의 발생으로 인해 결함이 유발된다는 것이다. 〈그림 5-1〉에서 설명하고 있는 바와 같이, 가장 우수한(Best) 시스템은 실수가 발생하기 전에 이를 예측하고 경고함으로써, 후단공정에서 결함이 생기는 것을 미연에 방지하는 것이다. 하지만, 실수를 미리 예측하기는 매우 어렵기에, 최소한 실수가 발생한 후 이를 검출하고 결함이 발생하지 않도록 관리하는 것은 반드시 필요하다.

실수방지는 이처럼 사람의 부주의로 인한 실수를 미리 방지하거나 또는 발생된 실수를 검출해 내기 위해 고안된 장치나 방법을 이르는 말이다. "사람은 누구나 뜻하지 않은 실수할 수 있다."라는 생각에서 시작된 실수방지는 주로 작업의 안정성을 유지하기 위하여 고안된 장치들을

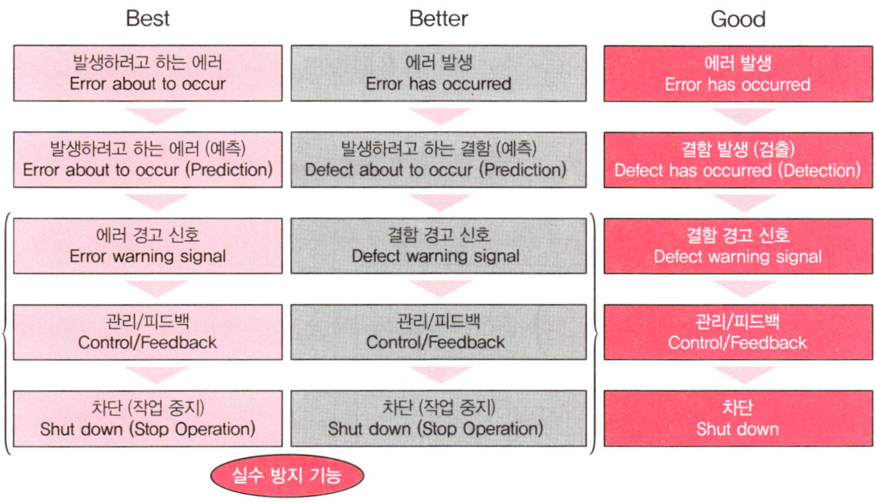

그림 5-1 실수방지의 수준

이르던 "Fool Proofing"의 개념과 같은 것이다. Fool Proofing의 일어인 Bake(Fool, 어리석음)가 Poka(Mistake, 실수)로 바뀌어 이용되면서 Poka–Yoke(Mistake–Proofing)라고 불리기도 한다. 실수방지를 통한 관리는 사람이 반드시 개입해야 하는 프로세스, 물체의 물리적 조작이 필요한 반복작업, 에러가 발생한다고 이미 알려진 공정 등에 적용한다. 즉, 실수 방지는 제품 또는 프로세스 설계에서 사람의 실수에 의해 야기되는 많은 실패 모드를 피하기 위한 수단이라 할 수 있다.

실수방지는 공식적 훈련 프로그램이 필요없을만큼, 실수나 결함의 검출이 쉽게 만들어 져야 한다. 실수방지를 적용하게 되면, 공정의 문제사항들을 자동으로100% 검사하는 셈이 되므로 추가적인 검사 작업이 필요 없게 된다. 따라서 일일이 검사해야 하는 번거로움을 없애 줄 수 있기에 작업자를 단순반복작업으로부터 자유롭게 해준다. 작업자들이 반복작업 같은 단조로운 업무에서 자유롭게 되면, 창의성과 부가가치 활동을 활성화시킬 수 있게되어 기업과 작업자 모두에게 득이 된다고 할 수 있다. 실수방지를 수행하는 절차는 다음과 같다.

– 프로세스 맵을 작성하고 결함이 발견되는 곳의 위치 파악
– 현 절차의 타당성을 평가하고 잘 이행되고 있는지 확인
– 각 프로세스 단계에서 결함을 유발하는 조건을 도출
– 결함의 각 유형에 대한 근본 원인을 발굴
– 요구된 실수방지 장치의 종류 파악
– 적절한 실수방지 장치를 만들고 효과 시험

〈그림 5-2〉는 공정에서 단자에 코드를 연결할 때 발생할 수 있는 문제를 실수방지 방법에 의해 해결한 사례를 보여준다. 다섯 개의 단자에 A, B, C, D, E라고 표식을 하고, 코드에도 마찬가지로 구분으로 해 두었다고 하더라도, 사람이 일일이 접합 시키는 단순조립작업이므로 잘못된 체결이 발생할 수 있다. 따라서 매번 각 단자별 코드의 체결이 올바르게 되었는지를 확인하는 검사공정이 필요하게 된다. 이 문제를 해결하기 위해서 〈그림 5-2〉의 오른쪽 그림과 같이 각 코드의 길이를 달리 만들어 놓으면 잘못된 체결을 하는 것 자체가 불가능해진다. 따라서 단자와 코드가 올바르게 체결되었는 가에 대한 전수검사가 자동으로 실행되는 것이기에 추후 검사공정은 불필요하게 된다.

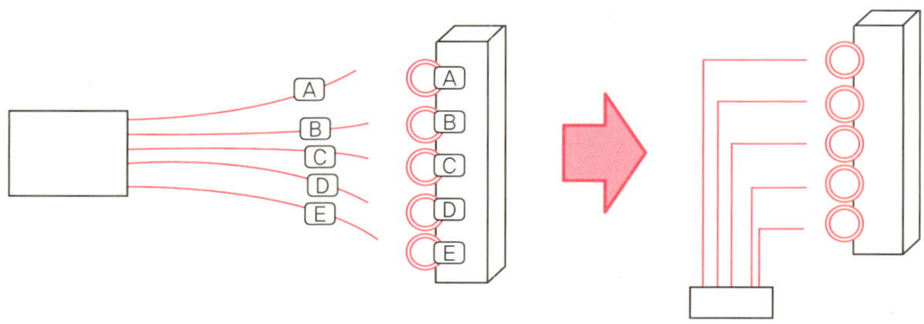

그림 5-2 실수방지 사례

2. "관리계획서 작성"을 손질하는 방법

관리의 기본은 관리담당자가 공정에서 발생하고 있는 핵심 인자의 상태에 대한 데이터에 근거해서 책임 있는 의사 결정을 내리도록 함으로써, 고객의 요구사항을 일관성 있게 충족할 수 있도록 하는 것이다. 효율적 관리를 위해서는 실수방지책을 최대한 활용하여 관리항목을 최소화하여야 하나, 어쩔 수 없이 관리를 해야 하는 항목들에 대해서는 어떻게 관리할 것인가에 대한 관리 계획을 명확하게 수립하여야 한다. 관리 계획서를 작성하는 목적은 핵심 원인에 대해 적절한 관리기법을 활용하여 관리하고, 이를 표준화하는 체계를 마련함으로써, 과제 수행을 통하여 얻은 성과를 전파하고 확산할 수 있도록 하기 위함이다. 이와 같은 프로세스 관리의 원칙은 다음과 같다.

- 운영 프로세스는 반드시 고객의 요구사항을 만족시키도록 구성하여야 함
- 프로세스는 측정가능하고 지속적으로 개선되어야 함

- 관리자와 프로세스 오너들은 개인적으로 프로세스 성과에 책임이 있음
- 의사결정은 가정이 아닌, 사실에 근거해야 함
- 관리계획은 우선 순위와 성과를 나타내며, 모든 담당자에 의해 이해되고 사용되어져야 함
- '우수 사례(Best practice)'를 파악하여 가능하면 어디든지 전파시켜야 함
- 각 담당자는 수행하고 있는 모든 일에서 지속적인 개선을 찾아야 함
- 수행되는 모든 활동들은 최하부에서부터 가치를 부여해야 함
- 모든 프로세스와 활동들은 사업의 비전, 미션과 가치를 잘 조화시켜야 함
- 모든 전략과 목표는 고객의 요구사항과 잘 조화되어야 함

이처럼 고객이 요구하는 수준의 가치를 지속적으로 제공해 주기 위한 공정의 관리를 좀더 체계적으로 수행하기 위해서는, 어떤 항목들을 어떤 방법에 따라 관리할 것인지에 대한 구체적인 관리 계획서를 먼저 작성해야 한다. 일반적으로 관리 계획서에 들어가는 내용은, 관리항목, 관리방법, 관리규격, 측정 단위, 측정방법, 측정주기, 조치기준, 이상발생 시 조치사항, 관리담당자 등이다. 관리항목에는 주로 Improve 단계에서 도출된 핵심 인자의 최적 조건이 들어가게 되는데, 항

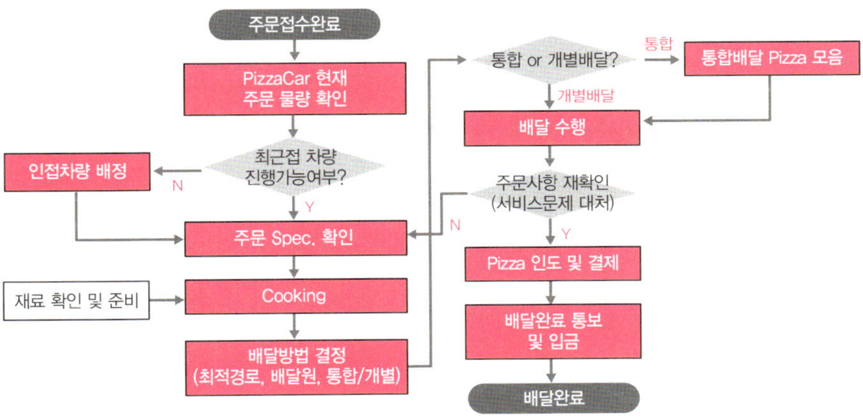

No	관리 항목	관리도	규격	측정 단위	측정 방법	측정 주기		기록방법	조치 기준	조치 사항	담당자	비고
						빈도	크기					
1	온도 유지율	I-MR	80	%	온도계	10회/일	1개	기록후 전산입력	5% 미달	상황 보고	홍○○	
2	형태 변형율	I-MR	5	%	반품건수	10회/일	1개	기록후 전산입력	5% 미달	상황 보고	김○○	
3	배달원 가동율	Xbar-R	70	%	전산자동화	매회	5개	전산	3% 미달	개선안 도출	박○○	자동기록
4	배달소요시간 (Cycle time)	Xbar-R	25	분	전산자동화	매회	5개	전산	5분 초과	즉시 개선	이○○	자동기록 (PDA연동)

그림 5-3 관리계획서 사례

상 최적 조건을 정확하게 유지할 수는 없기에 이에 대한 관리규격이 필요하게 된다. 제어인자에 대한 관리방법은 일반적으로 관리도를 사용하게 되나, 측정이나 관리가 매우 어렵다면 육안검사와 같은 방법도 사용된다. 관리도를 적용하기 위해서는 관리항목에 대한 측정의 용이성과 중요성에 따라 측정의 주기와 측정할 때의 표본크기를 정해야 하며, 이상발생에 대한 기준과 조치사항이 명확하게 기술되어야 한다. 또한 관리담당자를 명확하게 함으로써 공정관리 문제에 대한 주인의식을 갖도록 하고, 담당하고 있는 부분에 대한 문제가 발생할 경우 능동적으로 대처할 수 있도록 한다. 〈그림 5-3〉은 어떤 피자 배달업체의 업부프로세스와 관리 계획서에 대한 예를 보여주고 있다.

3. "관리도에 의한 모니터링"을 손질하는 방법

제비가 낮게 날면 곧 비가 온다. 어린 시절에 어른들로부터 자주 듣는 말이었다. 제비가 낮게 나는 것은 먹이가 되는 잠자리가 낮게 날기 때문이고, 잠자리가 낮게 나는 것은 공중에 습기가 많아 날개가 젖기 때문이다. 잠자리는 잘 보이지 않지만 제비가 낮게 나는 것은 쉽게 목격할 수 있기 때문에 제비가 낮게 날면 비가 온다고 한 것이다. 이처럼 세상 모든 것은 징후를 앞세우며 다가온 후, 그리고는 흔적을 남기고 사라진다. 사회적인 현상들도 마찬가지다. 몇 가지 잠재적인 징후들이 앞서거니 뒤서거니 하면서 우연처럼 겹쳐질 때, 큰 사건으로 이어진다. 한 번의 대형사고가 일어나기 전에 여러 번의 작은 사고가 지나가고 잠재적인 사고는 더 많이 지나간다는 것이다. 제품을 생산하는 공정에서도 불량이라는 결과를 야기하는 작은 징후들이 사전에 나타나는데, 이를 즉시 잡아냄으로써 후에 발생할 수 있는 대형사고를 미연에 방지하는 활동이 필요하다.

고객에게 제품이나 서비스를 제공할 때 프로세스가 항상 일정한 결과를 만들어 내지 않는 것을 산포라고 한다. Output의 산포는 고객 불만족의 원인이 되는데, 불가피하게도 산포는 모든 프로세스에 존재한다. 작업의 성과, 결과 또는 품질은 시간마다 그리고 제품마다 여러 요인에 의하여 변동하기 마련인데, 생산공정에서 발생하는 어느 정도의 품질변동은 자연스러운 것이므로 이를 완전히 제거하는 것은 불가능하다. 공정이 매우 우수하게 관리된 상태라고 할지라도 다소의 차이가 있을지언정 품질의 변동은 항상 발생하게 된다. 따라서 개별공정의 산포를 측정하고 이해하는 것은 현재의 Output 수준이 어느 정도인가를 알게 해주며, 산포와 부적합을 줄이기 위해 필요한 것들이 무엇인가를 파악하는 데 도움을 준다.

변동의 원인은 크게 두 가지로 구분하는데, 이는 우연원인에 의한 변동과 이상원인에 의한 변동이다. 우연원인에 의한 변동은 공정의 조건이 엄격하게 관리된 상태 하에서도 발생되는 어쩔 수 없는 변동으로서, 작업자의 숙련도 차이, 작업환경의 차이, 재료 간의 미세한 품질의 차이, 동일한 생산 설비 간의 차이, 기후 · 온도 · 습도 · 작업시간 등의 차이, 그리고 공정의 허용오차에 의한 차이 등에 의해 발생한다. 일반원인 혹은 불가피(不可避) 원인에 의한 변동이라고도 말하는, 이 변동을 줄이기 위해서는 제품이나 공정에 대하여 근본적인 조사와 분석이 필요하다. 따라서 우연원인에 의한 변동은 작업자가 일상적으로 수행하는 관리의 대상은 아니라고 본다.

이상원인에 의한 변동은 가피원인(可避原因)이라고도 하며, 만성적으로 존재하는 원인이 아니라 산발적, 돌발적으로 발생하여 품질에 변동을 주는 원인을 의미한다. 이상원인에 의한 변동은 작업자의 부주의, 불량자재의 사용, 생산 설비의 이상, 작업조건의 불이행 등이 있으며 비교적 쉽게 발견되고 문제 해결도 그다지 어렵지 않다. 이상원인에 의한 변동은 발생의 Source나 횟수는 많지 않으나, 발생시 공정에 주는 영향은 매우 크다. 따라서 작업자는 이상원인에 의한 변동이 발생하고 있는지를 항상 예의 주시하고, 만약 공정에 큰 변동이 발생하면 즉시 공정에서 이상원인을 찾아서 제거함과 동시에 다시는 해당 원인에 의한 변동이 재발할 수 없도록 해야 한다.

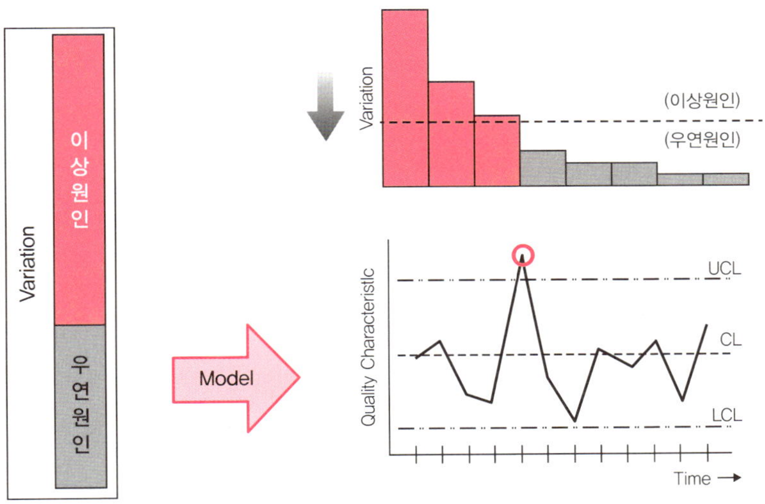

그림 5-4 변동의 종류와 관리도

관리도는 공정에서 발생하는 변동의 원인을 우연원인과 이상원인으로 나누어서 표현해 주며, 이상원인이 발생했을 때 즉시 경고해 줌으로써, 공정의 이상원인 제거에 도움을 준다. 관리도를 이용하여 지속적으로 이상원인을 찾아서 제거해 가는 과정을 통계적 공정관리라 하는데, 이를 통해 이상원인이 제거되고 우연원인에 의한 변동만 있는 상태를 관리상태라 부른다.

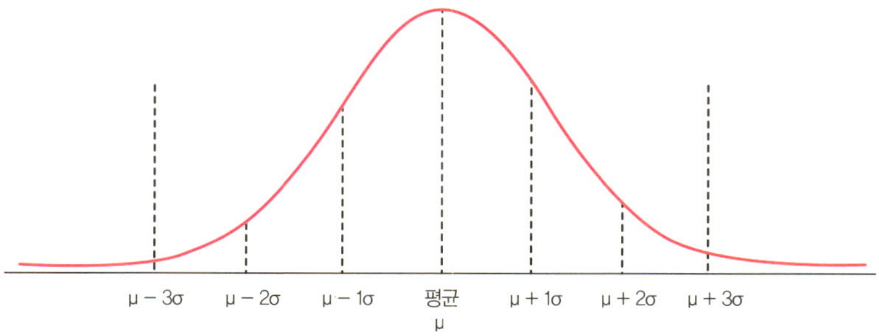

표준편차 한계	확률
+/-1σ	68.27%
+/-2σ	95.45%
+/-3σ	99.73%
+/-3σ 외부	0.27%

그림 5-5 정규분포와 표준편차

관리도의 이론을 이해하기 위해서는 정규분포의 이해가 선행되어야 한다. 〈그림 5-5〉에서 보여주고 있는 것처럼 정규분포에서는 평균으로부터 표준편차의 3배만큼 떨어진 위치까지의 면적이 99.73% 정도 된다. 즉, 거의 대부분의 데이터는 평균으로부터 $\pm 3\sigma$의 범위 이내에 존재한다고 볼 수 있다. 물론 우연하게 이 범위 밖으로 나갈 수도 있으나, 그 확률은 0.27%로 매우 미미한 수준이다.

만약 어떤 데이터가 평균으로부터 $\pm 3\sigma$의 범위 밖에서 관찰이 되었다면, 이는 우연히 0.27%의 확률로 그렇게 되었다기보다는 뭔가 특이한 이유가 있는 것으로 보는 것이 더 타당할 것이다. 관리도는 바로 이와 같은 생각에서 출발한 것이다. 공정의 데이터 평균 $\pm 3\sigma$를 통해 우연원인에 의한 변동의 영역을 지정하고, 이 범위 밖의 점은 이상원인에 의한 변동이 영향을 준 것으로 보는 것이다.

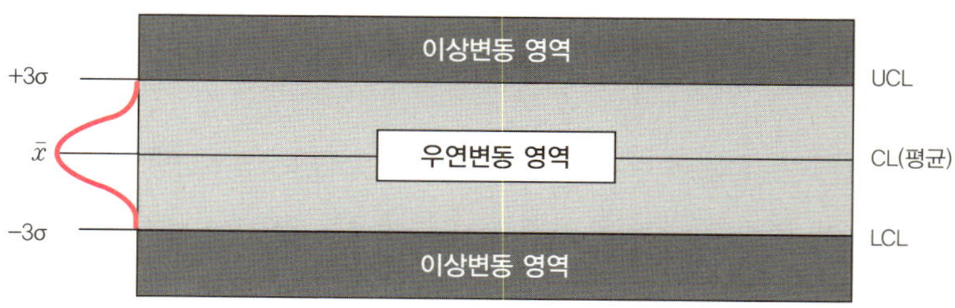

그림 5-6 관리도에 의한 변동의 분해

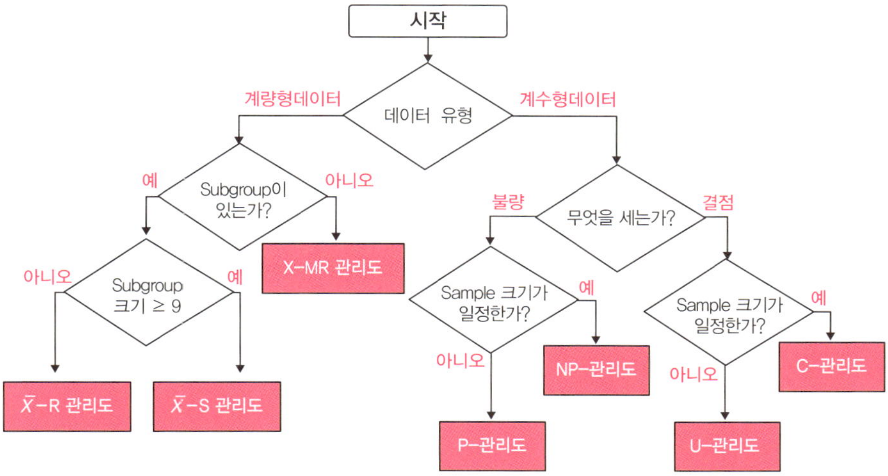

그림 5-7 관리도의 종류

이상에서 설명한 바와 같이 관리도를 이용하면 공정의 변동 중에서 이상원인에 의한 변동을 발생 즉시 찾아서, 그 원인을 찾아내어 제거하는 활동을 좀더 체계적으로 수행할 수 있게 된다. 관리도는 데이터의 유형에 따라서 계량형 관리도와 계수형 관리도로 구분되며, 각각의 특징에 따라 〈그림 5-7〉과 같이 다양한 종류가 개발되어 있다.

1) 계량형 관리도

측정데이터는 계량형과 계수형으로 구분할 수 있기에 관리도 역시 계량형 관리도와 계수형 관리도로 구분된다. 계량형 관리도는 온도, 압력, 강도와 같이 계량되는 특성을 가지는 데이터를 표현해주는 관리도로서 X-MR 관리도, Xbar-R 관리도 등이 많이 사용된다.

① X-MR 관리도

계량형 관리도를 그릴 때 표본의 크기를 얼마나 크게 할 것인가 하는 것이 중요한 이슈가 된다. 표본을 추출하는 것은 대부분 비용을 의미하기에, 최대한 적은 수의 표본을 뽑길 원할 것이다. 따라서 표본측정에 시간이 오래 걸리거나 비용이 크게 발생한다면, 한 번에 한 개의 표본만 추출하여 관리도를 그릴 수도 있는데, 이와 같은 관리도를 X 관리도(미니탭에서는 I 관리도)라고 한다. 관리상태를 유지하기 위해서는 〈그림 5-8〉에서처럼 관리한계선을 벗어난 점이 발생했을 때, 즉시 공정에 달려가서 이상원인을 발생시킨 변동의 Source를 찾아내어 제거해 나가야 한다.

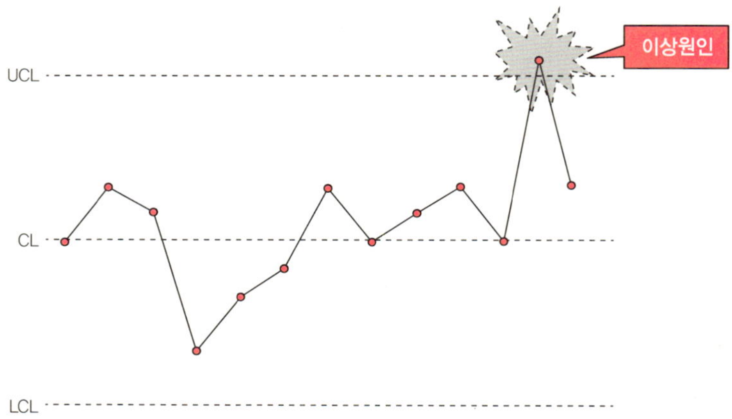

그림 5-8 X 관리도

관리한계선(Control Limit)은 일반적으로 규격한계(Specification Limit)보다는 좁은 영역이기에, 관리한계선을 벗어난 점이라 할지라도 아직은 불량이 아닌 경우가 많다. 하지만, 그냥 방치하게 되면 조만간 불량이 발생할 수 있는데, 관리도를 이용하면 불량이 발생하기 전에 사전조치를 취할 수 있게 되는 것이다. 공정의 현재상태를 X 관리도로 파악한다면, 시간적 흐름에 따른 추이 변화를 알아보는 것도 의미가 있을 것이다. 이동범위(Moving Range)란, 앞점과 다음점 간의 차이를 의미하는데, 일반적으로 공정의 시간적 흐름에 따른 산포를 나타낸다. 공정에서 얻어지는 데이터를 그대로 타점하는 X 관리도에 이동범위를 추가하여 그리는 관리도를 X−MR 관리도라하며, 일반적으로 X 관리도를 단독으로 그리기보다는 MR 관리도를 같이 그리는 경우가 많다. 그런데 X 관리도상에 시점을 달리하는 두 점이 동일한 위치(높이)에 타점되어 있다면, 과연 해당 시점에서 공정이 동일한 상태였다고 말해도 될까? 〈그림 5−9〉의 X 관리도에서 7번째 점과 10번째

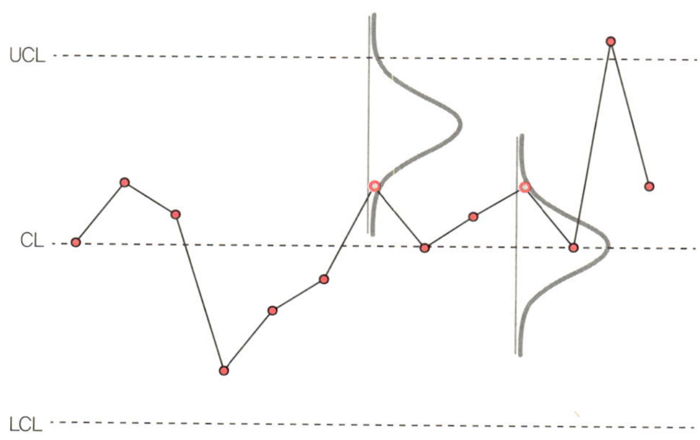

그림 5-9 X 관리도의 문제점

점은 동일한 높이의 값이다. 해당시점의 수많은 데이터 중에서 하나씩을 추출한 것이기에, 1개의 표본 데이터가 전체를 대표하는 데는 무리가 될 수도 있다. 즉, 표본을 추출한 시점에서 실제 공정의 산포는 전혀 다른 모습이었는데, 우연히 같은 값의 표본이 수집되는 바람에 실제공정도 같은 산포와 평균을 가질 것으로 오판할 위험이 있는 것이다.

이와 같은 오류를 완벽하게 없앨 수 는 없으나, 어느 정도는 회피할 수 있도록 하기 위해서는 표본의 크기를 좀더 크게 하는 것이 좋다. 일반적으로 한번 표본을 뽑을 때 4~5개 정도의 크기로 샘플링하고, 해당표본의 평균을 관리도로 표현하면 앞에서 설명한 위험을 어느 정도는 완화시킬 수 있을 것이다. 이와 같은 목적으로 그리는 관리도를 Xbar 관리도라 하며, 일반적으로는 표본 데이터의 산포를 표현하는 범위(Range)에 대한 R 관리도를 같이 그려준다.

② Xbar-R 관리도

X 관리도의 문제점을 보완하기 위해 표본의 크기를 좀더 크게 하고, 표본의 평균과 범위를 이용하여 그려주는 관리도를 Xbar-R 관리도라 한다. 〈그림 5-10〉에는 Xbar 관리도를 그리는 방법이 설명되어 있다. Xbar 관리도를 그릴 때는 표본의 모든 값을 표시하지는 않고, 단지 표본의 평균만을 찍어 주기 때문에 겉모습은 X 관리도와 같은 형태가 된다. 하지만, Xbar 관리도 상의 한 점은 표본 데이터의 평균값임을 기억해야 한다. Xbar 관리도에서도 X 관리도와 마찬가지로, 관리도상의 동일한 값이 과연 공정의 동일한 상태를 표현할 수 있는가에 대한 문제가 존재한다. Xbar 관리도에서의 동일 점은 평균이 같다는 의미이지 해당 공정의 산포의 크기도 같다고 할 수는 없다. 즉, 〈그림 5-10〉의 7번째 점과 10번째 점은 평균은 같으나, 데이터의 산포는 전혀 다른 모습임을 보여준다.

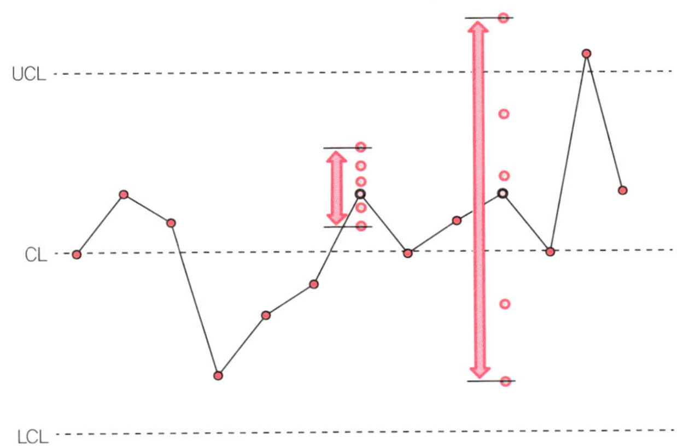

그림 5-10 Xbar 관리도의 문제점

따라서, 해당 시점의 상태를 평균으로만 표현하는 것보다는 데이터의 산포를 동시에 보여줄 필요성이 제기되었다. Xbar−R 관리도는 표본을 뽑는 시점의 평균(Xbar)과 산포에 대한 범위(Range)를 동시에 표현해 줄 수 있기 때문에, X−MR 관리도보다는 공정의 상태를 좀더 정확하게 설명해 줄 수 있는 것이다. 따라서 계량형 데이터에 대한 관리도 중에서는 Xbar−R 관리도가 가장 빈번하게 사용된다.

다음은 미니탭을 이용하여 Xbar−R 관리도를 작성하는 방법을 설명한다. 미니탭의 Camshaft.MTW파일을 불러온 후, Stat>Control Charts>Variables Charts for Subgroups>Xbar−R을 선택한다.

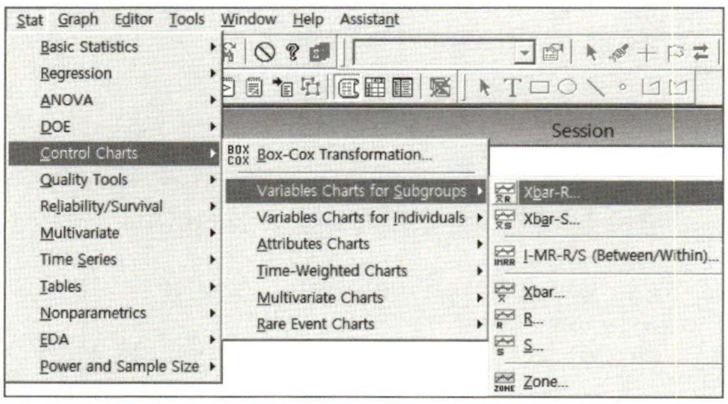

나타나는 대화창에서 그리고자 하는 데이터(본 예제에서는 Supp2)를 선택하고, 한 번에 뽑는 표본의 크기(본 예제에서는 군의 크기를 5로 가정함)를 지정해 준다. 일반적으로 4~5 정도의 크기를 사용하나, 반드시 그런 것은 아니며 더 크거나 작은 표본을 뽑을 수도 있다.

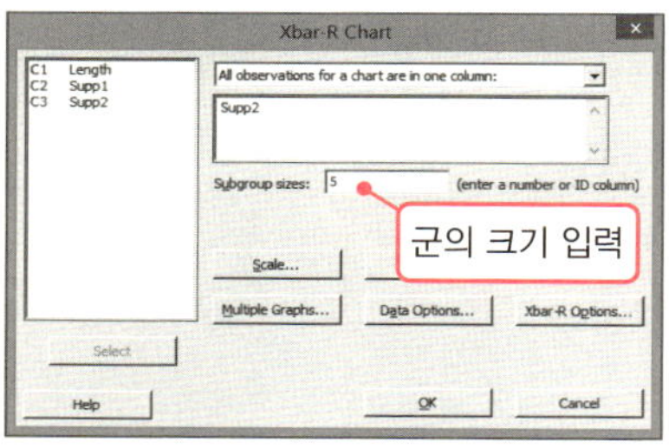

미니탭의 관리도 그림에서 위쪽에 있는 것은 Xbar 관리도이며, 아래쪽이 R 관리도를 나타낸다.

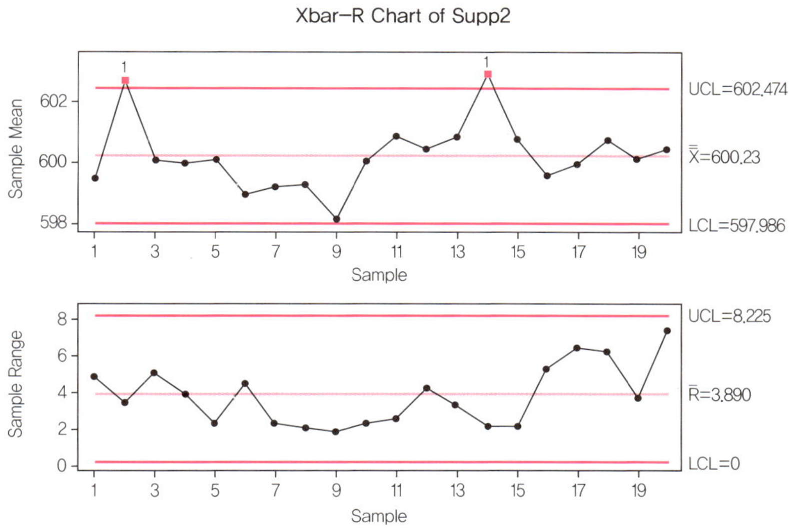

Xbar 관리도에서 관리상한(UCL)을 벗어난 점이 두 개 발견되고 있기에, 공정의 평균은 관리상태가 아니라고 판정한다. 이처럼 공정의 관리상태여부를 관리도를 통해 판단하는 것은 의미 있는 일이나, 한참 지난 시점에서 공정에 이상원인에 의한 변동이 발생했었음을 확인해도, 어떤 관리나 개선활동을 할 수 없다. 따라서 관리도는 실시간으로 지속적으로 그려져야 하며, 문제가 발생했을 때는 지체없이 이상원인에 의한 변동을 제거해 나가야 한다. 미니탭과 같은 일반적인 통계패키지로는 실시간으로 관리도를 그려나가는데 한계가 있기에, 보통은 모눈종이를 이용하여 측정된 값을 작업자가 직접 타점하는 방법을 사용한다.

미니탭에서는 계량형 관리도의 관리한계선을 벗어난 경우 외에도 총 8가지의 이상패턴을 검출할 수 있다. 이는 1984년에 Journal of Quality Technology에 발표한 넬슨의 논문에 따른 것으로, Nelson's Rule이라 불린다. 〈그림 5-11〉은 넬슨의 8가지 이상패턴이 어떤 것인지를 설명한다.

미니탭은 기본적으로 Nelson's Rule의 첫 번째 이상패턴인 평균으로부터 $\pm 3\sigma$의 범위 밖에 점이 있는가를 검정하여 준다. 물론, 나머지 7개의 이상패턴도 기능설정을 해주면 모두 찾을 수 있게 된다. 단, 미니탭은 넬슨의 규칙을 무조건 이용하는 것이 아니라, 사용자가 자신의 공정조건에 맞게 규칙을 수정하여 사용할 수도 있다. 예를 들어, 어떤 공정의 관리감독자가 평균으로부터 $\pm 3\sigma$의 범위는 너무 헐거운 기준이라 생각된다면, $\pm 2\sigma$의 범위 등으로 좁혀서 공정관리를 할 수도 있는 것이다. 이외에도 8가지의 이상패턴 모두 수정하여 사용할 수는 있으나, 수정된 관리한계선에 따른 부작용을 명확하게 이해하고 그에 대한 대비책을 마련할 수 없다면, 아래에서 보여주고 있는 미니탭의 기본 설정값을 그대로 이용하는 것이 바람직할 것이다.

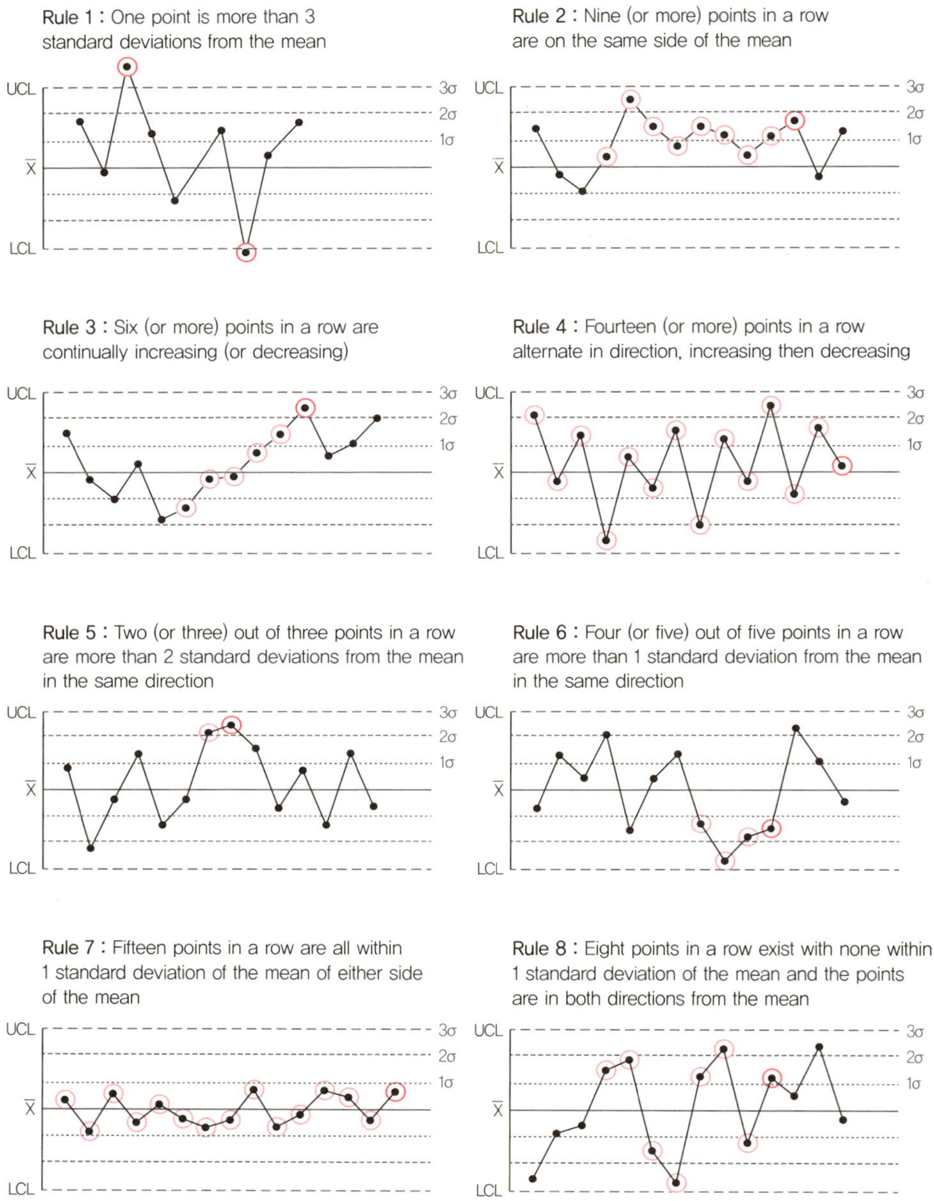

그림 5-11 Nelson's Rule

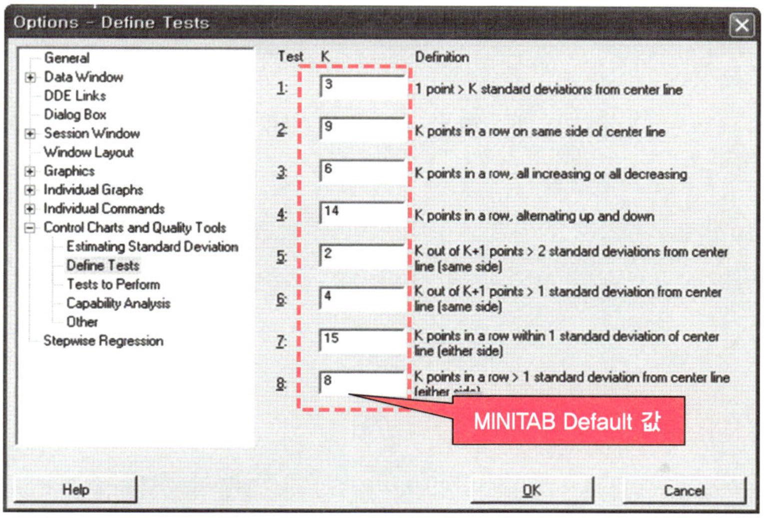

2) 계수형 관리도

불량률과 같이 측정기기를 이용하여 계측하지 않고 수를 세는 형태의 데이터를 계수형 데이터라 한다. 계수형 데이터에 대한 관리도는 크게 불량과 결점에 대한 관리도로 나누어진다. 불량이란 고객에게 납품할 수 없는 저품질의 제품을 의미하는데, 보통은 양/불로 나뉘어 지기에 이항분포를 통해 설명할 수 있다. 계수형 데이터로는 불량(Defective) 외에도 결점(Defect)이라는 것도 있다. 일정 면적의 천(Textile)을 생산할 때, 몇 개 정도의 보푸라기가 있는 정도는 양품으로 판매 가능 하다고 하자. 이때 보푸라기가 결점이 되는데, 일정 개수 이하이면 양품으로, 기준 개수 이상이면 불량으로 판정하게 된다. 따라서 결점은 있거나 없는 것이 아니고, 다수가 있을 수 있기에 이항분포로는 설명이 불가능하게 된다. 결점과 같이 여러 개가 발생할 수 있는 계수형 데이터의 경우는 포아송분포를 이용하게 된다. 단, 본 서에서는 이항분포를 기반으로 하는 불량에 대한 관리도만 설명하도록 한다.

① P 관리도

생산되는 수량에 비례하여 샘플링하는 표본의 크기가 변하는 공정이 있다고 하자. 어떤 날은 200개 중에서 10개의 불량이 발생했고, 다음날은 150개 중에서 10개가 불량으로 선별되었다면, 동일한 불량 수(10개)라고 할지라도 불량의 수준은 다르게 인식되어야 한다. 이와 같이 샘플링되는 표본의 수가 변하는 상황에서는 불량의 개수보다는 불량률을 통해 공정의 품질수준을 파악하는 것이 더 바람직할 것이다. 이때 사용되는 불량률 관리도를 P 관리도라고 한다. 미니탭을 이용

C7	C8
Rejects	Sampled
20	98
18	104
14	97
16	99
13	97
29	102
21	104
14	101
6	55
6	48
7	50
7	53
9	56
5	49
8	56
9	53
9	52
10	51
9	52
10	47

하여 P 관리도의 작성법을 알아보도록 하자.(미니탭의 Exh_qc.MTW파일 이용)

7번째 Column의 데이터는 불량의 수이며, 8번째 Column의 데이터는 샘플링된 표본의 수이다. 즉, 첫 번째 데이터는 98개의 표본 중에서 20개가 불량으로 판별된 것을 의미한다. 매번 샘플링되는 표본의 수가 달라지므로, 불량률을 통해 공정의 수준을 판단해야 한다. 따라서 P–관리도가 적절한 관리도라 할 수 있다.

Stat>Control Charts>Attributes Charts>P를 선택한다.

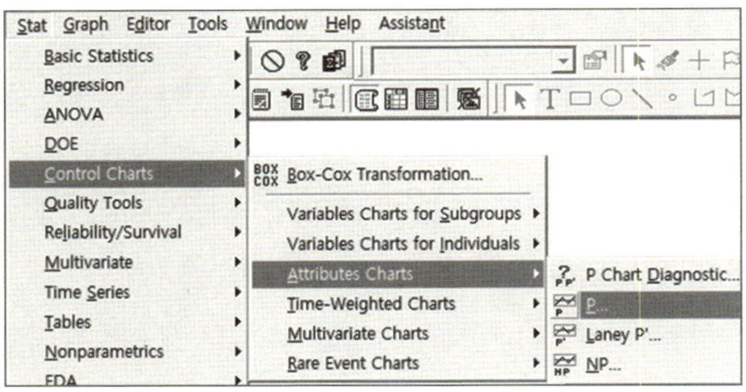

나타나는 대화창의 "Variables"에는 불량에 대한 데이터인 Rejects를 입력하고, "Subgroup Sizes"에는 표본의 크기에 해당하는 열인 "Sampled"를 넣어준다.

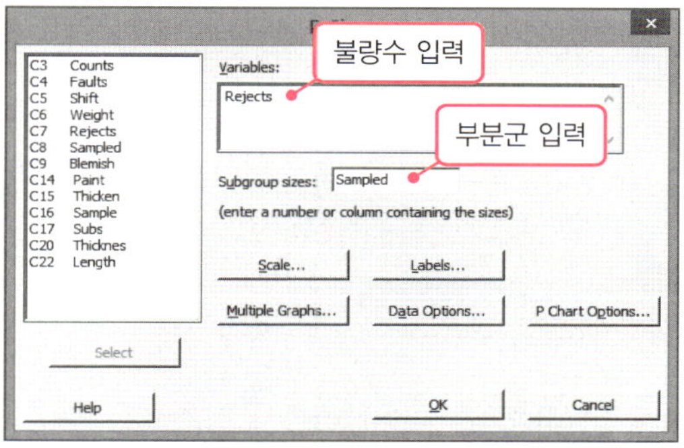

OK 를 클릭하면 다음과 같은 P 관리도를 그려주는데, 일반적인 관리도와는 다르게 관리한계선이 직선이 아닌 형태로 나타난다. 이는 이항분포의 표준편차를 알고 있다면, 아주 쉽게 이해할 수 있다.

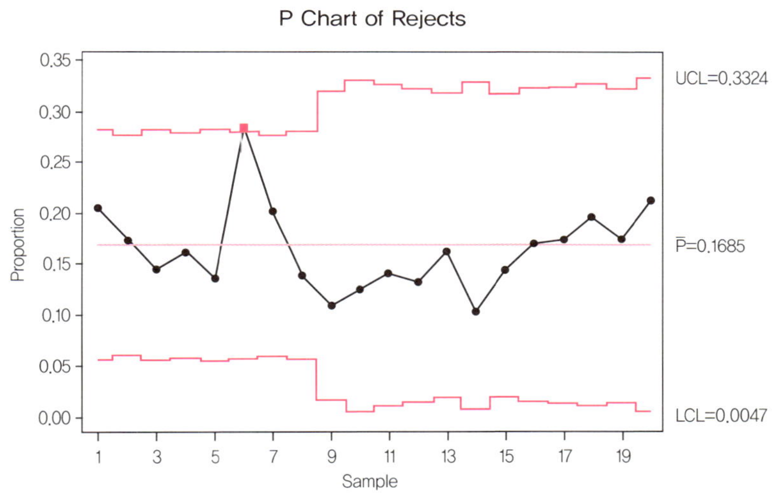

P 관리도의 관리한계선 역시 계량형 관리도와 마찬가지로 평균 불량률로부터 표준편차의 3배만큼의 거리에서 그어준다. 이항분포에 근거한 P 관리도의 표준편차를 살펴보면, 제곱근의 안쪽에 나타나는 분수의 분모부분이 표본의 크기 n이다.

$$UCL=\bar{p}+3\sqrt{\frac{\bar{p}(1-\bar{p})}{n}} \qquad LCL=\bar{p}-3\sqrt{\frac{\bar{p}(1-\bar{p})}{n}}$$

만약 표본의 크기(n)이 크면, 표준편차가 작아지므로 관리한계선까지의 거리는 짧아질 것이며, 반대로 표본의 크기가 작으면 표준편차가 커지게 되므로 관리한계선은 멀리서 형성되는 것이다. 따라서 P-관리도의 관리한계선은 기존의 관리도와 같이 직선의 형태로 나타나기보다는, 표본의 크기에 따라 좁거나 넓은 모습을 가지게 된다. 비록 관리한계선이 조금 다른 모습을 보이기는 하나, 관리한계선을 넘어서는 점을 이상점으로 판단하는 것은 기존의 관리도와 같다고 하겠다.

② NP 관리도

어느 공정에서 생산되는 제품의 수량에 관계없이 항상 일정 수량만큼 만 샘플링하여 불량의 정도를 확인하고 있다고 하자. 늘 같은 크기로 샘플링 하게 되면, 불량 개수 만을 체크해도 불량의 수준변화를 파악할 수 있다. 따라서 샘플크기가 변하지 않는 공정의 불량 변화는 불량 수에 대한 NP 관리도를 통해 모니터링한다. 앞의 데이터와 같은 데이터를 이용하여 NP 관리도를 작성해 보자. Stat＞Control Charts＞Attributes Charts＞NP를 선택한다.

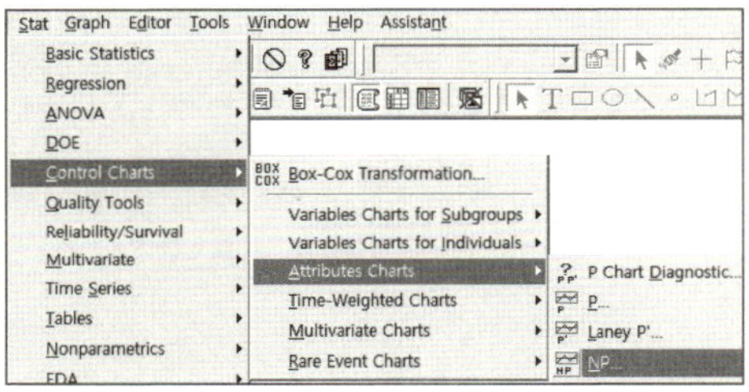

나타나는 대화창의 "Variables"에 불량 수에 대한 데이터를 입력하고, "Subgroup sizes"에는 표본의 크기를 입력한다. NP 관리도는 항상 일정크기의 표본을 뽑는 것을 가정하는데, 이 문제에서는 항상 100개씩 표본을 추출하는 것으로 하였다. 따라서 "Subgroup sizes"에는 100이라는 상수값을 입력한다.

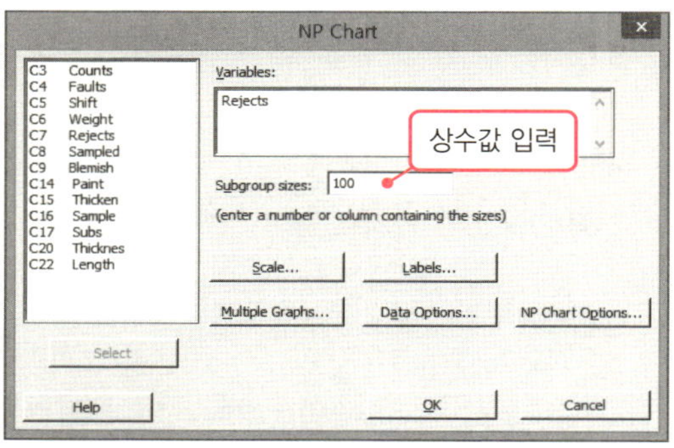

이제 다음과 같은 NP 관리도가 나타나는데, 6번째 점이 UCL(관리상한)의 범위를 벗어났음을

확인할 수 있다. 해당시점에는 평소보다 많은 불량이 발생했다는 것이므로, 즉시 불량의 이상원인을 탐색하고 조치를 취해서 불량을 안정적이고 낮은 수준으로 유지관리하여야 한다.

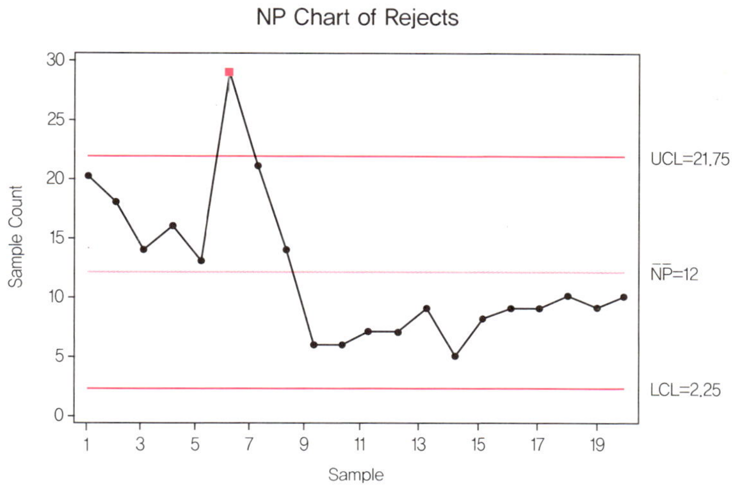

지금까지 알아본 관리도의 관리한계선은 한번 정해지면, 계속해서 변화시키지 않는 것일까? 그렇지는 않다. 해당 공정에 새로운 설비를 들여왔다던지 기술적으로 보아 프로세스에 변화가 있음이 명확한 경우, 샘플링 방법이 변화한 경우, 일정 기간 동안 관리도를 운영하면서 불량률이 떨어지는 등의 프로세스 변화가 확인된 경우, 그리고 관리도를 운영한 이후로 시간이 오래 경과한 경우에는 관리한계선을 다시 설정해 주어야 한다.

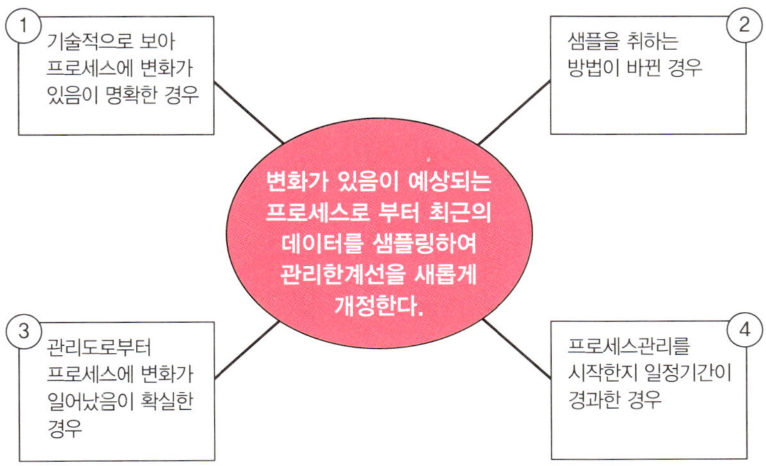

그림 5-12 관리한계선 개정

관리도는 개선이 끝나고 개선의 성과를 관리할 때만 사용하는 것이 아니다. Measure 단계에서 현 수준을 파악하기 전에 공정이 안정적인지를 확인할 때에도 관리도가 운영된다. 또한, 관리도의 관리대상은 결괏값보다는 결괏값에 영향을 주는 인자들을 우선한다는 점도 기억해야 한다. 결괏값인 불량을 관리하게 되면 불량이 이미 발생한 후에 조치를 취할 수밖에 없으나, 불량에 영향을 주는 원인인자들을 관리하면 불량을 미연에 방지할 수 있다는 장점이 있다. 이와 같은 이유로 Six Sigma 과제에서도 CTQ나 Y보다는 이에 영향을 주는 핵심 인자들에 대한 관리가 우선되고 있다.

4. "CTQ 성과확인"을 손질하는 방법

CTQ의 성과는 6개월~1년간의 장기간에 걸쳐 확인하게 된다. 이를 통해 해당과제의 성공여부를 최종적으로 판단하게 되며, 과제성과에 대한 보상 및 고과평가도 이때 이루어진다. CTQ의 목표를 달성했을 경우는, 재무적 성과금액이 얼마나 발생했는지를 FEA(Financial Effect Analyst)의 도움을 받아서 계산하여야 한다. 재무성과를 매출액으로만 산정하는 것은 정확한 성과산정이 아닐 수 있기에 조심해야 한다. 매출액은 매출총원가에 판매비, 일반관리비, 영업이익 등이 포함된 금액이므로, 매출액이 증가했다고 해서 기업의 순이익이 증가한 것은 아닐 수도 있다. 따라서

	대분류	중분류	소분류
재무성과	개발	재료비 절감 (VE)	부품변경
			부품수 감소
		예시적	S/W 모듈화
			시료수 감축
			금형수명 연장
			개발기간 단축
	제조	S/T 개선	Set 부문 S/T 개선
			설비 CAPA 개선
			공정 skip
			Tact time 단축
		수율 향상	종합수율 향상
			수율향상 매출증대
			재작업율 감소
			폐품율 감소
		유실 감축	수리비용 감소
			Set 폐기비용 감소
			유실율 감소
			임가공 단가 인하
	마케팅 / 판매 / 서비스	매출증대	매출증대(영업부문)
		시장불량율 감소	SVC 대행수수료 감소
			SVC 자재대 감소
			교환/환불수수료 감소
			교환/환불손실비 감소

표 5-1 재무성과 분류기준

대분류	중분류	소분류	산출식
개발	재료비 절감 (VE)	부품 변경	(개선前부품단가 – 개선後부품단가)×개선前환율 × 판매량
		부품수 감소	(감소 부품 [illegible] 단가)×개선前환율×판매량
	개발비 절감	S/W 모듈화	개선 [illegible] 개발비
		시료수 감축	[illegible] 개선후 Set 시료수)×개선전 단가
		금형수명 연장	[illegible] – 개선후 발생회수)×개선전 금형비용
		개발기간 [illegible]	[illegible] 개발비용 – 개선후 개발비용)×기여도
제조 (기여율 설정)	S/T 개선	Set 부문 [illegible]	[illegible] 선전 S/T – 개선후 S/T)×개선전임율×개선후생산량 ×기여도
		설비 CAPA [illegible]	(개선후CAPA – 개선전CAPA/ 개선후CAPA×(설비도입가격 ×설비대수/년+설비도입가격 ×설비대수×사내이자율)×기여도
		공정 skip	[(개선전 STEP수 – 개선후 STEP수)/개전선STEP수 ×(Layer 단가 ×Layer수)] ×개선후 생산량×환율×기여도
		Tact time 단축	(1 – 개선후Tact Time/개선전Tact Time)×(설비도입가격×설비대수/년+설비도입가격×설비대수×사내이자율)×기여도
	수율 향상	종합수율향상	(개선후수율 – 개선전 수율)×개선후 계획원가×개선후 생산량×개선후 기여도
		수율향상 매출증대	(개선후 수율 – 개선전 수율)×개선후 판가×개선후 생산량×개선전 세전이익률
		재작업율 감소	(개선전 재작업률 – 개선후 재작업률)×개선후 반제품 투입수×개선전 단위당 재작업 투입비용
		폐품율 감소	[1-(개선전 수율/개선후 수율)]×개선전 해당공정까지의 투입단가×개선후 양품수
	유실 감축	수리비용 감소	(개선전불량율 – 개선후불량율)×개선후 생산량×재작업(수리)S/T×개선전 임율
		Set 폐기비용 감소	(개선전불량율 – 개선후불량율)×개선후 생산량×폐기비율×폐기자재비
		유실율 감소	(개선전 유실공수 – 개선후 유시공수)×임율
		임가공 단가 인하	(개선전 임가공 단가 – 개선후 임가공 단가)×개선전 자삽/SMT 입고수량

예시적

표 5-2 재무성과 산출식

CTQ의 재무적 효과를 파악할 때는 단순히 매출의 증가뿐만 아니라, 순이익의 증가 분이 얼마나 되는지를 파악하는 것이 중요하다. 이를 위해서는 재무성과 분류기준과 산출식, 그리고 표준원가에 대한 연구가 필요하다. 〈표 5–1〉과 〈표 5–2〉는 재무성과의 분류기준 및 산출 방법에 대한 사례를 보여준다.

5. “표준화/공유”를 손질하는 방법

표준화/문서화는 조직 구성원 모두에게 개선에 대한 내용을 공유하는 동시에 과제 수행이 끝난 후에도 개선안이 지속적으로 지켜질 수 있도록 하는 실행수단이다. 사내 표준화는 특정기업에서 기업활동을 효율적으로 원활하게 수행하기 위한 방편으로 사내 관계자의 합의에 의해 표준을 정하여 이를 활용해 가는 조직적 행위이다. 사내의 표준작업절차서를 매뉴얼화하고 모든 직원들이 이에 따라 업무를 수행토록 하는 것은, 업무 프로세스의 효율을 올리고 일정한 품질의 제품을 생산하기 위한 가장 기본적인 경영수단이라 하겠다. 〈표 5–3〉은 관리표준과 기술표준 등 사내표준화의 체계를 설명하고 있다.

문서화의 방편으로 사용되는 표준화는 포드 자동차 회사의 창업자인 헨리 포드에 의해서 구체화 되었다. 숙련노동자 몇 명과 도제들로 이루어진 작업반이 자동차를 생산하는 방식에서 벗어나, 모든 자동차 제조공정을 세분화하고 표준화하여 유럽에서 미국으로 건너온 지 얼마되지 않은 비숙련 노동자라도 단기간의 직무훈련 후 바로 생산현장에 투입될 수 있도록 하였다. 표준작업으

표준			책임	주요 내용
관리 표준	규정	전사	사장	• 회사의 전반[illegible]업무전반에 대한 중요 관리사항을 정한 표준
		부문	부문장	
	규칙		부문장	• 규정[illegible]여 전사 및 각 사업부, 공장, 해외법인 등 각 부문의 특성에 맞는 업[illegible]수행 방법을 구체적으로 정한 표준
	세칙		부문장	• 규정, 규칙에서 정한 내용을 실행하기 위하여 필요한 방법이나 절차 등을 정한 표준
	매뉴얼			• 전사 또는 단위 조직의 특정업무에 대해 절차,방법,권한,책임 등을 정한 것
기술 표준	규격		부문장	• 제품, 반제품, 원재료, 부품 등에 요구되는 각종 특성,성능,치수,작업방법, 검사,시험방법,포장,표시,각종 단위,기호/부호,서식 등을 통일하여 정한 것 (제품,포장,재료,부품,설계,구매,수입검사,시험,공정간 검사시험, 최종 및 출하검사시험 규격)
	작업표준			• 효율적인 생산을 위해 작업조건,재료,설비,방법,검사,관리방법 등을 정한 것 (작업표준, 작업지도서, QC공정도)

표 5-3 사내표준화의 체계

로 인해 신규노동자도 숙련공에 필적하는 생산성을 보여줄 수 있게 된 것이다. 작업의 표준은 지금까지 배우고 경험한 모든 잘못을 제거하고 잘 된 것들만 집대성한 기술축적의 결과이기에 모든 불량 및 사고를 미리 설정한 허용범위 이하로 억제할 수 있는 유일한 방법이다. 또한, 동일한 작업을 매번 똑같이 반복하여 균일한 품질의 제품을 만들 수 있는 방안이기도 하다. 미국의 맥도널드 햄버거가 전 세계적으로 인기가 있는 이유는, 세계 어느 나라의 맥도널드 판매점에 가더라도 그 맛이 똑같기 때문이다. 이는 햄버거 제조 방법을 표준화하여 전 세계의 모든 맥도널드 매장에서 이를 지키도록 하였기에 가능하였다. 품질은 일정해야 하고, 산포가 없어야 고객으로부터 신뢰를 받는데, 품질의 산포를 최소화하는 유일한 방법은 이상적인 제조조건을 설정하고 이를 표준화/문서화 한 후 관련 조직의 모든 사람들이 이를 꾸준히 지켜가는 것뿐이다.

이와 같이 동일한 작업을, 작업이 가능한 범위 내에서, 최소의 허용치 편차를 가지고, 매번 똑같이 반복하는데 필요하고 충분한 최소한의 사항을 규정한 문서를 작업표준이라 한다. 표준이 제대로 쓰이고 반드시 지켜진다면 이에 의하여 생산된 제품은 우리의 기술력으로 만들어질 수 있는 최고의 제품이 될 것이며, 작업이 가능한 범위 내에서 최소의 편차만 허용되어 진다. 표준화가 효과를 발휘하기 위해서는 적절한 수준으로 표준을 설정하는 것이 필요한데, 표준화가 부족하면 모두 제멋대로 작업하게 되나, 반대로 지나친 표준화는 작업자들의 좌절이나 시스템에 대한 저항을 불러일으킬 수 있다.

표준화된 프로세스는 정책과 업무절차로 통합되어 직능 간 경계를 뛰어넘어 조직 전체에 파급되어야 한다. 하지만, 아무리 성공적인 해결안이라고 할지라도 최적해결책이 도출된 곳과는 환경이 다른 곳에서 적용될 때는, 잠재적 문제점 분석사항, 실행관련 쟁점 및 해결방안, 초기 현장전개의 애로사항 및 현재 진행상태, 교육자료나 우수전개 사례(Best Practice) 등이 동시에 제공되어야 한다.

마지막으로 프로젝트의 모든 내용에 대한 완료보고서를 작성하고 이를 Six Sigma 사무국에 제출하는 것으로 과제는 종결짓게 된다. 과제완료보고서를 작성할 때의 주의할 점은 다음과 같다.

- 완료보고서의 목적과 보고의 대상을 분명히 한다.
- 결과만을 늘어놓지 말고 문제로부터 해결안에 이르는 절차가 기술되어야 한다.
- 도표, 사진, 삽화를 적절히 삽입하여 이해하기 쉽게 작성되어야 한다.
- 데이터나 실험내용 등은 첨부로 붙이고 최대한 간략하게 정리한다.
- 과제추진 중 배운 교훈, 미비점에 대한 반성 및 향후 계획을 포함시킨다.

쉬어가는 글

성과의 유지관리와 요요효과

식이요법에 의한 다이어트로 한때 체중이 감량되었다가, 기존의 식습관으로 다시 돌아왔을 때 급속하게 원래의 체중으로 복귀하거나 그 이상으로 증가하는 현상을 요요효과라고 일컫는다.

우리 몸은 환경 변화에 대하여 항상 일정한 상태를 유지하려고 하는 성질이 있는데, 다이어트로 급격하게 체중이 줄어든 경우 감량분만큼을 재빨리 회복하여 산포가 작은 안정상태로 복원하려는 방어기전이 가동된다. 몸에서 기억하고 있는 몸무게는 1년 정도의 잔상효과가 있기에 감량된 체중이 유지되는 기간이 길면 길수록 장기적으로 체중이 증가될 가능성은 적어진다. 따라서 다이어트에 성공하기 위해서는 식이요법을 통한 감량 후에 요요효과가 일어나지 않도록 적절한 관리를 하는 것이 살을 빼는 것보다 중요하다고 할 수 있다.

요요효과는 비단 다이어트에만 존재하는 것이 아니라, 우리 삶의 모든 구석구석에 스며들어 있다. 작심삼일이라는 말처럼 새롭게 세운 추진계획이 며칠을 넘기지 못하고 흐지부지되어 그 개선된 상태를 유지하는 것에 실패한 경험을 누구나 가지고 있을 것이다. 예전에 영어공부에 대한 어려움을 재밌게 표현하는 말 중에 "명사박사"라는 것이 있었다. 새학기가 시작되면 각오를 새롭게 하고 영어공부에 매진하게 되는데, 당시에 고등학생들이 가장 많이 보던 영어학습지는 대부분 첫장이 명사로부터 시작되었다. 명사부분을 공부하는 몇 일간은 의욕이 넘치지만 오래지 않아 책을 덮어버리고, 다시 마음을 다잡고 명사부터 공부하지만 또 다시 포기하는 패턴을 반복하다 보면 명사부분은 박사수준이 된다는 말이다. 이처럼 뭔가 새로운 시도를 하고 단기간 변화하는 모습을 보일 수는 있어도, 그 상태를 지속적으로 유지/관리하는 것은 생각만큼 쉽지는 않다.

Six Sigma 프로젝트도 그와 별로 다르지 않은데, 핵심 인자를 찾아서 획기적인 개선안을 실행함으로써 좋은 성과를 창출하는 경우는 많이 있으나, 그 성과가 지속적으로 유지되지는 못하는 게 현실이다. 만약 일정 기간 동안 개선된 성과를 관리할 수 있다면, 그 결과물은 개선공정의 일부분으로 체화되어 작업자의 작업방법과 설비의 성능 속에 계속 남아있게 될 것이다. 따라서 Improve 단계까지 열심히 개선활동을 하는 것 못지않게 중요한 것은, 요요현상 없이 Six Sigma 개선성과의 과실을 지속적으로 맛볼 수 있도록 변화가 확고하게 내재된 시스템을 만드는 것이다.

■ 실수방지

물의 양(1.5L), 시간(40분), 온도(143도)와 같이 최적 조건이 도출된 경우는 반드시 설정된 조건을 지켜주어야 원하는 밥을 지을 수 있게 된다. 시간과 온도는 설비에 세팅하면 크게 변화되지 않는 인자이나, 물의 양은 작업자의 수작업에 전적으로 의존하고 있었다. 매니저 K 씨는 주방 직원들과의 회의시간에 위의 조건들을 꼭 지켜줄 것을 주문하였지만, 주문이 몰리는 점심시간이나 피곤이 몰려오는 저녁시간에는 주방 직원들의 업무 집중도가 저하될 것으로 예상되었다. 바쁘고 육체적으로 힘든 시간대에 물의 양을 일일이 측정하여 최적 조건을 맞추어 주는 것은 작업자나 관리감독자 모두에게 매우 번거로운 일이 될 것이 불 보듯 뻔했다. 힘들어도 정신을 집중해서 일하라고 하는 것은 한계가 있기에, 물의 양을 맞추어 주는 부분은 실수방지책을 사용하기로 하였다. 최적 조건을 항상 지켜주고 있는지를 체크하지 않아도 자연스럽게 지킬 수밖에 없는 방법은 무엇이 있을까를 고민하던 팀원들은 "표준 컵" 아이디어를 떠올렸다. 즉, 1.5L의 표준 컵에 한가득 물을 채우는 것만으로도 최적 조건을 지킬 수 있게 된다는 것이다.

왼쪽은 해당 주방에서 적용한 표준 컵을 보여주는데, 밥 짓는 솥 옆에 표준 컵을 비치하고, 물의 양은 무조건 표준 컵에 가득 채우는 것으로 정하였다. 컵에 물만 가득 채우면 되므로 측정하는 번거로움이 사라지고, 자동으로 전수 관리할 수 있게 되었다.

■ 관리계획서

나머지 인자들에 대해서도 실수방지책이 있는지 고민해 보았으나, 시간이나 온도는 공정관리를 하는 것 외에는 뾰족한 방법이 없었다. 두 인자에 대해서는 지속적인 관리를 해야 하는데 무턱대고 알아서 관리하라고 하면, 관리의 효율도 떨어질뿐만 아니라 일정시간이 지난 후에는 유야무야 될 것이라 예상되었다. 좀더 체계적인 관리를 위해 다음과 같이 관리 계획을 수립하였다.

관리 지표	관리 한계	관리 담당자	관리 주기	관리 방법	이상 발생 시 조치사항
물의 양	1.48~1.52	홍길동	매월 마지막 토요일 퇴근 시 측정	표준 컵 사용여부 확인	표준 컵 사용에 대해 재교육하고, 관리담당자에게 공지
시간	39.4~40.5	홍길동	1회/일	I-MR 관리도 사용	이상상태 발생 시 즉시 원인파악하여 조치하고, 관리담당자에게 공지
온도	142~144	김유신	5회/일	Xbar-R 관리도 사용	이상사태 발생 시 즉시 원인파악하여 조치하고, 관리담당자에게 공지
쌀의 종류	이천쌀 사용여부	이순신	매일 오전에 확인	수입검사 시 쌀의 종류 육안검사	기타 쌀이 입고되면, 즉시 반송조치하고, 이천쌀 재고물량 이용

이 중에서 특히 시간과 온도는 관리도를 이용하기로 하였는데, 시간의 경우는 자주 측정하기가 좀

어렵다고 판단되어 하루에 한 번만 측정하는 X-MR(미니탭의 경우 I-MR) 관리도를 이용하고, 온도는 상대적으로 측정이 용이하고 결괏값에 영향이 크다고 판단되어 Xbar-R 관리도를 통해 관리하기로 하였다. 물의 양은 앞에서 설명한 것처럼 표준 컵을 이용하고, 쌀의 종류는 입고될 때마다 담당자가 육안검사를 실시하기로 하였다.

■ 관리도를 통한 모니터링

온도에 대한 Xbar-R 관리도와 시간에 대한 I-MR 관리도를 그려보니 다음과 같았다. 온도의 평균과 산포가 정의된 폭 내에서 큰 문제없이 유지되고 있었다. 온도에 대한 관리도의 다음에 그려진 시간에 대한 I-MR 관리도에서도 시간의 값과 이동범위가 큰 문제없이 관리되고 있는 모습이 관찰되었다. 따라서 새로운 개선안이 주방의 직원들에게 받아들여지고 큰 문제없이 적용되고 있음을 알 수 있다.

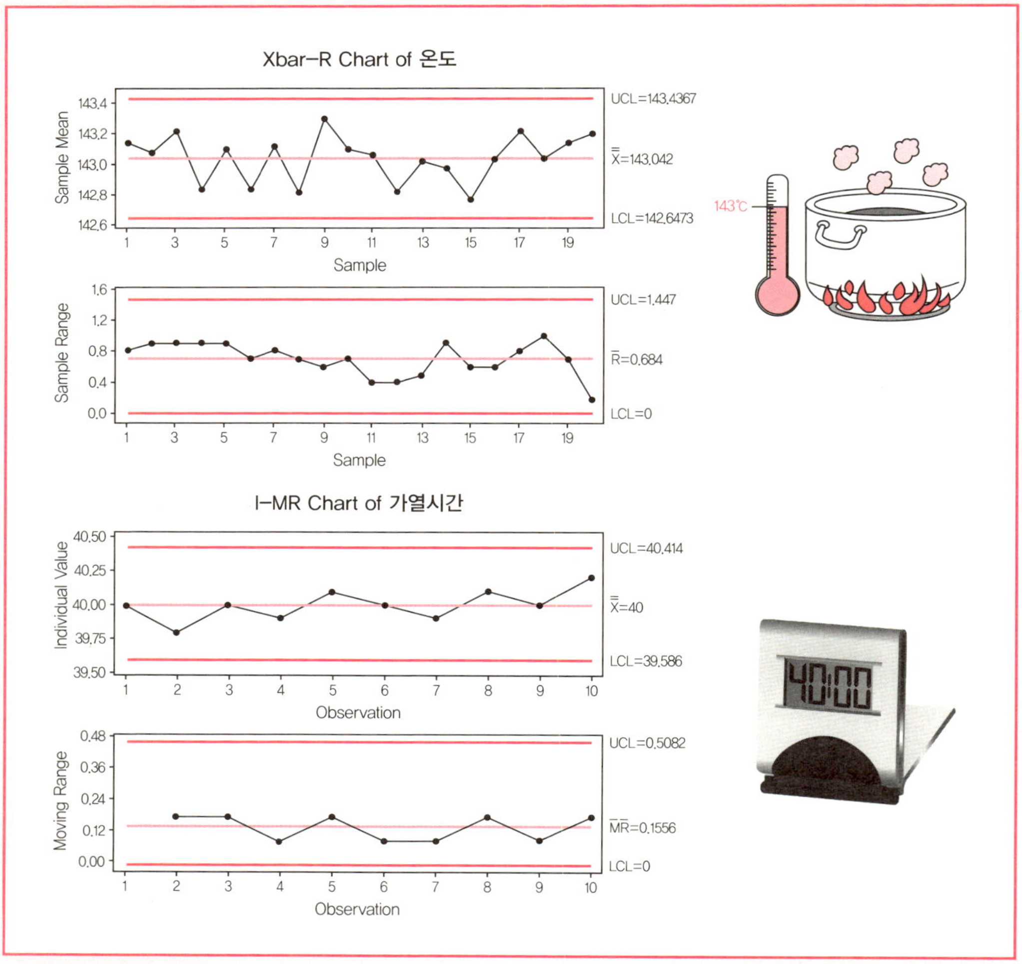

Y의 단기성과 목표가 달성되었으며, 핵심관리지표들에 대한 적용에도 전혀 문제가 없음이 확인되었기 때문에 여기까지의 내용을 토대로 과제를 마무리하기로 하였다.

■ CTQ 성과확인

과제를 종료하고 3개월에 걸쳐서 본과제의 CTQ였던 "밥맛"에 대한 평가를 다시 해 보기로 하였다. 우선 주방에서 만들어지는 밥의 점도(y)에 대한 관리 및 불량의 추이를 파악하기 위해 관리도를 이용하기로 하였다. 매일 얻어지는 샘플의 수가 다르기에 P–관리도를 적용한 결과, 점도의 불량률은 큰 문제없이 목표한 수준인 2% 이하에서 잘 유지되고 있는 것으로 파악되었다.

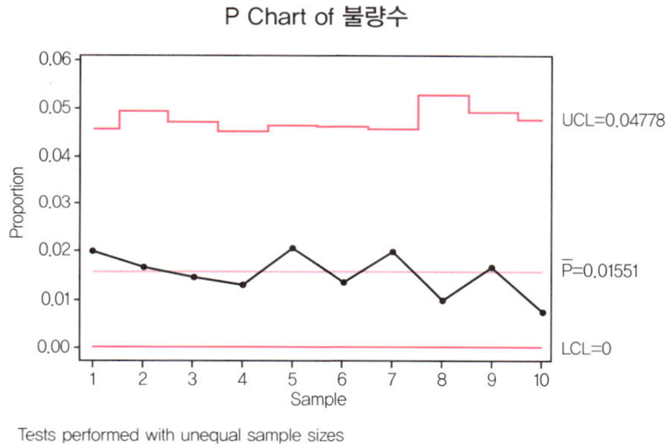

아무리 점도(y)가 정해진 수준을 유지하고 있더라도, 고객이 맛없다고 하면 의미가 없는 것이기에 고객을 대상으로 CTQ에 대한 평가를 하였다. 6개월에 걸쳐서 본 식당을 방문한 고객 500명을 무작위로 선정하여 5점 척도로 평가토록 하였는데, 이 중에서 3점 이하는 불량으로 간주하였다. 총 500명의 고객 중에서 30명의 고객이 3점 이하의 불량에 표를 던졌다. 개선 전의 CTQ 불량률은 43.6%이었으며, 목표 수준은 10% 있기에 개선수준 6%는 목표를 달성한 것으로 봐도 될까?

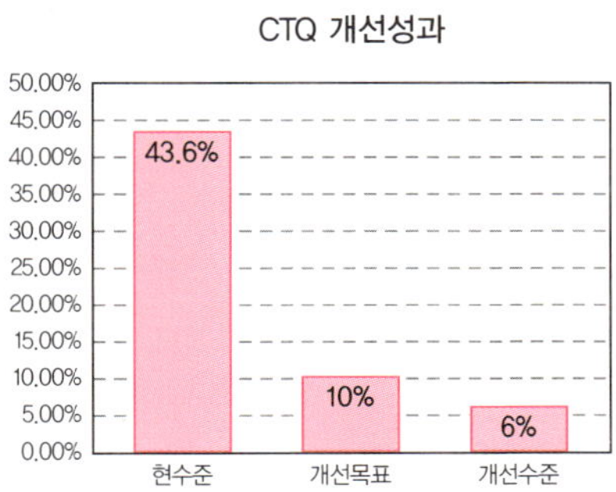

배점	배점	배점
매우불만	0	불량
불만	3	불량
보통	27	불량
만족	348	양
매우만족	122	양

이에 대하여 1−Proportion test를 수행하여, 다음과 같은 결과를 얻었다. P−Value는 0.001로 매우 작으며 95% 신뢰수준에서 현 공정의 CTQ는 8.05% 미만으로 유지될 것으로 판단된다. 따라서 목표했던 CTQ의 불량률 10%는 충분히 달성된 것으로 결론지었다.

Test of p = 0.1 vs p < 0.1

Test of p=0.1 vs p < 0.1

Sample	X	N	Sample p	95% Upper Bound	Exact P-Value
1	30	500	0.060000	0.080505	0.001

과제 종료에서 가장 중요한 것 중 하나는 과제 성과를 증명할 수 있는 각종 데이터를 확보하여 FEA와 함께 연간 예상 재무성과를 파악하는 것이다. 지금까지의 모든 활동에 대한 적절한 보상을 받는 것은 과제를 수행한 팀원들의 사기를 북돋을 뿐 아니라, 향후 Six Sigma 과제 진행 시 과제에 적극적으로 참여토록 하는 동기부여가 될 수 있다. 본 과제의 리더인 매니저 K 씨가 조사한 자료에 의하면 과제 종료 후 8월부터 매월 5백만 원씩의 매출 개선 성과가 있을 것으로 예상되었고, 실제 매월 4백만 원~600만 원씩 성과가 있었던 것으로 파악되었다. 이는 연 매출 6,000만 원 정도의 개선 효과와 함께 순이익 측면에서도 2,000만 원 정도가 증진될 것으로 예상되었다. 챔피언은 순이익의 일정비율을 팀원들에게 성과금액으로 분배하였다.

이상에서 설명한 바와 같이, Y에 대한 단기목표는 물론이고 CTQ에 대한 장기공정능력도 목표치를 달성했기에, 지금까지 진행된 모든 내용을 정리하고 문서화함으써 과제를 종료하기로 하였다.

▪ 표준화 및 공유

마지막으로 남은 활동은 과제 수행과정 및 프로세스 변화를 이해하는데 도움이 될 수 있는 모든 자료를 수집하여 정리하고 문서화하는 것이다. 앞으로 프로세스를 담당할 직원들에게 프로젝트에서 개선된 바와 그 이론적 근거를 문서화하여 제공함으로써, 같은 문제가 다시 재발되는 것을 방지하는 것이 필요하다는 것에 모든 팀원들이 공감하고 있었다. 문서화한다는 것은 과제를 통해 획득한 지식이 보관되고 공유됨으로써 그것으로부터 다른 사람들이 이익을 얻을 수 있도록 하기 위함이기에 최대한 단순하게 만들어야 한다. 따라서, 어려운 표현이나 추상적인 내용은 쓰지 말고 가급적 숫자나 그림으로 설명하여, 활동 후 변경된 내용을 SOP(Standard Operating Procedure)의 형태로 표준화하기로 하였다. 작업표준은 보는 사람이 한 번에 이해할 수 있도록 하는 것이 매우 중요하기에 최대한 그림, 사진, 도표 등을 이용하여 작성하였다.

마지막으로 관련된 모든 과제 바인더, 문서, 프로세스 정보를 프로세스 오너(Process Owner)인 주 방장에게 이관하였다. 프로세스 관리 계획서, 프로세스 모니터링 계획, 과제 보고서 등을 통해 프로세스 오너가 변화를 지속적으로 관리하게 함으로써 공정에 이상징후가 생기지 않도록 하고, 향후 개선에 대한 계획도 세울 수 있게 되었다. 챔피언, MBB, 프로세스 오너 및 관련 전문가들이 참

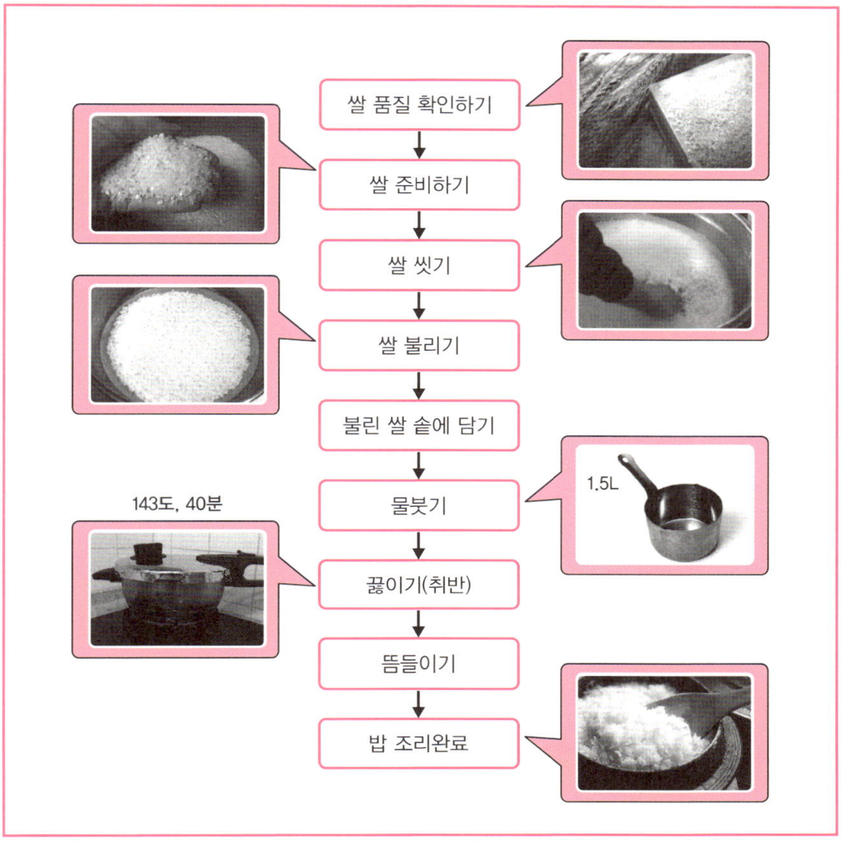

여한 과제 완료 발표회 등을 통해 공개적으로 과제 개선성과에 대해 검증받고, 개선의 결과를 공유함으로써 본 과제는 성공적으로 종결되었다.

Course. 6

도구활용의 근거

1. 표준편차의 이해

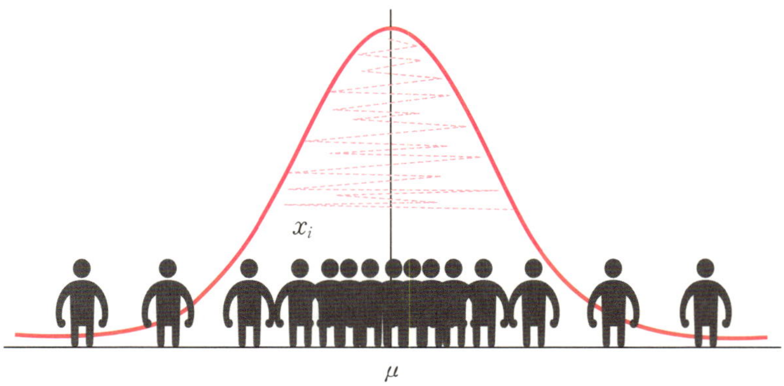

개별 데이터를 표현할 때 일반적으로 x_i라는 기호를 사용하며, 임의의 데이터 x_i가 평균으로부터 얼마나 흩어져 있는가에 대한 산포의 정도를 표준편차라 한다. 표준편차를 구하기 위해서는 우선 개별 데이터와 평균 간의 차이인 편차를 구해야 한다.

$$x_i - \mu$$

편차들을 모두 더하면 0이 되므로, 개별 편차들의 제곱합인 변동(Variation)을 구해야 한다. 변동은 분산분석표 등에서 제곱합(Sum of Square : SS)으로 표시된다.

$$\sum_{i=1}^{N}(x_i - \mu)^2$$

변동은 데이터의 개수가 증가하면, 자연스럽게 증가하는 문제가 있으므로 개별 데이터별 변동을 구해야 한다. 이를 분산(Variance)이라 하며, 분산분석표 등에서는 평균제곱(Mean Square : MS)로 표시된다.

$$\frac{\sum_{i=1}^{N}(x_i-\mu)^2}{N}$$

분산은 제곱의 형태를 띠고 있으므로, 원래의 단위로 환원시켜주기 위해서는 제곱근을 취하게 된다. 다음의 공식은 모집단의 표준편차를 나타내며, 표본의 표준편차는 분모를 $n-1$로 나누게 된다. 이에 대해서는 다음 장의 "2. 표본 표준편차의 자유도 $n-1$ 계산"을 참조하기 바란다.

$$\sqrt{\frac{\sum_{i=1}^{N}(x_i-\mu)^2}{N}}$$

2. 표본 표준편차의 자유도 n−1 계산

$$\begin{aligned}\sum_{i=1}^{n}(X_i-\bar{X})^2 &= \sum_{i=1}^{n}[(X_i-\mu)-(\bar{X}-\mu)]^2 \\ &= \sum_{i=1}^{n}[(X_i-\mu)^2-2(\bar{X}-\mu)\sum_{i=1}^{n}(X_i-\mu)+n(\bar{X}-\mu)^2 \\ &= \sum_{i=1}^{n}(X_i-\mu)^2-n(\bar{X}-\mu)^2\end{aligned}$$

$$\begin{aligned}E[s^2] &= E\left[\frac{1}{n-1}\sum_{i=1}^{n}(X_i-\bar{X})^2\right] \\ &= \frac{1}{n-1}\left\{\sum_{i=1}^{n}E\left[(X_i-\mu)^2\right]-nE\left[(\bar{X}-\mu)^2\right]\right\} \\ &= \frac{1}{n-1}\left[\sum_{i=1}^{n}\sigma_{x_i}^{\ 2}-n\sigma_{\bar{x}_i}^{\ 2}\right] \\ &= \frac{1}{n-1}\left(n\sigma_{x_i}^{\ 2}-n\frac{\sigma_{x_i}^{\ 2}}{n}\right)=\sigma_{x_i}^{\ 2}\end{aligned}$$

3. 공정능력 파악을 위한 기타 지표들

문제가 되는 작업공정의 현 수준이나 개선활동 후의 개선효과를 파악하기 위해서는 우선 공정능력을 나타내는 다양한 지표들에 대한 이해가 필요하다. 공정능력이란 관리상태에 있는 공정이 만들어 내는 품질향상 능력으로서 표준화된 공정에서 생산되는 제품이 나타내는 산포의 범위를 일컫는다. 공정능력지표로 자주 사용되는 것들로는 C_p, C_{pk}, 시그마수준(Z) 등이 있다. Six Sigma 활동에서는 일반적으로 시그마수준을 사용하는 것을 추천하나, 해당 공정의 특성에 따라 적합한 수준지표를 선택하여 사용하면 된다.

① C_p(Process Capability)

C_p는 Process Capability의 약자로서 말 그대로 공정능력이라는 뜻이며, 고객이 정의한 규격(Spec)과 공정의 데이터 산포를 비교한 값이다. 규격은 일반적으로 상한규격(USL : Upper Specification Limit)과 하한규격(LSL : Lower Specification Limit)으로 나누어지며, 이들 간의 간격은 $USL-LSL$로 계산할 수 있다. 한편, 공정 데이터에 대한 특성은 일반적으로 정규분포에 근거하여 표현하게 되는데, 99.73%에 해당하는 거의 대부분의 데이터는 평균으로부터 좌/우로 3×표준편차의 범주 내에 있게 된다. C_p는 규격의 폭과 공정데이터의 폭을 비교한 값으로 다음과 같이 계산된다.

$$C_p = \frac{USL-LSL}{6\times\sigma}$$

C_p는 공정의 능력을 측정하는 매우 우수한 지표 중 하나로 사용될 수 있으나, 공정의 중심과 규격의 중심이 일치하지 않는 경우는 공정에 대한 잘못된 판단을 할 우려가 있다. 이와 같은 단점을 보완하기 위해 개발된 것이 C_{pk}이다.

② C_{pk}

C_p의 한계는 단순히 규격의 폭과 데이터의 폭만 비교하여 공정이 규격의 중심을 벗어나 있는 경우에도 이를 표현하지 못한다는 것이다. 다시 말해서 C_p는 공정의 산포만 표현하고, 중심치가 이동된 경우는 이를 제대로 반영하지 못한다는 것이다. 이와 같은 치명적인 단점을 커버하기 위해서 보정지수 "k"를 이용하는데, 이는 규격의 중심으로부터 공정 데이터의 평균값이 한쪽으로 얼마나 치우쳐 있는가를 나타내는 값이다. 공정의 치우침이 심할수록 치우침에 대한 정도를 C_p값

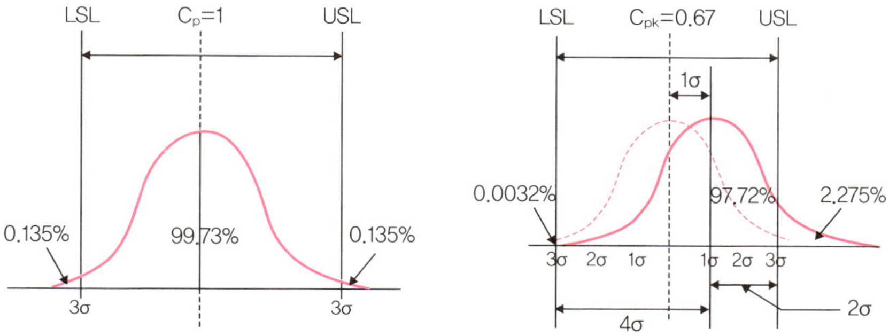

$$C_p=\frac{T}{6\sigma}=\frac{USL-LSL}{6\sigma}$$

$$C_{pk}=(1-k)C_p$$

$$k=\frac{\left|\frac{USL+LSL}{2}-\bar{x}\right|}{\frac{USL-LSL}{2}}$$

그림 6-1 C_p와 C_{pk}의 차이점

에서 빼주는 것이 C_{pk}의 의미이며, 다음과 같이 계산될 수 있다.

$$C_{pk}=(1-k)\cdot C_p \text{ 단, } k\text{는 [규격중심}-\text{평균] / [규격공차/2]}$$

C_p와 C_{pk}는 규격의 중심에 공정데이터의 평균값이 위치 하는가에 따라 선택되는 값이며, 〈그림 6-1〉 중 왼쪽은 C_p를 오른쪽은 C_{pk}를 설명하고 있다.

4. 중심극한정리에 대한 이해

평균이 μ이고 분산이 σ^2인 임의의 확률분포를 따르는 모집단으로부터 n개의 표본을 추출한 경우, 일반적으로 n이 충분히 클 때 표본평균은 대략적으로 정규분포를 따른다. 이때 표본평균의 기대값은 모집단의 평균과 일치하고, 표본평균의 분산은 원래 모집단의 분산보다 n배 작아진다.

위의 설명을 좀더 쉽게 그림으로 나타내 보자. 원래의 모집단이 정규분포가 아닌 임의의 분포라고 하더라도, 일정크기의 표본(이 예제에서는 $n=25$)을 계속해서 뽑고 표본의 평균을 구해보면 어떤 특징이 나타난다는 것이다. 표본의 평균들은 원래 모집단의 평균값 근처에서 많이 발견되고 매우 작거나 큰 표본평균은 발견 빈도가 적을 것이기에, 모집단의 평균에서 높은 빈도를 보이는

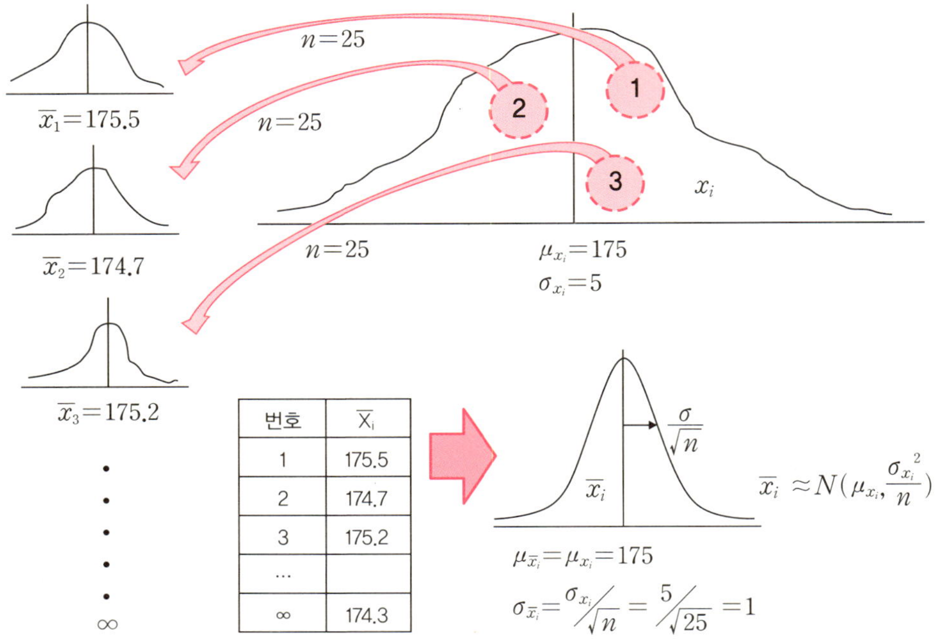

그림 6-2 **표본평균과 중심극한정리**

정규분포 형태가 될 것이다. 또한 표본의 크기가 커질수록 원래의 모집단 평균에서 흩어지는 정도가 작아질 것이다. 따라서, 표본의 평균은 원래모집단의 평균과 같고, 표본평균의 분산은 표본의 크기에 반비례하여 작아지는 정규분포의 모습이 되는 것이다.

중심극한정리는 평균에 대한 가설검정뿐만 아니라, 신뢰구간 추정, 관리한계선 계산, 회귀분석의 t통계량 계산 등 대부분의 통계분석을 이해하는데 밑거름이 된다.

5. ANOVA표에 대한 이해

y_{ij} = 집단(군) j에서 i번째 관찰값

g = 집단의 수

$\overline{\overline{y}}$ = 전체 평균

n_j = j집단내의 전체 데이터 갯수, N = 전체 데이터 갯수

$\overline{y}_j$ = j집단의 표본 평균

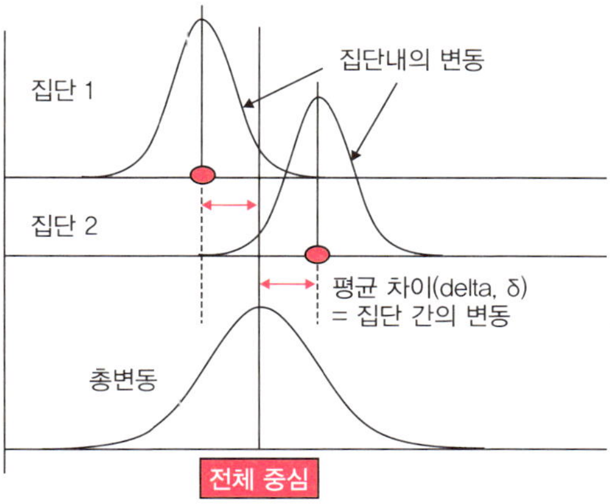

$$SS(Error)=\sum_{j=1}^{g}\sum_{i=1}^{n_j}(y_{ij}-\bar{y}_j)^2$$

$$SS(Factor)=\sum_{j=1}^{g}n_j(\bar{y}_j-\bar{\bar{y}})^2$$

$$SS(Total)=\sum_{j=1}^{g}\sum_{i=1}^{n_j}(y_{ij}-\bar{\bar{y}})^2$$

그림 6-3 변동의 분해

변동의 원천	자유도 (Degree of Freedom)	제곱합 (Sum of Square)	제곱평균 (Mean Square)	F	P값
처리 수준 간 (군간)	g−1	SS(Factor)	MS(Factor) = SSF / (g−1)	MSF / MSE	0.001
수준 내 오차 (군내)	N−g	SS(Error)	MS(Error) = SSE / (N−g)		
Total	N−1	SS(Total)			

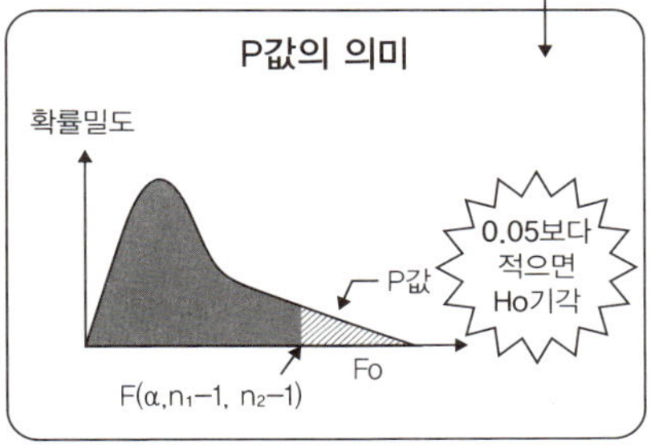

그림 6-4 ANOVA표 및 P-Value의 이해

6. 최소제곱법(Method of Least Squares)

구하고자 하는 회귀식이 어떤 기울기와 상수항(절편)을 가질 때 오차항의 크기가 가장 작을 수 있는지를 통해서 가장 적절한 회귀방정식을 도출하는 방법이다. 오차항을 제곱하여 더한 SE값의 크기는 두 개의 미지수 β_0와 β_1에 의해 결정된다. SE함수를 β_0와 β_1측면으로 편미분한 값이 "0"이 되는 경우, SE값이 가장 적은 회귀계수를 얻을 수 있게 된다. SE값을 최소화 시키는 β_0와 β_1를 구하는 방법은 다음과 같다.

- **회귀방정식 :** $y_i = \beta_0 + \beta_1 x_i + \varepsilon_i$
- **오차항 :** $\varepsilon_i = y_i - (\beta_0 + \beta_1 x_i)$

$$S_E = \sum_{i=1}^{n} \varepsilon_i^2 = \sum_{i=1}^{n} (y_i - \beta_0 - \beta_1 x_i)^2$$

$$\frac{\partial S_E}{\partial \beta_0} = -2\sum_{i=1}^{n} (y_i - \beta_0 - \beta_1 x_i) = 0$$

$$\frac{\partial S_E}{\partial \beta_1} = -2\sum_{i=1}^{n} x_i (y_i - \beta_0 - \beta_1 x_i) = 0$$

$$\hat{\beta}_0 = \bar{y} - \hat{\beta}_1 \bar{x}$$

$$\hat{\beta}_1 = \frac{\sum_{i=1}^{n} (x_i - \bar{x})(y_i - \bar{y})}{\sum_{i=1}^{n} (x_i - \bar{x})^2} = \frac{S_{(xy)}}{S_{(xx)}}$$

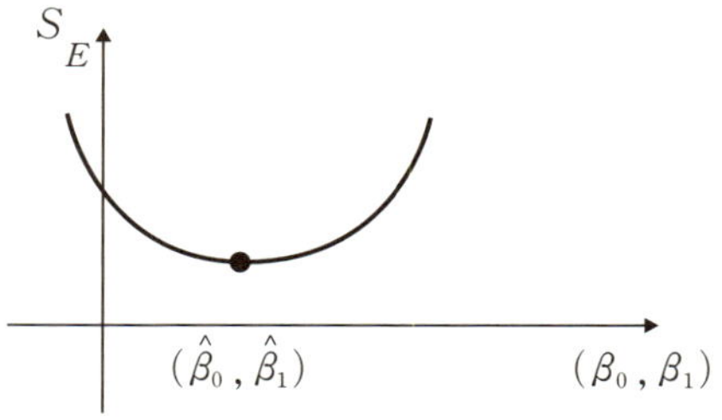

$$\frac{\partial S_E}{\partial \beta_0} = -2\sum_{i=1}^{n} (y_i - \beta_0 - \beta_1 x_i) = 0$$

$$= \sum_{i=1}^{n} (y_i - \beta_0 - \beta_1 x_i) = 0$$

$$= \sum_{i=1}^{n} y_i - \sum_{i=1}^{n} \beta_0 - \sum_{i=1}^{n} \beta_1 x_i = 0$$

$$= \sum_{i=1}^{n} y_i - n\beta_0 - \sum_{i=1}^{n} \beta_1 x_i = 0$$

$$\rightarrow n\beta_o = \sum_{i=1}^{n} y_i - \sum_{i=1}^{n} \beta_1 x_i$$

$$\rightarrow \beta_0 = \frac{\sum_{i=1}^{n} y_i - \sum_{i=1}^{n} \beta_1 x_i}{n}$$

$$= \bar{y} - \beta_1 \bar{x}$$

$$\frac{\partial S_E}{\partial \beta_1} = -2\sum_{i=1}^{n} x_i (y_i - \beta_0 - \beta_1 x_i) = 0$$

$$= \sum_{i=1}^{n} x_i (y_i - \beta_0 - \beta_1 x_i) = 0$$

$$= \sum_{i=1}^{n} x_i y_i - \beta_0 \sum_{i=1}^{n} x_i - \beta_1 \sum_{i=1}^{n} x_i^2 = 0$$

$$= \sum_{i=1}^{n} x_i y_i - \left(\frac{\sum_{i=1}^{n} y_i}{n} - \beta_1 \frac{\sum_{i=1}^{n} x_i}{n} \right) \sum_{i=1}^{n} x_i - \beta_1 \sum_{i=1}^{n} x_i^2 = 0$$

$$=\sum_{i=1}^{n} x_i y_i - \left(\frac{\sum_{i=1}^{n} x_i \times \sum_{i=1}^{n} y_i}{n} - \beta_1 \frac{(\sum_{i=1}^{n} x_i)^2}{n} \right) - \beta_1 \sum_{i=1}^{n} x_i^2 = 0$$

$$=\sum_{i=1}^{n} x_i y_i - \frac{\sum_{i=1}^{n} x_i \times \sum_{i=1}^{n} y_i}{n} + \beta_1 \frac{(\sum_{i=1}^{n} x_i)^2}{n} - \beta_1 \sum_{i=1}^{n} x_i^2 = 0$$

$$\rightarrow \beta_1 \sum_{i=1}^{n} x_i^2 - \beta_1 \frac{(\sum_{i=1}^{n} x_i)^2}{n} = \sum_{i=1}^{n} x_i y_i - \frac{\sum_{i=1}^{n} x_i \times \sum_{i=1}^{n} y_i}{n}$$

$$\rightarrow \beta_1 = \frac{\sum_{i=1}^{n} x_i y_i - \frac{\sum_{i=1}^{n} x_i \sum_{i=1}^{n} y_i}{n}}{\sum_{i=1}^{n} x_i^2 - \frac{(\sum_{i=1}^{n} x_i)^2}{n}}$$

7. 결정계수 R^2을 구하는 방법

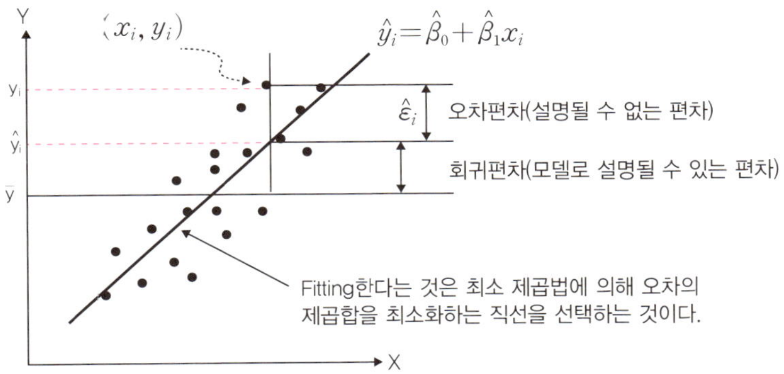

$$\sum(y_i - \bar{y})^2 = \sum(y_i - \hat{y}_i)^2 + \sum(\hat{y}_i - \bar{y})^2$$

총 변동　　오차변동　　회귀변동

그림 6-5 회귀방정식과 변동의 분해

$$R^2 = \frac{SSR(\text{회귀변동})}{SST(\text{총 변동})}$$

8. 직교코딩에 대한 이해

2^n 완전요인배치법에서는 계산상의 편리성과 직교성을 갖도록 하기 위해서 인자의 수준을 -1

과 +1로 코딩하는 것을 원칙으로 한다. 2^n 완전요인배치법은 직선에 대한 반응식을 구하는 것이므로, 낮은수준과 높은수준으로 인자의 수준이 나누어 진다. 이때, 낮은 수준을 −1로 높은 수준을 +1로 코딩하는 것을 직교코딩이라 한다. 예를 들어 2수준 2인자의 실험일 경우는 다음과 같이 네 군데에 처리조합이 나타나게 되는데, A와 B라는 두 개의 인자가 모두 낮은 수준일 때는 (−1, −1), A는 높고 B는 낮은 수준일 경우는 (+1, −1)로 코딩하는 방식이다. 다음의 그림은 이와 같은 코딩방식을 설명하여 준다.

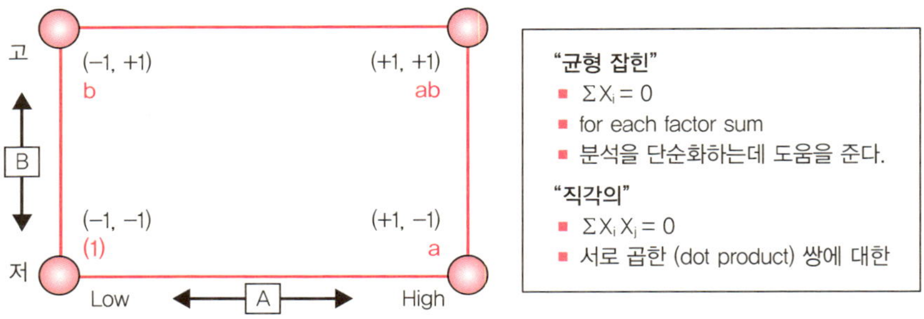

그림 6-6 직교성과 직교코딩

직교코딩된 실험위치에서 다음과 같이 실제 실험이 이루어지고, 이들의 반응값을 회귀방정식을 이용하여 분석함으로써, X들과 Y 간의 관계를 파악하게 되는 것이다.

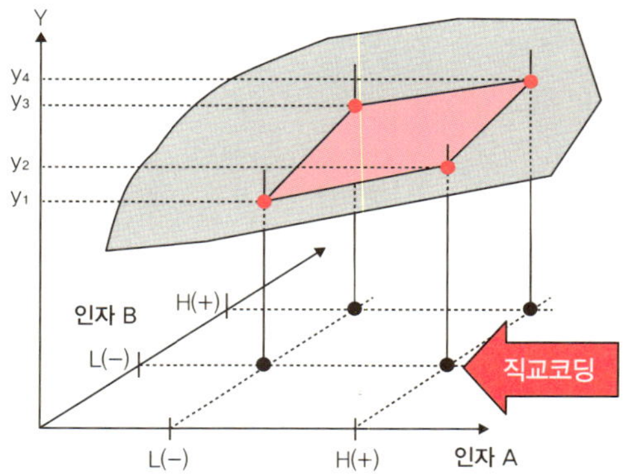

그림 6-7 직교코딩과 처리조합위치

9. 관리한계선 계산방식

구분	종류	관리대상	관리선		순위
			중심선(CL)	관리한계(UCL, LCL)	
계량형 관리도	$\overline{X}-R$	$\overline{X}$: 평균치 변화	$\overline{\overline{X}}=\frac{\sum\overline{X}}{k}$	$\overline{\overline{X}}\pm A_2\overline{R}$	$A_2=\frac{3}{\sqrt{n}}\times\frac{1}{d_2}$
		R : 산포변화	$\overline{R}=\frac{\sum R}{k}$	$UCL\ :\ D_4R$	$D_4=1+3\frac{d_3}{d_2}$
				$LCL\ :\ D_3R$	$D_3=1-3\frac{d_3}{d_2}$
	$X-MR$	X : Individuals	$\overline{X}=\frac{\sum x_i}{k}$	$\overline{X}\pm E_2\overline{R}$	$E_2=\frac{3}{d_2}$
		MR : 이동범위	$\overline{R}=\frac{\sum MR}{k-1}$	$UCL\ :\ D_4\overline{R}$	
				$LCL\ :\ D_3\overline{R}$	
계수형 관리도	NP	NP : 불량개수	$n\overline{P}=\frac{\sum nP}{k}$	$n\overline{P}\pm 3\sqrt{n\overline{P}(1-\overline{p})}$	
	P	P : 불량율	$\overline{P}=\frac{\sum Pn}{\sum n}$	$\overline{p}\pm 3\sqrt{\frac{\overline{p}(1-\overline{p})}{n}}$	
	C	C : 결점수	$\bar{c}=\frac{\sum c}{k}$	$\bar{c}\pm 3\sqrt{\bar{c}}$	
	U	U : 단위당 결점수	$\bar{u}=\frac{\sum c}{\sum n}$	$\bar{u}\pm 3\sqrt{\frac{\bar{u}}{n}}$	

표 6-1 관리한계선 계산방식

시료군의 크기(n)	$\overline{X}$ 관리도	$\overline{R}$ 관리도			X 관리도
	A2	D3	D4	d2	E2
2	1.880	–	3.267	1.128	2.660
3	1.023	–	2.574	1.693	1.772
4	0.729	–	2.282	2.059	1.457
5	0.577	–	2.114	2.326	1.290
6	0.483	–	2.004	2.534	1.184
7	0.419	0.076	1.924	2.704	1.109
8	0.373	0.136	1.864	2.846	1.054
9	0.337	0.184	1.816	2.970	1.010
10	0.308	0.223	1.777	3.078	0.975

표 6-2 관리한계선 계산에 필요한 변수

SIX SIGMA RECIPE

부록

1. 에필로그 –
   Six Sigma 컨설팅에 대한 이해

2. 용어해설

3. 확률분포표
   ① 표준정규분포표

   ② t 분포표

   ③ χ^2 분포표

   ④ F 분포표

1. 에필로그 – Six Sigma 컨설팅에 대한 이해

1) 컨설팅이 뭐야?

컨설팅을 하는 사람들을 흔히 컨설턴트라고 부르고, 우리나라에서는 "위원"이라는 칭호로 부르기도 한다. 말이 비슷하다 보니 위원과 의원을 혼동하는 경우가 다반사이다. 10년쯤 전에 선배 위원들과 여의도의 국회의사당 근처에서 택시를 이용할 일이 있었다. 거구의 남자 3명이 뒷좌석에 함께 앉게 되었는데, 선배 위원 중 한 분이 "홍위원 때문에 자리가 좁으니, 다음에 택시를 탈 때는 혼자서 따로 가는 게 좋겠다."라는 진담이 반쯤 섞인 농담을 하였다. 목적지에 도착하자 택시 기사분이 정말 궁금하다는 듯이 "그런데 어느 정당 국회의원이세요?"라고 물었다. 잔돈 계산하고 내리기에는 말이 길어질 것 같아서, 그런 것 아니라며 웃고 말았던 적이 있었다.

몇 해 전 부모님을 모시고 선산에 벌초를 하러 갔을 때의 일이다. 시골 어른들께서 이런저런 개인사에 대한 질문을 하시던 중에 직업에 대해 물어보셨다. 경영혁신이나 품질개선과 같은 전문용어를 이해하기 어려우실 것 같아서 그냥 "컨설팅"한다고 말씀드렸더니, 의외로 금세 알겠다고 하시며 "아~ 부동산 하는구나"라고 하셨다. 잠깐 무슨 말인지 이해가 안돼서 갸우뚱했는데, 부동산 거래에 대한 중계를 도와주는 것을 컨설팅이라 하는 것이 생각났다. 그게 아니라 다른 거라고 설명드리려다, 말이 길어질 것 같기도 하고 전문적인 지식이나 기술을 통해 남을 돕는 부분은 같은 것이라 생각되어 그만두었다.

컨설턴트란 무엇인가에 대해 짧은 시간에 누구나 이해할 수 있도록 간단하게 설명하기는 쉽지 않다. 그래도 설명해야 한다면, 컨설턴트란 어떤 분야의 전문적인 지식을 이용하여, 도움이 요구되는 사람이나 기업을 대상으로 상담을 하고 문제 해결을 위한 해법을 제시해 주는 일을 하는 사람들을 통칭한다고 말할 수 있다. 세상에는 너무나 많은 분야의 일들이 있고, 문제의 종류나 영역도 너무나 다양하다. 따라서 컨설팅의 분야는 무궁무진하다고 할 수 있다. 그중에서 경영컨설팅으로 만 한정하여 설명한다고 해도 굉장히 다양한 영역이 존재한다. 하지만, 경영컨설팅의 전문분야가 매우 세분화되어 있다는 것에 대한 이해도가 아직은 매우 높다고 보기는 어려운 것 같다. 경영컨설팅은 시장환경분석 및 경영전략 수립, 전략체계도 작성 및 목표 설정 등 상위레벨의 전략컨설팅 분야와 사업장 내부에서의 경영효율성 제고를 위한 오퍼레이션 컨설팅으로 나누어진다. 작업효율을 개선하는 방안만 해도 제조 품질 및 생산성개선, 업무 프로세스개선 등 아주 다양한 분야가 있으며, 그 안에서도 또 전문분야가 나누어진다. 병원의 의사들도 다양한 전문분야가 있으며, 그 안에서도 세부전문이 나누어져 있는 것과 비슷하다고 보면 된다. 즉, 내과, 외과, 소아과, 안과, 치과 등 굉장히 다양한 분야로 나누어 진료를 하며, 그 안에서도 더 세분화된 전문영역이 있는 것과 같다는 말이다.

경영컨설턴트는 모든 분야에 정통한 사람으로 이해하고 있는 업체에서 인터뷰를 하게 되면, 컨설팅서비스를 제공하는 컨설턴트나 고객 모두 불만족스러울 때가 종종 있다. 몸의 어느 부위가 아프면, 해당 진료과목을 정해서 특정한 분야에 대한 진료를 신청한다. 눈이 아픈데 치과에 가지는 않을 것이다. 그런데 경영컨설팅서비스를 신청할 때는 진료과목 신청과 같은 고민을 하지 않는 경우가 많다. 무턱대고 우리회사에 어려움이 있으니 당신이 찾아서 문제를 해결해 달라는 식이다. 심지어 자신들이 무엇을 해야 할지도 모르겠으니, 자신들이 해야 할 일도 컨설턴트가 처음부터 끝까지 순서대로 알려달라는 경우도 많이 있다. 참으로 난감한 일이다. 컨설팅 계약을 맺기만 하면 단박에 회사의 문제점을 발견해서 그에 대한 솔루션을 제공하고, 회사의 조직원들이 어떻게 문제를 해결해야 할지의 순서와 체계를 명확하게 제시해 줄 것이라는 기대를 한다는 말이다. 이와 같이 황당하게 높은 기대치를 세워놓고 컨설턴트가 그들의 기대치만큼 확실한 결과물을 내놓지 못하면 컨설턴트의 자질부족 때문이라고 생각을 한다. 그러다 보니 컨설턴트는 자신에 대한 나쁜 평가를 회피하기 위해서 모르는 분야에 대해서도 모른다는 말을 아끼게 되고, 모든 것을 잘 알고 있다는 듯이 청산유수로 궤변을 늘어놓게 된다.

"약은 약사에게 진료는 의사에게"라는 말처럼, 컨설팅도 전문분야가 있고 그에 맞는 역할이 있는 것이다. 올바른 컨설팅서비스를 받기 위해서는, 고객도 자신의 조직에서 문제가 되는 부분이 무엇이고 어디가 아픈지에 대한 고민을 먼저 해야 한다. 그리고 그 분야에 정통한 컨설턴트를 섭외하는 노력쯤은 해야 한다. 그런데 이와 같은 노력 없이 아무 컨설턴트나 불러다 놓고 자신들의 문제를 해결할 수 있는 방도를 단박에 내놓으라고 다그치는 것은, 어디가 아픈지에 대하여 한마디 언급도 않는 환자의 병이 무엇인지 의사가 알아서 찾고, 그에 대한 치료방법을 지금 당장 내놓으라는 것과 다를 바 없다. 그렇다 보니, 대부분의 컨설턴트는 성형외과 의사가 되는 것이다. 화려한 언변을 밑천으로 고객의 정신을 혼미하게 만들고, 내용은 없어도 겉모습만 번지르르하게 꾸민 보고서를 결과물로 제출한 후 수수료를 받아 챙기고 재빨리 떠나버린다. 뒤늦게 사태를 파악한 고객은 이번에도 컨설턴트에게 당한 것에 억울해하며, 다음부터는 다시는 컨설팅서비스를 받지 않겠다고 다짐한다. 이런 컨설팅의 부작용 때문에 "컨설팅무용론"이 공공연하게 회자되고 있으며, 심지어 컨설팅 받지 말라는 글이나 책들이 시중에서 유통되고 있는 실정이다.

컨설턴트가 자신의 영역에 대한 전문지식과 경험을 축적해 나가는 노력을 게을리해서는 안되는 것처럼, 고객도 자신의 문제가 어느 부분인지는 찾아보고 해당 영역에 실력 있는 컨설턴트를 조사하는 정도의 성의는 필요하다. 그래야만, 지식을 제공하는 컨설턴트도 좀더 질 높은 서비스를 제공할 수 있으며, 고객도 자신이 원하는 분야에 대한 문제원인 및 해결책을 구할 수 있을 것이다.

2) Six Sigma 컨설팅서비스

원론적으로 본다면, Six Sigma 컨설팅은 경영에 관련된 모든 컨설팅서비스를 포함하고 있다고 할 수 있다. 기업의 경영전략을 이해하고, 경영전략 목표 달성을 위해 필요한 과제의 발굴과 도전적인 목표를 부여하며, 해당과제를 수행할 수 있는 인재를 리더로 선임하여 팀을 구성하고, 정해진 기간 안에 목표를 달성할 수 있도록 지원하는 모든 영역을 아우르기 때문이다. 하지만, 이와 같은 모든 영역에서 전문가의 식견을 갖추고 있는 컨설턴트는 많지 않다. Six Sigma 컨설팅서비스를 받고자 하는 고객은, 우선 자신의 기업에서 어느 영역이 컨설팅서비스를 반드시 필요로 하는 것인지를 고민해보아야 한다. 컨설팅은 무료로 되는 것이 아니라 비싼 비용을 지불해야 함을 명심해야 한다. 만약, 둘 이상의 영역에서 컨설팅서비스를 받아야 한다고 생각된다면, 각 영역별 전문가를 섭외하는 것이 좋다. 앞에서 언급했듯, 한 명의 컨설턴트가 여러 영역에서 전문적 식견을 갖기는 쉽지 않기 때문이다. Six Sigma 컨설팅은 주로 과제를 실제로 수행하는 오퍼레이션에 집중되기 마련이다. 물론, 전략에서부터 인사시스템까지 모든 영역을 다룰 수도 있으나, 일반적인 경우는 팀원들과 함께 과제를 실제로 풀어나가는 방법 및 지식을 제공하는 경우가 많다고 할 수 있다. 따라서, Six Sigma 컨설팅서비스를 좀더 효율적으로 활용하기 위해서는, 우리회사의 전사 전략으로부터 중요과제를 선별하고 각 과제별 전략목표를 수립하는 과정은 선제적으로 어느 정도는 되어있는 것이 좋다.

위에서 언급한 모든 사항을 면밀히 검토하여 Six Sigma 컨설팅서비스를 받기 위한 기반을 마련하였다고 하더라도, 실제로 의미 있는 과제 수행을 통해 회사에 도움이 되는 결과를 얻기 위해서는 경영진의 참여가 무엇보다 중요하다. 경영진의 관심과 지원이 있어야만, 과제 수행의 성공을 담보할 수 있기 때문이다. 만일 어떤 프로젝트가 경영진의 관심 밖에 있다면, 프로젝트 리더 및 팀원들은 해당 프로젝트를 성공적으로 마무리하려는 의지를 가지기 어렵다. 또한 경영진의 지원을 받을 수 없기에 과제 수행 중 발생할 수 있는 다양한 장애요인들을 헤치고 나갈 동력을 얻기도 어렵다. 수행의지도 없고 장애요인 제거에 대한 경영진의 지원도 없다면, 이런 과제는 절대로 좋은 성과를 기대할 수 없게 된다.

3) 컨설턴트의 활용

회사 내의 모든 문제를 스스로 해결할 수만은 없는 것이며, 전문가의 도움을 얻는 것이 시간적으로나 비용적으로 더 경제적일 때는 적극적으로 컨설턴트를 활용해야 한다. 하지만, 회사의 문제가 무엇이고, 이 문제를 조직의 구성원들과 어떻게 해결할 것인가를 우선 고민한 후, 자체적인 역량이 부족한 부분에 대해서만 외부 지원을 요청하는 것이 컨설팅 비용 절감은 물론이고 좀더 질 높은 컨설팅서비스를 제공받을 수 있는 길임을 설명하였다. 즉, 스스로의 노력으로 문제를 해결하려는 의지를 갖는 것이 우선이며, 컨설턴트와 컨설팅서비스에 대한 무조건적인 의존이나 막연한 환상은 버리는 것이 바람직하다는 말이다. 마지막으로, 컨설턴트에 대한 너무 큰 기대에 경고하는 유머를 하나 소개하는 것으로 글을 끝맺는다.

미국의 어느 시골 농장에 검은색 정장을 말끔하게 차려입은 사람이 나타났다. 그는 농장 주인에게 다가와서 다음과 같은 제안을 하였다. 이 농장에서 키우고 있는 양의 숫자를 정확하게 맞춘다면, 대가로 양 한 마리를 달라는 것이었다. 재미있다고 생각한 농장 주인은 그 제안을 받아들였고, 정장을 입은 사내는 그 즉시 노트북을 꺼내서 인터넷에 접속하여 NASA의 인공위성사진, 연방농장협회 및 지역농장협회 등에서 다양한 자료를 다운로드했다. 한 시간쯤 뒤에 그 남자는 100여 페이지나 되는 보고서를 작성하여 농장 주인에게 건네주며, 현재 키우고 있는 양의 숫자가 몇 마리인지를 정확하게 말해 주었다. 농장 주인은 약속대로 한 마리를 건네주며, 역으로 다음과 같은 제안을 하였다. 만약 그 남자의 직업을 정확하게 맞춘다면, 준 것을 다시 돌려 달라는 것이었다. 그리고는 그의 직업이 "컨설턴트"임을 한 번에 맞춰버렸다. 농장 주인이 그의 직업을 쉽게 알아낼 수 있었던 것은, 다음과 같은 세 가지 이유 때문이었다.

- 농장 주인이 초대하지도 않았는데, 제 발로 찾아왔다.
- 농장 주인이 이미 알고 있는 답을 아주 복잡한 절차에 걸쳐서 찾아냈다.
- 농장에서 키우고 있는 가축은 양이 아니라 염소라는 것을 아직도 모르고 있다.

2. 용어해설

ㄱ

가법모형(additive model) 여러 가지 요인들이 반응변수 또는 품질 특성치에 더하기 효과로 영향을 주는 모형을 말하며 분산분석의 경우에는 교호작용이 없는 모형을 의미함.

가설검정(hypothesis testing) 모집단의 모수(모평균, 모비율, 모분산) 또는 분포 등에 관하여 가설을 세우고 표본을 통하여 얻어지는 정보에 따라 어떤 가설을 택할 것인지를 결정하는 분석절차 또는 방법을 말함.

가중평균(weighted average) 상대적인 중요성에 따라 가중치를 부여한 값들의 평균을 가중평균이라 함.

간트 차트(gantt chart) 미국의 헨리 간트(Henry L. Gantt; 1861–1919)에 의해 창안된 것으로서 특히 일정관리를 위한 기법으로 널리 이용되고 있는 기법이다. 간트 차트는 계획과 실제의 작업량을 시간에 따라 표시하여 계획과 관리 기능을 동시에 수행할 수 있도록 만들어진 도표이며, 6시그마 프로젝트 관리를 위한 차트로 활용하고 있음.

검정 통계량(test statistic) 귀무가설과 대립가설 중 어떤 가설을 선택할 것인지 결정하기 위해 모집단에서 뽑은 표본에 대한 값.

검정력(power of test) 통계적 검정에서 귀무가설이 사실이 아닌 경우에 귀무가설이 잘못되었다고 기각시킬 확률, 즉 귀무가설이 잘못이라고 검출 해내는 확률임.

결정계수(coefficient of determination, R^2) 데이터를 통해 얻어진 회귀모형이 실제 데이터를 얼마나 잘 설명해 주는지를 나타내어 주는 값으로 결정계수의 크기는 '0'과 '1' 사이의 값이며 결정계수의 값이 클수록 회귀모형의 설명력이 높다는 것을 의미함.

계량형 관리도(variable control chart) 계량형 품질 특성치를 사용하여 작성된 관리도로써, 계량형 관리도의 종류는 다음과 같음.
1) Xbar–R 관리도 2) Xbar–S 관리도 3) I–MR 관리도

계량형 데이터(variable data) 특성치가 연속량으로서 측정될 수 있는 품질특성의 값.
예) 길이, 중량, 강도, 부피, 농도, 속도, 압력, 시간, 온도 등

계수형 관리도(attribute control chart) 불량품의 개수, 불량률과 같은 계수형 품질 특성치를 사용하여 작성된 관리도로서 계수형 관리도에는 p 관리도, np 관리도, c 관리도, u 관리도가 있음.

계수형 데이터(attribute data) 불량품의 수, 결점의 수 등과 같이 개수를 세어 얻어지는 품질 특성의 값으로 결점 수 데이터와 불량률 데이터로 구분됨.

공정규격(process specification) 공정에서 작업자나 설비에 주어지는 규격들을 말하며, 제품 규격과는 별개의 것으로서, 예를 들면 금속의 표면 강도를 강화하는 열처리 공정의 경우 제품규격은 '표면 강도', 공정의 규격은 '열처리 온도나 시간' 등으로 표현.

공정능력(process capability) 프로세스가 관리상태에 있을 때 제품이나 서비스의 품질변동이 어느 정도인가를 나타내어 주는 양.

공정능력분석(process capability analysis) 개발, 제조, 서비스 단계에서 프로세스의 산포를 측정하고 변동의 폭을 감소시키기 위하여 통계적 방법들을 이용하여 규격과 비교, 분석하는 것.

공차(tolerance) 규정된 허용 최대치와 허용 최소치와의 차를 말하며 예를 들면 끼워 맞춤방식의 공차는 허용 최대치수와 허용 최소치수와의 차가 됨.

관리계획서(control plan) 개선된 사항을 지속적으로 유지할 수 있도록 관리해야 할 항목과 방법을 표준화시킨 문서로써, 필수적으로 포함되어야 할 내용으로 관리항목, 관리주기, 관리기준, 담당자, 이상 시 조치방법 등이 포함되어야 함.

관리도(control chart) 공정에서 수집된 데이터를 점으로 그려 가면서, 이 점들의 위치 또는 움직임의 양상을 미리 정해진 기준(관리한계선)과 비교하여, 공정에 이상 유, 무에 대한 판정을 내리며, 그 원인을 찾아내는 통계적 공정관리의 대표적 기법으로써 관리도에 찍힌 점들이 대부분이 관리한계선 안쪽에 놓여 있을 때 관리상태에 있다고 판정함.

관리상태(in-control) 관리도에서 품질특성을 나타내는 점들이 모두 관리 한계선 내에 타점되고, 점의 배열에 규칙성이 없는 상태를 말함.

관리상한(upper control limit, UCL) 관리도에서 각 통계량의 평균치를 중심으로 위로 통계량의 표준편차의 3배의 폭으로 기입한 관리한계를 말함.

관리선(control line) 관리도에서 중심선과 관리 한계선을 통틀어 말함.

관리이탈(out of control) 관리도에서 품질특성을 나타내는 점이 관리 한계선 밖으로 나가거나 점의 배열에 일정한 규칙이 나타나는 상태.

관리하한(lower control limit, LCL) 관리도에서 중심선 아래에 있는 관리한계로 품질특성의 감소 여부를 판정하는데 사용됨.

관리한계(control limit) 공정변동이 발생되는 원인 중 이상원인과 우연원인을 구별하기 위해 관리도에 설정한 한계로서 관리상한과 관리하한을 합해서 관리 한계라고 함. 만약 관리한계선을 벗어난 점이 발생하면 그 원인을 제거할 수 있는 조치를 취함.

- 우연원인 : 공정이 엄격하게 관리된 상태 하에서도 발생되는 어느 정도의 불가피한 변동을 주는 원인
- 이상원인 : 공정이 관리 상태가 아닐 경우 발생할 수 있는 변동의 원인

교호효과(interaction effect) 두 가지 이상의 인자에 있어 하나의 인자의 수준효과가 다른 인자의 수준에 따라서 변화되는 정도를 나타내는 양.

구간추정(interval estimation) 미지의 모수가 포함될 확률이 결정될 수 있는 구간의 한계를 말하며, 점추정은 샘플에서 구한 추정값이 모수의 참 값에 얼마나 가까운가에 대한 개념이 나타나 있지 않기 때문에, 점추정에 오차의 개념을 포함한

신뢰구간 추정을 의미.

군간변동 (variation between subgroups)
동일조건에서 얻어진 데이터들의 집합을 군이라하는데, 조건이 달라지면서 발생하는 군과 군사이의 평균차이를 군간변동이라 함.

군내변동 (variation within subgroups)
동일 조건이라 할지라도 반응값은 항상 일치하는 것이아니라 차이가 발생함. 이와같이 동일군 내에서 발생하는 변동을 군내변동이라함.

귀무가설(null hypothesis, H_0)
아무것도 없는 것으로 귀결되는 가설을 말하는 것으로, 평균, 분산, 비율 등에 차이가 없음을 가정하는 것.

규격(specification)
제조, 서비스 등에서 고객이 요구하는 최소한의 조건 즉, 재료, 제품(서비스), 설비 등에 대하여 요구되는 최소한의 특정 모양, 구조, 치수, 성능, 제조방법, 시험방법 등을 정한 것.

규격한계(specification limit)
규격에서 지시한 품질특성에 대하여 허용되는 한계값으로, 품질 특성치가 규격한계를 벗어나는 제품은 불량으로 취급되며, 보통 제품의 성격에 따라 규격 상한, 규격 하한 또는 규격 상·하한이 있게 됨.

그린벨트(green belt, GB)
GB 교육을 이수하고 시험에 합격한 후 BB Project에 참여하거나 간단한 6시그마 기법을 활용해 현장의 개선 프로젝트를 성공적으로 수행하여 인증조건을 만족한 임직원을 말함.

기각역(critical region)
귀무 가설을 기각하게 되는 검정 통계량의 영역.

ㄴ

누적수율 (rolled throughput yield, RTY)
제품이 여러 단계의 단위 공정을 거쳐 완성되는 경우 각 초기의 수율을 모두 곱한 것.

ㄷ

다중회귀모형 (multiple regression model)
회귀분석의 모형으로서 두 개 이상의 입력변수 x들과 출력변수를 y, 그리고 오차항을 ε이라 할 때 $y=\beta_0+\beta_1x_1+\beta_2x_2+\ \cdots\ +\varepsilon$으로 나타내어지는 모형.

단기공정능력 (short term capability)
프로세스의 외부적인 영향이 없다고 판단되는 비교적 짧은 기간의 공정능력으로써, 현재의 프로세스가 도달할 수 있는 최대의 공정능력을 말함.

단순선형회귀모형 (simple linear regression model)
회귀분석의 기초가 되는 모형으로서 하나의 입력변수를 x, 출력변수를 y, 그리고 오차항을 ε이라 할 때 $y=\beta_0+\beta_1x_1+\varepsilon$으로 나타내어지는 모형.

단측 검정(one-side test)
기각역이 한쪽만 있는 검정방식. 즉, 검정 통계량의 값이 어떤 값보다 클 때(또는 작을 때) 귀무가설을 기각하도록 하는 검정방식.

대립가설 (alternative hypothesis, H_1)
표본으로부터 확실한 근거에 의하여 입증하고자 하는 가설. 일반적으로 기존보다 평균, 분산, 비율등이 크거나 작아지는등의 변화가 있음을 가정함.

도수 분포 (frequency distribution)
자료를 계급별로 나누고 각 계급별 자료의 개수인 도수를 각 계급에 따라 나타낸 것을 도수 분포라 하며 도수 분포를 표로 나타낸 것을 도수

분포표라고 말함.

ㄹ

랜덤 샘플링(random sampling) 모집단으로부터 표본을 추출하는 과정에서 실험 순서에 의해 발생 될 수 있는 오차에 의한 영향(시간변화, 조건 변경) 등을 최소화하기 위해 무작위로 데이터를 수집하는 방법을 말함.

랜덤화(randomization) 실험재료의 배치나 개개의 실험을 수행하는 순서가 랜덤하게 정해지도록 하는 것을 말함.

ㅁ

마스터 블랙벨트(master black belt, MBB) BB 교육과 프로젝트 컨설팅, 경영진에 대한 6시그마 자문, 6시그마 기법 및 Tool을 개발하는 6시그마 전문가 즉, 6시그마 업무를 전담하는 인력을 말함.

모분산(population variance) 모집단의 특성을 나타내는 모수의 하나이며, 주어진 모집단의 데이터가 평균으로 부터 얼마나 많이 산포하는가를 의미함. 일반적으로 모분산을 σ^2로 표기함.

모비율(population proportion) 모집단에서 특정 속성을 갖는 비율.

모수(population parameter) 우리가 관심 있는 모집단의 특성을 나타내는 값으로서 주어진 모집단의 고유한 상수임.
예) 모평균, 모분산, 모비율 등이 대표적인 모수임.

모집단(population) 통계분석을 행할 때 관심 있는 대상의 총집합을 모집단이라 하며 모집단의 원소의 개수를 모집단의 크기라 함 모집단 크기가 유한하면 유한 모집단이라 하고 그렇지 않으면 무한 모집단이라 함.

ㅂ

반복실험(repetition) 실험계획법에서 각 인자의 수준조합(실험조건)에서 실험을 2회 이상 반복하는 것. 즉, 동일 실험 조건에서 반복 실험하는 것을 말함.

반응표면분석(response surface methodology, RSM) 여러 개의 입력변수가 하나의 출력변수 또는 어떤 반응에 영향을 줄 때 그 반응값을 최적화하기 위한 문제들을 분석하는 데 사용하는 수학적, 통계적 기법들을 총칭하는 것으로, 반응의 변화가 이루는 표면을 반응표면이라 함. 이 반응표면에 대한 통계적 모형을 만들어 출력변수와 입력변수의 수학적 모형으로 나타냄. DOE에서는 일반적으로 2차 곡선 반응식에 대한 실험을 의미함.

범위(range) 측정값의 최대값과 최소값의 차이.

벤치마킹(benchmarking) 동종업계에서 가장 우수한 성과를 내고 있는 최고 회사를 모델로 삼아 그들의 독특한 경영기법을 배워 혁신을 꾀하는 활동이다. 벤치마킹의 시초는 일본 기업에 밀려 고사 상태에 놓여 있던 미국의 제록스 社가 경쟁업체인 일본 기업의 경영 노하우(Know-How)를 조사하기 위해 직접 일본에 건너가 조사활동을 벌인 뒤 조사결과를 경영전반에 활용, 다시 경쟁력을 회복하면서 부터이다. 벤치마킹은 단순히 최고 수준의 경쟁회사를 찾아가 배우는 것이 아니라 회사 내 또는 異업종에서도 찾을 수 있을 만큼 응용 범위가 광범위하다. 또한 상대와 비교할 수 있는 계기가 되기 때문에 우리의 수준을 정확히 측정할 수 있어 극복해야 할 문제점이 극명하게 드러나고 따라서 혁신의 필요성에 대한조직원들의 공감을 쉽게 이끌어 낼 수 있는 장점을 지니고 있는 기법임.

부분요인배치법(fractional factorial design) 불필요한 교호작용은 중요한 요인들과 교락시켜서 각 인자의 조합 중에서 일부만을 선택하여 실험을 실시하는 방법으로 이 실험계획법은 실험 횟수를 가능한 작게 하고자 할 때 사용됨.

분산(variance) 데이터들이 흩어져 있는 정도를 나타내는 산포의 단위 중 하나이며 평균값으로부터 데이터들이 떨어진 거리를 이용하여 자료의 흩어진 정도를 나타냄.

분산 분석(analysis of variance, ANOVA) 측정치에 의해 나타나는 총 변동 즉, 총 제곱합을 이용하여 반응값에 미치는 요인들이 어느 정도 영향을 미치는지를 판정하는 통계적 분석 방법.

불량(defective) 결함을 가지고 있는 대상을 말함.

브레인스토밍(brainstorming) 어떤 주제에 대하여 해결책이나 대안을 만들어 낼 때 분석적인 절차를 밟지 않고 몇몇 사람이 그룹을 형성하여 자유롭게 아이디어를 제시하여 그것을 기록한 다음 구체적인 대안을 정리하여 최종안을 만들어 내는 방식이다. 주의할 점은 다른 사람의 제안을 비판해서는 안되며 가급적 제안된 안에 추가하여 새로운 안을 만들어 제안하는 방식을 택해야 한다.

블랙벨트(black belt, BB) BB 교육 및 프로젝트를 성공적으로 수행하여 인증조건을 만족한 6시그마 개선 활동 전문가로 GB 교육과 프로젝트 컨설팅을 담당하면서 6시그마 업무를 추진하는 리더를 말함.

비재무성과 재무적인 효과의 금액산출이 어렵고 직접적으로 이익 산출에 기여하지 않지만 향후 그 효과가 예상되는 금액으로 회사 이미지 향상, 고객만족도 향상 등이 이에 해당됨.

ㅅ

사분위 범위(interquartile range, IQR) 자료를 크기 순으로 나열할 때 상위 1/4에 해당하는 수인 제3사분위수와 하위 1/4에 해당하는 수인 제1사분위수의 차. 사분위수 간 범위는 자료의 산포를 나타내는 하나의 척도를 말함.

사분위수(quartile) 자료를 크기 순으로 나열할 때 4등분 하는 수.

- Q1 : 제1사분위수(First Quartile)=25%에 해당하는 값
- Q2 : 제2사분위수(Second Quartile : 중앙값)=50%에 해당하는 값
- Q3 : 제3사분위수(Third Quartile)=75%에 해당하는 값

산점도(scatter plot) 사람의 키와 몸무게, 혈압강화제의 복용 전과 후의 혈압 등과 같이 서로 관련이 있는 쌍으로 된 두 변수의 관측값들을 X, Y 축에 타점하여

두 변수 간의 대략적인 관계를 시각적으로 판단할 수 있도록 한 그림.

상관계수 (correlation coefficient, r) 상관분석에서 나오는 값으로 표본으로부터 두 변수 간의 상관관계의 크기를 나타냄. 관계가 없을 때는 r값이 '0'에 가깝고, 강한 양의 상관관계(비례)일 경우 '+1', 강한 음의 상관관계(반비례)일 경우 '−1'에 가까움.

상관분석(correlation analysis) 두 개의 변수 간에 어떠한 관계가 있으며 얼마나 영향이 있는지를 판별하는 분석 방법.

상자그림(box plot) 측정값을 Box 형태로 표현하며 분포의 모양뿐 아니라 데이터의 중앙값, 최소값, 사분위수, 최대값, 이상점을 파악할 수 있음.

샘플링(sampling) 모집단의 특성에 관한 정보를 얻고자 모집단으로부터 일부만을 추출하는 것을 샘플링이라 함.

시그마 수준(sigma level) 단기 공정능력을 기준으로 규격 중심으로 부터 규격한계까지의 거리가 표준편차의 몇 배가 되는가를 계산한 값으로 프로세스의 능력을 나타내는 지표를 말함.

신뢰구간(confidence interval) 표본 데이터를 통해 모집단의 모수(모평균, 모분산, 모비율 등)를 추정할 때 모수를 포함할 것으로 기대되는 구간을 말함.

실수방지(mistake-proofing) 현장에서 어떠한 비정상 상태도 방치됨 없이 즉각 발견, 조치한다는 개념이다. 광전자식 센서나 근접스위치 등을 활용해 비정상 상태가 감지되면 경보기가 곧바로 작동하도록 장치하거나 공정 전체를 멈추는 등 필요한 조치를 취해서 불량, 낭비요인 또는 위험요인 등을 근원적으로 없애자는 목적으로 설치한 시스템을 말한다. 간접부문에서는 표준화 또는 업무 매뉴얼화하여 업무 수행자의 숙련에 따른 업무 효율이 낮아지는 것을 방지하기 위한 일련의 활동을 의미하기도 한다.

실험계획법 (design of experiments, DOE) 해결하고자 하는 문제에 대하여 주어진 조건(비용, 시간 등) 하에서 최대의 정보를 얻고자 실험방법과 분석방법을 계획하는 것.

실험오차(experimental error) 실험 시 주변 환경에 의해 발생되는 데이터의 차이(변동값)를 실험오차라 함.

ㅇ

양측검정(two-sided test) 대립가설이 크거나 작다가 아니라 서로 같지않음으로 표시될경우, 기각역이 양쪽으로 주어지게 됨. 즉, 검정통계량의 값이 매우 크거나 작은 영역이 기각역으로 동시에 주어지는 검정임.

예측(prediction) 수집된 데이터 추이를 통해 회귀방정식을 만들고, 임의의 설명변수에 대한 반응값을 추론하는 것.

완전요인배치법 (full factorial design) 인자의 각 수준에 따른 모든 조합에서 실시되는 실험으로 모든 주효과와 교호작용의 효과를 평가할 수 있으므로 인자의 특성 파악 및 최적화에 적합함.

우수사례(best practice) 6시그마 기법을 적용하여 성공적으로 완료된 BB/GB 프로젝트로서 다음 조건을 만족해야 하며, 세부적인 기준은 별도 작성된 운영안에 따른다.
- 독창적 아이디어가 적용된 프로젝트
- 프로젝트 확산이 가능하고 파급효과가 큰 프로젝트
- 가시적인 경영성과가 크게 기대되는 프로젝트

우연원인(common cause) 공정이 엄격하게 관리된 상태 하에서도 발생되는 어느 정도의 불가피한 변동을 우연 원인에 의한 변동이라고 하고 변동이 우연원인에 의해서만 발생되는 경우 그 공정은 통계적으로 관리상태에 있다고 함.

유의수준(significance level) 귀무가설이 참일 때 귀무가설을 기각하는 오류를 범할 확률의 최대 허용한계로서 α로 표시하고 일반적으로 값은 0.05(5%), 0.01(1%), 0.10(10%)를 사용함.

이상 원인(assignable causes) 제품 또는 업무 프로세스에서 만성적으로 존재하는 것이 아니고, 산발적으로 발생하여 품질변동을 일으키는 원인이며 이상 원인의 형태로는 작업자의 부주의, 불량 자재 사용, 생산설비 이상 등으로 발생하는 원인을 말함.

이상점(outlier) 실험 또는 관찰을 통하여 데이터를 수집했을 때, 데이터의 전반적인 양상에서 벗어나는 관측점으로서, 데이터 기록시의 오차에 의해 나타났을 때에는 이 점을 제외시켜 분석을 해야 하며, 그렇지 않은 경우에는 이점이 나오도록 한 원인을 조사하여야 함.

이원배치(two-way ANOVA) 반응값에 영향을 미치는 두 개의 인자에 대하여 각 수준의 조합을 랜덤하게 실험하여 효과를 분석할 때 사용함.

인자(factor) 출력변수에 영향을 미치는 요인(여기서는 Vital Few X's를 말함) 중 실험에 직접 취급되는 요인을 말함.

일원배치(one-way ANOVA) 두 개 이상 모집단의 평균이 서로 동일한지를 검정하기 위해서 사용함.
예) 동일한 두 개 이상의 공정, 설비 간의 특성, 동일 부품을 생산하는 두 업체 이상의 특성 등을 비교하고자 할 때

ㅈ

자유도(degrees of freedom, DF) 자유도란 주어진 조건 하에서 자유롭게 변화할 수 있는 수.
예) 5명의 학생이 있다고 하자. 이 5명의 학생들에게 자신이 좋아하는 학생을 1명씩 선택하라고 할 경우 각 학생이 자유롭게 선택할 수 있는 대상은 자신을 제외한 4명이므로 자유도는 $N-1=5-1=4$가 됨.

잔차(residual) 회귀모형에서 실제 측정값과 회귀모형을 통해 계산된 예측값 간의 차이.

장기공정능력(long term capability) 프로세스의 변동요인을 모두 포함하는 장기간의 수행능력을 말함.

재무성과 유형적인 재무효과가 산출되고 직접적으로 이익창출에 기여한 재무적인 성과를 말하며, 6시그마 프로젝트의 재무성과 측정은 FEA가 수행함.

재현실험(replication) 실험계획법에서 전체 실험계획 순서에 의해 실험을 한 후에 다시 동일 순서 대로 반복하여 실험하는 것.

저품질 비용 (cost of poor quality, COPQ) 6시그마의 주요개념으로 전체 비용 중 비정상적인 프로세스로 인하여 발생하는 저품질 비용을 말하며, COPQ는 크게 평가 및 검사비용, 내부실패비용, 외부실패비용으로 나누어짐. 검사 공수, 재작업 등의 눈에 보이는 Cost와 브랜드 이미지의 저하, 매출 기회 손실, 재발주 비용, 재설계 비용 등 눈에 보이지 않는 Cost가 모두 포함됨.

정규분포 (normal distribution) 현재 가장 널리 또 보편적으로 쓰이는 대표적 분포이며 이 정규분포는 관측결과가 평균을 중심으로 양쪽이 대칭적으로 분포하는 종 모양을 가짐. 또한 평균과 산포의 정도에 따라 무한히 많은 다른 정규분포를 만들 수가 있으며 정규분포는 수많은 자연현상을 매우 양호하게 규명함.

정밀도 (precision) 측정 시스템의 반복성과 재현성에 의한 변동을 합한 총 변동을 의미함.

정확도 (accuracy) 측정 시스템을 통해 동일 시료를 측정하였을 때, 그 측정값의 평균과 참값(이론적인 올바른 값)의 일치 정도를 정확도라 함.

제1종 오류 (type I error) 가설검정 시 귀무가설(Ho)이 사실임에도 불구하고, Ho를 기각하는 오류를 범할 확률.

제2종 오류 (type II error) 가설검정 시 귀무가설(Ho)이 거짓임에도 불구하고, Ho를 채택하는 오류를 범할 확률.

제곱합 (sum of squares, SS) 측정값들의 평균과 각 측정값들의 차이를 제곱하여 합한 값으로 특성치의 변동을 나타냄.

주효과 (main effect) 실험 결과 각각의 인자에 의해 나타나는 효과로 다른 인자와의 상호작용을 고려하지 않은 각 인자에 의해서만 나타나는 효과로써, 인자의 수준 평균이 전체 평균으로부터 어느 정도의 치우침을 가지는가를 나타내는 수치를 말함.

중심경향성 (central tendency) 계량형 데이터에서 분포의 중앙에 모이는 경향.
예) 평균, 중앙값, 최빈값 등

중심극한정리 (central limit theorem) 확률변수가 정규분포를 따르지 않더라도 샘플 평균의 분포는 n이 커질수록 정규분포 $N(\mu, \sigma^2/n)$에 가까워지는 것을 말함.

중심점 (center point) 실험계획에서 인자의 수준이 많은 경우 실험 횟수를 줄이기 위해 2수준의 실험을 하게 되는데, 이때 각 수준 사이에 반응값이 비선형일 경우를 감지하기 위해 2수준 사이에 중심에 해당하는 수준(중심점)을 추가하여 실험함.

중앙값 (median) 데이터를 크기 순으로 배열했을 때 가운데에 위치하는 값으로서, 이상점(Outlier)에 의한 영향을 적게 받음.

즉 개선 (quick fix) 6시그마 프로젝트를 수행 중 주요 Xs에 따라 즉시 실행이 가능한 소단위 개선항목을 즉 개선이라 함.

직교성 (orthogonality) 직교성이 있는 실험은 여러 인자를 동시에 실험하더라도 각각의 효과를 독립적으로 분리해 낼 수 있다.

ㅊ

챔피언(champion)
6시그마 경영계획의 수립과 실행에 대한 책임자로서 6시그마 경영에 대한 진단과 점검을 통하여 활동을 지원하고 관리하는 경영진임. Champion의 역할은 프로젝트 발굴, 지원 및 진척사항을 관리하고 승인하는 것임.

추정(estimation)
모집단의 특성을 알고자 모집단으로부터 추출된 표본을 이용하여 값이나 범위를 구하는 것을 추정이라 하며 전자를 점추정, 후자는 구간추정이라 함.

측정 시스템 분석(measurement system analysis, MSA)
데이터의 신뢰성을 확보하기 위해 측정 시스템으로부터 발생한 변동이 공정 변동에 얼마나 영향을 미치는지를 분석하여 측정 시스템의 적합성 여부를 판단. 측정 시스템의 정밀도, 정확도 등을 분석함. 측정 시스템 분석은 측정 시스템의 측정 오류에 의한 변동이 공정 데이터 변동에 미치는 영향을 백분율(%)로 볼 수 있게 해줌.

측정오차(measurement error)
측정값과 참값 사이의 차로서 측정오차는 측정계기의 정확도와 정밀도에 기인한 것으로서 이 오차의 원인으로는 온도, 습도, 먼지 등 환경적인 요인, 측정계기의 변형, 조작 미숙, 측정자의 잘못 등이 있음.

층별(stratification)
모집단을 동질적인 몇 개의 집단 또는 층으로 나눈 다음 각 층에서 표본을 추출하는 방법.

ㅋ

카이제곱 분포(chi-square distribution)
평균의 표본분포뿐 만이 아니라 분산의 표본분포도 매우 중요하므로 이러한 모분산의 추론에 유용하게 이용되는 분포를 카이제곱 분포라 함.

ㅌ

통계적 공정관리(statistical process control, SPC)
공정에서 요구되는 품질이나 생산성 목표를 달성하기 위하여 PDCA 사이클을 돌려 가면서 통계적 방법으로 공정을 효율적으로 운영해 나가는 관리 방법.

특성 요인도(cause and effect diagram)
일반적으로 사람, 재료, 방법, 환경, 장비, 측정 등 공통적인 범주로 분류하여 결과치에 영향을 미칠 수 있는 원인을 도출하기 위한 방법.

ㅍ

파레토 법칙(pareto's law)
이탈리아의 경제학자 파레토에 의해 주장된 이론으로서 전체국가 부의 80%를 상위 20%의 사람들이 가지고 있다는 법칙임. 품질의 대가인 쥬란에 의해 공정에서 발생하는 문제에 대한 우선순위 파악에 적용되었음.

파레토 차트(pareto chart)
제품의 불량이나 결점, 장비의 고장, 사고 등을 그 현상 또는 원인 등의 항목별로 분류하여 크기 순서대로 나열한 그림. 분류 항목마다 누적 수를 계산하고, 전체 데이터 수에 대한 누적 %를 계산하여 나타냄.

파일럿(pilot)
최적안을 본격적으로 확대 적용 또는 양산 전에 시범적으로 적용하거나 생산 과정을 통하여 문제점을 찾아내어 개선하거나 위험요소를 사전에 발견하여 Risk를 최소화하기 위한 방법임.

편의(bias) 추정하려고 하는 모수와 추정량의 기대치와의 차.

평가 · 검사비용(appraisal cost) COPQ의 하나로서, 고객에게 제공된 제품이나 서비스에서 불량 또는 결함이 발견되기 전에 사전 검출을 위하여 투입된 비용.

평균(mean) 일반적으로 전체 측정값의 산술적 평균을 의미함.

- 모평균 : $\mu = \sum x_i / N =$ 전체 데이터의 합/전체 데이터의 크기(갯수)
- 표본평균 :$Xbar = \sum x_i / n =$ 표본 데이터의 합/표본 데이터의 크기(갯수)

평균 제곱(mean square, MS) 인자의 제곱합을 각 인자의 자유도로 나눈 값.

* 분산분석에서는 이 값을 이용하여 인자들이 반응값에 미치는 영향이 어느 정도인지를 판정함.

포아송 분포(poisson distribution) 어느 기간 동안의 기계의 고장 횟수나 안전 사고의 수, 제품에 있는 결점 수, 수돗물에 있는 세균의 수 등과 같이 일정 시간, 길이, 면적, 또는 부피 등을 기준으로 관찰할 때 빈도가 낮은 확실한 사건의 발생 횟수를 확률적으로 모형화한 이산형 확률분포.

표본크기(sample size) 모집단으로부터 추출된 표본의 개수.

표준오차(standard error of mean, SE mean) 추정량의 정도를 나타내는 것의 하나로 추정량(평균)의 표준편차를 나타냄.

표준운영절차(standard operating procedure, SOP) 업무(작업)의 결과(품질)가 항상 균일하게 유지될 수 있도록 업무(작업)의 방법, 순서를 표준화한 절차서를 말함.

표준정규분포(standard normal distribution) 정규분포가 평균과 산포의 정도에 따라 무한히 많은 다른 정규분포를 만들기 때문에 많은 정규분포를 평균은 0이고 표준편차가 1이 되도록 동일한 기준으로 표준화한 분포로서 이를 통해 보다 쉽게 확률값을 구할 수 있음.

표준편차(standard deviation, STDEV) 표준편차는 분산에 제곱근을 취한 값.

품질관리의 7가지 기본도구(QC 7 tools) 전문가가 아니라도 쉽게 활용할 수 있도록 주로 그림 또는 표를 이용하여 자료를 정리 또는 분석하는 방법들로서 현장의 품질관리 활동에서 널리 쓰이는 다음과 같은 7가지를 말함.

- 히스토그램(Histogram), 특성 요인도(Cause and Effect Diagram), 파레토그림(Pareto Diagram), 체크시트(Check Sheet), 산점도(Scatter Diagram), 층별(Stratification), 그래프(Graph)

ㅎ

현재 수준(baseline) 프로젝트 특성이나 지표로 표현되며 현재의 수준을 측정한 값을 말함.

확률분포(probability distribution) 확률변수 X가 취할 수 있는 각각의 값 x에 대하여 발생할 확률 $P(X=x)$를 구하여 정리한 것을 확률변수 X의 확률분포라 함.

확산(scale up) 시범 적용 결과 문제점이나 보완해야 될 사항을 개선한 후 언제, 어떤 업무에 확산 적용할 것인지, 개선된 프로젝트의 업무 이관 등이 포함된 확산계획을 수립하여 추진하는 것.

회귀방정식(regression equation) 회귀분석 결과에 의해 도출되는 수학적 모형을 회귀방정식이라 함.

회귀분석(regression analysis) 출력변수와 입력변수의 관련성을 규명하기 위하여 과거의 데이터를 바탕으로 수학적 모형을 구하는 통계적 분석 방법으로 이를 통해서 한 변수의 변화로부터 다른 변수의 변화를 예측할 수 있음.

- 출력변수(y) : 예측하고자 하는 변수 또는 영향을 받는 변수 ☞ 반응변수, 종속변수
- 입력변수(x) : 출력변수에 영향을 주는 변수 ☞ 설명변수, 독립변수

히스토그램(histogram) 데이터를 구간별로 구분하고 각 구간별로 빈도수(개수)를 파악한 후 가로축은 구간 세로축은 빈도수를 막대그래프로 나타낸 도표.

ABC

CTQ(critical to quality) 내외부 경영환경분석, 벤치마킹 및 고객 요구사항으로부터 효율 및 가치창출을 위해 파악된 주요 품질특성.

DPMO(defects per million opportunities) 백만 개의 기회 당 나타날 수 있는 결함 수를 의미하며 DPO에 백만을 곱하여 표현된 값을 말함.

DPO(defects per opportunity) 결함이 발생할 수 있는 기회 당 나타날 수 있는 결함 수를 의미하며, 발생한 결함 수를 전체 기회수로 나누어 계산함.

DPU(defects per unit) 하나의 단위에 존재하는 결함수의 비율을 의미하며, 발생한 결함 수를 전체 단위 수로 나누어 계산함.

F-분포(F-distribution) 두 모집단의 분산을 비교할 때 사용되는 분포.

Gage R & R Study 측정 시스템 분석 중에서 반복성, 재현성으로 인한 변동이 공정에 얼마나 영향을 주는지 통계적으로 분석하여 측정 시스템의 적합성을 평가하는 방법.

I-MR 관리도(I-MR Control Chart) 관리도에서 데이터를 부분군으로 나누지 않고 한 개, 한 개의 측정값을 그대로 타점하여 공정을 관리할 때 이용하며 개개의 측정값과 이동범위를 하나의 화면에 출력할 수 있음.

P-Value 귀무가설이 참일 때 귀무가설을 기각하는 오류를 범할 확률. 즉 귀무가설이 거짓이라는 결론을 내릴 때, 우리의 판단이 잘못되었을 위험을 의미하며 따라서 이 값이 작다면 귀무가설은 거짓이라는 결론을 내릴 수 있음.

P 관리도(P Chart) 불량률을 이용하여 공정을 관리할 때 활용되는 관리도로서 표본의 크기가 반드시 일정하지 않아도 사용할 수 있음.

Paired T Test 데이터가 동질적인 쌍의 형태를 가질 때 각 쌍에서 얻은 관측값의 차를 이용하여 두 집단의 평균을 비교하는 방법.

Pay off Matrix	고려해야 할 해결책이 요구하는 노력과 예상 효과를 비교해서 제안된 대안을 평가하여 최적의 대안을 선정하는 기법임.
PPM(parts per million)	불량을 백만 단위로 환산한 수치로 백만 개 당 불량품의 개수를 의미하는 불량률로써 알파벳 소문자로 표기함.
T-분포(T-Distribution)	정규분포와 유사한 형태이며 '0'을 중심으로 좌우 대칭이고, 자유도에 따라 분포가 결정되며 자유도가 커질수록 t 분포는 정규분포에 근사함. 일반적으로 모분산을 모르는 경우 t 분포를 따르는 통계량을 이용하는 검정을 함.
TQC(total quality control)	1950년대 화이겐 바움에 의하여 제안된 품질관리로서 제품의 설계단계에서부터 원자재 구입, 공정설계, 생산출하, 판매 및 서비스까지 전 단계에 걸쳐 품질에 영향을 주는 회사 내의 모든 부분의 노력을 모아서 전사적으로 품질관리를 추진하는 활동을 말함.
U 관리도(U Chart)	표본의 크기가 일정하지 않은 경우 결점 수로 공정을 관리할 때 결점 수를 일정 단위 당 결점 수로 바꾸어 관리도를 작성.
Vital Few X's	프로젝트 CTQ에 영향을 주는 요인 중에서 영향도가 큰 핵심 인자를 말함.
VOC(voice of customer)	Voice of Customer의 약자로서 고객의 소리 즉, 내·외부 고객 요구사항을 말하며 전통적인 품질경영활동에서 "후공정은 고객이다."라는 기본적인 사고방식이 있다. 이것은 자신에게 놓인 기본적인 입장의 전·후 프로세스를 항상 파악하고 후공정에 해당되는 사람, 즉 고객의 요구사항을 파악하여 후공정에서의 문제를 최소화시킨다는 전략으로 각종 요구사항을 표현하는 언어로 사용됨.
Z 변환(Z transformation)	정규분포는 다양한 값의 평균과 표준편차를 가질 수 있어, 정규분포와 관련된 계산을 위해서는 정규 분포를 "표준화" 하는 작업을 "Z 변환"이라 함.

특수문자 및 숫자

% Contribution	Gage R&R 분석에서 총 변동 중 계측기, 측정자, 측정자*Part, 부품 간(Part-To-Part)에 의한 변동이 차지하는 비율을 분산을 통하여 분석한 것.
% Study Variation	Gage R&R 분석에서 총 변동 중 계측기, 측정자, 측정자*Part, 부품 간(Part-To-Part)에 의한 변동이 차지하는 비율을 표준편차를 통하여 분석한 것.
1-Proportion Test	한 개 모집단에서 추출한 표본의 비율을 통해 모집단의 비율이 특정 비율과 같은지를 검정하는 방법.
1-Sample T Test	하나의 모집단에서 샘플링한 표본 평균을 통해 모집단의 평균이 특정한 값과 같은지를 검정하는 방법.
2-Sample T Test	서로 영향을 미치지 않는 두 개의 모집단에서 두 개의 모평균이 같은지

를 각각의 모집단에서 샘플링한 표본의 평균을 통해 검정하는 방법.

4R Right Project, Right People, Right Method, Right Metrics의 약자로써 6시그마 활동이 성공을 거두기 위해서는 전사전략 측면에서 중요한 과제를 도출하여, 해당영역의 전문가로 팀을 구성하고, 문제해결을 위한 옳바른 방법론을 따라진행하며, 추진방향을 정확하게 측정할 수 있는 지표를 선정하는 것이 필수적임.

3. 확률분포표

① 표준정규분포표

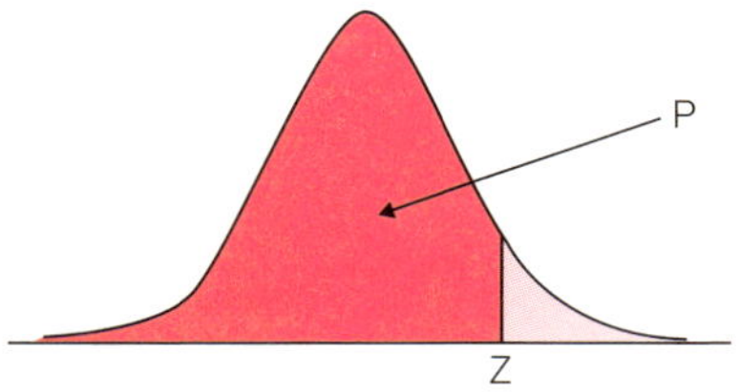

Z	Z의 두 번째 소수점									
	0.00	0.01	0.02	0.03	0.04	0.05	0.06	0.07	0.08	0.09
0.0	0.5000	0.5040	0.5080	0.5120	0.5160	0.5199	0.5239	0.5279	0.5319	0.5359
0.1	0.5398	0.5438	0.5478	0.5517	0.5557	0.5596	0.5636	0.5675	0.5714	0.5753
0.2	0.5793	0.5832	0.5871	0.5910	0.5948	0.5987	0.6026	0.6064	0.6103	0.6141
0.3	0.6179	0.6217	0.6255	0.6293	0.6331	0.6368	0.6406	0.6443	0.6480	0.6517
0.4	0.6554	0.6591	0.6628	0.6664	0.6700	0.6736	0.6772	0.6808	0.6844	0.6879
0.5	0.6915	0.6950	0.6985	0.7019	0.7054	0.7088	0.7123	0.7157	0.7190	0.7224
0.6	0.7257	0.7291	0.7324	0.7357	0.7389	0.7422	0.7454	0.7486	0.7517	0.7549
0.7	0.7580	0.7611	0.7642	0.7673	0.7704	0.7734	0.7764	0.7794	0.7823	0.7852
0.8	0.7881	0.7910	0.7939	0.7967	0.7995	0.8023	0.8051	0.8078	0.8106	0.8133
0.9	0.8159	0.8186	0.8212	0.8238	0.8264	0.8289	0.8315	0.8340	0.8365	0.8389
1.0	0.8413	0.8438	0.8461	0.8485	0.8508	0.8531	0.8554	0.8577	0.8599	0.8621
1.1	0.8643	0.8665	0.8686	0.8708	0.8729	0.8749	0.8770	0.8790	0.8810	0.8830
1.2	0.8849	0.8869	0.8888	0.8907	0.8925	0.8944	0.8962	0.8980	0.8997	0.9015
1.3	0.9032	0.9049	0.9066	0.9082	0.9099	0.9115	0.9131	0.9147	0.9162	0.9177
1.4	0.9192	0.9207	0.9222	0.9236	0.9251	0.9265	0.9279	0.9292	0.9306	0.9319
1.5	0.9332	0.9345	0.9357	0.9370	0.9382	0.9394	0.9406	0.9418	0.9429	0.9441
1.6	0.9452	0.9463	0.9474	0.9484	0.9495	0.9505	0.9515	0.9525	0.9535	0.9545
1.7	0.9554	0.9564	0.9573	0.9582	0.9591	0.9599	0.9608	0.9616	0.9625	0.9633
1.8	0.9641	0.9649	0.9656	0.9664	0.9671	0.9678	0.9686	0.9693	0.9699	0.9706
1.9	0.9713	0.9719	0.9726	0.9732	0.9738	0.9744	0.9750	0.9756	0.9761	0.9767
2.0	0.9772	0.9778	0.9783	0.9788	0.9793	0.9798	0.9803	0.9808	0.9812	0.9817
2.1	0.9821	0.9826	0.9830	0.9834	0.9838	0.9842	0.9846	0.9850	0.9854	0.9857
2.2	0.9861	0.9864	0.9868	0.9871	0.9875	0.9878	0.9881	0.9884	0.9887	0.9890
2.3	0.9893	0.9896	0.9898	0.9901	0.9904	0.9906	0.9909	0.9911	0.9913	0.9916
2.4	0.9918	0.9920	0.9922	0.9925	0.9927	0.9929	0.9931	0.9932	0.9934	0.9936

Z	Z의 두 번째 소수점									
	0.00	0.01	0.02	0.03	0.04	0.05	0.06	0.07	0.08	0.09
2.5	0.9938	0.9940	0.9941	0.9943	0.9945	0.9946	0.9948	0.9949	0.9951	0.9952
2.6	0.9953	0.9955	0.9956	0.9957	0.9959	0.9960	0.9961	0.9962	0.9963	0.9964
2.7	0.9965	0.9966	0.9967	0.9968	0.9969	0.9970	0.9971	0.9972	0.9973	0.9974
2.8	0.9974	0.9975	0.9976	0.9977	0.9977	0.9978	0.9979	0.9979	0.9980	0.9981
2.9	0.9981	0.9982	0.9982	0.9983	0.9984	0.9984	0.9985	0.9985	0.9986	0.9986
3.0	0.9987	0.9987	0.9987	0.9988	0.9988	0.9989	0.9989	0.9989	0.9990	0.9990
3.1	0.9990	0.9991	0.9991	0.9991	0.9992	0.9992	0.9992	0.9992	0.9993	0.9993
3.2	0.9993	0.9993	0.9994	0.9994	0.9994	0.9994	0.9994	0.9995	0.9995	0.9995
3.3	0.9995	0.9995	0.9995	0.9996	0.9996	0.9996	0.9996	0.9996	0.9996	0.9997
3.4	0.9997	0.9997	0.9997	0.9997	0.9997	0.9997	0.9997	0.9997	0.9997	0.9998
3.5	0.9998	0.9998	0.9998	0.9998	0.9998	0.9998	0.9998	0.9998	0.9998	0.9998
4.0	0.999968314									
4.5	0.999996599									
5.0	0.999999713									
5.5	0.999999981									
6.0	0.999999999									

② t 분포표

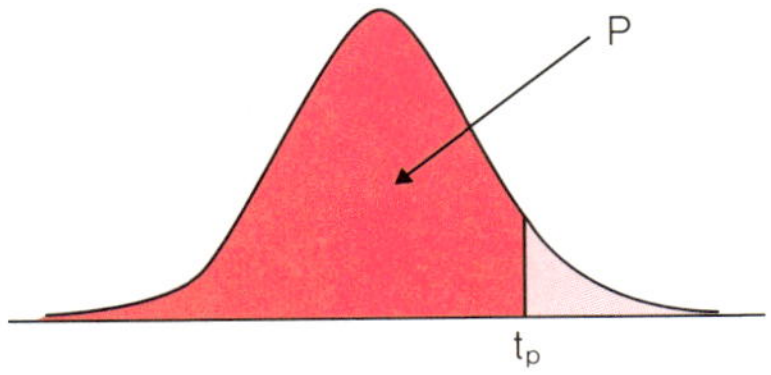

자유도	$t_{.60}$	$t_{.70}$	$t_{.80}$	$t_{.90}$	$t_{.95}$	$t_{.975}$	$t_{.99}$	$t_{.995}$
1	0.325	0.727	1.376	3.078	6.314	12.706	31.821	63.657
2	0.289	0.617	1.061	1.886	2.920	4.303	6.965	9.925
3	0.277	0.584	0.978	1.638	2.353	3.182	4.541	5.841
4	0.271	0.569	0.941	1.533	2.132	2.776	3.747	4.604
5	0.267	0.559	0.920	1.476	2.015	2.571	3.365	4.032
6	0.265	0.553	0.906	1.440	1.943	2.447	3.143	3.707
7	0.263	0.549	0.896	1.415	1.895	2.365	2.998	3.499
8	0.262	0.546	0.889	1.397	1.860	2.306	2.896	3.355
9	0.261	0.543	0.883	1.383	1.833	2.262	2.821	3.250
10	0.260	0.542	0.879	1.372	1.812	2.228	2.764	3.169
11	0.260	0.540	0.876	1.363	1.796	2.201	2.718	3.106
12	0.259	0.539	0.873	1.356	1.782	2.179	2.681	3.055
13	0.259	0.538	0.870	1.350	1.771	2.160	2.650	3.012
14	0.258	0.537	0.868	1.345	1.761	2.145	2.624	2.977
15	0.258	0.536	0.866	1.341	1.753	2.131	2.602	2.947
16	0.258	0.535	0.865	1.337	1.746	2.120	2.583	2.921
17	0.257	0.534	0.863	1.333	1.740	2.110	2.567	2.898
18	0.257	0.534	0.862	1.330	1.734	2.101	2.552	2.878
19	0.257	0.533	0.861	1.328	1.729	2.093	2.539	2.861
20	0.257	0.533	0.860	1.325	1.725	2.086	2.528	2.845
21	0.257	0.532	0.859	1.323	1.721	2.080	2.518	2.831
22	0.256	0.532	0.858	1.321	1.717	2.074	2.508	2.819
23	0.256	0.532	0.858	1.319	1.714	2.069	2.500	2.807
24	0.256	0.531	0.857	1.318	1.711	2.064	2.492	2.797
25	0.256	0.531	0.856	1.316	1.708	2.060	2.485	2.787
26	0.256	0.531	0.856	1.315	1.706	2.056	2.479	2.779
27	0.256	0.531	0.855	1.314	1.703	2.052	2.473	2.771
28	0.256	0.530	0.855	1.313	1.701	2.048	2.467	2.763
29	0.256	0.530	0.854	1.311	1.699	2.045	2.462	2.756
30	0.256	0.530	0.854	1.310	1.697	2.042	2.457	2.750
40	0.255	0.529	0.851	1.303	1.684	2.021	2.423	2.704
60	0.254	0.527	0.848	1.296	1.671	2.000	2.390	2.660
120	0.254	0.526	0.845	1.289	1.658	1.980	2.358	2.617
∞	0.253	0.524	0.842	1.282	1.645	1.960	2.326	2.576

③ χ^2 분포표

자유도	$\chi^2_{0.005}$	$\chi^2_{0.01}$	$\chi^2_{0.025}$	$\chi^2_{0.05}$	$\chi^2_{0.10}$	$\chi^2_{0.90}$	$\chi^2_{0.95}$	$\chi^2_{0.975}$	$\chi^2_{0.99}$	$\chi^2_{0.995}$
1	0.000039	0.00016	0.00098	0.0039	0.0158	2.71	3.84	5.02	6.63	7.88
2	0.0100	0.0201	0.0506	0.1026	0.2107	4.61	5.99	7.38	9.21	10.60
3	0.072	0.115	0.216	0.352	0.584	6.25	7.81	9.35	11.34	12.84
4	0.207	0.297	0.484	0.711	1.064	7.78	9.49	11.14	13.28	14.86
5	0.412	0.554	0.831	1.15	1.61	9.24	11.07	12.83	15.09	16.75
6	0.676	0.872	1.24	1.64	2.20	10.64	12.59	14.45	16.81	18.55
7	0.99	1.24	1.69	2.17	2.83	12.02	14.07	16.01	18.48	20.28
8	1.34	1.65	2.18	2.73	3.49	13.36	15.51	17.53	20.09	21.95
9	1.73	2.09	2.70	3.33	4.17	14.68	16.92	19.02	21.67	23.59
10	2.16	2.56	3.25	3.94	4.87	15.99	18.31	20.48	23.21	25.19
11	2.60	3.05	3.82	4.57	5.58	17.28	19.68	21.92	24.73	26.76
12	3.07	3.57	4.40	5.23	6.30	18.55	21.03	23.34	26.22	28.30
13	3.57	4.11	5.01	5.89	7.04	19.81	22.36	24.74	27.69	29.82
14	4.07	4.66	5.63	6.57	7.79	21.06	23.68	26.12	29.14	31.32
15	4.60	5.23	6.26	7.26	8.55	22.31	25.00	27.49	30.58	32.80
16	5.14	5.81	6.91	7.96	9.31	23.54	26.30	28.85	32.00	34.27
17	5.70	6.41	7.56	8.67	10.09	24.77	27.59	30.19	33.41	35.72
18	6.26	7.01	8.23	9.39	10.86	25.99	28.87	31.53	34.81	37.16
19	6.84	7.63	8.91	10.12	11.65	27.20	30.14	32.85	36.19	38.58
20	7.43	8.26	9.59	10.85	12.44	28.41	31.41	34.17	37.57	40.00
21	8.03	8.90	10.28	11.59	13.24	29.62	32.67	35.48	38.93	41.40
22	8.64	9.54	10.98	12.34	14.04	30.81	33.92	36.78	40.29	42.80
23	9.26	10.20	11.69	13.09	14.85	32.01	35.17	38.08	41.64	44.18
24	9.89	10.86	12.40	13.85	15.66	33.20	36.42	39.36	42.98	45.56
25	10.52	11.53	13.12	14.61	16.47	34.38	37.65	40.65	44.31	46.93
26	11.16	12.20	13.84	15.38	17.29	35.56	38.89	41.92	45.64	48.29
27	11.81	12.88	14.57	16.15	18.11	36.74	40.11	43.19	46.96	49.65
28	12.46	13.56	15.31	16.93	18.94	37.92	41.34	44.46	48.28	50.99
29	13.12	14.26	16.05	17.71	19.77	39.09	42.56	45.72	49.59	52.34
30	13.79	14.95	16.79	18.49	20.60	40.26	43.77	46.98	50.89	53.67
40	20.71	22.16	24.43	26.51	29.05	51.81	55.76	59.34	63.69	66.77
60	35.53	37.48	40.48	43.19	46.46	74.40	79.08	83.30	88.38	91.95
120	83.85	86.92	91.57	95.70	100.62	140.23	146.57	152.21	158.95	163.65

④ F 분포표

n2	p	n1								
		1	2	3	4	5	6	7	8	9
1	0.90	39.9	49.5	53.6	55.8	57.2	58.2	58.9	59.4	59.9
	0.95	161	199	216	225	230	234	237	239	241
	0.99	4,052	4,999	5,404	5,624	5,764	5,859	5,928	5,981	6,022
2	0.90	8.53	9.00	9.16	9.24	9.29	9.33	9.35	9.37	9.38
	0.95	18.51	19.00	19.16	19.25	19.30	19.33	19.35	19.37	19.38
	0.99	98.50	99.00	99.16	99.25	99.30	99.33	99.36	99.38	99.39
3	0.90	5.54	5.46	5.39	5.34	5.31	5.28	5.27	5.25	5.24
	0.95	10.13	9.55	9.28	9.12	9.01	8.94	8.89	8.85	8.81
	0.99	34.12	30.82	29.46	28.71	28.24	27.91	27.67	27.49	27.34
4	0.90	4.54	4.32	4.19	4.11	4.05	4.01	3.98	3.95	3.94
	0.95	7.71	6.94	6.59	6.39	6.26	6.16	6.09	6.04	6.00
	0.99	21.20	18.00	16.69	15.98	15.52	15.21	14.98	14.80	14.66
5	0.90	4.06	3.78	3.62	3.52	3.45	3.40	3.37	3.34	3.32
	0.95	6.61	5.79	5.41	5.19	5.05	4.95	4.88	4.82	4.77
	0.99	16.26	13.27	12.06	11.39	10.97	10.67	10.46	10.29	10.16
6	0.90	3.78	3.46	3.29	3.18	3.11	3.05	3.01	2.98	2.96
	0.95	5.99	5.14	4.76	4.53	4.39	4.28	4.21	4.15	4.10
	0.99	13.75	10.92	9.78	9.15	8.75	8.47	8.26	8.10	7.98
7	0.90	3.59	3.26	3.07	2.96	2.88	2.83	2.78	2.75	2.72
	0.95	5.59	4.74	4.35	4.12	3.97	3.87	3.79	3.73	3.68
	0.99	12.25	9.55	8.45	7.85	7.46	7.19	6.99	6.84	6.72
8	0.90	3.46	3.11	2.92	2.81	2.73	2.67	2.62	2.59	2.56
	0.95	5.32	4.46	4.07	3.84	3.69	3.58	3.50	3.44	3.39
	0.99	11.26	8.65	7.59	7.01	6.63	6.37	6.18	6.03	5.91
9	0.90	3.36	3.01	2.81	2.69	2.61	2.55	2.51	2.47	2.44
	0.95	5.12	4.26	3.86	3.63	3.48	3.37	3.29	3.23	3.18
	0.99	10.56	8.02	6.99	6.42	6.06	5.80	5.61	5.47	5.35
10	0.90	3.29	2.92	2.73	2.61	2.52	2.46	2.41	2.38	2.35
	0.95	4.96	4.10	3.71	3.48	3.33	3.22	3.14	3.07	3.02
	0.99	10.04	7.56	6.55	5.99	5.64	5.39	5.20	5.06	4.94
11	0.90	3.23	2.86	2.66	2.54	2.45	2.39	2.34	2.30	2.27
	0.95	4.84	3.98	3.59	3.36	3.20	3.09	3.01	2.95	2.90
	0.99	9.65	7.21	6.22	5.67	5.32	5.07	4.89	4.74	4.63

참 | 고 | 문 | 헌

김효준 외 2인, 『생각의 창의성』 도서출판 지혜, 2004.

김희경 외 1인, 『BSC 실천 매뉴얼』 시그마인사이트컴, 2004.

노구치 요시아키, 『전략시나리오』 다산북스, 2010.

데이비드 살스버그, 『천재들의 주사위』 뿌리와 이파리, 2003.

박성현 외 1인, 『현대실험계획법』 민영사, 2010.

안병진 외 2인, 『6시그마 경영 수행기법』 건국대학교 출판부, 2000.

염준근, 『선형회귀분석』 자유아카데미, 2005.

유종관 외 1인, 『굿모닝 6시그마』 한국생산성본부, 2008.

윤상운 외 1인, 『실용통계학』 자유아카데미, 2000.

윤재홍, 『품질경영의 이해』 동아대학교 출판부, 2008.

전치혁 외 2인, 『공학응용통계』 홍릉과학출판사, 2004.

짐호란, 『한장의 비즈니스 플랜』 더난출판, 2005.

최성대 외 1인, 『공학도를 위한 품질경영과 6시그마』 문운당, 2011.

한국표준협회, 『관리도』 한국표준협회출판부, 1994.

Madhav S. Phadke, 『품질공학』, 민영사, 1992.